KB141778

전통연희 시리즈 5

전통연희의 전승과 근대극

사진실

태학사

사진실

1965년 대전 출생으로 서울대 국문과를 졸업하고, 같은 대학원에서 석·박사학위를 받았다. 중앙대 예술대학 전통예술학부 교수 및 음악극연구소 소장을 역임했다. 버클리대학 한국학센터 객원연구원과 하버드 옌칭연구소 방문학자를 지냈다. 대통령 직속 미래기획위원회 위원으로 활동했으며, 공연기획사 '꿈꾸는 산대'를 설립했다. 민속문화와 궁정문화를 아울러 연극사 및 공연문화 연구에 몰두해 왔으며, 공연기획자 및 창작자로 전통 연희를 재창조하는 일에도 관심을 기울여 왔다.

전통연희의 전승과 근대극

초판 1쇄 인쇄 | 2017년 3월 10일
초판 1쇄 발행 | 2017년 3월 17일

지은이 | 사진실
펴낸이 | 지현구
펴낸곳 | 태학사
등   록 | 제406-2006-00008호
주   소 | 경기도 파주시 광인사길 223
전   화 | 마케팅부 (031)955-7580~82   편집부 (031)955-7585~89
전   송 | (031)955-0910
전자우편 | thaehak4@chol.com
홈페이지 | www.thaehaksa.com

ISBN 978-89-5966-881-6 94680
ISBN 978-89-5966-876-2 (세트)

'전통연희 시리즈'를 출간하며

사진실 교수는 신선들이 산다는 봉래산(蓬萊山)에 가 있다. 그곳에 가기 전 사진실 교수는 봉래산을 닮은 공연문화의 거대한 산대(山臺)를 지어, 그 위에 공연예술사의 뿌리 깊은 나무를 심고, 전통연희 재창조라는 눈부신 꽃을 기기묘묘하게 피워냈다. 봉래산에 먼저 간 사진실 교수가 지금은 어떤 화려한 산대를 꾸미고 신선광대들을 불러 모아 한판 신나는 악(樂)·희(戱)·극(劇)을 꿈꾸고 연출하고 있을지, 훗날 그곳에 가볼 일이다.

본 전통연희 시리즈는 고(故) 사진실 교수의 연구 성과를 총 9권으로 나눠 집대성한 것이다. 공자는 50세에 '하늘의 명을 깨달아 알게 되었다'(知天命)고 했다. 학문의 도정(道程)에 비유하자면, 어디에도 유혹되지 않으며 자신이 궁구하여 왔던 학문의 도정에 마침내 이름표를 붙이는 나이가 50세에 해당할 것이다. 사진실 교수가 명운(命運)을 달리한 것은, 바로 그런 '지천명'의 나이에 들어선 직후였다.

그런데 사진실 교수는 자신의 예정된 명운보다 천명을 먼저 깨달았던 것임에 틀림없다. 공연문화의 지속과 변화를 밝힌 저서들과 전통연희에 대한 치밀한 연구 논문, 또 그것을 현대적으로 어떻게 재현하고 창조할 것인가에 대한 각종 평론과 아이디어로 이미 50세 이전에 확고하게 자신의 학문적 천명을 제시하고 실천했기 때문이다.

사진실 교수에게 '지천명'은 신체적 나이가 아니었던 것이다. 사진실 교

3

수가 실행한 그 학문적 천명이 공연문화를 연구하는 후학들과 전통연희의 재창조를 꿈꾸는 예술인들에게 얼마나 새롭고 넓으며 환한 길을 열어주었는지는 부연할 필요가 없을 듯하다. 사진실 교수의 전통연희 저작집 발간을 학계나 공연예술계에서 목마르게 기다려 온 것도 어찌 보면 당연한 일이다.

그럼에도 한 뛰어난 연구자가 생전에 남겨 놓은 각종 연구물을 원저자의 의도에 걸맞게 구성하는 것은 결코 쉽지 않았다. 사진실 교수의 학문적 장도(長途)가 워낙 깊고 넓어 그 어느 것도 빠뜨리지 않은 채 충분히 반영하여 집대성한다는 자체가 여간 부담스러운 일이 아니었기 때문이다.

무엇보다 사진실 교수는 전통연희에 관한 한 전문연구자이면서 전문실천가로 살아가는 삶을 자신의 학문적 천명으로 정하였던 까닭에 그 업적들을 섞이지 않게 오롯이 선별해내는 것도 난제였다. 전통연희에 관한 학문적 성과를 체계적으로 정리해 보여주면서도, 아울러 전통연희를 현대화하려는 실천적 의도까지를 저작집에 담아내야 했던 것이다. 그러다보니 저작집 간에 내용상 다소 중첩되는 부분이 있을 수밖에 없었다. 그러나 전체 저작집을 구성하고 있는 9권 각각은 책 제목이 표방하고 있는 대로, 낱권으로서의 완성도를 갖추었음은 물론이다. 9권 각각에 대한 간략한 설명을 제시하면 다음과 같다.

제1권 『한국연극사 연구』와 제2권 『공연문화의 전통 樂·戱·劇』은 생전에 간행되었던 책이다. 제1권은 조선시대의 화극(話劇)을 다룬 석사논문과 조선시대 서울지역의 연극을 다룬 박사논문을 핵심 내용으로 하여, 우리의 연극을 통시적으로 조망하고자 한 책이다. 제2권은 악(樂)·희(戱)·극(劇)의 갈래 구분을 통해 한국의 연극사를 혁신적 방법론으로 분석·체계화한 것으로, 사진실 교수의 대표 저서이다. 이후의 연구논문과 아이

4

디어는 이 책의 방법론에 기반하고 있다고 해도 과언이 아니다. 악·희·극이야말로 한국 연극의 지속·발전·변용의 과정에서 핵심 요소를 차지하고 있다고 보았기 때문이다.

제3권『조선시대 공연공간과 공간미학』은 전통연희가 연행되는 공간과 그러한 공간을 통해 표출되는 미학의 성격을 중점적으로 해명하려고 한 책이다. 제4권『전통연희의 전승과 성장』은 고려시대부터 조선시대에 걸쳐 전통연희가 어떻게 전승되어 왔고 성장해 갔는가를 통시적으로 조망한 책이다. 제5권『전통연희의 전승과 근대극』은 조선후기와 근대에 초점을 두고 전통연희가 지속되고 변용되는 측면을 고찰한 책이다. 제6권『봉래산 솟았으니 해와 달이 한가롭네-왕실의 연희축제-』는 한국학중앙연구원의 지원을 받아 '왕실문화총서' 중의 하나로 소개될 예정이었으나 발간되지 못했다. 왕실에서 행해진 전통연희를 대중들에게 쉽게 소개할 목적으로 만들어진 교양서 성격의 책이다.

제7권『융합형 공연제작실습 교육을 위한 전통연희 매뉴얼』은 예술현장에서 전통연희와 관련된 문화콘텐츠를 개발할 수 있게 하는 수업을 염두에 두고 만들어진 책이고, 제8권『융합형 교육을 위한 공연문화유산답사 매뉴얼』은 학부생을 대상으로 한 수업에서 전통연희의 이론적 기초를 제공할 목적으로 만들어진 책이다. 제9권『전통연희의 재창조를 꿈꾸다』는 전통연희를 현대적으로 재창조하기 위한 아이디어를 소개하고 있는 책이다.

본 전통연희 시리즈를 기획한 시점은 사진실 교수가 작고한 후 3개월 정도 지나서였다. 사진실 교수의 부군(夫君)의 부탁도 있었지만, 존경하는 선배의 연구 업적과 아이디어가 그냥 묻히는 게 안타까워 자청했다고 보는 게 옳을 것이다. 그 과정에 함께 동참하여 자료를 정리해 준 이유진

문학박사, 최어진 서울대 국문과 조교에게 고마운 마음을 전한다. 또한 교정에 참여해 주신, 사진실 교수의 동생 사성구 선생님께도 고마운 마음을 전한다. 사진실 교수의 아들 주효성 군도 최종교정에 참여하여 큰 도움이 되었다. 아울러 출판계의 불황에도 불구하고 흔쾌히 본 저작집 발간을 승낙해 주신 태학사 지현구 사장, 편집과 교정에 힘써주신 최형필 이사께도 고마운 마음을 전한다. 부군인 주형철 형님이 늘 말해온 대로, 사진실 교수가 이 저작집을 정말 마음에 들어 했으면 좋겠다. 아무쪼록 이 저작집을 발판으로 삼아, 사진실 교수가 꿈꾸었던 학문적 여정을 뒤이을 연구자를 기대해 본다.

2017년 3월 17일

최원오 (광주교대 국어교육과 교수)

목차

제1부 _ 전통연희의 전승과 전망

제2부 _ 근대극의 성립과 근대적 변화 양상

제1부 전통연희의 전승과 전망

제1장 나례의 오락적 변모 양상과 연극사적 의의[1]

1. 머리말

고려 때 제의로서 전래한 궁정의 나례는 두 차원에서 공연 오락적인 변모 과정을 거친다. 나례 자체가 연극적인 행사로 바뀌어갔을 뿐 아니라 나례의 의식이 끝난 뒤에 각종 잡희가 이어져 제의 뒤의 난장놀이로서 기능하게 된 것이다. 나례의 오락적 변모 양상은 구비문학, 민속학, 연극학의 관점에서 많은 관심을 불러일으켰다.[2]

나례와 관련된 연구들은 주로 나례가 탈춤 산대놀이의 형성과 발달에 미친 영향을 고찰하는 데 관심을 기울였다. 탈춤 산대놀이가 궁정 나례의 전통에서 나왔는지 아닌지의 논쟁은 연극 연구의 초기부터 최근에 이르기까지 이어지고 있다.[3] 그동안의 성과는 나례가 지니는 연극사적 의의를

---

1 출처: 사진실, 「나례의 오락적 변모 양상과 연극사적 의의」, 『한국의 민속과 문화』 2, 경희대 민속학연구소, 1999, 259~285면.

2 필자 역시 나례에 관심을 가져 「조선 전기 儺禮의 변별 양상과 공연의 특성」(『구비문학연구』 3집, 한국구비문학회, 1996)을 발표하였는데, 논문에서 규정한 용어 및 개념에 대하여 많은 질의를 받아왔다. 이 논문은 그동안 얻은 몇 가지 자료를 보태어 앞의 논문을 수정하고 보완하여 이루어졌다.

3 나례에 대한 개별적인 연구 업적 및 나례의 전통과 연관 지어 연극사의 현상을 다룬 논저는 다음과 같다.

安 廓, 「山臺戲と處容舞と儺」, 『朝鮮』, 昭和 7년 2월.

宋錫夏, 「處容舞・儺禮・山臺劇의 關係를 論함」, 『韓國民俗考』, 日新社, 1960.

趙元庚, 「儺禮와 假面舞劇」, 『學林』 4, 1955.

김일출, 『조선민속탈놀이연구』, 평양: 과학원출판사, 1958.

김학주, 「儺禮와 雜戲」, 『亞細亞研究』 6권 2호, 고려대 아세아문제연구소, 1963; 김학주,

충분히 확인할 수 있게 해 주었다. 나례가 특히 조선시대 궁정 공연 문화의 중심에 있었던 만큼 직접적이든 간접적이든 공연 예술의 발달에 미친 영향을 인정해야 할 것이다.

선행 연구들은 모두 나례의 연극적 · 오락적 변모 양상에 관심을 가졌으나, 논자에 따라서는 구나의식(驅儺儀式) 자체가 지니는 연극적인 면모에 주목하거나 의식 뒤에 이어진 잡희의 공연 오락적인 면모에 주목하는 등 차이가 나타난다. 김일출, 김학주, 전경욱 등이 주로 구나의식의 연극적 면모 및 등장인물의 유사성에 주목하여 산대놀이의 기원 문제를 다루었다면, 이두현 등은 의식 뒤의 잡희부에 속하는 규식지희(規式之戱)나 소학지희(笑謔之戱)를 중심으로 산대놀이의 형성 문제를 다루었다.

본 연구는 구나의식보다는 잡희 쪽에 더욱 관심을 갖고 있다. 구나의식의 연극적인 면모를 인정한다 할지라도 그 본질은 제의일 뿐이기 때문이다. 더구나 구나의식의 연극적 면모라는 것도 중국에서 이미 형성된 내용이다.[4] 11세기 고려 정종 때의 구나의식이나 18세기경의 구나의식이 크게 달라지지 않고[5] 전승될 수 있었다는 사실이 구나의식의 제의적 본질을 증명해 준다고 하겠다.

『한 · 중 두 나라의 가무와 잡희』, 서울대 출판부, 1994에 재수록.

이두현, 『한국의 가면극』, 일지사, 1985.

梁在淵, 「山臺戱에 就하여」, 『國文學硏究散稿』, 日新社, 1976.

田耕旭, 「탈놀이의 形成에 끼친 儺禮의 影響」, 『民族文化硏究』 제28호, 高麗大民族文化硏究所, 1995.12.

4 김일출은 구나의식이 우리나라에 들어와서 등장인물이 다양화되고 화려한 볼거리를 추구하게 된 것을 두고 연극적 변화라고 하였다(김일출, 앞의 책, 62면). 그러나 김학주에 의하면 그가 지적한 연극적 변화는 이미 중국의 송대 때 구나의식에 생겨난 변화이다(김학주, 앞의 논문, 21~22면).

5 김학주는 고려 정종 때 기록에 보이는 구나의식은 당대(唐代)의 원형과 같다고 하였고, 조선시대 기록에 나타나는 구나의식은 송대(宋代)의 변화를 수용하였다고 하면서, 중국의 나례가 일단 고려 초에 수입된 이후 계속 영향을 주었던 것으로 파악하고 있다. 그러나 고려 정종 때의 기록에 나타나는 구나의 절차에서 몇몇 등장인물의 역할이 생략되었을 가능성도 있으므로 고려 때 송대의 나례를 받아들였다고 볼 수도 있다.

고려 말부터 조짐이 보이기 시작하여 조선시대에 이르면, 귀신 쫓는 의식인 구나의식과 난장놀이인 잡희(雜戲)가 분리되어 후자가 공연 오락 행사로 독립하게 된다.[6] 제의 뒤에 언제나 놀이가 뒤따르는 것도 아니었고 제의 절차 없이 잡희만 놀아지기도 하였다.[7]

선행 연구에 추가할 부분이 있다면, 그것은 나례의 변별 양상을 밝히고 각각 연극의 발전에 미친 영향을 분석하는 것이다. 독립적인 공연 오락 행사인 나례도 행사의 성격에 따라 차이점이 드러나기 때문이다. 공연 오락 행사인 나례는 어떻게 변별되었는지 고찰할 필요가 있다. 나례의 실체를 제대로 파악한 후에, 공연 예술 특히 연극의 발달에 미친 나례의 영향을 더욱 정밀하게 파악할 수 있을 것이다.

2. 나례의 오락적 변모 양상

1) '관나(觀儺)'의 용례와 개념

'관나(觀儺)'는 『조선왕조실록』 등에서 자주 보이는 표현으로 '나례를 보다' 또는 '나례를 구경하다'고 해석되어 아무런 차별적인 주목을 받지 못하였다. 그러나 다음의 자료들은 '관나'가 고유한 용어로 쓰여 특정한 행사를 가리킨다는 사실을 말해준다.

---

6 이 문제에 관해서는 김학주, 앞의 논문, 23~25면에서 언급한 바 있으나, 독립적인 잡희가 '나(儺)'라는 이름을 갖고 있었던 이상 나례와 불가분의 관계에 있다고 하였다. 그러나 그 관계가 구나의식과의 직접적인 관계를 말한다고 볼 수 없을 것 같다. 고려 말부터 나례는 구나와 무관한 자리에서 사용되었는데, '나'라는 이름이 붙은 것은 본 절차 뒤에 이어지는 난장놀이의 성격을 계승한 결과라고 여겨진다.

7 제의를 나례(儺禮), 잡희를 나희(儺戲)라고 부르는 것이 합당하겠으나, 실제 기록에서 보면, 나희라고 여겨지는 행사에 대하여 나례라는 명칭을 그대로 사용하고 있어 문제가 된다. 나례의 성격 분화와 그 명칭에 대해서는 당대의 용례에 맞추어 사용하는 것이 옳다고 여겨진다.

(가) 지시하기를 "사정전에 관나(觀儺)를 배설하는 것은 옛 관례라고 하더라도 사정전은 경연을 여는 곳이므로 적합하지 않는 것 같다. 이전에도 후원에 설치한 때가 있었으니 이번에도 후원에 설치하는 것이 좋겠다."고 하였다.

傳曰 思政殿觀儺排設 雖是舊例 殿卽經筵處也 似不合矣 古亦有設於後苑之時 今亦設於後苑可也8

(나) 의금부(義禁府)에서 정재 절차를 글로 써서 보고하였다. "평상시에 정재인들은 의금부에서 모두 모아들였는데 지금은 군기시에 나누어 소속되었습니다. 그래서 본 의금부에 소속된 정재인들의 정재 절차만 써서 보고합니다." 하니 전교하기를, "중국 사신이 왔을 때는 의금부와 군기시에서 한편씩 나누어 가지기 때문에 정재인들이 각각 소속이 있다. 관나재인(觀儺才人) 같으면 의금부에서 전적으로 맡아 단속하지만, 중국 사신이 왔을 때야 숱한 재인들을 어떻게 일일이 다 단속할 수 있는가. ……." 하였다.

禁府 以呈才節次書啓曰 常時呈才人 府爲摠集矣 今則分屬于軍器寺 故但以府所屬呈才節次書啓 傳曰 天使時 則義禁府軍器寺分邊 故呈才人 各有所屬矣 如觀儺才人 義禁府專主檢擧 天使時 許多才人 豈能一一檢擧乎9

(가) 원문의 '관나배설(觀儺排設)'에서 '관나'는 명사 또는 명사구로 번역된다. '관나'가 다만 '나례를 구경하다'라는 사실 전달의 의미만 지니고 있었다면 '나례베설(儺禮排設)'로 쓰는 것이 온당할 것이다. 그런데 위와 같이 쓰일 수 있었던 것은 '관나'가 고유한 의미를 가지기 때문이다. (나) 원문의 '관나재인(觀儺才人)'은 관나 때 동원되는 재인을 부르는 고유명사로 쓰였다고 할 수 있다.

---

8 『중종실록』 43권 46장.
9 『중종실록』 83권 22~23장.

'관(觀)+목적어'의 조어(造語)로 특정한 행사를 나타내는 방식은『악학궤범』의「정전(正殿) 예연(禮宴) 기녀(女妓) 악공(樂工) 배립(排立)」항목에 잘 나타나 있다.[10] 정전의 예연 및 각종 연향을 열거하면서 동원하는 기녀, 악사 등의 수를 열거하였는데 '관나', '관처용(觀處容)', '관사(觀射)' 등의 행사를 언급하고 있는 것이다. 그밖에도 '관화(觀火)'의 행사가 있다.

전교하기를, "그대들이 말한 것은 매우 의리가 있다. 그러나 관나와 관화는 놀이를 즐기기 위한 것이 아니고 다만 양전을 위해서 벽사(逐邪)하기 위함이다. ……."

傳曰 爾等所言深有義理 然觀儺觀火非以玩戲 而爲之只爲兩殿逐邪耳[11]

'관화'는 '불놀이를 구경하는 행사'이다. 성현(成俔)의『용재총화(慵齋叢話)』에 의하면[12], 불놀이는 장치와 기구를 절묘하게 사용하여 폭죽을 터트리고 불꽃을 일으키는 구경거리이다. 따라서 '관(觀)+목적어'의 조어는, '어떠한 볼거리를 구경하는 행사'를 의미하는 고유한 명칭이 되는 것이다.

성현의 시 제목인 〈관나〉도 이러한 맥락에서 의미를 파악할 수 있다. 시 〈관나〉는 '관나'의 행사를 두고 지어진 것이다. 다음의 기록은 이와 관련한 흥미 있는 정보를 제공하고 있다.

임금이 창경궁 인양전에 나아가서 나희를 구경[觀儺戲]하니, 월산 대군 이정, 덕원군 이서, 오산군 이주, 옥산군 이제, 사산군 이호, 정양군 이순, 운산군 이계, 강양군 이축, 팔계군 이정, 남천군 이쟁, 영춘군 이인, 연성군 이적, 덕진군 이활, 회원군 이쟁, 수안군 이당, 당양위 홍상, 상당부원군 한명회, 청

---

10 『악학궤범』 2권 13~15장.
11 『성종실록』 248권 17장.
12 성현, 『용재총화』 1권(『대동야승』 1, 민족문화추진회), 23~24면.

송부원군 심회, 영의정 윤필상, 좌의정 홍응, 우의정 이극배, 영중추 노사신, 승지와 입직한 여러 장수 이 입시하였다. 명하여 윤목(輪木)을 던져서 내탕(內帑)의 물건을 걸고 내기하게 하고, 이어서 '관나(觀儺)'를 제목으로 칠언율시를 짓도록 명하였다.

上御昌慶宮仁陽殿 觀儺戲 月山大君婷 德原君曙 烏山君澍 玉山君躋 蛇山君灝 定陽君淳 雲山君誠 江陽君瀟 八溪君淨 南川君崝 永春君仁 蓮城君潚 德津君濚 會原君崝 遂安君讚 唐陽尉洪常 上黨府院君韓明澮 靑松府院君沈澮 領議政尹弼商 左議政洪應 右議政李克培 領中樞盧思愼 承旨 入直諸將等入侍 命擲輪木賭帑 仍命製觀儺七言律詩[13]

임금이 관나 행사의 끝에 입시한 종친과 재상들로 하여금 '관나'라는 제목으로 시를 짓게 하였다는 것이다. 성현의 시 〈관나〉는 바로 이러한 절차를 통하여 지어진 것이라고 할 수 있다. 위 기록의 연대는 성종 17년으로, 성현의 활동 연대와 겹치지만, 열거된 인물에 성현이 언급되지 않는 것으로 보아 관나 때 칠언율시 〈관나〉를 짓는 일이 어느 정도 성습이 되었던 것 같다.

이와 같이 관나가 특정한 행사를 가리키는 고유한 명칭인데도 지금까지는 '관나'의 개념을 변별하여 인식하지 못했기 때문에 여타의 나례와 전혀 구별되지 않았던 것이다. 이제 관나의 행사가 지금까지 인식해 온 나례와 어떻게 변별되는지 알아보고자 한다.

2) '관나(觀儺)', '설나(設儺)', '구나(驅儺)'의 변별 양상

선행 연구에서 나례는 대략 두 가지로 구분되었다. 첫째, '계동나례(季冬儺禮)' 또는 '세말(歲末) 궁중나례(宮中儺禮)'라고 하여[14] 해마다 연말에

---

13 『성종실록』 198권 14장.

벌이는 나례, 둘째, 각종 행사에 수반되는 잡희로서의 나례이다. 먼저 행차 때의 나례와 관나의 차별성을 고찰하기로 하겠다.

'관나'의 용례가 나타나는 『조선왕조실록』의 기사는 날짜별로 헤아려서 50조항이 넘는다.[15] 그런데 주목할 것은, 관나의 공간이 예외 없이 궁중으로 되어 있다는 사실이다. 뒤집어서 생각하면, 행사에 수반되는 나례에는 '관나'라는 표현을 사용하지 않았다는 뜻이 된다. 행사에 수반되는 나례도 구경할 수 있으므로 사실 전달의 의미에서라도 '관나희(觀儺戲)', '관나례(觀儺禮)'라는 표현을 쓸 수 있을 것인데, 조사한 바에 의하면 그러한 용례가 전혀 없었다.[16]

그 대신 '설나희(設儺戲)'(세종실록 1권 27장), '설나(設儺)'(연산군일기 60권 22장), '설나례(設儺禮)'(정조실록 51권 6장), '용나(用儺)·정나희(呈儺戲)'(문종실록 2권 10장), '나례즉진(儺禮則陳)…'(연산군일기 31권 21장), '진나례(進儺禮)'(광해군일기 23권 3장) 등의 표현이 쓰였다. 설(設), 용(用), 정(呈), 진(陳), 진(進) 등의 여러 가지 동사가 사용되었지만 '관(觀)'이 한 번도 사용되지 않았다. 행사에 수반되는 나례를 표현하는 어휘는 고정되지 않았지만, 적어도 '관나'라는 명칭을 제한적으로 사용함으로써 차별성을 명확하게 드러내고 있는 것이다.

따라서 행사에 수반되는 나례에 대해서는 '설나(設儺)'라는 명칭을 사용하고자 한다. '설나' 또는 '설나례(設儺禮)'는 행사에 수반되는 나례를 가리키는 가장 일반적인 표현일 뿐 아니라 관나라는 명칭과 좋은 대비가 되기

---

14 이두현과 조원경이 각각 이 용어를 사용하였다. '계동나례(季冬儺禮)'는 『고려사(高麗史)』 예지(禮志) 권(卷)64 지(志) 권제(卷第)18 예(禮)6에 나오는 용어에 근거를 두었고(이두현, 『한국의 가면극』, 일지사, 172~73면) '세말(歲末) 궁중나례(宮中儺禮)' 또는 '궁중(宮中) 세말나례(歲末儺禮)'는 연구자의 시각으로 다듬은 용어이다.

15 '관나희(觀儺戲)', '관나례(觀儺禮)'가 쓰인 경우를 포함하여 50조항이다. 이들 용례는 '관나(觀儺)'를 풀어쓴 것일 뿐 기사의 정황이 '관나'와 동일하기 때문이다.

16 '관지(觀之)', '관잡희(觀雜戲)' 등의 표현은 있었으나, '관나(觀儺)'라고 쓰인 법은 없었다. 이러한 사실을 통해서도 '관나'가 고유한 용어로서 차별적으로 쓰였음을 알 수 있다.

때문이다.[17]

관나와 설나의 차이는 일단 행사가 벌어지는 장소에 있다. 앞서 말했듯이 관나는 공간적으로 궁중에 제한된다는 특성을 지닌다. 반면, 설나는 궁궐 밖의 외부에서 벌어진다. 각종 행차가 지나는 연도에서 환영 행사로서 치루어졌기 때문이다.

장소의 측면에서 보자면 관나는 계동나례와 유사하다. 계동나례는 궁중에서 벌어지는 축역(逐疫) 또는 구나(驅儺)의 의식(儀式)과 잡희를 아울러 가리키는 것으로 알려져 왔다.[18] 따라서 관나에 대한 기록들은 모두 계동나례의 기록으로 취급되었던 것이다. 그러나 계동나례와 관나는 분명히 다른 행사이다.

관나가 계동나례와 똑같은 행사라면, 축역과 그에 따르는 잡희가 하나의 절차로 묶여 있어야 한다. 잡희가 없는 축역의식은 있을 수 있지만, 축역의식 없는 잡희는 있을 수 없다. 그러나 관나는 축역과 무관하게 이루어졌다는 사실에 주목해야 한다.

(가) 검토관 이창신이 아뢰기를, "…… 나(儺)의 풍속은 전래한 지 오래 되었습니다. 『주례(周禮)』에는 방상시가 이를 담당하였고, 공자 때에도 있었습니다. 옛날에도 이미 그러하였으니, 구나(驅儺)는 갑작스럽게 폐지할 수 없습니다. 그러나 지금 세시(歲時)의 관나(觀儺)는 우인(優人)들이 이에 속된

---

17 다만 편의상 이러한 명칭을 부여하는 것이 아니라 뒤에 논의할 공연의 특성과 밀접한 관련이 있다.

18 조원경은 '逐疫儀式이 끝난 後 宮中에서 處容舞를 추고 百戲 雜戲와 戲謔之事를 하였고 이 處容舞와 百戲 雜戲까지를 儺禮라고 指稱'한다고 하였다(「나례와 가면무극」, 『학림』 4, 1955, 27면). 이두현은 '季冬儺禮는 凶年 其他의 有故時에 停罷되는 예는 있었으나 거의 定例的으로 매년 除夕에 거행되고, 逐疫 외에 雜戲 즉 儺戲가 隋伴되었다'고 하여 역시 이러한 입장을 취하였다(『한국연극사』, 민중서관, 1973, 74면). 한편, 필자도 조원경의 견해를 소개하는 가운데 세말의 궁중나례를 '辟邪進慶의 驅儺儀式을 포함하는 본격적 나례'라 하여(「소학지희의 공연방식과 희곡의 특성」, 서울대 석사학위논문, 1990, 13면) 이러한 견해를 그대로 수용하였다.

말로 성상 앞에서 놀이를 보이는데, 혹은 의복과 물품으로 상을 내리니, 비록 진나라 임금처럼 상을 내림이 절도가 없는 데까지는 이르지 아니하였습니다만, 그러나 옳지는 못한 것입니다."

檢討官李昌臣啓曰……儺之來 久矣 周禮 方相氏掌之 至孔子時 亦有之 古旣如是 驅儺 不可遽廢 然今歲時觀儺 優人乃以里巷語 呈戲於上前 或以衣物賞之 雖不至賞賜無度 然且不可[19]

(나) 내전에서 소간(小簡)을 내어 이르기를, "24일에 해가 바뀌니 종친으로 하여금 격봉(擊棒)하고, 26일에 관나(觀儺)하고, 27일에 풍정(豊呈), 28일에 관나(觀儺)하고 축역(逐疫)하고, 29일에 격봉(擊棒)하고 소연(小宴)을 열고 관화(觀火)하겠다." 하였다.

內出小簡曰 二十四日交年令宗親擊棒 二十六日觀儺 二十七日豊呈 二十八日觀儺逐疫 二十九日擊棒小宴觀火[20]

(가)에서 관나와 구나가 따로 언급되어 별개의 행사라는 사실이 드러난다. 구나와 관나가 동시에 대비된 것은 세시(歲時)에 치루어지는 행사로서의 기원(起源)이 일치하고 벽사진경(辟邪進慶)의 의미가 같기 때문이다. 구나에 딸린 잡희는 무당굿의 뒤풀이와 마찬가지로 잡귀를 풀어먹인다는 의의를 지니며 엄숙한 제의에 대한 난장 놀이의 기능을 가진다. 그러나 잡희의 부분이 관나의 행사로 독립되면서부터 기원적인 의의와 기능은 거의 사라졌다고 할 수 있다. 결국 구나는 표면적인 의의와 실제 행위가 일치하는 의식이기 때문에 허용할 수 있으나, 관나는 본래적인 의의와는 달리 순전한 공연 오락 행사가 되었으므로 배격의 대상이 된 것이다.

(나)는 세말(歲末) 궁중 행사의 일정을 보여주고 있다. 행사들은 모두

---

19 『성종실록』 98권 13장.
20 『세조실록』 34권 51장.

묵은해를 보내고 새해를 축하하는 의미를 지닌다고 할 수 있지만 그 행사의 성격은 제각기 다르다. 26일에는 관나만 한다고 하였고 28일에는 관나와 축역, 즉 구나를 각각 거행한다고 하였다. 관나를 이틀 사이에 두 번거행한다는 사실을 보아도, 관나가 제의에서 독립한 공연 오락 행사라는 사실을 알 수 있다.

제의인 구나와 공연 오락 행사인 관나는 행사를 주관하는 담당기구가서로 달랐다.

관상감(觀象監)이 아뢰기를, "매년 계동나례(季多儺禮)는, 평시의 경우에는 좌우대(左右隊)의 온갖 기구들을 다 준비하여 어소(御所)와 빈 궁궐의 각처에 크게 진설하여 놓았었습니다. 그러나 근년에는 단지 양사(禳謝)하는 물건만 준비하여 진배(進排)하였습니다. 지난해 12월 27일 축역(逐疫)할 때에내리신 전교에 '창사(倡師)와 방상시를 준비하여 진배하라.'고 하였습니다만, 기일이 이미 촉박하여 미처 준비하지 못하였다는 이유를 입계하니, 이에 대한 전교에 '그렇다면 우선 준비하지 말고 있으라.'하였습니다. 금년에는 창사와 방상시를 미리 준비해 두도록 승전(承傳)을 받들어 시행하게 하는 것이어떻겠습니까?"하니 전교하기를, "윤허한다. 창사와 방상시 등 몇몇 가지제구를 대략 준비하라." 하였다.

觀象監啓曰 每年季多儺禮 平時則悉備左右隊諸具 時御所及空闕各處 大張爲之 而近年則 只備禳謝之物 進排矣 但前年十二月二十七日 逐疫臨時 傳教內 倡師及方相氏 準備進排 而日朔已迫 不得及備之由 入啓則 傳曰 然則姑爲勿備事 傳教矣 今年則 倡師及方相氏等 預爲措備事 捧承傳施行如何 傳曰允倡師方相氏某某具從略爲之[21]

계동나례의 준비 절차에 언급된 창사(倡師)와 방상시(方相氏)의 존재를

---

21 『선조실록』 180권 33장.

보아 이 계동나례는 축역 행사이며 구나이다. 관상감(觀象監)이 계동나례에 관한 계를 올렸으므로 그 담당기구라는 사실을 알 수 있다.[22] 구나가 아닌 관나 및 설나의 담당기구는 관상감이 아니었다. 관나는 의금부에서 맡아보았고, 설나는 의금부와 군기시가 각각 좌우변 나례도감을 설치하여 맡아보았던 것이다.[23]

기원적으로는 관나가 축역 행사 뒤의 난장 놀이였다고 해도, 조선시대 이후에는 축역에서 독립하여 공연 오락 행사로 바뀌었으므로 계동나례와는 별개의 행사가 되었다고 하겠다.[24] 오히려 계동나례라는 명칭은 구나와 동일한 개념으로 쓰여 역귀를 쫓는 의식으로만 인식되고 있음을 알 수 있다.

선행 연구의 구분에 의하면, 궁중에서 벌어진 나례에 대한 모든 기록은 계동나례의 것으로 취급되었다. 그러나 실제로 계동나례라고 언급한 것은 구나에 한정될 뿐이며, 궁중의 나례에 대한 수많은 기록들은 거의 관나에 해당한다. 당대의 용례와 의미를 정확히 파악해야 남겨진 기록 자료를 분석할 때 오류를 범하지 않을 수 있다.

이상의 논의에 의하면, 관나는 계동나례인 구나와도 다르고 행사에 수반되는 나례인 설나와도 다르다. 즉 조선 시대의 나례는 관나, 설나, 구나

---

22 사전류나 개설서에서 나례의 담당 기구를 언급하는 가운데, '원래는 나례도감에서 주관하다가 선조 때부터 관상감(觀象監)에서 주관하였다'고 설명한 사례를 보게 된다. 그것은 위에서 인용한 선조실록 기사에서 관상감이 계동나례에 대하여 계를 올린 사실을 근거로 하는 것이다. 그러나 이때의 계동나례는 구나(驅儺)를 말하며 관상감은 구나에 대하여 제안했을 뿐이다. 관상감이 구나를 주관한 것은 成俔의 〈慵齋叢話〉에도 나타나므로 선조 이전부터 있었던 일이고, 나례도감이 設儺를 주관한 것은 선조 연간을 지나 인조 때까지 이어졌다.

23 사진실, 「조선시대 서울지역 연극의 공연상황 연구」, 『한국연극사연구』, 태학사, 1997, 222~224면.

24 세시에 행하는 '축역'과 '관나'를 합하여 넓은 의미에서의 계동나례라고 하자는 견해가 있을 수 있다. 그러나 연구자의 시각에서 정리하는 것과 실제로 쓰임이 그러했다는 것은 차이가 있다. 당대의 쓰임에는 '축역'과 '관나'를 합하여 달리 '--나례'라고 부른 예가 없다. 당대의 쓰임에 주목하는 것은, 남겨진 기록 자료를 정확히 분석하기 위해서 필수적인 일이다.

로 변별할 수 있는 것이다. 관나, 설나, 구나는 행사의 성격이 제의인가 공연 오락 행사인가에 따라 다시 나누어진다.[25] 구나는 본래적 의미의 나례인 역귀를 쫓는 제의이며, 나머지 둘은 공연 오락 행사이다.

구나에 배우(俳優)와 같은 민간 예능인이 참여하지 않았다고 단언할 수는 없으나, 『용재총화』의 기록에 의하면 주로 악공(樂工)이 중심이 되었다.[26] 악공은 민간의 악기 연주자에서 선발된 부류가 아니고 일반인으로서 음악인으로 양성된 부류이므로 궁정에서 필요한 예능을 전수받고 익힐 뿐이다.

악공이 주축이 되어 구나를 거행한 것은 그것이 놀이가 아니고 제의(祭儀)였기 때문이다. 제의는 정해진 절차와 형식을 엄격히 준수해야 그 주술성이 유지된다. 궁정에 복무하는 악공은 궁중의 오락을 위해 존재하기보다는 엄숙한 의식을 위하여 존재하였다. 구나의 법식을 익히게 하여 정기적으로 반복하기 위해서는 민간 예능인보다는 궁정 예인인 악공에게 유리한 점이 있었다고 할 수 있다.

반면, 관나와 설나는 순전한 공연 행사로서 배우와 재인들이 주축이 되어 출연하였다. 다만 설나는 의전(儀典) 행사로서 벌어지는 공연이었기 때문에 의례와 놀이의 차원이 교차되어 있다고 할 수 있다. 그러나 의례라고 할지라도 놀이로 표현된 것이기 때문에 구나의 형식과는 다르다.

그렇다면 조선시대 나례의 제도를 통하여 궁정과 민간의 공연 문화가 교류하였다는 사실을 전제로 할 때, 그 역동적인 양상을 포착할 수 있는 대상은 구나가 아니라 관나와 설나라고 할 수 있다. 그러나 이 두 행사도 각기 다른 연극사적 의의를 지니고 있어 그 실상을 밝힐 필요가 있다.

---

25 제의와 공연 행사를 구분하기 위해서는 그것이 관객에게 내보이기 위한 것인가 아닌가를 따져야 할 것이다. 제사의식에도 구경꾼이 존재하지만 그들은 넘겨다보는 것일 뿐 연행의 객체인 관객이라고 할 수 없다.

26 『용재총화』 1권(『대동야승』 1), 22~24면.

3. 연극사적 의의

관나와 설나는 오락적인 공연 행사라는 점에서 일치하지만 공연이 도달하고자 하는 목적에서 차이가 있다. 관나와 설나의 차이를 알려주는 단서는 바로 '관(觀)'과 '설(設)'이라는 동사의 사용에 있다. 전자는 나례를 관람한다는 사실에 중점을 두었다면, 후자는 나례를 벌인다는 사실에 중점을 둔 표현이다. 어떤 나례든 장소를 정하여 장치나 기구를 갖추고 연행하므로 '설(設)'의 행위는 차별성을 지니지 못한다.

그러나 '관(觀)'의 행위는 허용되기도 하고 제한되기도 하는 차별성을 지닐 수 있다. 적어도 공식적인 규정에 의하여 관람의 여부가 달라질 수 있는 것이다. 관나는 '관람이 공식적으로 규정된 나례'라고 할 수 있다. 큰 의식이 있을 때마다 설나의 행사가 치루어지지만, 임금의 도리로는 상세히 볼 수 없어 아쉬우므로 배우들의 놀이를 보는 공식적인 행사로서 관나가 부각되었다고 할 수 있다. 반면, 설나는 '설치하여 베풀기 위한 나례'라고 할 수 있다. 이하에서는 이러한 차별성에 관하여 검토하고 각각 연극의 발달에 미친 영향을 살펴보고자 한다.

1) '관나(觀儺)'와 궁정연극의 발달

조선시대의 공식문화로서 나례는 임금의 거둥과 밀접한 관계에 있으므로, 일차적으로 관람 여부의 기준이 되는 관객은 바로 임금이다. 관나는 임금의 관람을 목적으로 벌이는 행사이다. 관나의 설치 자체를 반대할 수는 있지만, 이왕 벌어진 행사에 대하여 구경하지 말라고 간언할 수는 없다. 임금은 관나에서 벌어지는 여러 가지 공연 종목에 대한 정당한 관객이다.

비현합에서 나희를 구경[觀儺戲]하였다. 세자가 종친, 재상들과 함께 참가하였다. 우인이 놀이에 담아 항간의 비루한 사실을 엮어대기도 하고 또한 풍자하는 말도 하였다. 임금이 즐겁게 들었다. 베 50필을 주었다.

御丕顯閣 觀儺戲 世子如宗宰入侍 優人因戲 或陳閭閻鄙細之事 又有規諷之言 上樂聞之 賜布五十匹[27]

임금과 세자, 종친, 재상 등이 모두 관나의 관객이 되어 있다. 배우들의 놀이에 깃들여진 풍자하는 뜻을 기꺼이 받아들이기 위해서는 진지하고 충실한 관객이 되어야 한다. 따라서 관나의 행사는 고정적인 관람석이 마련된다.

임금이 편복(便服)으로 인양전(仁陽殿) 처마 밑에 나아가고 두 대비(大妃)는 발을 드리우고 전(殿)에 나아가 전 곁의 조금 북쪽에서 나(儺)를 구경[觀儺]하였다. 장막을 치고 또 그 북쪽 긴 복도에 발을 드리워서 초청받은 내외(內外)의 부인들이 나(儺)를 구경할 곳[觀儺之處]을 만들고 종친과 재상 2품 이상과 입직(入直)한 여러 장수, 승지, 주서, 사관 등이 입시하였다.

上以便服御仁陽殿簷下 兩大妃垂簾御殿 觀儺於殿傍小北 張帳幕又其北長廊垂簾 爲內外命婦觀儺之處 宗宰二品以上 入直諸將承旨及注書史官等入侍[28]

관나의 장소에 대한 기록에 의하면 주로 편전(便殿)에서 관나의 행사가 벌어진다. 위의 인용문에서는 인양전(仁陽殿)의 처마 밑에 임금의 자리가 마련된다. 임금은 예복이 아닌 편복을 입고 편안하게 놀이를 즐기게 되어 있다. 왕비 등 부녀자들은 발을 드리운 '관나지처(觀儺之處)'를 마련하여 관람하게 된다.

관나의 공연 현장을 보여주는 자료로는 성현의 시 〈관나〉가 있다.

---

27 『세조실록』 32권 12장.
28 『성종실록』 235권 19장.

내전 뜰 봄볕에 채붕이 펼쳐지고	秘殿春光泛綵棚
울긋불긋 재인들 종횡으로 어지럽구나.	朱衣畫袴亂縱橫
농환은 宜僚의 기교와 방불하고	弄丸眞似宜僚巧
줄타기는 나는 제비처럼 가뿐하구나.	步索還同飛燕輕
네 벽의 작은 방엔 괴뢰를 갖추어 놓고	小室四旁藏傀儡
백 척의 높은 장대 위에선 갖가지 춤을 추네.	長竿百尺舞壺觥
군왕께서야 창우의 놀이 즐기시지 않지만	君王不樂倡優戲
원하는 건 뭇 신하와 함께 태평성대를 누리는 것.	要與群臣享太平[29]

원문의 "주의화고(朱衣畫袴)"는 직역하면 '붉은 옷과 채색 바지'라고 할 수 있다. 울긋불긋 옷을 갖추어 입고 각종 놀이를 펼치는 재인들의 모습을 나타낸다. 『악학궤범』「정전 예연 여기 악공 배립」에 의하면, 관나 때 기녀가 16명이 동원되지만 행사의 중심이 되는 예능인은 민간의 배우와 재인이라고 할 수 있다. 위의 인용문에서는 농환, 줄타기, 인형극, 솟대놀이 등의 공연종목을 열거하고 있다.

일반적으로 나례와 관련하여 떠올리는 산대(山臺)는 가설되지 않았던 것으로 보인다. 산대가 가설되었다면 그 거대한 볼거리에 대하여 언급하지 않을 수 없기 때문이다. 관나가 거행된 궁전은 경복궁의 사정전, 창덕궁의 선정전, 창경궁의 인양전 등인데 모두 편전으로 그 앞뜰이 넓지 않다.[30] 따라서 물리적인 조건에 의해서도 산대를 세우기 어렵다. 설나의 경우 광화문 앞 큰길가에서 나례를 공연하므로 산대를 가설하는 것이 상례였다.

관나의 공연종목들은 넓지 않는 마당 공간에서 거행할 수 있는 소규모

---

29 成俔, 『虛白堂集』, 詩集 7권.
30 임금이 궁전의 처마 밑에 앉아 나희를 구경하였다는 기록을 통하여 관나의 공연이 궁전의 뜰에서 벌어진 사실을 알 수 있다.

의 공연이었다고 할 수 있다. 위의 인용문에 나와 있지는 않지만, 소학지희(笑謔之戲) 역시 관나의 행사에서 공연되었다.[31] 소학지희는 언어의 묘미를 살린 연극이므로, 가청적(可聽的)인 거리가 확보된 소규모의 공연공간에서 연출하였을 때 그 효과가 극대화될 수 있다.

(가) (귀석이) 자칭 수령이라 하며 동헌에 앉아서 진상을 맡은 아전을 불렀다. 한 배우가 아전이라고 하고 무릎으로 기어 앞으로 나왔다. 수령이 소리를 낮추고 큰 꾸러미를 하나 주며 말하기를, "이것은 병조판서께 드려라." 또 큰 꾸러미 하나를 주며 말하기를, "이것은 이조판서께 드려라." 중간 꾸러미를 하나 주며 말하기를, "이것은 대사헌께 드려라." 그러고 나서 작은 꾸러미를 주고서는 "이것은 임금께 올려라."라고 말했다.

自稱守令坐於東軒 召進奉色吏 有一優人自稱進奉色吏 膝行匍匐而前 貴石低聲 擧大苞一 與之曰 此獻吏曹判書 又擧大苞一 與之曰 此獻兵曹判書 又其中者一 與之曰 此獻大司憲 然後 與其小苞曰 以此進上[32]

(나) 이보다 앞서 공길이라는 우인이 〈노유희(老儒戲)〉를 만들어가지고 말하기를, "전하는 요순 같은 임금이고 나는 고요 같은 신하입니다. 요순과 같은 임금은 항상 있는 것이 아니지만 고요와 같은 신하는 언제나 있을 수 있습니다."라고 하였다. 또 『논어』를 외우면서 말하기를 "임금이 임금답고 신하가 신하답고 아버지가 아버지답고 아들이 아들다워야 합니다. 임금이 임금답지 못하고 신하가 신하답지 못하면 설사 쌀이 있은들 내가 먹을 수 있겠

---

31 관나(觀儺)의 행사가 아닌 경우로 진풍정(進豊呈)을 들 수 있다. 이 행사는 아랫사람이 윗사람에게 바치는 형식을 취하는 연회로서 주로 임금이 대비를 위하여 베푼 사례가 많이 나타난다. 내연(內宴)으로 행해지기 때문에 규모가 작아 무대 공간의 특성은 관나와 유사하다고 할 수 있다.
소학지희의 구체적인 내용과 희곡의 특성에 관해서는 사진실, 「소학지희의 공연방식과 희곡의 특성」, 서울대 석사학위논문, 1990(『한국연극사연구』, 태학사, 1997에 수록) 참조.
32 유몽인, 『於于野談』, 俳優條.

습니까."라고 하였다. 왕은 말이 공경스럽지 못하다고 해서 형장을 치고 먼 지방으로 귀양을 보냈다.

先是優人孔吉作老儒戲曰 殿下爲堯舜之君 我爲皐陶之臣 堯舜不常有 皐陶
常得存 又誦論語曰 君君臣臣父父子子 君不君臣不臣 雖有粟吾得而食諸 王以
語涉不敬杖流遐方[33]

(다) 전교하기를, "나희를 구경하는 일은 내가 좋아하지 아니하나, 다만 아이들이 구경하고자 한다. 내일 나희를 구경할 때에 문신(文臣) 재상(宰相)으로 하여금 어려움을 묻고자 하니, 입시(入侍)하게 하는 것이 좋겠다." 하였다.

傳曰 觀儺戲事 予不喜之 但兒輩欲觀耳 明日 觀儺時 欲令文臣宰相問難 可
令入侍[34]

(가)에서는 사태의 반전이 가져다주는 소극적 특성이 중요하기 때문에 처음부터 끝까지 관람하여야 공연의 효과를 거둘 수 있다. (나)와 같이 배우가 직접 임금에게 말을 건네고 임금이 그 말을 경청하고 반응을 보이려면, 목소리가 전달될 수 있는 거리가 확보되어야 한다. (다)에서 관나를 구경하는 문신으로 하여금 묻고자 하는 "어려움"이란 소학지희 내용에서 제시하는 민간의 질고(疾苦)라고 할 수 있다. 역대의 임금들은 소학지희를 통하여 민간의 질고 및 구제 절차를 파악하고자 한다는 명분을 내세웠던 것이다. 이러한 목적을 해결하기 위해서도 공연에 집중할 수 있는 관람 분위기가 조성되어야 한다.

한편, 관나는 공식적으로 임금의 관람을 위한 행사이므로 그 내용과 공연 방식에 일차적인 검열이 전제되었다. 행사가 있기 전 2개월 정도의 연습기간 동안 준비 과정을 거치기 때문이다.[35] 특히 대사를 중심으로 하거

---

33 『연산군일기』 60권 22장.
34 『성종실록』 149권 18장.

나 대사가 삽입되는 공연종목의 경우 사전 검열을 통하여 재생산되었다고 할 수 있다. 소학지희와 인형극의 대사, 줄타기 재담 등이 이러한 종목에 해당할 것이다. 인형극이나 줄타기 재담의 경우 민간재인이 가져온 내용을 손질하는 정도에 그쳤겠지만 소학지희의 경우는 사정이 달랐을 것이다. 궁정의 소학지희는 시사지사(時事之事)를 소재로 삼았고 '정치의 득실'과 '풍속의 미악'을 알고자 한다는 정치적 명분이 개입되어 있었기 때문이다. 2개월의 연습기간은 소학지희 대본이 생산되는 기간이라고 할 수 있다.

소학지희는 의금부와 임금이 관희단자(儺戲單子)를 올리고 받는 절차를 통하여 공연 내용이 미리 결정되었다.

지시하기를 "사정전(思政殿)에 관나(觀儺)를 배설하는 것은 옛 관례라고 하더라도 사정전은 경연을 여는 곳이므로 적합하지 않는 것 같다. 이전에도 후원에 설치한 때가 있었으니 이번에도 후원에 설치하는 것이 좋겠다. 라고 하였다.

그리고 나희단자(儺戲單子)를 내려 보내면서 말하기를 "농사짓는 형상은 빈풍 7월편의 내용에 의하여 만들며 고을원이 굶주린 백성을 구제하는 형상도 함께 만드는 것이 좋을 것이다."라고 하였다. 또 유생(儒生) 급제(及第)의 형상에 대한 첫째 조항을 지적하면서 말하기를 "이것은 비록 선생(先生)들이 신래(新來)를 놀려주는 형상이기는 하지만 희부(戲夫)들이 채색옷을 입는 것과 같은 문제를 진실성 있게 만들어 아이들의 장난처럼은 하지 말 것이다." 라고 하였다.

傳曰 思政殿觀儺排設 雖是舊例 殿卽經筵處也 似不合矣 古亦有設於後苑之時 今亦設於後苑可也 且下儺戲單子曰 農作形狀 須依豳風七月篇 而守令賑救飢民之狀 幷爲之可也 且指儒生及第一條曰 雖如此事先生弄新來之狀 戲夫服

---

35 사진실, 「소학지희의 공연방식과 희곡의 특성」, 앞의 책, 67~68면.

綵等事者 實爲之 毋如兒戲爲也[36]

중종 때 의금부가 나희단자를 올려 관나에서 공연할 내용을 비준 받는 내용이다. 위의 기록에 의하면, 임금이 그해의 관나에서 보게 될 내용은 대략 세 가지이다; (1) 농사짓는 형상, (2) 고을원이 굶주린 백성을 구제하는 형상, (3) 유생(儒生) 급제(及第)의 형상. 이 가운데 비준을 받기 위하여 임금에게 올린 내용은 (1)과 (3)이다. 임금은 (2)의 내용을 덧붙일 것을 요구하면서 동시에 (3)의 내용을 연극으로 꾸밀 때 사실성 있게 할 것을 당부하고 있다.

궁정의 관객 집단은 소학지희 대본을 구성하는 데 있어 깊이 관여하였다고 여겨진다. 주인인 종실의 불만스러운 처지를 대변한 〈종실양반놀이〉의 경우, 배우 스스로 문제를 자각하고 극적 상황을 꾸며낸 것이 아니라 주인이 만들어준 대본에 따라 연출되었을 가능성이 크다.[37] 귀석은 종실(宗室)의 노비이면서 그가 양성한 배우였다. 종실은 왕족으로서 궁정에서 벌이지는 각종 연회에 고정적인 참석자이기 때문에 사적으로 기른 배우를 궁정의 연회에 들여보낼 기회를 갖게 되는 것이다. 종실은 〈종실양반놀이〉 대본을 창출한 작가가 된다고 할 수 있다.

의금부 역시 소학지희의 대본을 구성하는 데 관여하였을 가능성이 크다. 의금부는 최고의 사법기관이며 권력의 핵심부에 있다. 또한 의금부는, 임금의 비준을 받은 나례단자의 항목에 맞게 배우들의 소학지희를 정비하는 역할을 수행한다. 죄인을 잡아들이거나 추국(推鞫)하는 관리와 경중우인의 예능을 점검하는 관리가 따로 있는 것이 아니기 때문에 소학지희 대본을 점검하는 가운데 의금부를 장악한 권력층의 정치적인 입장이 많이 반영될 수 있다. 이와 같이 지식인 집단이라고 할 수 있는 종친이나

---

36 『중종실록』 43권 46장.
37 사진실, 「조선시대 서울지역 연극의 공연상황 연구」, 앞의 책, 260~264면.

의금부의 관리 등이 작가의 역할을 맡아 함으로써 정제된 대본을 마련할 수 있었다. 소학지희 대본이 보여주는 잘 짜인 구성, 곧 사태의 반전이 가져다주는 구조적인 희극성은 그러한 결과라고 할 수 있다.

본격적으로 '관람'하기 위하여 관나라는 행사를 마련한 궁정의 관객 집단은 연극 등 공연예술 작품을 산출하는 데 깊숙이 개입하고 관리하게 된다. 많은 공연종목들이, 기본 예능은 민간의 공연 문화에 바탕을 두었을지라도 궁정 공연 문화에 맞게 재생산되는 과정을 거치게 되어 있다. 궁정의 소학지희는 이러한 과정을 통하여 만들어지는 대표적인 양식이다. 이런 의미에서 소학지희는 궁정연극이라고 할 수 있다. 관나와 같은 행사를 통하여 궁정 문화 주체의 적극적인 참여가 있었기 때문에 이러한 궁정연극이 발달할 수 있었다.

2) '설나(設儺)'와 민간연극의 발달

관나가 관람을 목적으로 거행한 공연 오락 행사라면 설나는 설치하여 베풀었을 뿐 본격적인 관람을 전제로 하지는 않았다. 다음의 자료에서는 설나의 거행 절차와 그에 따르는 임금의 행동 규정을 찾아볼 수 있다.

(가) 궁전으로 돌아올 적에는 모든 관리들이 예복차림으로 걸어서 뒤따랐으며 채붕을 만들고 나례를 벌여 맞이하였다. …(중략)… 교방에서도 또한 가요를 올렸다. 길가에 장막으로 장전(帳殿)을 만들어 놓은 다음에 상왕이 노상왕과 함께 나와서 구경하였다. 임금이 그 장전 앞에 이르자 행차를 멈추었으며 여러 가지의 음악이 울리고 잡희가 벌어졌다. 임금이 연(輦)에서 빠른 걸음으로 장전을 지난 후에 다시 연에 올라타니 악대들이 연 앞에서 춤도 추고 노래도 불렀다.

還宮百官朝服步從 結綵棚設儺禮……敎坊亦獻歌謠 設帳殿於道傍 上王奉老上王臨幸觀之 上至帳殿前停輦 張衆樂雜戲 上降輦趨過帳殿乘輦 樂部歌舞

陳於輦前[38]

(나) 왕이 공성왕후의 관복을 종묘에 고하였으며 제사가 끝나자 행차가 나갔다. 큰길에 채붕(綵棚)과 향산(香山)을 설치하고 우창(優倡)의 여러 가지 놀이를 성대하게 벌였다. 왕이 곳곳에서 연(輦)을 멈추고 종일토록 구경하였다.

사간원에서 제의하기를 "오늘은 비록 큰 경삿날이라고 하더라도 밤을 지새우면서 제사를 지내어 반드시 건강에 해가 많을 것입니다. 그런데 오랫동안 연을 멈추고 이런 우창과 여악을 구경하는 것은 사실 거룩한 덕행이 아닙니다. 빨리 정전으로 돌아와서 신하와 백성들의 축하를 받기 바랍니다."라고 하였다.

사헌부에서 제의하기를 "오늘 채붕을 세우고 향산을 설치한 것은 큰 경사를 자랑하기 위한 것입니다. 그렇지만 큰 경삿날의 기본은 오직 종묘에 고하고 축하하는 데 있는 만큼 채붕과 향산은 구경할 필요가 없습니다. 빨리 정전으로 돌아와서 축하를 받음으로써 큰 경사의 의식을 마치게 하기 바랍니다."라고 하였다.

王以恭聖冠服告于太廟 祭畢駕出 盛陳綵棚香山優倡百戱于大路 寸寸駐輦
終日而觀之 司諫院啓曰 今日雖曰大慶 達夜行祭爲多玉體之傷 而良久駐輦觀
此優倡女樂 實非聖德之事也 請丞還正殿 以受臣民之賀 司憲府啓曰 今日之建
綵棚設香山 所以侈大慶也 然而大慶之本唯在於告廟陳賀 則綵棚香山非所當觀
也 請速還宮受賀 以完大慶之禮[39]

종묘에 제사하는 의식을 거행하고 환궁하는 연도에서 나례 등을 벌이는 기록으로서 바로 설나에 해당한다. 그런데 (가)와 (나)에는 이러한 행

---

38 『세종실록』 1권 27~28장.
39 『광해군일기』 119권 5장.

사에 임하는 임금의 행동이 대비되어 나타난다. (가)를 보면, 임금은 연(輦)을 타고 가다가 장전(帳殿) 앞에 오자 멈추고 내려서 걸어갔다. 연을 멈추고 내려선 것은 장전에 나와 있는 상왕과 노상왕에게 공경을 표하기 위해서이지 잡희를 구경하기 위해서가 아니다. 연이 멈추자 음악과 잡희가 벌어졌지만 임금은 '빠른 걸음으로 장전을 지난 후에 다시 연에 올라타'게 됨으로써 시간을 두고 잡희를 관람할 여유가 없어지게 된다. 칭송과 환영을 받는 대상인 임금은 행렬과 함께 궁궐을 향해 진행하게 되어 있는 것이다.

(나)의 임금은 여러 차례 연을 멈추고 하루 종일 잡희를 구경하였으므로 사간원과 사헌부의 간언이 계속되었다. 이 날의 간언은 사간원, 사헌부, 홍문관, 승정원에서 각각 세 번씩이나 거듭되었는데, 급기야 임금은 불만을 터트리게 되었다.[40]

설나 등 환영 행사에서 (나)의 임금처럼 행동하는 것은 규례에 어긋나는 행동인 것을 알 수 있다. 행사의 목적은 (나)에 나타나듯이 '큰 경사를 자랑하기 위한 것'이다. 뜻 깊은 의식을 수행하고 돌아가는 임금을 환영하고 칭송하며 왕실의 위엄을 만방에 알리기 위한 것이다. 또한 설나는 야외에서 벌어질 뿐 아니라 민간에게 노출되어 있기 때문에 임금의 행동거지 및 신변보호에 각별한 주의를 기울여야 한다. 결국 설나는 늘여 세우고[設] 과시하는 데 그 도달점이 있는 의전적(儀典的)인 행사였던 것이다.

중국사신을 맞이하는 설나의 행사에서도, 행사의 주인공인 사신이 배우의 놀이를 오래도록 관람하는 일은 상례가 아니었다.

장령 홍섬(洪暹)이 아뢰기를, "무대에서 공연하는 등의 일은 만일 사신이 환관일 때는 혹 머물러 구경하기도 하지만 학사 대부나 유식한 사람이라면 모두 장난하는 도구로 여기고 즐거이 돌아보지 않습니다." 하니, 임금이 이

---

40 『광해군일기』 119권 7~8장.

르기를, "사신이 만일 조용하게 앉아서 관나(觀儺)처럼 관람한다면 당연히 극진하게 갖추어야 하지만 말을 몰아 달려오는 즈음에야 어찌 즐거이 이것을 눈여겨보겠는가. 산대(山臺)는 그대로 보수만 하고 극진하게 갖추지 아니하여도 괜찮겠다." 하였다.

掌令洪暹曰 綵棚呈戲等事 如宦者天使則容有住觀之理 若學士大夫有識之人 則皆以爲玩弄之具 不肯顧見矣 上曰 天使若從容坐觀 如觀儺 則當極備矣 驅馳之際 安肯留目於此 山臺仍修補 不至於極備可也[41]

위 인용문에서는, 산대를 가설하여 치르는 설나와 관나가 대비되어 나타난다. 관나 행사는 "조용히 앉아서 관람"하게 되므로 공연종목을 극진하게 준비하여야 하지만, 설나는 "말을 몰아 달려오는" 연도에 벌어지므로 공연종목을 극진하게 갖추지 않아도 된다는 것이다. 그러나 사신은 빈객이기 때문에 그 자신의 의사에 따라 설나의 관람 여부가 결정되었다. 위에서는, 사신이 환관 출신인가 학사 대부 출신인가에 따라 관람 여부가 달라질 수 있다고 하여, 설나의 관람을 부정적인 시각으로 바라보고 있다. 사신이 산대 앞에 가마를 세우고 지체하는 일은 사신 접대 일정에 차질을 줄 수 있고 백성들의 이목에 좋게 비칠 수 없기 때문이다.

행차의 연도에서 벌어지는 설나의 행사는, 공연공간의 특성상 진지하게 집중하여 관람할 수 있는 여건이 마련되기 어려웠다.

정원에 전교하였다. "중국의 사신이 올 때에 채붕에서 베풀어지는 놀이 행사가 매우 많으나 요란한 속에서 자세히 구경하지 못할 것이다. 이번에 천사가 올 때는 더 가설하지 말고 전에 만든 것을 수리하여 사용하도록 하라."

傳于政院曰 天使時 綵棚之設戲事甚多 擾擾之中 必不詳翫 今天使時 勿令加設 仍前所造之物 修補用之可也[42]

41 『중종실록』 89권 48~49장.

사신 접대를 위한 설나의 공연공간이 요란하기 때문에 자세히 구경하기 어려운 사정을 말해 주고 있다. 행차가 지나는 연도이므로 가청적인 거리를 확보하는 데 불리하고 떠들썩한 분위기 역시 관객의 주의 깊은 관람을 방해하게 된다. 설나의 공연 의도는 진지한 관람에 있지 않고 번성함을 과시하는 데 있었다. 임금이나 사신 등 행차의 주인공들은 진정한 설나의 관객이 될 수 없었다. 반면, 앞을 다투어 구경하고자 모여드는 도성의 백성이야말로 오히려 정당한 관객이었다고 할 수 있다.

(가) 一. 계에 이르기를, "중국사신이 올 때 나례의 헌가와 잡상의 습의 행렬이 왕래할 때 여러 귀한 집의 관람자가 매양 길가에 의막을 설치하고 다투어 서로 잡아 당겨 행진하지 못하게 하니 어떤 때는 잡물을 훼손하는 데 이릅니다. 그러나 본청(나례청)의 하인이 손을 대어 꾸짖고 금할 수가 없으니 매우 부당합니다. 이제부터 이러한 폐단이 있으면, 말할 것도 없이 그 집 하인을 일일이 잡아가두고 치죄하여 폐단을 막는 것이 어떻겠습니까?" 하였다.
一 啓曰 天使時 儺禮軒架雜像習儀往來時 諸貴家觀光者 每於路傍 設依幕 爭相留挽 使不得行 或致損傷雜物 而本廳下人不得下手呵禁 極爲不當 今後如有此弊 勿論其家下人 ——捉囚治罪 以杜其弊 何如[43]

(나) 대사성 김진규가 임금에게 말하기를 "나희를 할 때면 온 도성이 떨쳐나와 떠들어대며 곳곳에서 구경꾼이 붐비고 있습니다. 그 가운데는 선비들도 많이 섞여 있는데 심지어 싸움질을 하거나 밟힐 우려까지 있습니다. 대체로 사신이 오고갈 때에 조정 선비들은 직분의 일로 하여 그들을 대접하지 않을 수 없습니다. 더구나 유생으로 말하면 처신하는 것이 특별하여야 하는데 조정에서는 삼의사(三醫司)의 생도로 하여금 유생의 이름을 빌리게 하여 교

---

42 『중종실록』 89권 48장.
43 『나례청등록』, 13장.

외 영접을 대신 진행하도록 하였습니다. 선비들이 고마운 뜻도 생각하지 않고 점잖게 행동해야 할 입장도 돌봄이 없이 이처럼 하고 있으니 앞으로 조정에 들어오면 어디다 쓰겠습니까. 이제부터 유생으로 나희를 구경하는 자에 대하여는 적발하여 3년 동안 과거시험을 중지하기 바랍니다."라고 하니 임금이 승인하였다.

大司成金鎭圭白上曰 儺戲時 傾都嗔咽 處處縱觀 其中多有士子 至有鬪鬨蹂躪之患 凡容使往來時 朝士以其職事 不得不相接 而至於儒生 處身自別 朝家以三醫司生徒假儒名 代行郊迎 而士子輩不體德意 不顧行檢 乃如此 他日立朝將安用之 請自今儒生觀儺戲者 摘發 限三年停擧 上許之[44]

(가)는 인조 4년 『나례청등록』의 기록이다. 중국 사신을 영접하는 나례를 연습하는 행렬에 몰려든 구경꾼을 물리치는 일이 문제가 되었다. 민간 백성들이야 의금부 나장의 위세에 도전할 수가 없었겠지만 여러 귀한 집에서 나온 구경꾼들은 의금부 나장과 시비가 붙을 수밖에 없었다. 나례 때 금란의 업무가 중요한 것은 그만큼 나례를 구경하려는 민간 백성들의 성화가 대단했다는 사실을 반영한다.

(나)는 숙종 29년(1703)에 중국 사신을 접대한 나례를 정리하면서 제기된 문제에 관한 것이다. 나례를 할 때마다 붐비는 온 도성의 백성들을 막을 방도는 없고 다만 선비로서 나례를 구경하는 자를 적발하여 3년 동안 과거 시험을 금지하자는 제안이 들어온 것이다. 민간의 백성들이 설나의 행사를 구경하는 것은 공공연하게 인정받은 일이었다고 여겨진다. 설나 행사의 목적이, 뜻 깊은 행차를 만방에 알리고 그 번성함을 과시하는 데 목적이 있었다고 할 때 그 객체는 바로 도성 안의 백성들이다. 따라서 그들은 설나 행사에서 벌어지는 각종 공연 종목의 정당한 관객이 되었다고 할 수 있다.

---

44 『숙종실록』 38권 60장.

설나의 공연 현장을 보여주는 자료로는 성종 19년에 중국 사신으로 온 동월(董越)의 〈조선부(朝鮮賦)〉가 있다.

……시끌벅적 수레와 말 소리가 울리고, 어룡의 놀이가 이어진다. (이하에서는 모두 백희(百戲)를 베풀어 조사(詔使)를 맞이하는 광경을 말하였다) 자라는 산을 이고 蓬瀛의 바다 해를 안고(광화문 밖에 동서로 두 자리의 오산(鰲山)을 벌렸는데 높이가 광화문과 같으며 극히 공교롭다) 원숭이는 새끼를 안고 무산협(巫山峽)의 물을 마신다. (사람의 양 어깨에 두 동자를 세우고 춤을 춘다) 근두를 뒤치매 상국사(相國寺)의 곰은 비교할 것도 없고 긴 바람에 울거니 어찌 소금수레를 끄는 천리마가 있겠는가. 많은 줄을 따라 내리매 가볍기는 신선과 같고 외다리 목발을 디디매 날뛰는 산귀(山鬼)인가 놀라며 본다. 사자와 코끼리를 장식한 것은 모두 벗긴 말가죽을 뒤집어쓴 것이고, 봉황새와 난새가 춤추는 것은 들쑥날쑥한 꿩 꼬리를 모은 것이다. 대개 황해도나 서경에서 솔무(率舞) 베푸는 것을 두 번 보았지만 모두 이처럼 좋고 아름답지는 못하였다. (평양이나 황주에서도 모두 오산붕을 설치하고 백희를 벌여 조사를 맞이하였지만 유독 왕경의 것이 가장 뛰어났다)…….

……駢闐動車馬之音, 曼衍出魚龍之戲. 以下皆言陳百戲迎詔 鰲戴山擁蓬瀛海日, 光化門外東西列鰲山二座高興門等極其工巧 猿抱子飲巫山峽水, 人兩肩立二童子舞 飜筋斗不數相國之熊, 嘶長風何有鹽車之驥, 沿百索輕若凌波仙子, 蹋獨趫驚見跳梁山鬼, 飾獅象盡蒙解剝之馬皮, 舞鵁鸞更簇參差之雉尾, 蓋自黃海西京兩見其陳率舞, 而皆不若此之善且美也. 平壤黃州皆設鰲山棚陳百戲迎詔 而惟王京爲勝[45]

위의 내용에 의하면, 어룡만석지희(魚龍曼衍之戲), 원숭이 놀이, 땅재주, 줄타기, 외다리 목발 집기[46], 사자놀이, 코끼리 놀이 등이 나타난다. 관나

---

45 董越, 「朝鮮賦」, 『東國輿地勝覽』, 卷1, 京都 上.

의 종목과 비교하면, 주로 왕실의 번성함을 과시하기 위한 공연종목이 추가되었다. 어룡만연지희를 하기 위한 설치물이나 사자놀이, 코끼리 놀이를 위한 잡상 등은 설나와 같은 대규모 행사를 위해서 특별히 제작되는 물품들이다. 또한 관나에서는 없었던 거대한 규모의 오산(鰲山), 즉 산대(山臺)도 설나의 행사에서는 가설된다. 각종 물자와 인력을 조달하여 나례를 준비한 기구가 바로 나례도감이다.[47] 따라서 설나 때만 나례도감을 설치하고 관나 때에는 나례도감을 설치하지 않았던 것이다.

나례도감을 통하여 제작된 잡상이나 산대를 활용하여 벌인 종목을 제외한 나머지 공연종목은 민간재인이 평소에 놀았던 레퍼토리로 채워졌다고 할 수 있다. 또한 관나 때와는 달리 설나 때에는 이들 레퍼토리에 대한 검열이 약하였다고 할 수 있다. 행사를 주관하는 나례도감의 입장에서 볼 때, 설나의 공연종목은 임금이나 중국사신을 직접 대면하지 않으므로 규제의 필요성이 적었다. 물론 중국사신은 그 취향에 따라 산대 앞에 가마를 멈추고 관람하기도 하였으나 외국인인 까닭에 연극 등 대사가 들어있는 공연종목에는 관심을 두기 어려웠다고 할 수 있다. 그들이 흥미를 가진 것은 산대 및 잡상과 관련한 볼거리나 줄타기, 땅재주 등의 잡기였을 것인데 이러한 종목은 물의를 일으킬 가능성이 적으므로 어차피 검열의 대상이 되지 않는다. 따라서 설나의 공연종목만큼은 민간재인의 자율성이 적극적으로 보장되었다고 할 수 있다.

결국 설나의 행사는 민간재인이 개발한 새로운 공연종목의 각축장이 되었다고 하겠다. 재인들은 설나의 계기를 통하여 도성 안에 사는 백성들의 관심을 끌고자 하였을 것이다. 국가적인 행사에 불려 공연하였다는 사

---

46 『나례청등록』에 열거된 물품 중에 '척족죽(隻足竹)'이 외다리 목발 집기에 필요한 기구라고 여겨진다.

47 『나례청등록』에 의하면, 설나의 준비는 헌가(軒架)와 잡상(雜像)을 만드는 일이 핵심이 된다. 『나례청등록』을 번역한 내용은 사진실, 「나례청등록」, 『문헌과해석』 1~4호, 태학사, 1997~1998 참조.

실만으로도 이들 재인들의 흥행 활동에 큰 상승효과를 기대할 수 있었다. 설나의 행사는 재인들로 하여금 공연물을 혁신하여 새로운 놀이를 개발할 수 있는 동기를 부여하였던 것이다. 특히 지방에서 올라온 외방재인들은 이러한 기회를 통하여 그동안 개발한 예능과 공연종목을 가지고 서울의 시정에 진출할 수 있었다. 이러한 과정을 통하여 설나의 행사는 민간연극의 발달을 가져왔다고 할 수 있다. 현전하는 탈춤 산대놀이의 모체라고 할 수 있는 '산대도감'[48]이 그 대표적인 예라고 하겠다.

산대를 만드는 일을 주관한 '산대도감'의 명칭이 놀이패 혹은 놀이의 명칭으로 쓰인 사실은, 탈춤 산대놀이의 형성과 관련하여 많은 해석의 가능성을 지니고 있다.[49] 그러나 '산대도감' 놀이패는 산대도감에 소속된 놀이패가 아니라는 사실부터 짚고 넘어갈 필요가 있다. 산대도감은 산대를 만드는 일을 맡아본 임시기구일 뿐이다. 산대도감, 즉 나례도감은 일시적으로 재인들을 모아들여 행사를 치렀을 뿐 평상시에 그들을 예속하고 있지 않았다. 따라서 놀이패가 '산대도감'이라는 이름을 걸었던 이유는 국가적인 행사에서 공연하였다는 경력을 강조하고 자부하기 위해서였다고 할 수 있다. '산대도감'이라는 이름에는 '산대' 앞에서 공연한 놀이패라는 의미가 담겨 있다. 따라서 '산대도감' 놀이패와 관련되는 국가적인 행사란 구나, 관나가 아닌 설나의 행사이다. 구나 및 관나의 행사에서는 산대를 사용하지 않았고 설나의 행사에서만 산대를 사용하였기 때문이다.

최근에 발견된 그림 자료인 〈봉사도(奉使圖)〉를 통하여 설나의 행사와 산대도감 놀이패의 연관성을 추적할 수 있다.[50] 이 그림은 영조 1년

---

48 본산대를 말한다. 그러나 '본산대'가 별산대와 구분하기 위하여 사용된 이름이라면 산대도감은 당대에 사용된 이름이기 때문에 이것을 사용하기로 한다.

49 이와 관련한 많은 학설이 제출되어 있고, 필자 역시 「조선시대 서울지역 연극의 공연상황 연구」에서 하나의 학설을 보태었다. 선행 연구에 대한 논의는 그 논문의 서두에서 다루었으므로 여기서는 생략한다.

50 1998년 8월 한국구비문학회 하계 발표에서 「산대의 무대양식적 특성」이란 제목으로, 〈봉사도〉와 관련하여 산대의 변천 과정, 무대미학 등을 논의하였다(「산대의 무대양식적 특

(1725) 청나라 사신을 맞이하는 잡희 장면을 그린 것인데 산대를 세워놓고 그 앞에서 줄타기, 땅재주와 함께 탈춤을 공연하고 있다. 탈춤은 귀면(鬼面)이나 수면(獸面)으로 보이는 검은빛 탈에 긴 깃털을 꽂고 두 사람이 추고 있다.

〈봉사도〉의 탈춤은 현전하는 탈춤 산대놀이에서는 찾을 수 없는 모습인데, 18세기 초·중엽 〈감로탱(甘露幀)〉에서 유사한 모습이 나타난다. 〈선암사감로탱(仙巖寺甘露幀)〉에 나오는 놀이패 가운데 탈춤 추는 인물이 나오는데, 색깔은 다르지만 귀면(鬼面) 혹은 수면(獸面)으로 보이는 탈을 쓴 사실, 깃털을 꽂고 있는 사실, 옷 위에 한삼 자락을 걸치고 있는 사실 등이 일치한다.[51] 또한 〈자수박물관(刺繡博物館) 소장 감로탱〉에 묘사된 줄타기, 탈춤 등 놀이 장면은 〈봉사도〉와 거의 같다. 〈감로탱〉에 그려진 놀이패의 모습은 민간에서 벌어진 공연 장면을 보여주는 것이다. 산대의 유무(有無)만 다를 뿐 공연종목에 있어서는 중국사신을 접대하는 나례의 경우나 민간 공연의 경우나 차이가 없다는 사실을 알 수 있다.

설나의 공연종목 가운데 산대 및 잡상 관련한 볼거리를 연출하는 것 외에, 다른 공연종목에서는 민간재인의 자율성이 보장되었다고 하였다. 〈봉사도〉에서 산대 앞의 마당에서 벌어진 공연은 바로 그 자율적인 공연에 해당한다. 재인이 평소에 민간에서 놀던 종목을 그대로 가져온 것이다.

두 종류의 그림에 그려진 놀이패의 관계를 상상적으로 재구하면 다음과 같다; 〈감로탱〉의 놀이패들이 평소에 민간에서 활동을 하다가 중국사신이 오는 때를 맞아 산대 앞에 나아가 놀이하게 되었고 그 상황을 그린 것이 〈봉사도〉의 잡희 부분이다. 그들은 민간에서의 흥행을 염두에 두고 자신들의 놀이를 '산대도감'이라 부르게 되었으며 국가적인 공인을 받은 놀이패로서 자부하게 되었던 것이다. 이때 산대도감의 레퍼토리는 탈춤

성」, 『구비문학연구』 제7집, 한국구비문학회, 1998, 349~373면에 수록).

51 『甘露幀』, 예경, 1996, 114면.

뿐 아니라 줄타기, 땅재주 등을 포함한다. 산대도감 놀이패는 서울의 상업지역이 확대되고 민간의 오락적 수요가 늘어남에 따라 새로운 레퍼토리를 추가하게 되었다.

이러한 과정에서 갖추어진 산대도감 놀이패의 레퍼토리를 서울의 남대문 밖에서 공연한 모습이 바로 강이천(姜彛天, 1768~1801)의 〈남성관희자(南城觀戲子)〉에 나타나게 되었다고 할 수 있다. 〈남성관희자〉의 내용에서 탈춤 산대놀이의 핵심을 이루는 노석(老釋)·유생(儒生)과 무부(武夫: 포도부장)의 갈등 구조에는 18세기 이후 활성화한 서울 시정의 도시적 유흥 문화의 양상이 나타난다.[52] 따라서 현전하는 탈춤 대본의 모체는 18세기 이후 그 모습을 갖추었다고 할 수 있다.[53]

설나는 궁정 문화에 속한 공연 행사이면서도 민간의 백성에게 노출되어 있었고 오히려 그들을 관객으로 하는 공연이 활성화하였다. 이러한 계기를 통하여 재인들의 기량이 개선되고 민간연극 등 새로운 공연종목이 개발될 수 있었다. 민간연극인 탈춤 산대놀이는 이러한 측면에서 궁정 공연 문화와 관련을 맺고 성장하여 왔다고 할 수 있다. 산대놀이 형성의 추동력은 궁정의 제도적인 강제성에 있었던 것이 아니라 민간의 자율적인 오락적 요구에 있었다. 특히 18세기 이후 서울의 상업지역이 경강(京江) 지역으로 확대되면서 재인들의 흥행 활동이 활발해지자 탈춤 산대놀이가 새로운 공연상품으로 개발되었다고 할 수 있다.

4. 맺음말

고려 때 전래된 나례는 제의와 오락이 결부된 상태로 전승되다가 점차

---

52 사진실, 「조선시대 서울지역 연극의 공연상황 연구」, 앞의 책, 348~357면.
53 산대놀이의 몇 과장이 이보다 앞선 시기에 형성되었다 할지라도 중심이 되는 극적 양상이 만들어진 때를 산대놀이의 형성 시기로 삼아야 할 것이다.

오락적인 측면이 독립하여 강화되는 양상을 보인다. 이 논문에서는 조선시대의 나례를 관나(觀儺), 설나(設儺), 구나(驅儺)로 변별할 수 있다는 사실을 밝혔다. 구나는 본래적인 의미의 나례로서 역귀를 쫓는 의식이다. 관나와 설나는 순전한 공연 오락 행사로서 배우와 재인이 주축이 되어 출연하였다. 나례의 제도를 통하여 궁정과 민간의 공연 문화가 교류하였다는 사실을 전제로 할 때, 그 역동적인 상황을 포착할 수 있는 대상은 구나가 아니라 관나와 설나이다.

관나와 설나는 공연의 도달점에 차이가 있었다. 관나는 구경하고 즐기는 데에, 설나는 늘여 세우고 과시하는 데에 행사의 도달점이 있었다. 관나는 배우들의 놀이를 구경하기 위한 공식적인 공연 오락 행사였고, 설나는 중요한 행차를 환영하고 칭송하기 위한 의전적(儀典的)인 행사였던 것이다.

이러한 변별성에 의하여 관나와 설나의 공연종목에도 차이가 나타난다. 소학지희와 같이 언어가 중심이 되는 연극은 관나에 가장 적합한 공연종목이었다. 궁정의 관객 집단은 관나의 행사를 통하여 정치적인 명분과 오락적인 욕구를 동시에 충족하고자 하였다. 관객 집단은 관나의 공연종목에 깊숙이 관여하고 통제하려 하였다. 따라서 소학지희와 같은 궁정연극을 산출할 수 있었다.

설나는 환영 행사로서의 번화한 분위기를 연출하기 위해서 산대 등 설비를 갖추었고 볼거리 위주의 공연종목이 마련되었다. 산대나 잡상 등과 관련된 공연종목을 제외하면 민간재인들의 자율성이 보장되어 평소에 팔던 레퍼토리가 올라올 수 있었다.

설나는 궁정 행사이면서도 민간의 백성에게 노출되어 있었고 오히려 민간인을 관객으로 하는 공연이 활성화하였다. 이러한 계기를 통하여 재인들의 기량이 개선되고 민간연극 등 새로운 공연종목이 개발될 수 있었다. 탈춤 산대놀이 역시 이러한 측면에서 나례와 관련을 맺고 성장하여 왔다고 할 수 있다. 산대놀이 형성의 추동력은 궁정의 제도적인 강제성에 있었던 것이 아니라 민간의 자율적인 오락적 요구에 있었다.

제2장 산대탈의 전승 현황과 완보/말뚝이의 변천 양상[1]
-산대놀이의 변천과정 재구를 위한 시론

1. 머리말

탈은 연희자의 얼굴에 씌워지면서 온전한 인격을 지닌 극중인물로 창조된다. 연희자의 얼굴에서 탈이 벗겨지면 말과 행동을 잃은 채 얼굴만 남게 되지만, 얼굴이 지닌 대표성을 생각할 때 절반의 인격은 유지한다고 할 수 있다. 따라서 탈은 단순히 극중인물로 전환하는 도구 이상의 의미를 지녀 특정한 성격과 상징성을 유지한 물질적 실체인 우상(偶像)으로 인식된다. 탈춤을 시작하면서 탈을 모셔놓고 고사를 올리는 등의 행위는 그러한 특성을 반영한 것이다. 탈춤패가 우두머리를 정점으로 조직을 구성하듯이 한 벌의 탈도 극중인물의 성격과 관계를 바탕으로 하는 위계질서와 조직이 있다고 할 수 있다. 따라서 한 벌의 탈을 구성하는 개체의 변이는 아주 신중하고 더디게 일어날 것이며 그 전승과 변이의 양상은 의미 있는 정보를 담게 될 것이다.

이 논의에서는 현전하는 산대탈의 전승과 변이에 주목하여 산대놀이 변천 과정의 단서를 찾고자 한다. 산대놀이의 변천 양상은 한국연극사 연구의 주요 쟁점 가운데 하나이다. 국가적 의전 행사인 산대나례(山臺儺禮)와 탈춤 산대놀이의 관계, 본산대놀이와 별산대놀이의 전승과 변이 양상, 서울지역 산대놀이와 지방의 도시탈춤 사이의 계통 관계 등이 지금도 학

---

1 출처: 사진실, 「산대탈의 전승 현황과 완보/말뚝이의 변천 양상: 산대놀이의 변천 과정 재구를 위한 시론」, 『구비문학연구』 제31집, 한국구비문학회, 2010, 465~506면.

계의 논란이 되고 있다. 강이천(姜彛天, 1768~1801)의 서사시 〈남성관희자(南城觀戲子)〉가 소개되면서 18세기 서울지역 산대놀이의 공연 내용이 드러났고 1930년본 〈산대도감극각본〉과 견주어 산대놀이의 변천 양상에 대한 논의가 진전되었다. 그러나 〈남성관희자〉는 관극시(觀劇詩)이지 채록본이 아니므로 시의 묘사 내용에 전적으로 의존할 수 없는 한계를 지니고 있다. 시의 묘사 내용은 시인의 시선에 따라 취사선택될 수 있기 때문이다.

필자는 〈남성관희자〉에 나타난 포도부장과 말뚝이의 존재와 성격 변화에 주목하여 서울지역 산대놀이와 지방 도시탈춤의 연관성을 논의하였다.[2] 서울지역의 오락유흥문화를 장악한 중간층을 대표하는 포도부장은 서울지역 산대놀이의 주요 고객이자 후원자였고, 그러한 현실적 배경 아래 강력한 힘의 표상인 무부(武夫) 포도부장이 주인공으로 등장하였다고 보았다. 반면 시에 묘사된 하인 말뚝이의 존재감은 극히 미약하다고 지적하고, 현전하는 말뚝이는 농촌탈춤에서 발전한 도시탈춤의 단계에서 성장하였다고 하였다. 그러나 18세기 후반 서울지역의 산대놀이에서 말뚝이의 존재가 미약했다는 추정은 단지 〈남성관희자〉에 말뚝이에 대한 묘사가 나타나지 않는다는 사실에 의거하는 까닭에 더욱 객관적인 입증이 요구된다.

18세기 산대놀이의 대본이 남아 있지 않은 상태에서 특정한 극중인물의 비중이 어떠했는지 또는 특정한 극중사건이 있었는지 여부를 가릴 수 있는 결정적인 단서를 찾기는 어렵다. 그러나 현재 유물로 남아 있는 산대탈의 실상을 통하여 구전이나 문헌 기록을 보완할 수 있는 근거를 마련할 수 있다. 탈춤의 텍스트와 마찬가지로 탈이라는 도구 역시 적층적인 전승과 변이라는 공식을 통해 제작되어 왔을 것이다. 탈춤의 채록본이나

---

2 사진실, 「조선시대 서울지역 연극의 공연상황」, 『한국연극사 연구』, 태학사, 1997, 358~362면.

연희본은 통시적인 전승과 변이가 하나의 텍스트 안에 공존한다면 탈 유물은 어느 한 시기 탈춤의 단면을 보여준다. 탈의 사용 연대를 비정할 수 없는 경우라도 두 벌 이상의 탈을 비교하여 선후 관계를 확인할 수 있는 장점이 있다. 특히 한 벌의 완결된 구성을 갖춘 탈이라면 극중인물의 존재와 극중사건의 구성에 대한 해답을 줄 수 있고 관극시나 채록본과 견주어 산대놀이의 변천 과정에 대한 중요한 논거가 될 수 있다.

필자는 1998년 퇴계원산대놀이 복원팀과 함께 '퇴계원산대놀이 그 부활의 기록'이라는 다큐멘터리 제작의 자문을 위해 서울대박물관 소장 산대탈을 직접 확인할 수 있었다. 퇴계원 산대탈의 원형을 찾고자 했던 복원팀의 기대와 달리 당시 확인한 목제탈들을 모두 퇴계원산대놀이의 탈로 보는 것은 무리가 있었다. 퇴계원산대놀이에 사용했다고 추정되는 기록이 있는 탈은 두 점 뿐이었는데, 함께 소장된 다른 탈과 비교할 때 얼굴형이나 이목구비의 표현 방식, 색채감 등이 크게 달라 한 벌로 보기 어려웠다. 복원팀도 이러한 사실을 인정하였으나 같은 목제탈이라는 사실과 귀가 표현되었다는 공통점 등을 들어 서울대 박물관 소장 산대탈을 모두 퇴계원산대탈의 원형으로 삼았다.[3]

퇴계원산대탈의 제작은 학술적인 고증과 상관없이 이루어진 '왜곡'이라고 말할 수 있다. 그러나 미래의 어느 시점에서 산대놀이의 역사를 바라볼 때 이 사건은 '왜곡'이 아닌 '전통의 창조'일 수 있다. 탈의 복원이 절실한 시점에서 연희 주체의 선택에 따라 한 벌의 탈이 재창조되었기 때문이다. 수백 년 이상 이어진 산대놀이의 전통에서도 이러한 인위적인 선택에 의한 급격한 변이가 개입되었을 것이다. 탈 한 벌이 이미 갖추어진 경우 변이는 매우 더디게 일어나지만 특정한 계기를 통하여 새로운 한 벌이 만들어지는 경우 전면적인 재창조와 변이가 발생할 수 있다. 현전하는 탈 유물 역시 처음 제작될 당시 급진적인 변이를 거쳤을 것이고 이미 체계를

---

3 영상자료, KBS 수요기획 「퇴계원산대놀이 그 부활의 기록」, 1998.10.28.

갖춘 한 벌은 개체 변화에 매우 신중했으리라는 전제 아래 이 논의는 진행된다.

서울대학교 박물관에는 비교적 완결된 구성을 갖춘 산대탈이 두 벌 소장되어 있다. 1930년대 경성제국대학 교수였던 다카하시 도루(高橋亨)의 회고에 따르면 양주 출신 산대놀이패가 1929년 조선박람회 공연 이후 단체를 해산했는데 그 가면들이 경성제국대학 토속연구실에 보관되었다고 하였고, 그 우두머리인 조종순을 초청하여 산대도감극의 유래와 내용을 채록했다고 하였다.4 서울대 박물관 소장 산대탈은 1778년 〈남성관희자〉와 1930년 조종순이 구술한 〈산대도감극각본〉이 정착된 시점 사이에 사용되었기 때문에 산대놀이의 변천 양상을 재구하는 데 유효한 단서를 제공할 것이다.

본문의 논의에서는 2장에서 서울대 박물관의 실사 결과를 바탕으로 산대탈의 전승 현황 및 관련 저술에 나타난 산대탈의 소개와 인식 양상에 대해서 논의할 것이다. 3장에서는 목중탈, 완보탈, 말뚝이탈의 전승과 착종 양상을 다루고 4장에서는 1930년본 〈산대도감극각본〉과 비교하여 완보탈과 말뚝이탈의 착종 양상이 생겨난 원인과 의미를 탐색하여 산대놀이 변천 과정의 단서를 밝히고자 한다.

2. 서울대 박물관 소장 산대탈의 전승 현황

서울대학교 박물관에는 1930년 이전 수집된 것으로 알려진 유물번호 〈252번〉 목제탈, 유물번호 〈1177번〉 바가지탈, 유물번호 〈1179번〉 바가지탈 등 세 종류의 산대탈이 소장되어 있다. 〈252번〉 목제탈은 궁중 산대놀이나 퇴계원산대놀이의 탈로 알려졌고, 〈1177번〉 바가지탈은 1929년 조

---

4 다카하시 도루[高橋亨], 서연호 역, 「山臺雜劇에 대하여」, 『山臺탈놀이』, 열화당, 1987, 119면.

선박람회 공연을 끝내고 팔았다는 양주산대놀이의 탈로 알려졌다. 산대탈이 수집된 1930년 전후는 민속학이나 연극사 연구의 초창기였던 까닭에 박물관의 수집 과정에서 학술적 고증이 병행되기 어려웠을 것이다. 한꺼번에 수집되었다는 사실 만으로 출처가 다른 탈들을 같은 유물번호로 관리하다 보니 탈유물의 인식에 혼돈이 생기게 되었다. 이하의 논의에서는 같은 번호로 소장되어 있던 까닭에 의심 없이 한 벌의 탈로 인식되었던 선입견을 배제하고 탈의 제작 방식이나 조형성 등을 고려한 면밀한 고증을 진행할 것이다. 특히 유물번호 〈1179번〉의 탈 세 점은 두 벌의 산대탈과 관련하여 혼선을 빚어온 사실이 확인되어 정확한 논의가 요구된다.

1) 유물번호 〈252번〉 목각탈 및 목제탈

1927년 12월 5일 이성의(李聖儀)로부터 180원에 구입하였다고 하는데 유물대장에 기록된 23개의 탈이 모두 소장되어 있다. 모든 탈의 뒷면에는 이름이 표기되어 있는데, '상좌' 2, '여들음들슴', '연닙', '눈끔적이', '목중' 5, '왜장녀', '이(아)사당' 2, '당녀', '노장', '원숭이', '취바리', '식님', '보두부장', '신하라비', '미알할미', '八目僧', '墨僧三口' 등 모두 23개이다.

'八目僧', '墨僧三口'라고 표기된 탈에는 우측부터 세로로 '楊州郡退溪院里 山臺都監使用 景福宮造營當時'라는 기록이 함께 있어 퇴계원산대놀이의 유물로 알려지게 되었다. 작자 미상의 『기완별록(奇玩別錄)』에 의하면 1865년 경복궁 중건 사업을 축하하는 공연 행사에 산대놀이패가 등장한다.[5] 경복궁 중건을 위한 축하 행사에 퇴계원산대놀이가 공연되었다는 기록에 신빙성이 생긴 것이다. 그런데 두 개의 탈에 쓰인 이름은 '八目僧 パ

---

5 윤주필, 「경복궁 중건 때의 전통놀이 가사집 『奇玩別錄』」, 『문헌과해석』 9호, 문헌과해석사, 1999; 사진실, 「산희와 야희의 전승과 변천」, 『공연문화의 전통』, 태학사, 2002, 376~379면.

ル モク チュン', '墨僧三口 ムク チュン セィ ニプ"와 같이 한자 표기와 일본어 발음이 병기되어 있는데 일본어 발음을 참고할 때 두 탈의 이름은 '팔목중'과 '묵승 세닙'이다. 탈의 제작자나 연희자가 직접 쓴 것이 아니라 누군가 탈을 넘기면서 알려준 이름과 사용 내력을 일본인 수집가가 뒷면에 적어놓은 것 같다. 경복궁 중건 당시 축하 행사에 퇴계원산대놀이가 공연되었다는 사실은 인정한다 할지라도, 두 점의 탈이 실제로 당시에 사용된 탈인지 아닌지는 판단을 유보해야 할 것이다.

두 개의 탈을 제외한 21개의 탈에는 한글로 이름이 표기되어 있는데, 탈보를 붙이면서 바느질로 이름이 가려진 경우가 많아, 탈보를 붙이기 전에 탈의 제작자나 사용자가 써넣은 이름이라는 사실을 알 수 있다. '아사당' 탈의 경우 얼굴에 칠한 하얀 물감이 검은 탈보에 묻어 있어 사용하던 탈을 보수하여 사용한 흔적도 나타난다. 산대놀이가 흥행되던 당시의 흔적과 함께 뒷면에 쓰인 이름은 연희자들 사이에 통용되던 것이라는 사실이 명확해진다.

'팔목중'과 '묵중 세닙'은 21점의 탈 가운데 목중탈과 겹치는데 제작 기법에서 큰 차이를 보인다. 21점의 탈에서 '목중'이라고 표기된 다섯 개의 탈 가운데 '팔목중', '묵중 세닙'과 색감이 유사한 두 점을 비교할 수 있다.

그림 1) 목중　　　그림 2) 목중　　　그림 3) 팔목중　　　그림 4) 묵중 세닙

그림 1)과 2)는 얼굴 모양과 이목구비를 한꺼번에 조각하여 만들어 입체감이 두드러진다. 실물을 검토한 결과 그림 3)과 4)는 나무로 얼굴의 틀을 만들어 소나무 껍질 등의 재료로 이목구비를 붙여 만들었다. 각각 목

각탈과 목제탈로 구분하여 부를 수 있다.6 목각탈의 경우 불만에 가득한 표정을 익살스럽게 표현한 미감에서 전문 예술가의 예술적 감수성이 드러난다. 3)과 4)는 1)과 2)에 비하여 투박하지만 한지를 얇게 말아 붙여 눈의 테두리를 표현하는 등 섬세한 기법을 사용하였다. 제작방식의 난이도를 고려할 때 직접적인 전승 관계인지는 확인할 수 없으나 1)과 2)의 목각탈이 3)과 4)의 목제탈보다 선행되었으리라 여겨진다.

서울대 박물관 소장 유물번호 〈252번〉은 그림 1)과 2)를 포함한 21점이 목각탈 한 벌을 구성하고 그림 3)과 4)가 별개의 목제탈로 전해진 것이다. 21점의 목각탈은 김재철의 『조선연극사』에서 처음 언급되었다. 김재철은 본문의 제1편 제6장 '山臺劇假面의 構造'에서 당시 경성제국대학 민속학 참고실에 소장되어 있던 '木假面' 가운데 15점의 형태, 크기, 색채 등에 대하여 설명하였다.7 같은 책의 삽도에는 본문에서 설명한 목각탈 가운데 12점이 실려 있다. 김재철은 목각탈을 연구하는 데 편의를 제공해준 아키바 다카시(秋葉隆)에게 감사를 표하였다. 경성제국대학에서 조선민속 강좌를 강의했던 아키바 다카시 역시 목각탈에 대한 설명을 남겼다.8 경성제국대학 진열관에 소장된 목제 가면이란 현재 서울대 박물관 소장 목각탈로, '중국 사신 환대를 위해 특별히 만들어져 희귀하게도 정성과 공이 들어 있다'고 하였는데 출처에 대한 구체적인 근거는 제시하지 않았다.

김재철의 『조선연극사』 이후 60년이 지나서 서울대 박물관 소장 목제탈이 다시 거론되기 시작하였다. 이두현의 『한국 가면극』에서는 14점의 목제탈을 참조 도판으로 싣고 있다.9 최상수의 『한국 가면의 연구』에서는 '양주 산대 가면극의 가면'이라 하여 23점의 목제탈을 소개하고 있는데10

---

6 이하에서는 〈252번〉 목각탈과 〈252번〉 목제탈로 구분하여 부르기로 한다.

7 김재철, 『조선연극사』, 학예사, 1939, 103∼111면.

8 아키바 다카시[秋葉隆], 서연호 역, 「山臺戲」, 앞의 책, 117∼118면.

9 이두현, 『韓國 假面劇』, 문화재관리국, 1969, 227∼233면.

10 최상수, 『韓國 假面의 研究』, 성문각, 1984, 69∼87면.

서울대 박물관 소장 목각탈과 저자 소장의 탈을 구분 없이 소개하여 연구자들이 혼선을 빚을 우려가 있다. 전경욱의『한국의 탈』에서는 전국 각지의 탈춤에 사용되는 탈의 현황을 수록하였는데, 예전 탈의 모습을 보여주면서 16점의 목제탈을 소개하였다.[11]

이상의 저술에 나타난 유물번호 〈252번〉 산대탈의 소개 현황을 정리하면 표 1)과 같다.[12]

표 1) 서울대 박물관 소장 유물번호 〈252번〉 목제탈의 소개 현황

252번 목제탈	김재철(1933) 본문	김재철(1933) 삽도	아키바 다카시 (1948) 번역(원문)	이두현(1969)	최상수(1984)	전경욱(1996)
"상좌" 1~2	상좌	상좌	상좌(小僧) 1~2	상좌 1~2	上佐 1~2	상좌
"여들음들슴"	여드름		옴중(面麭僧)	옴중	[옴]	옴중
"연닙"	연잎(蓮葉)	연닢	연잎(蓮葉)	연닢	[蓮잎]	연잎
"눈끔적이"	눈꿈제기	눈꿈제기	눈끔적이(瞋目)	눈끔적이	[눈끔적이]	눈끔쩍이
"목중" 1~5	먹중	먹중	목중(僧) 1~6	목중	먹중1~5, [먹중6]	먹중
		[完甫]				
"왜장녀"	왜장녀	[왜장녀]	왜장녀(醜女)	왜장녀	왜장녀	왜장녀
"익(아)사당" 1~2	애사당		소무(小巫女) 1~2	소무	소무1~2	애사당
"당여(녀)"	당녀	唐女	애사당(唐女倡女)	당녀	애사당	
		[소무당]				
"노장"	노장	노장	노장(老僧)		[노장]	노장
	[말뚝이]					
"원숭이"	원숭이	원숭이	원숭이(猿)	원숭이	원숭이	원숭이
"취바리"	취발이	취발이	취발이(醉漢)	취발이	취발이	취발이
"싀님"	샌님	샌님	샌님(老兩班)	샌님	[샌님]	샌님
"보두부장"	捕盜部將	포도대장	포도부장(警官)	포도부장	捕盜部將	포도부장

---

11 전경욱,『한국의 탈』, 태학사, 1996.
12 탈의 뒷면에 쓰인 이름은 " ", 같은 벌이 아닌 탈은 [ ]로 표시하였음.

"신하라비"	신할애비	신할애비	신할애비(老翁)		신할아비	신할아비
"미알할미"	미알할미	미알할미	미얄할미(老嫗)		[미얄할미]	미얄할미
"목중 세닙"					[완보]	먹중
"팔목중"				팔목중		완보

　김재철의『조선연극사』본문에서는 현전하는 목각탈과 같은 열다섯 배역의 탈을 모두 소개하였다. '목중'을 '먹중'으로 고친 것 외에는 탈의 명칭역시 목각탈의 뒷면에 쓰인 기록과 같다. 먹중(목중) 가면이 원래 여덟 개였다고 소개하였고 현재 상좌와 애사당의 탈이 각각 2점씩 전하므로 그가 조사한 목각탈은 모두 24점이었을 것이다. 현전하는 목각탈에 없는 말뚝이탈을 소개한 점에 유의할 필요가 있다. 같은 책의 삽도에서는 목각탈가운데 여드름, 왜장녀, 애사당의 탈이 빠졌고 다른 벌의 탈로 보이는 완보, 왜장녀, 소무당의 탈이 추가되었다.

　아키바 다카시의 논문「山臺戱」에서는 김재철이 파악한 것보다 목중탈이 두 개 적은 22점의 탈을 소개하였다. 애사당을 '소무녀(小巫女)'로 인식한 사실 외에는 현전하는 탈의 이름과 특성을 살린 한자어 이름을 소개하였다. 박물관 실사에서 '소무당'이란 이름을 검게 덧칠하고 '아사당'으로바꿔 놓은 사실을 발견하였는데 두 배역에 대한 인식이 넘나드는 관계에있었다는 사실을 알 수 있다. 애사당으로 표기된 탈은 두 점이나 있기 때문에 아키바 다카시가 '당녀(唐女) 창녀(倡女)'라고 명명한 탈을 '애사당'으로 번역한 것은 잘못이다.

　이두현의『한국 가면극』에서는 1964년 양주 구읍에서 사용하고 있던산대탈을 중심으로 논의하면서 서울대 박물관 소장 목각탈을 참고 도판으로 소개하였기 때문에 〈252번〉 목각탈 가운데 노장, 신할아비, 미얄할미 등 주요 배역이 누락되어 있다. 〈252번〉 목제탈인 '팔목중'을 목각탈과한 벌로 인식한 점에 유의할 필요가 있다. 최상수의『한국 가면의 연구』에 소개된 산대탈 가운데 [옴], [蓮잎], [눈끔적이], [노장], [샌님], [미얄할미], [완보] 는 서울대 박물관 소장품과 매우 흡사하지만 다른 벌의 탈이다. 설명에 따르면 1933년에 제작된 저자 개인 소장의 탈이라고 하는데, 박물관 소장품을 모사한 탈이라고 여겨진다. 전경욱의 『한국의 탈』에서는 서울대 박물관 소장 목제탈의 전체 개수를 16점으로 소개하고 있는데 두 점 이상씩 전승된 상좌, 애사당, 목중의 탈 및 당녀 탈이 누락되었다. '먹중 세닙'과 '팔목중'을 목각탈과 같은 벌로 보았고 '팔목중'을 완보라고 소개한 점에 유의할 필요가 있다.

유물번호 〈252번〉 목제탈의 전승과 소개 현황에서 부각되는 문제점은 당녀, 애사당, 소무의 착종 양상과 완보탈에 대한 인식이다. '묵중 세닙'과 '팔목중'은 각각 최상수와 전경욱에 의해서 완보로 인식되었다. 당녀는 이두현(1969)까지 제 이름으로 불리다가 최상수(1984)에 와서 애사당으로 불렸으며 아키바 다카시(1948)의 논문을 번역한 서연호(1987)도 '당녀 창녀'를 애사당으로 인식하였다. 전경욱(1996)에 오면 당녀 탈은 목각탈의 구성에서 누락된다. 애사당은 아키바 다카시가 '소무녀'로 소개한 이후 이두현, 최상수까지 소무로 인식되었고 전경욱에 와서 애사당의 이름을 찾았다. 앞서 언급하였듯이, 탈의 뒷면에 '소무당'이라고 썼던 것을 '아사당'으로 바꿔놓은 사실을 보면, 〈252번〉 목각탈을 제작하거나 사용했던 사람들의 인식에서 이미 혼란이 생기기 시작했다는 사실을 알 수 있다.

2) 유물번호 〈1177번〉〈1179번〉 바가지탈

바가지탈 21점인 〈1177번〉과 바가지탈 3점인 〈1179번〉은 유물대장에 수집 연도와 기증자 또는 판매자에 대한 정보가 없다. 〈1177〉번의 경우 1929년 조선박람회 때 사용된 탈이라고 알려져 있다. 다카하시 도루[高橋亨]의 회고에 따르면 양주 출신 산대놀이패가 1929년 경복궁 조선박람회 공연 이후 가면과 의상을 팔아버리면서 놀이패를 해산했는데 그 가면들이 경성제국대학 토속연구실에 보관되었다고 하였다.[13] 이두현도 서울대 박물관 소장 바가지탈이 조선박람회를 계기로 수장되었으며 19세기 후반

신복흥(申福興)이란 인물이 제작하여 놀던 것이라고 소개하였다.[14]

실사 결과 〈1177번〉 바가지탈 21점은 조형성이나 제작 방식 등 한 벌의 탈로 확인되었다. 탈 7점의 뒷면에 '둘지중', '청디', '집듀통(?)', '의사당', '당여', '치중', '호남자' 등 이름이 쓰여 있는데 탈의 모양으로 보아 '둘지중'은 상좌, '청디'는 연잎, '집듀통(?)'은 눈꿈적이, '호남자'는 포도부장에 해당한다. '치중'은 '당여'라고 쓰인 탈과 유사하게 생긴 여인의 탈이다. 전경욱의 『한국의 탈』에 소개된 연잎은[15] 실사 결과 뒷면에 '집듀통(?)'이라고 쓰인 탈로 눈을 꿈적이는 장치가 있는 것으로 보아 눈꿈적이라는 사실을 확인할 수 있었다. 지금까지 알려진 바로는 1929년 수집된 양주산대놀이탈의 눈꿈적이탈에 눈을 끔적일 수 있는 장치가 없다고 하였고 연희자들은 양주별산대놀이가 서울의 본산대놀이를 배워올 때부터 이름만 가져오고 가면의 장치는 없었던 것으로 추정하고 있으나[16] 사실과 다르므로 바로잡아야 한다.

〈1179번〉 바가지탈 3점은 모두 별개의 벌에서 흘러들어온 탈이었다. 그 가운데는 〈1177번〉의 목중탈과 색감이나 조형성이 같은 탈이 있어 수집과 정리 과정에서 혼선이 있었음을 알 수 있다. 다른 두 점은 탈의 뒷면에 각각 '여드럼'과 '말둑이'라고 쓰여 있다. '여드럼'(그림 5)은 옴중으로 〈1177번〉 바가지탈의 옴중(그림 6)과 색감이 유사하지만 얼굴형이나 조형성이 다르다.

'말둑이'는 이맛살이 깊고 볼살이 튀어나왔으며 아랫입술을 올려 윗입술을 덮는 등 불만스러운 인상이 특징적이다(그림 7). 역시 조형성의 측면에서 볼 때 〈1177번〉과 한 벌의 탈이 아니다. 탈보에 '桃花洞'이라는 글

---

13 다카하시 도루[高橋亨], 앞의 논문, 119면.

14 이두현, 앞의 책, 208면.

15 전경욱, 앞의 책, 221면.

16 전경욱, 「양주별산대의 지속과 변화」, 『양주의 구비문학』 1(연구편), 박이정, 2007, 274 ~275면.

자로 문양을 그려 넣은 점 또한 눈에 띈다(그림 8).

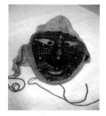

그림 5
'여드럼'(1179번)

그림 6
옴중(1177번)

그림 7
도화동 '말둑이'

그림 8
"桃花洞" 탈보

김재철은 조선박람회 이후 가면과 의상을 팔아버리고 해산한 놀이패에 대하여 언급하였으나 가면의 양상에 대해서는 논의하지 않았다.[17] 『조선연극사』삽도에 바가지탈로 보이는 완보, 왜장녀, 소무당의 탈이 실려 있지만 〈1177번〉이나 〈1179번〉과는 달라 같은 벌의 탈로 볼 수 없다. 이두현의 『한국 가면극』에서는 〈1177번〉 13점과 〈1179번〉 2점을 삽도로 소개하였다.[18] 전경욱의 『한국의 탈』에서는 1929년에 수집된 양주별산대놀이의 탈로서 〈1177번〉 13점과 〈1179번〉 1점을 소개하였다. 탈의 개수를 23점으로 소개하였는데 현재 박물관의 유물대장에는 〈1177번〉이 21점, 〈1179번〉이 3점으로 기록되어 있다. 이상의 저술에 나타난 유물번호 〈1177번〉과 〈1179번〉 산대탈의 소개 현황을 정리하면 표 2), 3)과 같다.

표 2) 유물번호 〈1177번〉 바가지탈의 소개 현황

1177번 바가지탈	이두현 (1969)	전경욱 (1996)
"둘직중"상좌		상좌
옴중		옴중
"청듸"연잎	연닢	

표 3) 유물번호 〈1179번〉 바가지탈의 소개 현황

1179번 바가지탈	이두현 (1969)	전경욱 (1996)
"여드럼"	옴중	
"말둑이"	말뚝이	말뚝이
목중		

---

17 김재철, 앞의 책, 84면.
18 이두현, 앞의 책, 230~237면.

"집듀통?" 눈꿈적이	눈꿈적이	연잎
목중 1~5	목중1~2 완보	먹중 완보
왜장녀	왜장녀	왜장녀
"이사당"	애사당	애사당
"당여"1~2	소무1~2	소매
"치중"		
노장	노장	노장
원숭이	원숭이	원숭이
취발이	취발이	취발이
샌님		샌님
"호남자"	포도부장	포도부장
신할아비		신할아비
미알할미(훼손)		

유물번호 〈1177번〉과 〈1179번〉의 전승과 소개 현황 역시 당녀탈과 완보탈의 인식 문제가 중요하게 부각된다. 〈1177번〉의 당녀 탈은 이두현(1969)에서 소무로 전경욱(1996)에서 소매로 인식되었다. 앞서 살펴본 〈252번〉 목각탈에서 애사당이 소무(당)로 인식되었던 사실과 견주어 보면 산대탈의 당녀, 애사당, 소무가 착종되는 양상은 산대탈 전반에 나타난다고 할 수 있다.

서울대 박물관 소장 바가지탈 가운데 목중탈은 〈1177번〉의 5점과 〈1179번〉의 1점을 합쳐서 6점이다. 목각탈과 달리 탈 뒷면에 이름이 남아 있지 않은데 이두현(1969)과 전경욱(1996)은 각각 하나를 지정하여 완보로 소개하고 있다. 그만큼 완보탈의 정체성에 대한 논란이 잠재되어 있다고 할 수 있다. 두 연구자 모두 〈1179번〉 도화동 '말둑이'를 〈1177번〉 바가지탈과 한 벌로 인식한 점은 일치한다.

서울대 박물관을 실사한 내용과 산대탈을 소개한 저술을 비교하여 논의한 결과 한 벌의 구분과 전체 개수 등에 대한 정확한 정보가 소홀히 다루어졌다는 사실이 드러났다. 소장된 탈 한 벌에서 분실된 탈은 없는지,

한 벌의 배역 구성은 어떻게 이루어졌는지 등의 문제는 탈유물의 전승 양상과 탈춤 텍스트를 접목하여 논의하는 데 중요한 근거가 된다. 산대탈의 한 벌을 구분하는 데 있어 문제가 되는 탈은 '묵중 세닙', '팔목중', '말둑이'였다. 3점의 탈은 연구자나 연희자의 시각에 따라 각기 다른 한 벌의 탈에 소속되는 혼란을 초래하였다.

이하의 논의에서는 목중탈, 완보탈, 말뚝이탈의 전승 양상을 일람표로 구성하여 그 조형적 특징과 착종 양상을 밝히고자 한다.

3. 목중/완보/말뚝이 탈의 전승과 착종 양상

탈춤이 흥행되던 당시에 놀이패가 부르던 탈의 이름은 수집가나 박물관에서 탈을 소장하는 과정에서 다르게 전달될 수 있고, 연구자의 시각에 따라 다르게 인식될 수 있다. 이러한 차이를 탈의 전승 과정에서 나타난 변이라고 받아들인다면 탈춤의 변천 양상의 중요한 논거가 된다. 탈은 박물관에 소장되는 순간 유물이 되었지만, 한때 그것을 사용했던 탈춤은 지속적인 전승과 변이를 거듭하면서 동시대의 연희자나 연구자의 인식에 반영될 것이기 때문이다.

김재철은 산대극에 사용한 목각탈을 소개하면서 먹중가면은 여덟 개이고 모두 비슷한데 그 가운데 완보가면도 있다고 하였다.[19] 서울대 박물관 소장 〈252번〉 목각탈 가운데 목중탈 5점의 얼굴은 매우 비슷해서 세밀하게 들여다보지 않으면 구별하기 어렵다. 〈1177번〉과 〈1179번〉의 목중탈 6점도 비슷한 상황이다. 그럼에도 불구하고 그 가운데서 완보탈을 변별해왔던 기준은 어떻게 생겨났을까?

한 벌의 구성을 갖춘 〈252번〉 목각탈이나 〈1177번〉 바가지탈에는 말뚝이탈이 없다. 우연하게도 두 벌의 탈에서 말뚝이탈만 분실된 것은 아니라

---

19 김재철, 앞의 책, 105면.

고 본다면 애초부터 말뚝이탈은 없었다고 할 수 있다. 최근에 소개된 일본 와세다대학 연극박물관 소장 산대탈에도 말뚝이탈은 없다. 1930년대 제작된 송파산대놀이탈로 알려진 탈 가운데 얼굴 전체가 검고 이마에 나뭇가지 문양이 새겨진 탈을 말뚝이탈로 설명하였으나 일본 학자인 나리사와 마사로는 도령으로 추정하는 등 어떤 배역이라는 결정적인 증거가 없는 것이다.[20] 1930년 전후에 수집된 세 벌의 탈에 말뚝이탈이 없다는 사실로 미루어 말뚝이탈은 여타의 배역보다 늦게 만들어졌다는 사실을 알 수 있다. 그 결과 송파산대놀이에서 보듯이 말뚝이 배역에 목중탈을 사용하게 된 것이다.[21]

그런데 문제는 도화동 '말둑이'의 존재이다. 목중탈을 겸용하던 말뚝이 배역에 전용 탈이 생긴 것이다. 1930년본 「산대도감극각본」에서 보듯 막강한 주인공으로 등장하는 말뚝이 배역은 언제쯤 독자적인 탈을 마련하게 되었을까? 말뚝이탈의 외형은 무엇을 기준으로 만들어졌을까? 도화동 '말둑이'는 원래부터 양반의 하인 말뚝이로 탄생하였을까, 아니면 목중탈 하나를 지목하여 이름만 바꾼 것일까? 의문을 풀기 위하여 먼저 목중탈, 완보탈, 말뚝이탈로 알려졌거나 재창조된 탈의 비교 일람표를 구성하면 표 4)와 같다.

---

20 국립문화재연구소, 『일본 와세다대학 쓰보우치박사기념 연극박물관 소장 한국문화재』, 국립문화재연구소, 2008, 60~61면.

21 전경욱, 앞의 논문, 245면.

표 4) 목중탈, 완보탈, 말뚝이탈 비교

	목중					완보	말뚝이
〈252번〉 목각탈 서울대 박물관							
〈252번〉 목제탈 서울대 박물관							
〈1177번〉 바가지탈 서울대 박물관							
〈1179번〉 바가지탈 서울대 박물관							
김재철 조선연극사 (1933)							
구파발산대 최상수 한국가면의 연구 (1984)							
양주별산대 전경욱 한국의 탈 (1996)							
퇴계원산대 (1998)							

〈252번〉목각탈에는 5점의 목중탈이 있다. 탈의 뒷면에는 모두 똑같이 '목중'이라고 쓰여 있으며 '완보'로 지목된 탈은 없다. 현전 양주산대놀이에서는 '팔먹중'의 무리에 '가먹' 3인, '원먹' 1인, '완보', '옴중', '첫 상좌', '둘째 상좌'를 포함시킨다. 탈의 외형이 크게 다른 상좌탈 2점과 옴중을 제외하면 5점의 목중탈이 전승되었다는 말이다. 그렇다면 〈252번〉목각탈의 경우 목중탈이 분실된 것이 아니라 애초부터 5점이었을 가능성이 있다.

목중탈은 모두 눈매가 처지고 입 꼬리가 내려간 외모이며 난처한 듯 불만스러운 듯 애매한 표정이 공통적인데, 이러한 외형은 일반적으로 알려진 완보탈의 이미지와 같다. 김재철은 '먹중가면'이 여덟 개인데 그중에 완보도 포함된다고 하였는데, 현전하는 5점 외에 3점이 더 있었다 할지라도 목중탈의 조형성으로 보아 완보탈의 변별성은 거의 없었다고 여겨진다. 5점의 목중들은 이맛살, 볼 주름, 턱 주름 등의 모양과 개수 등에 변화를 주어 서로 다른 인물임을 나타내고 있지만 얼굴색 외에 크게 두드러지는 개성은 나타나지 않는다. 〈252번〉목각탈은 목중에서 완보의 역할과 성격이 분화되기 이전의 탈유물일 수 있다.

〈252번〉목제탈은 같은 목중이면서도 외형이 크게 달라졌다. '팔목중'의 입은 오므라졌고 '묵중 세닙'은 입 꼬리가 처지는 정도를 넘어 아랫입술이 윗입술을 덮고 있다.[22] 얼굴색을 고려할 때 '묵중 세닙'은 〈252번〉목각탈 중 검은색 목중탈이 과장되어 전승된 흔적이 엿보인다. 대동소이하던 목중탈의 외형이 차별되기 시작한 사실을 확인할 수 있다. '팔목중'은 전경욱의 『한국의 탈』에서 완보로 소개되었으나 근거가 없다.

한편, '팔목중'과 '묵중 세닙'이라는 이름은 '먹중'과 '목중'의 착종과 관련하여 논의의 여지가 있다. 현전 산대놀이의 연희자들은 노장과 상좌를

---

22 아랫입술이 윗입술을 덮는 모양을 만들면서 입 부분이 세 개로 나뉘어져 '세닙(세 입)'이라는 별칭이 붙었다고 여겨진다.

제외한 중들의 이름으로 '먹중'과 '목중' 가운데 하나를 선택하여 부르는데, 두 탈의 경우 '묵중[먹중]²³'과 '목중'을 구분해서 부르기 때문이다. '팔목중'은 여덟 명의 '목중' 가운데 하나를 의미하는 것이라면 '묵중'은 그 가운데서 얼굴이 검은 중을 특정하여 부르는 이름이라고 여겨진다. 〈산대도감극각본〉에서도 '중'이나 '목중'이라는 이름이 쓰이는 가운데 제3과정에 나오는 옴의 상대역과 제6과정 애사당놀이에서 완보와 북놀이를 하는 상대역을 '묵승(墨僧)'으로 구분하여 표기하고 있다.²⁴

〈252번〉 목각탈의 제작 및 사용 단계에서는 얼굴색이 검은 중을 구분하여 부르지 않았지만, '묵중 세닙'이나 '묵승'의 예에서 드러나듯 얼굴이 검은 중을 '먹중'이라는 이름으로 특정하여 부르게 되었다고 할 수 있다. 이러한 현상을 통하여, 한 무리의 동질적인 집단으로 인식되던 목중들의 개성이 부각되는 방향으로 산대놀이의 변천이 진행된 양상을 추정할 수 있다.²⁵ 현전 산대놀이에는 검은 얼굴의 목중탈이 없으므로 '먹중'이라는 이름으로 구축된 캐릭터는 사라지게 되었다고 여겨진다. 이름만 남은 '먹중'은 발음의 유사성 때문에 '목중'이라는 이름과 혼란을 야기하게 된 것이다.

〈1177번〉과 〈1179번〉 바가지탈에는 같은 벌에 속한 6점의 목중탈이 전한다. 이 가운데 두 점이 각각 이두현의 『한국 가면극』(1969)과 전경욱의 『한국의 탈』(1996)에서 완보로 지목되었다. 나머지 탈들에 비하여 두 탈이 변별되는 특성이면서 두 탈의 공통점은 입 꼬리가 아래로 쳐져 있다는 점과 미간에 마름모꼴의 문양이 있다는 점이다. 최상수가 소개한 구파발 산대의 목각탈에서도 완보탈은 입 꼬리가 쳐진 것을 특징으로 한다. 검은 얼굴의 완보는 '묵중 세닙'을 모사한 탈로 보이며 붉은 얼굴의 완보는

---

23 '묵중'과 '먹중'의 차이는 '먹'의 한자인 '묵(墨)'의 음이 비슷한 데서 온 착종이다.

24 애사당놀이에서는 '묵승'이라는 표기가 한 번 나오고 뒤로는 '중'으로 쓰였지만 상황 전개상 '묵승'으로 불린 인물이 완보의 상대역을 하는 사실을 확인할 수 있다.

25 박진태, 「이철괴를 통해 본 산대놀이의 역사」, 『우리말글』 29, 우리말글학회, 2003, 30면.

〈1177번〉 바가지탈의 외형을 모사한 탈로 보인다. 양주별산대의 완보 역시 쳐진 입 꼬리와 굵은 볼 주름을 특징으로 한다. 퇴계원산대의 완보는 〈252번〉 목제탈인 '팔목중'을 모사한 것으로 전경욱이 『한국의 탈』에서 소개한 내용을 수용한 것이다.

연구자들이 판단한 완보탈의 기준은 김재철의 『조선연극사』 삽도에 소개된 완보탈의 영향을 받았다고 할 수 있다. 김재철이 소개한 완보탈은 입 꼬리가 쳐진 모습이 〈252번〉 목각탈이나 〈252번〉 목제탈 중 '묵중 세 납'의 모습을 전승하고 있지만 얼굴형이 역삼각형이 되어 날카로운 인상을 주고 이맛살이 더욱 깊어졌다. 〈252번〉 목각탈에서는 볼 주름을 음각으로 새겼으나 바가지탈의 경우 그러한 방식이 불가능하기 때문에 노끈 따위를 붙여 표현하다보니 볼 주름이 부각되는 효과가 나타났다. 김재철은 당대 연희자의 증언을 근거로 완보탈을 소개했을 것이므로 결국 완보탈의 이미지는 산대놀이의 변천 과정에서 자연스럽게 수렴되어온 것이라 할 수 있다.

〈1179번〉 바가지탈인 도화동 '말둑이'는 〈252번〉 목각탈이나 〈1177번〉 바가지탈 어디에도 속하지 않은 별개의 탈이다. 〈252번〉 목각탈이나 〈1177번〉 바가지탈의 경우 말뚝이 배역에 목중탈을 겸용하다 보니 말뚝이탈이 없었던 것인데 그러한 사실에 유의하지 않은 연구자들은 도화동 '말둑이'를 〈252번〉 목각탈이나 〈1177번〉 바가지탈과 한 벌로 소개하였다. 김재철이 설명한 산대놀이 '목가면'은 〈252번〉 목각탈인데 말뚝이탈의 경우는 바가지탈인 도화동 '말둑이'를 소개하였다. 다음은 김재철이 묘사한 말뚝이탈의 외형이다.

12. 말뚝이 假面

赤面
이마에는 이마살들이 굵게 있고 白, 綠色의 점을 꼭꼭 찍었다.

눈썹은 풀숙 솟았고 黑, 綠色을 칠하였으며

눈은 白色, 二寸二分

코 兩側에는 살이 突出

舌인 듯한 것이 밑에서부터 위로 올라와 입의 大部分을 덮었다.

假面의 長 七寸五分, 廣 六寸五分[26]

모든 묘사 내용이 도화동 '말둑이'와 부합하지만 "舌인 듯한 것이 밑에서부터 위로 올라와 입의 大部分을 덮었다"는 내용이 결정적이다.[27] 아랫입술이 위로 올라왔다거나 입 꼬리가 처졌다고 할 수 있는 탈이 여럿 있지만 혀처럼 보이는 것이 밑에서 올라왔다고 묘사할 수 있는 탈은 도화동 '말둑이' 뿐이기 때문이다.

완보탈과 마찬가지로, 김재철 이후 대부분의 연구자와 연희자들이 말뚝이탈의 외모적 근거를 도화동 '말둑이'에 두었다. 1937년에 제작되었다고 하는 구파발 산대의 말뚝이탈부터 현재 사용 중인 양주산대놀이의 말뚝이탈, 1998년 복원된 퇴계원산대의 말뚝이탈이 모두 도화동 '말둑이'를 본떠 만들었다.

김재철은 〈산대도감극각본〉의 채록 과정에 참여했으므로 논문을 쓰면서 경성제국대학에 소장된 '목가면(木假面)'과 각본을 비교해보았을 것이고 말뚝이 배역의 탈이 누락되었다고 생각하여 비슷한 시기에 수집된 바가지탈인 도화동 '말둑이'를 보탰을 것이다. 산대놀이에 사용된 말뚝이탈이면 통용되는 공통점이 있다는 판단이 앞서다보니, 출처가 다른 말뚝이탈을 가져다 쓰게 된 것이다. 한 벌의 탈이 지닌 완결성에 대한 고려 없이 수직적인 탈의 전승만 염두에 둔 것이라 할 수 있다.

---

26 김재철, 앞의 책, 108~109면.

27 탈의 크기도 거의 들어맞는다. 『한국의 탈』에서 말뚝이탈의 크기를 세로 22.3cm, 가로 18cm라고 하였는데 김재철이 보고한 길이 7촌5푼과 너비 6촌5푼을 환산하면 각각 22.725cm와 19.695cm가 된다.

그런데 김재철이 소개한 도화동 '말둑이'와 '완보'는 외형이 매우 비슷하다. 완보탈은 흑백사진 밖에 전하지 않아 색채를 확인할 수 없지만 앞서 인용한 말둑이 가면의 묘사 내용과 비교해도 조형적인 특징이 일치한다. 김재철의 『조선연극사』에서는 말둑이 가면을 묘사한 본문에는 완보가 나오지 않고 완보 가면을 소개한 삽도에는 말둑이 가면을 싣지 않았다. 이맛살이 굵게 패이고 눈이 양쪽으로 처졌으며 아랫입술을 내밀어 윗입술을 덮어 불만 가득한 표정을 짓고 있는 탈에 대하여 누군가는 완보라 부르고 누군가는 말둑이라 불렀던 것은 아닐까 여겨진다. 하나의 탈로 두 배역을 연출했거나 하나의 탈을 모본으로 새 탈을 만들어 냈기에 착종이 생겨났을 가능성이 있다.

〈252번〉 목각탈의 단계에서는 모든 목중탈이 입 꼬리가 처진 '완보의 이미지'를 지니고 있었으며 그들을 변별할 요건은 얼굴색 정도였다고 할 수 있다. 〈252번〉 목제탈에서는 목중탈의 모습이 다양화되면서 얼굴색뿐만 아니라 입이나 눈의 모양이 차별되는 모습이 나타났다. 검은 얼굴의 목중이 '먹중[묵승(墨僧)]'으로 구분되어 '마음도 검은 공격자' 역할로 분화되었다고 할 수 있다. 처진 입 꼬리가 과장되게 표현된 '묵중 세닙'과 입을 오므린 모습의 '팔목중'은 판이한 성격을 나타낸다. 〈1177번〉 바가지탈에서는 목중탈의 얼굴색이 같아지는 대신 입과 눈, 볼 주름의 모양이 훨씬 다양해졌고 이마의 점이나 마름모꼴 무늬 등으로 차별을 두기도 하였다.

목중탈의 변별화 양상은 목중 배역의 변별과 개성적인 재창조를 반영한 것이다. 불만에 차서 입 꼬리가 처진 외형은 원래 목중탈 모두에 공통되었지만 완보 배역의 분화와 함께 완보탈만의 이미지로 굳어지게 되었다고 할 수 있다. 이러한 과정에서 지방의 도시탈춤에서 형성된 말둑이 배역이 서울지역의 산대놀이에 수용되었고 연희자들이 목중탈 가운데 하나, 특히 완보탈을 겸용하여 말둑이 배역을 소화하게 되었다고 여겨진다.

여러 개의 목중탈 가운데 어떤 탈을 사용할 것인가는 탈춤의 텍스트에 나타나는 배역의 성격은 물론 그 배역을 맡을 연희자의 역량이 반영되었을 것이다. 이하의 논의에서는 1930년본 〈산대도감극각본〉의 구조와 극중인물을 중심으로 말뚝이 배역을 위한 완보탈의 겸용 가능성을 재확인하고 완보와 말뚝이의 관계 및 변천 양상에 대하여 논의할 것이다.

4. 완보의 역할 전이와 말뚝이의 재창조

1930년본 〈산대도감극각본〉에서 완보는 제5과정[팔목과정] 염불놀이부터 등장하기 시작한다. 염불놀이의 사건은 모든 배역들이 춤을 추며 등장하였다가 억지 염불을 하고 가사 〈매화가〉를 부르다 다시 춤을 추며 퇴장하는 것으로 구성되었다. 완보는 가장 늦게 등장하고 퇴장하면서 염불놀이의 사건을 이끌어가는 주도적인 역할을 한다. 옴중 이하 중들이 노래를 부르고 춤을 추며 먼저 무대에 나가지만 이들의 행방을 찾는 완보의 재담을 신호로 극적 갈등이 시작된다. 완보의 역할을 구명하기 위하여 염불놀이의 등퇴장과 대결 구조를 도식화하면 표 5)와 같다.

표 5) 염불놀이의 등퇴장과 대결 구조

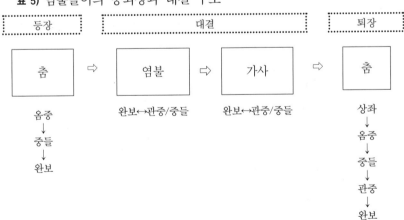

염불놀이에서 춤은 속세에서 누릴 수 있는 최고의 신명을 상징한다. 신명이 극에 달한 목중들에게 완보는 중의 신분에 맞는 염불을 할 것을 종용하고 목중들은 함께 염불을 시작한다. 이들과 거리를 두고 있던 관중[관을 쓴 중]은 염불을 재담으로 풀어 완보의 주의를 끌고 본격적인 재담 대결이 시작된다. 염불놀이에는 관중과 옴중을 비롯하여 여러 목중들이 등장하지만 완보를 중심축으로 하는 일대일 대응 방식의 대결형 재담으로 구성된다.

대결형 재담은 두 명이 재담을 주고받으면서 말재주를 겨루는 형식의 재담을 말한다.[28] 일반적으로 대결형 재담은 상대편을 향한 질문으로 시작되어 말재주를 부린 답변이 이어지고 그것을 되묻거나 풀이하는 방식으로 이어지게 된다. 따라서 대결형 재담에는 질문을 통해 상대방의 재담을 끌어내고 곁말을 풀어 관객에게 풀이해주는 역할이 구분되기 마련이다. 완보는 관중 이하 목중들에게 질문을 던져 재담을 끌어내고 풀이하여 관중에게 전달하는 역할을 하고 있다. 그런 까닭에 완보는 목중 가운데 한 명이면서도 중들이 속세에 내려와 신명을 푸는 사건의 당사자에서 비껴난 목격자 또는 조언자의 역할을 견지한다.

염불놀이에 이어지는 침놀이에서 역시 완보는 재담을 주도하는 역할을 한다. 침놀이의 사건은 산두(山頭, 산대놀이)를 구경 나왔다가 자식 손자가 체하여 죽게 된 난처한 상황이므로 속세에 내려와 신명을 즐기는 목중들의 성격과 연속성이 없다. 완보, 상좌, 옴중, 목중 등의 탈을 겸용할 뿐 다른 극중인물과 사건을 구성하고 있는 것이다.

(중이 上佐, 옴, 목중 三人을 새면 압헤 세운다)
「중」四顧無親한데, 나와서, 이런 옹색한 꼴을 甞하니 엇더케 하나! 或 이
　　사람이나 여기 왓슬가 (完甫 압헤 가서) 아나 야이.

---

28 사진실, 「배우의 전통과 재담의 전승」, 『공연문화의 전통』, 태학사, 2002, 509면.

「完甫」어이쒸, 아와이 (일어슨다) 자네 이새 드문드문하이그려.

「중」 두문두문, 옌장할, 건둥건둥하이그려.

「完甫」 足痛이나 아니 낫느냐.

「중」 아이고, 그런 孝子야.

「完甫」 소재라는 게 오줌 안친 재?

「중」 그것은 소재지! 孝子란 말이다. 얘, 그러나 저러나 안된 일이 잇서서, 너를 차잣다. 자식, 손자 어린 것들이 여기서 山頭를 논다닛가 山頭求景을 왓드니, 무얼 먹고 관격이 되야서, 다 죽게 되얏슨즉, 이걸 엇지 하면 조흐냐?

「完甫」 내 医師가 아니고 나 亦 너와 맛찬가지가 아니냐.

「중」 너는 나보다 知識이 잇고 아닛가 이 일을 페야지 엇더케 한단 말이냐.

「完甫」 야, 그것 봐 한즉 머 飮食 먹고, 관격된 것 갓지 안코, 내 마음에는 神明에 滯한 것 갓다, 널더러 안할 말이다마는 너 집에 혹시 神明의 부치로 부리가 잇느냐.

「중」 올컷다, 우리 집에 그런 일이 잇다, 무당의 부리 말이냐, 우리 집에 한 三代채 曾祖母, 祖母, 母, 모두 무당이다.[29]

난처한 상황에 처한 주인공은 '이 사람이나 여기 왓슬가' 하며 사건 해결의 조언자로서 완보를 찾는다. 완보는 보자마자 농을 걸었을 뿐만 아니라 다 죽게 된 자손을 걱정하는 주인공과 문답식 재담을 통하여 집안의 비밀을 들추기까지 한다. 신명에 체한 것 같다는 완보의 말에 주인공은 다급한 김에 3대째 무당이었던 집안의 내력을 밝히게 되는 것이다. 침놀이에서 새롭게 드러나는 완보의 역할은 우회적인 조롱과 공격이다.

침놀이에 이어 애사당놀이가 시작되면 중들이 한 패거리의 오입쟁이

29 서울대 도서관 일석문고 소장, 조종순 구술, 『산대도감극각본』, 경성제국대학 조선문학연구실, 1930, 10면.

한량들처럼 늘어서서 애사당을 청한다. 침놀이에서 자식 손자들을 데리고 산대 구경을 나온 주인공과 달리, 애사당놀이의 주인공들은 속세에 내려와 신명을 풀었던 목중들의 연속이라고 보아도 무방하다. 애사당놀이에서도 완보는 극적 갈등을 일으키는 당사자가 아닌 사건의 목격자이며 조언자, 또는 해결사의 면모를 보인다.

> 「墨僧」 요년, 요 요망 방정스런 년아, 남의 크나큰 놀음에 나왜서, 게집아희
>   년이 무엇을 콩콩 꽹꽹 하느냐? (애사당은 가서 안고, 목중이 벅구를
>   째서 들고 친다. 完甫가 북 위에 가서, 슬그머니 북을 잡어다니자,
>   중은 헛손질 한다)
> 「完甫」 앗다, 그놈은 남을 타박을 치더니, 밥을 굶엇는지 헛손질을 잘하고
>   섯다.
> 「중」 남 滋味있게 노는 데 이거 무슨 짓이냐
> 「完甫」 너는 왜, 남 잘 치는데 타박을 왜 주라드냐?
> 「중」 얘, 그럿치 안타. 좀 잘 들어라, 우리 좀 잘 놀아보자
> 「完甫」 그래라 (북을 戴한다)
> 「중」 그것을 엇더케 치란 말이냐
> 「完甫」 이놈아, 물구나무 서서 못 치느냐.
> 「중」 그럿치 안타 잘 들어라 (完甫가 頭上에 북을 놉히 든다) 이놈아 놉하
>   서 엇더케 치느냐
> 「完甫」 이놈아, 새닥다리 놋코, 못 치느냐.
> 「중」 얘, 너머 놉흐니 조곰 조곰 조곰 조곰 조곰 조곰 (完甫가 차츰 차츰
>   네려 든다) 고만 (完甫가 북을 쌍에 놋는다) 네에게 쌍에 노라드냐?
> 「完甫」 이놈아, 조곰 조곰 하다가 쌍에 닷기에 낫지.[30]

---

30 앞의 책, 16~17면.

묵승이 왜장녀와 애사당이 춤을 추는 장면에 끼어들어 타박을 주며 애사당의 벅구(법고)를 뺏어 치자 완보가 다시 빼앗아 목중과 실랑이를 벌이게 된다. 남의 놀음판을 망친 묵승을 골려주기 시작하면서 완보는 사건의 당사자가 된 것이다. 벅구를 머리에 이거나 높이 들었다가 조금씩 내려 땅바닥에 내려놓는 등 묵승이 벅구를 칠 수 없게 행동하면서 골려주는 장면을 연출한다. 완보와 묵승의 대결은 시종일관 완보의 압승으로 이어지는데, 그 과정에서 막강한 재담꾼이며 익살꾼의 실력을 발휘한다.

이상에서 살펴본 바와 같이 완보는 사건의 당사자는 아니지만 목격자이며 조언자로서, 당사자들과 대결형 재담 또는 문답식 재담을 통하여 극중 상황을 관객에게 전달한다. 그의 재담은 우회적인 조롱과 공격의 양상을 띠며 상대방 스스로 비밀을 폭로하게 하는 재간을 발휘한다. 그는 부정한 인물을 응징하는 해결사로서 사건에 개입하기도 하는데 싸움의 방식 역시 재담과 익살을 통한 대결이었다.

이러한 완보의 성격과 역할은 산대놀이의 변천 과정에서 샌님과정의 의막사령놀이가 생성될 때 말뚝이의 성격과 역할로 전이되었다고 여겨진다. 지방의 도시탈춤인 봉산탈춤이나 동래야류 등에서는 말뚝이가 직접 양반을 공격하는 주체로 나서지만 산대놀이에서는 의막사령인 쇠뚝이가 공격 주체이고 하인 말뚝이는 사건의 진행자이며 전달자로서 재담을 풀어주고 우회적으로 조롱하며 공격을 부추기는 역할을 한다.

「쇠쩍이」 애, 依幕 치엿다 애 봐 하닛가, 그 젊은 靑年도 잇는 듯하니, 담배도 먹을 듯하니, 房 하나 가지고 쓸 수 없스닛가, 안팟 사랑 잇는 집을 치엿다 밧갓 사랑은 쏭그랏케 말장(도야지 우리갓치) 박고, 안은 쏭그라케 담 쌋고 門은 하눌 냇다

「말쩍이」 그럼 돼지우리라고나.

「쇠쩍이」 영낙 업지. (쇠쩍이는 압스고 말쩍이는 後에 섯다) 고이 고이 고이 고이

「말쑥이」 (鞭을 들고) 두우 두우 두우 (一豚 쫓는 모양)

…(중략)…

「말쑥이」 애, 샌님의는 人事를 듸려도 씹구녕 갓고 아니 듸려도 우수광스 러우나, 서방님의 問安을 단단이 듸려야지, 만일 잘못 듸리면, 죽고 남지 못하리라

「쇠쑥이」 서방님, 쇠쑥이 問安 들어가우. 잘 바더야지 잘못 바드면, 생 肉 失하리라, 서방님, 소인-

「말쑥이」 애 샌님과 서방님의서는 人事를 듸려도 씹구녕 갓고, 아니 듸려 도 우수광스러우니 해낭 관머리쎄 슨 宗家집 道令님의 人事를 듸려야지 人事를 잘못 듸리면, 네가 죽고 남지 못하리라.

「쇠쑥이」 道令님 쇠쑥이 問安 들어가우. 도령님 도령님 소인!

「도련님」 조히 잇드냐?

「쇠쑥이」 하, 이런 놈윗 일 보게 兩班의 색기라 달으다. 상놈 갓흐면, 네미 나 잘 붓텃느냐? 그럴 텐데 고런 어린 호래들 녀석이, 어듸 잇 서? 늙은 사람의게 의젓이 조이 잇드냐 그래네!

「말쑥이」 애, 그리하기에 우리나라 호박은 커도 심심하고 大國胡椒는 적 어도 맵단 말을 못 들엇느냐?

「쇠쑥이」 말쑥아, 샌님의 問安 좀 다시 듸려다우. 쇠쑥이가 술 한 잔 안 먹은 날은 샌님, 서방님, 도령님 세宅으로 단이면서, 안박에 비 질을 말갓게 하고요, 술이나 한 잔 먹고, 두 잔 먹고, 석 잔 먹어 서, 한 半醉 쯤 되면 세宅으로 단이면서 조개라는 조개 작은 조 개 큰 조게 묵은 조개, 햇조개, 여부 업시 잘 까먹는 令海 靈德 소라 고둥어, 애들놈 問安 듸리오! 이러케 하여다오.

「샌님」 어으아, 나무종 쇠쑥이 잡어듸려라 쿵[31]

---

31 앞의 책, 35~36면.

쇠뚝이가 의막을 정리했다고 하면서 그 형상을 재담으로 묘사하자 말뚝이는 '돼지우리'라는 말로 명쾌하게 풀어준다. 탈을 쓰고 하는 대사인 만큼 알아듣기 어려운 부분이 있으므로 재담을 풀어주는 장치는 매우 유효하다. 잠깐 동안 돼지를 우리에 들이는 흉내를 내며 어울리던 말뚝이는 쇠뚝이에게 샌님 형제에 대한 문안 인사를 종용한다. 이때 말뚝이의 대사는 거의 욕설이지만 샌님에 대한 직접 발언이 아닌 쇠뚝이를 부추기는 말이다. 말뚝이의 부추김을 받은 쇠뚝이의 공격은 점점 강해지고 결국은 샌님, 서방님, 도령님 세 댁을 두루 다니면서 집안의 여인들을 겁탈할 수도 있다는 위협으로 치닫는다.

양반집 부녀자를 겁탈한다는 말을 서슴지 않는 공격적인 언사와 노골적인 묘사는 산대놀이보다 봉산탈춤이 더욱 심하고 동래야류가 그보다 더 심하다. 동래야류의 경우 판소리를 사설을 방불하게 하는 상세한 묘사로 말뚝이와 양반의 아내가 사통하는 장면을 표현하고 있다.[32] 하회별신굿놀이와 같은 농촌탈춤에 등장하는 양반의 하인에서 성장한 말뚝이는 동래야류, 봉산탈춤과 같은 도시탈춤에서 완성되었으며 놀이패들의 흥행 경로를 따라 다른 지방 도시와 서울지역에 전파된 것으로 보인다.[33]

현전 산대놀이에서 쇠뚝이 배역에 취발이탈을 사용하는 사실로 미루어 보면 하나의 탈을 겸용하는 배역들은 인물의 성격이나 역할에 공통점이 있다고 할 수 있다. 겸용할 탈을 선택하는 일 역시 기존의 배역이 지닌 성격을 고려하여 쇠뚝이 배역에는 취발이탈을 사용하는 대신 말뚝이 배역에는 완보탈을 사용했을 것으로 여겨진다. 취발이는 풍류랑 또는 호색한이며 성격이 급하고 저돌적이라는 점에서 쇠뚝이의 성격과 비슷하다. 서울지역 산대놀이에서 재창조된 말뚝이는 양반을 직접 공격하지 않고

---

32 송석하, 「東萊野遊臺詞-말둑이 才談의 場-」, 『朝鮮民俗』 2호, 朝鮮民俗學會, 1934, 57~64면.

33 사진실, 「조선시대 서울지역 연극의 공연상황」, 앞의 책, 359~362, 386~387면.

우회적으로 부추기는 등 완보와 유사한 성격을 지니고 있다.

지방의 도시탈춤에서 샌님에게 공격적인 풍자를 감행하는 말뚝이는 서울지역 산대도감극의 주체들에게 매우 흥미로운 인물이었을 것이다. 서울지역의 산대놀이에 말뚝이 배역을 수용할 때는 이미 형성된 탈춤 텍스트 및 공연 환경에 맞추어 조율하는 과정이 필요했다고 여겨진다. 하인이면서 주인인 샌님을 직접 공격하는 지방 도시탈춤의 말뚝이를 그대로 수용할 수 없었던 연희자들은 '말뚝이'의 이름과 짝을 이루는 의막사령 '쇠뚝이'를 창조하여 샌님의 하인으로서 감당하기 어려운 역할을 넘기게 되었다. 그 대신 상대 배역에게 우회적인 조롱과 풍자를 감행하며 극적 사건을 이끌어가는 완보 배역을 반영하여 말뚝이 배역을 만들었다고 여겨진다. 완보의 성격과 역할이 전이되어 새로운 모습의 말뚝이가 재창조되었던 것이다.

5. '중놀이'에서 '양반놀이'의 중심 이동

19세기 말 형성된 소설 「게우사」에 의하면 왈자 김무숙이 선유놀음 때 산대도감패를 초청하면서 좌우편의 도감포수에게 새로운 의상과 탈을 준비하라고 이천 냥씩을 내어주었다.[34] 김무숙은 하급 무반이면서 경강 지역을 무대로 상업에 종사하였고 18세기 서울의 오락 유흥문화를 장악했다고 알려진 왈자의 부류였다. 왈자들은 당대 예술의 수요자이며 후원자일 뿐 아니라 중개인으로서 서울지역 산대놀이의 흥행에 관여하였고 새로운 대본을 창출하는 데 영향을 끼쳤다. 노장과 샌님을 물리쳐 강력한 힘의 표상으로 나타나는 포도부장 배역은 왈자 집단의 현실적인 힘을 반영하여 생성되었다고 할 수 있다.[35] 무숙이의 선유놀음에 나타나듯, 수요

---

34 김종철, 「게우사(자료소개)」, 『한국학보』 65집, 일지사, 1991, 229~230면.
35 사진실, 「조선시대 서울지역 연극의 공연상황」, 앞의 책, 351~352면.

자이며 후원자의 기호와 요구를 수용하여 새로운 한 벌의 탈이 제작되고 새로운 배역의 탈이 생성되거나 기존의 탈에 비약적인 변화가 생길 수 있다. 겸용하던 탈을 배역에 맞게 새로 제작하는 계기도 이러한 상황에서 마련되었다고 여겨진다.

새로운 탈을 만들어 추가한다는 사실은 탈 한 벌의 완결적 구성을 깨뜨릴 만큼 막강한 이유가 개입되었다는 사실을 말해준다. 막강한 이유란 새로운 인물 창조를 원하는 수요자 측의 요구와 그것에 상응할 만한 생산자 측의 동의라고 할 수 있다. 탈춤을 애호하는 관객 집단의 요구와 후원으로 새로운 극중인물에 대한 전망이 논의되고 극중인물의 성격과 역할, 탈의 조형성에 대한 모색을 거쳐 새로운 탈이 제작된다고 할 수 있다. 새로운 탈의 편입과 더불어 극중인물의 관계와 극중공간의 질서가 재구성되는 변화가 생겨나게 된다.

도화동 '말뚝이'는 완보탈을 겸용하다가 어떤 계기를 맞아 탈을 새로 제작하면서 말뚝이 배역에 맞추어 만들어진 탈이라고 할 수 있다. 함께 쓰던 말뚝이 배역의 지배력이 커지면서 탈의 정체성이 말뚝이로 기울어졌고 결국 이름이 '말뚝이'로 바뀐 완보탈일 수도 있다. 후자의 경우라면 탈을 말뚝이 배역에 넘긴 완보 배역은 또 다른 목중탈을 사용하게 되었을 것이다. 후대의 연구자들이 제각각 완보탈을 지목하듯이, 목중탈 가운데 완보의 이미지를 충족시킬 탈은 복수로 존재했을 것이기 때문이다.

마포구 도화동은 조선시대부터 '도화내동(桃花內洞)'으로 불렸고[36] 서울 경강지역의 유통 중심지였던 마포나루가 있던 곳이다. 탈춤이나 인형극 대사에 자주 나오는 용산, 삼개[마포], 칠패 등은 조선후기 서울의 신흥 상업지역으로 산대놀이패를 포함하여 각 지역의 놀이패들이 몰려들던 흥행의 중심지였다고 할 수 있다.[37] 도화동 '말뚝이'는 마포나루를 중심으로

36 서울 마포구 도화동 주민센터 웹 검색, 2010.10.3.
37 사진실, 「조선시대 서울지역 연극의 공연상황」, 앞의 책, 태학사, 1997, 383~387면.

활동했던 전문적인 산대놀이패의 탈일 수 있다.

한편, 도화동 '말둑이'는 전문 놀이패의 탈춤을 본떠 시작한 도화동 거주민들의 산대놀이에 사용된 탈일 수도 있다. 탈보에 쓰인 글자가 한자 표기라는 사실을 비롯하여 전문 놀이패의 정체성을 드러내는 이름이 아니라 마을 이름을 사용했다는 사실에서 그러한 추정이 가능하다. 마포는 서울지역 산대놀이패의 근거지로 알려진 애오개와 접해 있고 마포나루에서 강을 건너면 역시 산대놀이의 근거지로 알려진 노량진이 있다. 애오개 산대패 같은 전문 놀이패는 남대문 밖 칠패 시장은 물론 경강 지역의 주요 상권인 마포나루에서 흥행하였을 것이므로 도화동의 주민들이 그들의 산대놀이를 배워 단오나 추석 같은 명절 행사로 활용했을 가능성이 있다. 그 과정에서 애오개산대패의 탈에는 없었던 말둑이탈이 생겨날 수 있는 것이다. 도화동 '말둑이'의 존재는 서울지역의 산대놀이 단계에서 이미 샌님과정의 의막사령놀이가 성립되었다는 사실을 알려주는 중요한 단서가 된다.

독자적인 말둑이탈이 마련되면서 말둑이 배역은 샌님과정을 넘어 산대놀이 전체의 주인공으로 부상하게 되었다고 여겨진다. 1957년본 양주산대놀이 연희본에 이르면 말둑이는 샌님과정을 넘어서 염불놀이와 침놀이, 애사당북놀이에 등장하게 된다. 염불놀이에서는 완보와 대결 양상을 벌이는 관중의 역할을 대신하고 있으며 애사당북놀이에서 역시 완보와 대결하는 묵승(墨僧)의 역할을 대신한다. 침놀이에서는 아들 손자를 데리고 나온 가장 역할을 맡았다.

실제로는 극중인물인 말둑이 배역이 아닌 말둑이탈을 쓴 연희자가 여러 놀이에 참여한 것이다. 침놀이에서는 샌님의 하인이라는 신분이 유지될 수 있으므로 말둑이탈과 말둑이 배역이 일치할 수 있다. 그러나 염불놀이나 애사당북놀이에서는 목중의 하나로 말둑이탈을 사용할 뿐 샌님의 하인 말둑이와는 무관하다. 그러나 연희자나 관객에게 말둑이탈의 정체성이 크게 각인된 나머지 말둑이탈을 말둑이 배역과 동일시하게 되었다고 할 수 있다. 연희자에 따라서는 염불놀이에 말뚝이가 등장하는 사실은 잘못이라 여기고 바로잡아야 한다고 주장하기도 한다.[38]

염불놀이와 애사당북놀이에 말뚝이 배역이 등장하는 것은 분명 잘못이다. 그러나 말뚝이탈을 쓴 연희자가 등장하여 목중 배역을 연기하는 것은 잘못이 아니다. 오히려 목중탈을 겸용하여 말뚝이 배역을 소화하던 전통을 반영한 것이다. 독자적인 말뚝이탈이 마련되기 전까지는 목중탈이 곧 말뚝이탈이었기 때문이다. 말뚝이탈이 새로 만들어졌지만 하나의 탈로 목중 배역과 말뚝이 배역을 모두 소화했던 연희자의 관습은 유지되면서 배역의 혼선이 빚어졌다고 할 수 있다. 염불놀이에 등장하는 목중이 여덟 명이 아닌 아홉 명이 된 것이다. 산대놀이에 말뚝이 배역이 처음 생겨날 때는 목중탈[완보탈]을 겸용하였는데, 독자적인 말뚝이탈이 생겨난 이후 목중 배역에 말뚝이탈을 겸용하는 상황의 역전이 생겨났다.

염불놀이에서 완보와 대결하는 배역에 말뚝이탈을 사용하게 되면서 본래 그 배역을 맡았던 관중은 완보와 합쳐져 하나의 인물이 되었다. 1930년본 〈산대도감극각본〉에서는 팔목과정 염불놀이에 완보와 관중이 별개의 인물로 등장하는 데 비하여 1957년본 양주산대놀이 연희본에서는 염불놀이의 등장인물 소개 부분에서 완보를 '冠 쓴 중'으로 설명하고 있다. 1964년 양주 구읍에서 사용하던 양주산대놀이의 가면을 보면 완보가 높다란 관을 쓴 모습이며 '冠 쓴 중 또는 팔먹승이라고도 한다'는 설명이 붙어 있다.[39]

완보와 관중이 서로 대립 구도를 형성한 것이나 하나의 인물로 합쳐질 수 있었던 근거는 둘 다 우두머리의 속성을 지녔기 때문이다. 관중은 목중탈에 관을 씌워 변별하였는데 관은 무리들보다 높은 신분을 상징한다.

---

38 현행 양주산대놀이의 연희자들은 염불놀이에 말뚝이가 등장하는 상황에 대하여 서로 다른 해석을 내놓고 있다. 목중 배역을 위하여 말뚝이탈을 겸용한 것인데 말뚝이 배역이 등장한 것으로 오해하는 경우가 있기 때문이다; 전경욱, 앞의 논문, 243~244면.

39 이두현, 『한국의 가면극』, 일지사, 1979, 133면.

완보는 탈춤 텍스트에 드러나는 역할로 미루어 무리들을 주도하는 우두머리의 성격을 지닌다고 파악할 수 있다.[40] 1930년본 〈산대도감극각본〉의 경우 한 무리에 두 명의 우두머리가 있을 수 없으므로 싸워야 하는 대결 구조를 형성했다면, 1957년본 양주산대놀이 연희본의 경우 두 배역이 지닌 공통점으로 인해 하나의 인물이 되었던 것이다.

대결 구도에 있었던 완보와 관중은 한 인물이 되었고 완보탈을 겸용하던 말뚝이는 완보와 대결 구도를 이루게 되었다. 물론 완보와 대결하는 말뚝이는 말뚝이 배역이 아닌 말뚝이탈을 사용한 목중이다. 그러나 연희자와 수용자가 염불놀이의 말뚝이탈을 목중이 아닌 말뚝이 배역으로 인식하게 된 상황을 통하여 말뚝이의 지배적인 영향력을 확인할 수 있다. 말뚝이의 영향력이 강화되면서 염불놀이의 구조에 혼선이 생겨난 것이다. 당대 관객층의 소망을 담은 말뚝이 배역의 인기와 성장에 힘입은 변화라고 할 수 있다.

야류와 오광대 등 지방의 도시탈춤에는 산대놀이나 해서탈춤에 비하여 양반과장이 확대되어 있고 말뚝이의 비중이 크게 나타나는 반면, 중가면이 전혀 없거나 있더라도 현격하게 적다는 사실은[41] 탈춤의 변천 과정과 관련하여 매우 시사적이다. 토착문화에 기반을 둔 지방의 도시탈춤은 '양반놀이' 중심으로 성장해 왔고 외래문화의 영향을 받은 서울지역의 탈춤은 '중놀이' 중심으로 성장해 왔다고 할 수 있다. 조선전기에는 산대나례와 같은 국가 행사를 통하여, 조선후기에는 상업적인 흥행 활동을 통하여 각 지역 탈춤의 충돌과 교류가 진행되었다고 할 수 있다. 이 과정에서 각 지역 탈춤의 유사성이 강화되었고 어느 단계에서는 서울지역 산대놀이의 영향력이 우위에 있었을 것이다. 이후 지방 도시탈춤의 영향력이 강화되

---

40 라마교 사원의 주지승을 가리키는 고대어인 '환보(Qanbo)'에서 '완보'가 유래되었다는 주장에 따르면 완보는 절의 주지를 가리킨다; 전경욱, 『한국의 가면극』, 열화당, 2007, 217면.

41 전경욱, 「본산대놀이 계통 가면극의 지역적 소통」, 『한국민속학』 37, 한국민속학회, 2003, 304면.

면서 서울지역 산대놀이의 중심이 '중놀이'에서 '양반놀이'로 이동하게 된 것이다.

이러한 변화를 통하여 근대 이행기 이후 탈춤의 역사가 지방 도시탈춤의 영향력이 커지는 방향으로 진행되었다는 사실을 확인할 수 있다. 지방의 도시탈춤은 서울지역의 탈춤에 종속되지 않고 능동적으로 창조와 전파를 주도하였다. 종교적인 금욕에 대한 개인적인 관점을 넘어 정치적인 계급투쟁에 대한 사회적인 관점이 확산되어온 문화사의 양상을 반영한 것이다.

6. 맺음말

이 논문은 탈의 전승과 변이 양상을 통해서 산대놀이의 변천 과정을 재구하기 위한 시론이다. 탈춤의 전통은 탈춤 텍스트와 함께 탈 유물을 남겼다. 채록본이나 연희본은 통시적인 전승과 변이가 하나의 텍스트 안에 공존한다면 탈 유물은 어느 한 시기 탈춤의 단면을 보여준다. 탈의 사용 연대를 비정할 수 없는 경우라도 두 벌 이상의 탈을 비교하여 선후 관계를 확인할 수 있는 장점이 있다. 특히 한 벌의 완결된 구성을 갖춘 탈이라면 극중인물의 존재와 극중사건의 구성에 대한 해답을 줄 수 있고 관극시나 채록본과 견주어 산대놀이의 변천 과정에 대한 중요한 논거로 사용할 수 있다.

김재철의 『조선연극사』에서 서울대학교 박물관 소장 산대탈이 거론된 이후 여러 저술을 통하여 그 전승 현황에 대한 소개가 이루어졌다. 대부분의 저술들은 탈 한 벌의 완결성에 대하여 인식하지 않았고 출처가 다른 탈들을 한 벌로 모으거나 당대 사용자의 기록과 다른 현재적 관점의 명칭을 부여하기도 하였다. 성급한 판단에 따른 단순한 오류가 아니라면, 탈의 명칭과 정체성에 대한 혼란은 시간이 멈춰버린 탈유물과, 지속적인 전승과 변이를 거듭하는 탈춤 텍스트의 차이를 반영한 것으로 그 자체가 산대놀이의 변천 과정에 대한 단서가 될 수 있다.

산대탈의 전승 현황에서 두드러지는 문제는 〈당녀-애사당-소무〉 및 〈완보-말뚝이〉의 착종이었다. 전자의 경우는 탈의 실물과 이름을 대조하는 작업만으로 유득공(柳得恭)이 말한 야희(野戲)의 '당녀(唐女)'를 왜장녀로 파악하는 태도가 성급한 오류였음이 밝혀졌다. 왜장녀와 당녀의 탈은 한 벌의 탈에 속하면서 외형과 이미지가 확연히 구분되기 때문이다. 「남성관희자」에 묘사된 '당의(唐衣)' 입은 여인은 당녀이며, 탈의 모습과 시의 내용을 견주어 볼 때 고혹적인 여인을 형상화하였다는 사실을 알 수 있다.

〈완보-말뚝이〉의 착종에 관한 문제는 탈춤 텍스트의 전승 과정과 연관이 있다고 보아 목중탈, 완보탈, 말뚝탈의 전승과 착종 양상을 구체적으로 논의하였다. 서울대 박물관 소장 유물번호 〈252번〉 목각탈에서는 모든 목중탈이 입 꼬리가 쳐진 '완보의 이미지'를 지니고 있었다. 〈252번〉 목제탈과 〈1177번〉 바가지탈의 단계에 이르면 여러 가지 방식으로 목중들의 외모가 구분되기 시작한다. 목중탈의 변별화 양상은 목중 배역의 변별과 개성적인 재창조를 반영한 것이다. 불만에 차서 입 꼬리가 쳐진 외형은 원래 목중탈 모두에 공통되었지만 완보 배역의 분화와 함께 완보탈만의 이미지로 굳어지게 되었다고 할 수 있다. 이러한 과정에서 지방의 도시탈춤에서 형성된 말뚝이 배역이 서울지역의 산대놀이에 수용되었고 연희자들이 목중탈 가운데 하나를 겸용하여 말뚝이 배역을 소화하게 되었다고 여겨진다. 여러 개의 목중탈 가운데 어떤 탈을 사용할 것인가는 탈의 기본 성격은 물론 그 탈을 쓰고 놀던 연희자의 역량이 반영되었을 것이다.

완보 배역은 주요 인물들과 상대하며 극을 이끌어가는 재담꾼의 역할이므로 완보탈을 썼던 연희자는 탁월한 입심과 재담에 능한 실력자였을 것이다. 지방 도시탈춤의 말뚝이는 물론 산대놀이에서 재창조된 말뚝이 역시 극을 이끌어가는 재담꾼으로서 뛰어난 연기력이 요구되는바, 완보 배역을 하던 연희자가 선택되었을 것이고 자연스럽게 완보탈이 말뚝이 배역에 사용되지 않았을까 추정된다. 그 과정에서 완보의 성격과 역할이 전이되어 새로운 모습의 말뚝이가 재창조되었다고 할 수 있다.

유물번호 〈1179번〉 도화동 '말둑이'는 겸용하던 완보탈 대신 새로 제작되었을 말뚝이탈이다. 서울시 마포구 도화동은 마포나루를 중심으로 하는 주요 상권이며 애오개나 노량진과도 가까워 도화동 '말둑이'는 전문 놀이패의 탈이거나 그들의 탈춤을 모방해 놀았던 거주민 중심 놀이패의 탈일 수 있다. 도화동 '말둑이'는 서울지역의 산대놀이에서 이미 샌님과정의 의막사령놀이가 성립되었다는 사실을 보여주는 단서가 된다.

독자적인 말뚝이탈이 마련되면서 말뚝이 배역은 샌님과정을 넘어 산대놀이 전체의 주인공으로 부상하게 되었다고 여겨진다. 1957년본 양주산대놀이 연희본에 이르면 말뚝이는 샌님과정을 넘어서 염불놀이와 침놀이, 애사당북놀이에 등장하게 된다. 염불놀이에서 완보와 대결하는 배역에 말뚝이탈을 사용하게 되면서 본래 그 배역을 맡았던 관중이 완보와 합쳐져 하나의 인물이 되었다. 지방의 도시탈춤에서 들여온 말뚝이의 인기와 성장에 힘입어 서울지역 산대놀이의 중심이 '중놀이'에서 '양반놀이'로 옮겨지게 되었던 것이다.

이러한 변화를 통하여 근대 이행기 이후 탈춤의 역사가 지방 도시탈춤의 영향력이 커지는 방향으로 진행되었다는 사실을 확인할 수 있다. 지방의 도시탈춤은 서울지역의 탈춤에 종속되지 않고 능동적으로 창조와 전파를 주도하였다. 종교적인 금욕에 대한 개인적인 관점을 넘어 정치적인 계급투쟁에 대한 사회적인 관점이 확산되어온 문화사의 양상을 반영한 것이다.

제3장 한국연극의 話劇的 전통 고찰[1]
─무당굿놀이와 笑謔之戱의 분석을 중심으로

1. 머리말

한국 문학사에 있어서의 '전통의 단절'은 희곡·연극의 분야에서 특히 극복될 수 없는 것으로 보인다. 한국 연극사를 기술하자면 도리 없이 전통극과 신극을 구분하여 다루어야 하고 더구나 전통극이란, 본격적인 연극이라 하기에는 미흡하다고 하여 신극과는 차원이 다른 것으로 취급할 소지가 있다. 또한 전통극의 개별연구에 있어서도 꼭두각시놀음이나 탈춤의 연구에 치우쳐 있어서 자칫하면 우리나라 연극의 화극적(話劇的) 전통이 간과될 수 있다. 한국 연극에는 가면극, 인형극과 더불어 엄연한 화극의 전통이 있으며 이는 자연발생적인 민간연희의 차원을 넘어서 독립적인 극형식으로 발전하는 양상을 보였다. 이러한 화극적 전통에 관한 고찰은 개별적인 연극형태를 발굴해 낸다는 사실 외에 전통의 단절이라는 심연을 메워 나갈 실마리가 되기도 할 것이다.

대표적인 전통극의 종류로 탈춤, 꼭두각시놀음, 무당굿놀이를 들 수 있다. 무당굿놀이는 인형이나 탈을 주요 표현 수단으로 삼지 않고 무당 또는 조무(助巫)가 직접 나와 연기하는 재담(才談) 위주의 연극이다. 현재까지도 전승이 이루어져 독립된 연극적 실체로서 인정받는 데 이르렀고 개별적인 연구[2]도 이루어졌다. 그러나 한국 연극의 화극적 전통을 전개해

---

1 출처: 사진실, 「韓國演劇의 話劇的 傳統 考察: 무당굿놀이와 笑謔之戱의 분석을 중심으로」, 『한국극예술연구』 1, 한국극예술학회, 1991, 31~48면.

온 민속적 저류로서 인식되지는 못하였다. 본고에서는 화극적 전통의 측면에서 무당굿 놀이를 바라보고 있다.

'소학지희(笑謔之戱)' 역시 화극으로서의 변모를 여실히 드러낸다. 지금까지 집중적인 연구가 이루어지지는 않았으나 많은 관심을 불러 일으켰던 것 역시 사실이다. 소학지희에 대한 시각은 하나로 정립되지 못하여, 완전한 연극적 실체로서 인정하는 한편, 단순한 잡희(雜戱)의 하나로 간주해 버리기도 하였다. 이두현은 "배우들이 일정한 인물과 사건에 관련된 주제를 전개하는 연극"3이라고 하여 소학지희의 화극적 성격을 시사하였다. 고정옥과 권택무는 한국의 구전, 민간극에 있어서 화극의 전통을 명백히 드러내었다.4 그들이 제시한 대표적 화극 작품들은 대개 본고에서 다루려는 소학지희와 일치한다. 특히 권택무는 화극의 사적(史的) 전개에 관심을 두었다. 그러나 그가 설정한 화극의 계보는 내용·형식상의 철저한 검증 위에서 이루어진 것이 아니라 주로 공연방식의 유사 관계를 근거로 한 것이었다.

본고에서는 무당굿놀이와 소학지희를 비교·분석하여 한국 연극사에서의 화극적 전통을 밝히고자 한다.5 우선 공연방식 및 희곡적 특성에 있어서의 유사점과 차이점을 밝히고 다음으로 화극적 전통 안에서의 연관 관계를 구명하고자 한다. 소학지희의 연극적 자료는 다음과 같다.

---

2 서대석·최정여, 「거리굿의 연극적 고찰」, 『동해안 무가』, 형설출판사, 1974.
　황루시, 「무당굿놀이 연구」, 이화여대 박사학위논문, 1987.
　서연호, 「한국무극의 원리와 유형」, 『한국무속의 종합적 고찰』, 고려대 민족문화연구소, 1982.
3 이두현, 『한국연극사』, 학연사, 1985, 96면.
4 고정옥, 『조선구전문학연구』, 과학원출판사, 1962.
　권택무, 『조선민간극』, 예니, 1989.
5 넓은 의미의 무당굿놀이 속에는 제의로서의 굿 뒤에 이어지는 뒷전거리 말고도 연극적 양상을 지닌 제의까지도 포함된다. 본고에서 다루는 무당굿놀이는 재담적 성격을 강하게 지닌 화극으로서의 뒷전거리만을 논하기로 한다.

〈進上 놀이〉: 於于野談

공헌대왕(恭憲大王)이 대비전(大妃殿)을 위하여 대궐 내에서 진풍정(進豐
呈)을 펼쳤다. 서울의 배우인 귀석(貴石)이 배우희(俳優戲)를 잘 하여 진풍정
에 나아갔다. 풀을 묶어 꾸러미 네 개를 만들었는데 큰 것이 두 개, 중간 것
이 하나, 작은 것이 하나였다. 귀석이 자칭 수령이라 하며 동헌(東軒)에 앉아
서 진봉색리(進奉色吏)를 불렀다. 한 배우가 자칭 진봉색리라 하고 무릎으로
기어 앞으로 나왔다. 귀석이 소리를 낮추고 큰 꾸러미 하나를 주며 말하기
를, "이것은 이조판서에게 드려라." 또 큰 꾸러미를 주며 말하기를, "이것은
병조판서에게 드려라." 또 중간 것을 주며 말하기를, "이것은 대사헌에게 드
려라." 그러고 나서 작은 꾸러미를 주고서는, "이것은 임금께 올려라."라고 말
했다.6

〈宗室兩班 놀이〉: 於于野談

귀석(貴石)은 종실(宗室)의 종이다. 그 주인은 시예(試藝)하는 데 참여하여
품계를 얻었으나 실제 관직이 없었고 봉록도 더해지지 않은 채 주위에 거느
리는 종도 없이 여러 능침(陵寢)의 제사 지내는 데 뽑혀 겨를이 없었다. 귀석
이 진풍정에 들어가게 되었다. 여러 배우와 약속을 하여 한 명이 시예종실
(試藝宗室)이라고 하고 비루먹은 말을 탔다. 귀석은 그 종이 되어 고삐를 쥐
고 갔다. 한명은 재상(宰相)이라고 하여 준마가 끄는 가마를 타고 졸개들이
길을 옹위하며 갔다. 앞선 졸개가 길을 피하라고 외치는데 종실이 걸려들자
종인 귀석을 잡아다가 땅에 엎드리게 하고 곤장을 쳤다. 귀석이 큰소리로 하
소연하며 말하기를, "소인의 주인은 시예종실로서 관직이 대감보다 낮지 않
은데, 봉록을 받지 못해 거느리는 종도 없이 능(陵)이며 전(殿)에 제사지내는
일에 뽑혀 한가한 날이 없으니 오히려 시예가 되기 전보다 못합니다. 소인에
게 무슨 죄가 있습니까?" 재상을 맡은 배우가 놀라고 감탄하여 그를 놓아 주

---

6 유몽인, 『於于野談』, 만종재본.

었다. 얼마 안 있어 특별히 명이 내려 그 주인에게 실제 관직이 주어졌다.[7]

〈巫稅布 놀이〉: 稗官雜記

세상에서 전하기를, 관청에서 무세포(巫稅布)를 거두어들이는 것이 매우 심하였다고 한다. 매번 관원이 문에 이르러 외치면서 들이닥쳐 무너뜨리면 온 집안이 쩔쩔매고 분주하게 술과 음식을 갖추어 대접하면서 기한을 늦추어 달라고 애걸했다. 이와 같은 일이 하루걸러 혹은 연일 계속되기도 하여 괴로움과 폐해를 헤아릴 수 없었다. 세시(歲時)를 맞아 배우가 궁중의 뜰에서 이를 놀이로 만들어 보였다. 이에 임금이 무세포를 면제하도록 하였으니 배우도 또한 백성에게 유익함이 있다고 하겠다. 오늘에까지 배우들이 놀이를 전하므로 그 일이 고사가 되었다.[8]

〈貪官汚吏 놀이〉: 稗官雜記

중종 때 정평부사 구세장은 탐욕스럽기가 끝이 없었다. 어떤 말안장 파는 사람을 관가 뜰로 끌고 들어와서 직접 흥정하면서 싸다느니 비싸다느니 며칠 동안 값을 따지다가, 끝내 관가의 돈으로 샀다. 배우가 세시(歲時)에 그 상황을 놀이로 꾸몄다가 임금이 묻는데 대답하기를, "정평부사가 말안장을 산 일입니다." 하였다. 마침내 임금은 명을 내려 그를 잡아다가 심문하고 처벌했다. 배우 같은 자도 능히 탐관오리를 규탄하고 공박할 수 있다.[9]

〈都目政事 놀이〉: 芝陽漫錄

임금이 심기가 불편하여 침울함을 참고 있다가 명을 내려 배우희(俳優戲)를 펼치게 했다. 임금이 조금도 웃음을 보이지 않자 창우(倡優)가 이에 간청

---

7 앞의 책.
8 어숙권, 『稗官雜記』, 대동야승본.
9 위의 책.

하여 이조와 병조의 도목정사(都目政事) 놀이를 행하였다. 자리를 마련하여 주의(注擬: 급제자에게 벼슬 을 선정해 주는 것)하는 즈음에 이조판서라고 일컬은 자가 장부를 들고 병조판서더러 말하였다. "대감은 들으시오. 내게는 조카가 있는데 문(文)에도 무(武)에도 쓸 만한 재주가 없소이다. 다만 그 숙부가 이조판서가 되어 조카의 이름 하나를 고쳐주지 못하니 마음에 편안하지 않습니다. 듣자니 사산감역(四山監役)에 빈자리가 있다고 하는데 대감이 배려해 주지 않겠소?" 병조판서가 눈을 껌벅이며 웃고 대답했다. "그렇게 합죠." 곧이어 반대로 병조판서가 장부를 들고 이조판서에게 말했다. "내 셋째 사위가 재주와 인물됨이 대감의 조카와 꼭 같은데 내 자리와 위치로도 사위의 이름을 고쳐주지 못하니 일이 심히 못마땅합니다. 듣자니 선공감역(繕工監役)에 자리가 있다는데 대감께서 배려해 주시오." 이조 판서가 웃으며 말했다. "내가 감히 따르지 않을 수 있겠소." 잠시 후에 망통(望筒)이 내려 왔고 천점(天點)을 갖추어 받았다. 이조판서가 기뻐하며 병조판서에게 말 했다. "내 조카와 당신의 사위가 모두 벼슬을 얻게 되었소." 병조판서가 크게 웃으면서 말했다. "말씀 마시오, 말씀 마시오. 서로 손을 바꿔 하는 일인데 뭐가 어렵겠소, 뭐가 어렵겠소." 임금이 그것으로 인해 크게 웃었다.[10]

2. 공연방식

소학지희는 나례(儺禮) 때 행해진 공연종목의 하나로서 연행되었다. 나례는 원래 귀신을 쫓는 제사의식을 지칭하는 말이었으나 의식 뒤에 이어지는 잡희부(雜戲部)가 비대해짐에 따라 나례 전체가 종합적인 오락 연희물로서 인식되는데 이르렀다. 나례는 규모가 크고 꾸밈새가 화려한 것을 자랑으로 삼았고 일종의 'Pageant'적 성격을 갖고 있었으므로 그 본질은 'Spectacle Show'라고 하겠다. 이러한 나례는 정규적인 송구영신(送舊迎新)

---

10 『芝陽漫錄』(작자 미상). 서울대규장각 소장본.

의 제사의식뿐 아니라 궁중의 각종 공식 행사 뒤에 이어지는 오락·연희물로서 기능하였다. 그러므로 소학지희 역시 그러한 기능을 수행하였다고 할 수 있다. 소학지희는 가면이나 인형의 수단을 빌리지 않는 화극이었으므로, 화려함이 극에 달하는 나례의 본질과 차이가 있는 것으로 보인다. 그러나 비록 소학지희가 나례의 본질적 측면과 맞아 떨어지지는 않는다 해도 그 나름대로 가지는 놀이로서의 성격은 무시할 수 없다. 소학지희의 웃음과 풍자는 한 순간의 무질서를 연출한다. 무질서, 즉 난장판이되는 것은 엄숙한 의식 절차 다음에 오는 오락 연희물로서의 기능을 강화한다. 나례에 속한 다른 공연 종목들 즉 곡예인 규식지희(規式之戲)나 음악부가 외견상 현란스러움과 화려함을 통해 축제적인 분위기를 연출한다면 소학지희는 배우들의 박진한 입심에 의하여 그 풍자와 웃음에 휘말림으로써 축제적인 분위기를 연출하는 것이다.

제의절차는 神聖에 바쳐진 엄숙한 형식이지만 극히 인간적인 반면 놀고떠는 난장판의 축제는 그로써 오히려 일상적인 삶과 날카롭게 대립되는 성스러운 것이기 때문이다. …… 그럴 때 그런 무질서를 연출한 놀이의 황홀과도취, 그리고 그 축제의 난장판은 신성한 것이다.[11]

그렇다면 의식 뒤의 놀이는 의식의 엄숙함과 신성함을 감소시키는 것이 아니라 오히려 충만하게 하는 셈이다. 또한 의식에 참여한 사람들 사이의 유대감을 확고히 하는 기능도 갖는다. 이러한 까닭에 엄숙하고 장엄한 의식 뒤에는 화려하고 난장적인 놀이가 이어지는 것이다. 결국 나례, 더 좁게는 소학지희의 공연은 이러한 제의와 놀이의 결합으로 이해할 수있다.

무당굿놀이는 근본적으로 제의인 무당굿과 관련되어 있다. 특히 주로

---

11 이상일, 『한국인의 굿과 놀이』, 문음사, 1981, 139~140면.

굿의 뒷전거리에서 연행되는 것이 일반적인데 뒷전거리는 본굿에서 대접하지 못한 잡귀들을 풀어먹인다는 의의를 지닌다. 이렇듯 제의의 연장이면서 또한 연극적인 양상을 지녀서 참석한 모든 이들에게 베풀어지는 오락으로 기능한다. 결국 소학지희나 무당굿놀이나, 제사의식 뒤의 난장적인 여흥으로 연행되었다는 사실을 알 수 있다.

한편 소학지희는 무대장치를 갖추지 않아 극적사건으로의 몰입이 이루어지지 않을 뿐 아니라 탈이나 인형 등도 사용하지 않아 극중인물로의 전환이 단번에 이루어지지 않는다. 소학지희가 탈이나 인형 등을 사용했는가 하는 문제에 관해서는 직접적인 기록은 없으나, 현전하는 작품을 분석해 볼 때 그러한 도구의 사용을 요구하지 않음을 알 수 있다. 소학지희의 극중인물은 꼭두각시놀음이나 탈춤의 경우처럼 전형화 되어 있지 않고 구체성을 띠므로 탈이나 인형을 수단으로 극중인물을 형상화할 수 없는 것이다.

무대장치에 관한 것은, 비록 우리 민속극 전반의 특성이나, 탈이나 인형을 주된 표현수단으로 사용하지 않는 것이 소학지희와 무당굿놀이의 공통점이라 하겠다.

소도구는, 다른 장비에 비해 비교적 적극적으로 사용되었으나 최대한 절제되었다. 〈진상 놀이〉에서는 풀 꾸러미 네 개가 소도구로 쓰였다. 문맥으로 봐서는 연극을 진행하기 직전 즉석에서 마련한 소도구라고 할 수 있다. 이는 실제 물건을 사용한 것이 아니므로 배우와 관객 사이의 암묵적인 약속에 의해 의미를 지닌다고 하겠다. 〈도목정사 놀이〉에는 이조·병조판서가 들고 있는 도목(都目) 장부가 소도구로 사용되었다.

무당굿놀이에서의 소도구 역시 최대한 절제되어 있어 등장인물의 특징을 드러내 주는 정도로만 사용된다. 특히 즉석에서 조달하는 것이 특징적이다.[12]

---

12 서대석·최정여, 앞의 책, 43~44면.

또한 배역에 있어서 무당굿놀이는 일인다역을 원칙으로 한다.

거리굿은 一人의 主巫와 伴奏巫 및 參觀者 중에서 主巫가 指定한 몇몇 人物에 依하여 進行된다. 그러나 臺詞는 主巫가 거의 獨占하고 있다고 할 수 있으며, 一人이 둘 이상의 役을 하고 있는 것이다.[13]

소학지희 역시 발생 초기에는 일인다역의 형식을 취했음을 알 수 있다.

잡희가 함께 시작되어 밤 이고(二鼓)에 축역우인이 놀이를 통하여 스스로 서로 문답하면서 관리의 탐오하고 청렴한 모양과 여리의 더럽고 세세한 일까지 들춰내지 않는 바가 없었다.[14]

스스로 묻고 대답하였다는 사실로 미루어 등장인물은 한 명이었다는 것이 명백하고 또한 배역을 정해서 화제를 이끌어 나갔음을 알 수 있다. 그러나 이는 초기적인 모습으로서, 중종·명종 때에 연행된 소학지희 자료에 의하면 둘 이상의 배우가 등장하여 배역을 나누어 맡았음을 알 수 있다. 〈진상 놀이〉에는 지방수령과 하리(下吏)의 두 명이, 〈도목정사 놀이〉에는 이조판서와 병조판서의 두 명이 등장한다. 〈종실양반 놀이〉는 그 이상의 배역으로 나누어져 있음을 알 수 있다. 이러한 면은 소학지희가 무당굿놀이에 비해 훨씬 발전적인 형태로 나아갔다는 것을 의미한다. 무당굿놀이에서도 관객 중의 한 명, 혹은 반주무가 배역을 맡기도 하는데 이는 보조역할에 불과한 것이다. 이는 소학지희와 무당굿놀이의 공연방식에 있어서 간과할 수 없는 차이점으로 드러난다.

---

13 앞의 책, 44면.

14 『世祖實錄』, 11年 1月: 雜戲俱作 夜二鼓 逐疫優人 因戲自相問答 官吏貪廉之狀 閭里鄙細之事 無所不至.

3. 희곡적 특성

위에서 열거한 공연방식에 의하여 소학지희와 무당굿놀이는 희곡적[15] 특성에 있어서도 유사한 점을 보인다.

일인다역의 연극에서는 극중인물의 전환이나 사건의 배경 설명을 위해, 관객을 직접 상대하여 서술해 나가는 서사적(敍事的)인 형식이 개입되지 않을 수 없다. 무당굿놀이에서는, "골매기 할매 혼자서 설명도 하고, 자기 말도 하고, 며느리 말도 하는 서사적인 전개방식"[16]이 이루어진다. 소학지희에 있어서도, 일인다역의 형태에는 말할 것도 없고, 다인다역의 형태에서도 서사적인 전개방석이 이루어지고 있다. 미리 살펴보았다시피 소학지희에는 가면이나 탈, 무대장치 등이 사용되지 않았다. 그러한 장치들은 극중인물과 극적사건으로의 전환을 위해 필요하다. 그것이 쓰이지 않았다면 배우는 어떠한 방식으로든 관객에게, 진행될 연극적 상황에 대한 배경을 설명해야 한다. 설명도 역시 배우가 대사를 말하고 있는 것이지만 연극적 사건이 진행되면서 상대역에게 말을 하거나 혹은 혼자서 말을 하는 것과는 분명히 차이가 있다. 이는 관객에게 직접 전달하는 서술형식, 즉 서사적인 전개방식이 개입될 소지를 보여주는 것이다.

> 귀석이 자칭 수령이라고 하며 동헌에 앉아서 진봉색리를 불렀다. 한 배우가 자칭 진봉색리라 하고 무릎으로 기어 앞으로 나왔다. 〈진상 놀이〉

위의 인용문은 〈진상 놀이〉에서 서사적인 전개방식이 이루어졌을 부분이다. 출전의 성격상 글이 묘사적이지 못하고 간단한 기록에 머물렀다는

---

15 희곡이라는 용어는 좁은 의미로 연극 연출을 위한 명문화 된 대본을 지칭한다. 그러나 구비로 전승되는 민속극의 경우 한 편의 연극을 공연하는 데 기초가 되는 관습적인 약속과 대강의 줄거리를 희곡이라고 할 수 있다.

16 조동일, 『탈춤의 역사와 원리』, 홍성사, 1983, 166면.

점과 한문 자체가 가지는 축약성 등을 고려해야 한다. 그렇다면 이 짧은 언급의 배후에 숨어 있는 풍부한 연극의 현장을 추출해 낼 수 있다. '자칭' 이라고 한 것은 연극의 줄거리 전개상 필요한 발언이 아니며 상대역에게 말해지는 것도 아니다. 이는 관객에게 직접 전달되는 설명을 가리킨다. 풀 꾸러미 네 개를 들고 등장한 배우는 우선 자기가 어느 고을의 수령인데 이러저러해서 이곳에 와 있다는 이야기로부터 시작하여, 극중 장소인 관청 동헌을 설명하여 지정할 것이다. 이는 재담의 형식으로 이루어졌을 것이며, 이때 그는 배우로서가 아니라 극중 인물로서 서사적 자아의 역할을 하는 것이다.

처음 등장해서 자신이 등장한 내력을 설명하는 장면은 우리 민속극 전반 에서 볼 수 있다.

가) 그러면 이 거리라도 아무 때나 아무나 나서서 매기는 것이 아니라 거리 매기는 사람은 초추 검분이 있어야 되거든 초추 검분이 어떻게 있어야 되느냐 거리 매긴다는 그 강관에 벼슬을 해야 된다. 내가 본래 어데 살았는고 하니 저 우두두둥 우둥둥 하늘 우에 벼락 지끈대신을 모시고 있던 옥황상제의 말씁제자지. …… 여덟 제자를 거늘인데는 내가 속에 식자가 있으니 책방을 안차려 놓고야 어떻게 제자를 거늘일 수가 있나, 그래 내 책방을 떡 차리는데 이렇게 꾸며 났다.[17]

나) 少年當上 애기 道令 전후좌우 벌려서 말 잡아 장고 매고 소 잡아 북 매고 안성마춤 쟁쇄 치고 雲峰내고 정치고 술빚고 떡거르고 遮日 치고 덕석 깔고 鴻門宴 높은 잔치 項壯士 칼춤 출 제, 이 몸이 한가하야 草堂에 비껴 앉아 古今事를 생각하니 이 어떤 제미를 붙고 금각 대명(潭陽)을 갈 이 양반들이 밤이 맞도록 웅방캥캥하는 소리 양반이 잠을 이루지 못하야 이미 나온

---

17 서대석 · 최정여, 앞의 책, 284~285면.

지라 이 사람 사촌들[18]

가)는 무당굿놀이 대사의 일부로 훈장거리의 도입부분이다. 배우로 등
장한 남무(男巫)는 극중인물로서 그 자신의 내력과 그가 놓인 상황에 대
하여 상당한 분량을 이야기한다. 이 대사는 극중 장면을 구성하는 대화의
일부로 행해진 것이 아니라 관객에게 직접 전달하는 서술로서 행해진다.
훈장의 서술을 유도해 나가고 들어주는 것은 표면상 조무(助巫)인 반주자
로 되어 있다. 그러나 반주자는 극중인물이 아니며 관객을 대표하는 역할
을 한다. 나)는 탈춤 대사의 일부분으로 동래야류에서 원양반의 대사이
다. 그 역시 자신이 등장한 내력에 대하여 말하고 있으나 비교적 짤막하
다. 관객을 상대하는 말이 아니며 독백 또는 극중인물에게 말하는 형식을
취하고 있다. 이는 탈춤에 서사적인 전개방식이 도입되지 않는다는 사
실[19]을 말해 준다.

소학지희나 무당굿놀이의 경우 가면이나 인형을 사용하지 않으며 소도
구의 사용도 절제되어 있다. 그러므로 배우가 극중인물로 전환하여 극적
사건을 이끌어 나가려면 자세한 설명으로 주의를 환기시켜야 한다.

배우가 직접 등장하여 연기를 한다는 것은 그의 동작, 표정, 말에 있어
서 더욱 자유자재의 연기를 가능하게 한다.

소학지희의 극중인물과 극적사건은 거의 실제 인물과 실제 사건을 모
방하고 있다. 그러므로 소학지희의 연기방식은 '흉내 내기'가 주를 이룰
수밖에 없다. 세조 때, 고룡(高龍)은 '맹인이 다른 사람을 취하게 하는 모
양'을 잘 놀아서, 야장(冶匠)이면서 배우로 뽑혀 다녔다.[20] 그는 장님이나

---

18 심우성, 『한국의 민속극』, 창작과비평사, 1975, 94면.

19 민속극의 서사적인 전개방식에 관해서는 조동일의 「무당굿놀이, 꼭두각시놀음, 탈춤」
(『탈춤의 역사와 원리』) 참조.

20 至是 修德來啓曰 冶匠高龍本優人 戲爲盲人醉人之狀 王等見而悅之 累使作戲 若此不已
恐終備呈雜戲 無所不知 請以他人代之.

취한 사람을 흉내 내는 데 명수였던 것이다. 함북간(咸北間)이라는 사람 역시 흉내 내는 재주가 뛰어났다.

우리 이웃에 함북간이라는 사람은 동계에서 왔다. 피리를 좀 불 줄 알고 우스갯소리와 광대놀음을 잘할 뿐 아니라 남의 흉내를 잘 내어 진짜인지 가 짜인지 모르게 될 경우도 있다. ……빈번히 궁궐의 내정에 들어가 많은 상을 받았다.[21]

그는 배우였을 것이고 내정에 들어가 펼쳐 보인 놀이는 소학지희였다 고 하겠다. 앙리 베르그송은 흉내를 내는 것이 주는 웃음의 효과에 관하 여 말했다.

그 자체로서는 우스꽝스러운 요소가 전혀 없는 몸짓이 다른 사람에 의해 흉내 내어질 때 우스워지는 이유도 역시 여기에 있다. 어떤 사람이 흉내낸다 는 것은 그의 인격 속에 자기도 모르게 스며들어가 있는 기계적 동작의 부분 을 드러내는 것이다.[22]

흉내를 낸다는 것은 주로 연기의 구성요소 중에서 몸짓의 부분에 해당 한다. 베르그송은 그 외에도 표정, 말 등에 의해서 웃음이 유발된다고 하 였다. 소학지희가 다른 전통극들에 비해 더욱 소극적(笑劇的)일 가능성이 거기에 있다. 웃음을 유발시키는 온갖 요소들은 배우가 해 낼 수 있는 모 든 연기 행위와 관련이 있다.

무당굿놀이 역시 제약 받지 않는 연기 행위를 통해 소극으로서의 특성

---

21 성현, 『慵齋叢話』: 吾隣有咸北間者 自東界出來 稍知吹笛 善談諧唱優之戲 每見人容止 輒效所爲 則眞寶莫辦…每人內庭 多受賞賜.
22 Henri Bergson, 김진성 역, 『웃음』, 종로서적, 1989, 22면.

을 확보한다.

　巫劇內容은 漁村民들 스스로의 生活이며 日常的인 體驗의 再演이다. 그렇기 때문에 그들은 巫劇을 好奇心을 가지고 對하는 것이 아니고 演技者가 얼마나 그럴 듯하게 자기들의 生活을 描寫하는가에 關心을 둔다.[23]

　무당굿놀이 역시 '흉내 내기'의 방법을 통하여 인물을 형상화하는 것이다. 무당굿놀이의 배역은 일인다역인 경우가 일반적인데 한 명의 극중인물이 남의 행동을 흉내 내는 데 열을 올리고, 자기의 일이라도 마치 남의 일을 흉내 내듯이 나타낸다.[24]
　'흉내 내기'가 몸짓과 표정의 영역에 있어 웃음을 유발시키고 있다면, 말의 영역에서는 그 재담적 성격으로 인해 웃음이 유발된다. 탈춤이 무용극으로서의 면모를 보이고 꼭두각시놀음이 주로 인형을 다루는 신기한 재주를 자랑하려는 것이라면, 무당굿놀이는 재담이 차지하는 비중이 큰 연극이다. 소학지희 역시 무당굿놀이와 마찬가지로 배우의 몸짓과 말을 위주로 한 연극이므로 그 안에서 대사가 차지하는 비중은 매우 컸을 것으로 생각된다.
　소학지희의 언어에 관해 다음의 기록이 있다.

　요즈음 세시(歲時)에 있어서 배우를 보면 임금 앞에서 속된 말[里巷語]로 놀이를 펼쳐 보이는데 혹은 의복과 물품으로 그에게 상을 내린다.[25]

　'이항어'란 시골 구석구석에서 백성들이 사용하는 일상 언어이다. 소학

---

23 서대석·최정여, 앞의 책, 57면.
24 조동일, 앞의 책, 170면.
25 『成宗實錄』, 9年 11月: 然今歲後 觀優人 乃以里巷語呈戲於上前 或以衣物賞之 雖不至賞賜無度….

지희를 담당한 배우[26]들은 전국 각지에서 뽑아 올린 천민 광대들로 그들은 다양한 언어습관에 길들여져 있게 된다. 나례가 국가적인 행사이므로 관청을 따로 설치하고 행사의 준비와 진행을 전담하게 했다고 해서 그들의 언어까지 교정시키려 하지는 않았을 것이다.

> 병조판서가 크게 웃으면서 말했다. "말씀 마시오, 말씀 마시오[勿言勿言]. 서로 손을 바꿔 하는 일[換手之事]인데 뭐가 어렵겠소, 뭐가 어렵겠소[何難何難]." 〈도목정사 놀이〉

구어로서의 대사가 한자로 표기된 까닭에 그 묘미가 축소되었음에도 불구하고 "환수지사(換手之事)"라는 속어적인 표현이 드러난다. "물언물언(勿言勿言)"이나 "하난하난(何難何難)"이라는 반복적인 기술도 구어적 표현의 잔영이라 하겠다. 이렇게 속어나 비어, 심지어 욕설까지 포함하는 것은 대사의 재담적 성격을 형성하는 기본이 된다.

> 그만 일어날나니 귀찮시러워 어머이 지랄하고 그 전에 동네 동산에 돋던 해가 갑자기 오늘 해는 썹두던에 돋나 왜 저지랄하고 일나라 누바라 생발광을 하고 있노.[27]

무당굿놀이의 한 대사이다. 거침없는 욕설과 비어가 난무하는 이러한 대사는 민중들의 일상적인 모습일 수 있다. 그러나 그것이 대중 앞에서 공연의 형태로 나타날 때는 웃음이 유발된다. 금기적인 상황이 공공연히 드러날 때, 행하는 사람과 듣는 사람은 동지적이고 음모적인 웃음을 웃을

---

26 소학지희의 배우에 관해서는 사진실, 「소학지희의 공연방식과 희곡의 특성」, 서울대 석사학위논문, 1990, 21~27면 참조.

27 서대석·최정여, 앞의 책, 231면.

수 있다.

한편, 소학지희의 극적 사건은 실제 사건 즉 시사지사(時事之事)에 기반을 두고 있다. 실제 사건이 극적 사건으로 그대로 채용된 예는 〈무세포놀이〉와 〈탐관오리 놀이〉에서 드러난다. 배우의 놀이인 소학지희를 보고 실제적인 조치를 취했다는 것은, 극적 사건이 그에 대한 책임을 질 만큼 실제 사건에 기대고 있음을 증명한다. 이러한 현상은 소학지희의 연행이 정규화 함에 따라 가해진 정치적인 의미 부여에 힘입은 바 크다.[28] 소학지희의 관객인 임금이 친히 '정치의 득실'과 '풍속의 미악' 내지 '민간의 질고와 구황절차'를 알고자 했던 것이므로, 소학지희 배우는 실제 사건을 최대한 그대로 재현하는 것이 의무였던 것이다.

무당굿놀이 역시 시사적인 내용과 밀접하게 관련을 갖는다. 극을 진행시키면서 시사적인 내용을 삽입하는 것은 관중으로부터 웃음을 자아내게 할 뿐 아니라 공동체로서의 의식을 공고하게 하는 것이다. 그러나 무당굿놀이에 채택되는 시사지사는 소학지희에서처럼 뚜렷한 제재로 확장되어 극적 사건을 구성해 내는 것이 아니라 단편적으로 삽입될 뿐이다.

4. 화극적(話劇的) 전통의 형성

공연방식과 희곡적 특성에 있어서 이러한 유사성은 소학지희와 무당굿놀이의 발생 계통이 같다는 추측을 가능하게 한다. 이러한 추측은 소학지희와 무당굿놀이의 배우에 관해 고찰할 때 더욱 확실해질 수 있다.

조선시대의 연희문화는 공식 연희문화와 비공식 연희문화로 나누어 볼 수 있다. 공식 연희문화가 중앙 및 지방의 관 차원에서 주도되었다면 비공식 연희문화는 민간 차원의 후원에서 이루어졌다고 하겠다. 또한 나례가 국가적인 공식 연희문화를 주도해 나갔다면 비공식 연희문화를 유지

---

28 소학지희의 정치적 기능에 관해서는 사진실, 앞의 논문, 17~21면 참조.

해 나간 것은 민간의 굿이라고 하겠다. 공식 연희문화의 연행자는 평소 관(官)에 매어 있는 기(技)와 공(工), 그리고 공식연희가 있을 때마다 차출되는 일반 재인들이었다.[29] 비공식 연희문화를 이끌어 간 주역은 일반 재인들이었다. 민간의 비공식 연희문화를 유지해 나가면서 공식 연희문화에도 참가한 재인은 동일한 부류이며 각종 기능에 따라 전문적인 재인으로 분화되어 있었다. 이들 재인을 구성하는 대부분의 인원이 무계(巫系)로부터 나왔음은 이미 밝혀진 사실이다. 무당 및 무당의 남편인 무부(巫夫)는 민속예술을 이끌어 간 주역이 되었던 것이다.[30] 이들은 조정에 행사가 있을 때마다 봉상(奉上)되어야 하는 소임에 응하기 위해 전국적으로 무계(巫契)를 조직하기도 했다.[31] 공식 연희문화와 비공식 연희문화를 두루 걸치는 재인들 중에서 특히 무당과 무부에 의해 양측 연희문화의 교류가 이루어졌다고 본다.

굿을 보조하면서 무당굿놀이 중에서도 뒷전거리를 연행한 무부는 소학지희의 배우로 전문화되었을 가능성이 크다. 결국 무당굿놀이의 기능과 형식이 공식 연희인 나례에 채용되어 소학지희가 발생했다고 볼 수 있겠다.

소학지희의 발생 시기를 단정할 수는 없으나, 대체로 소학지희라는 명칭이 기록에 나타난 문종 즉위년(1451) 이전이라고 하겠다. 세조 10년(1464) 및 14년(1468)의 기록까지만 해도 극적 사건을 구성하지 못한 채 재담을 늘어놓거나 남의 흉내를 내는 식의 일인극 형태가 나타나는데 이는 소학지희의 단순한 형태라 하겠다.

한편, 고려사 열전 염흥방조의 기사는 고려 말에 이미 소학지희와 비슷

---

29 재인들 역시 관을 통해 관리되었지만 정기적인 훈련을 받으며 그 기능을 키워가지 않았으므로 관에 매어 있다고 할 수 없다.

30 김동욱은 재인과 무계의 관련성에 관하여 깊이 고찰했다. 무당의 굿 자체가 민속예술적인 구실을 함과 아울러 무부는 무당의 보조 역할이나 악공으로 봉사하는 기능으로 말미암아 직접 배우나 창자(唱者)로 나서게 되었다는 것이다. 김동욱, 「판소리 발생고」, 『한국가요의 연구』, 을유문화사, 1961.

31 이두현, 『한국연극사』, 학연사, 1987, 98면.

한 놀이가 벌어졌음을 소개하고 있다.

　　염흥방가의 노예인 이림과 사위인 판밀직 최렴가의 노예인 거부평은 권세
를 믿고 방자하게 횡포가 심했다. …… 일찍이 흥방이 아비가 다른 형인 이
성림과 함께 집에 갔다 돌아오는데 말과 마부가 길에 가득하였다. 어떤 사람
이 놀이를 하여, 극세가의 노예가 백성을 괴롭혀 조세를 거두는 모양을 보이
고 있었다. 성림은 이를 보고 부끄러워하였는데 흥방은 즐겁게 구경하면서
깨닫지 못하였다.[32]

　　공민왕 때의 일로서 거리, 즉 민간에서 행해진 이 놀이는 시사성을 띠
어 당대 권세가의 횡포를 폭로하고 있다. 이 놀이가 연행된 구체적인 상
황을 밝혀낼 수 없으나 몇 가지로 추측이 가능하다. 첫째, 종합적인 민간
연희의 장인 무당굿에 포함되어 뒷전거리 즉 무당굿놀이로서 연행되었을
가능성이 있다. 둘째, 직업적인 배우집단의 놀이판에서 공연 종목의 하나
로 연행되었을 가능성이 있다. 두 가지 가능성을 다 포괄할 수 있으나 그
지방의 시사지사(時事之事)를 다루었다는 점에서 볼 때 직업적인 유랑연
예인 집단이 주체가 되었다고 보기에는 무리가 있다. 그러므로 향촌에 뿌
리박고 있는 연희 담당자인 무당이나 무부에 의해 그러한 풍자적인 놀이
가 이루어졌다고 할 수 있다. 그렇다면 이 놀이는 바로 무당굿놀이였다고
하겠다. 그러나 이 놀이가 지닌 강한 시사풍자의 성격은 무당굿에 결합되
어 내려온 무당굿놀이보다는 궁중에서 연행된 소학지희의 모습과 더욱
닮아 있다. 이는 무당굿놀이가 굿에서 독립하여 파생할 수 있는 가능성을
보여주는 것이다. 그러므로 이미 고려 말에 화극(話劇)의 원천으로서의

---

32 『高麗史』卷 第126, 「列傳」卷 第39, '廉興邦': 興邦家奴李琳 女婿判密直崔濂家奴居富
平恃勢恣橫…興邦嘗與異父兄李成林 上家而還驪騎滿路 有人爲優戲 極勢家奴隷剝削民收租之
狀 成林忸怩 興邦樂觀不之覺也.

무당굿놀이가 굿에서 벗어나 하나의 독립된 화극으로 부상할 수 있는 단초가 보인다고 하겠다. 이를 통해 더 추적해 본다면, 고려 말 이후 조선 초까지는 무당굿놀이(혹은 소학지희)가 대체로 세 경우의 서로 다른 공연 상황에서 연행되었다고 볼 수 있다. 첫째는 굿에 속하며 이미 오래 전부터 있어 왔던 무당굿놀이, 둘째는 굿으로부터 독립성을 획득해 나가면서 내용을 풍부히 해 나간 무당굿놀이(염흥방조 기사에 있는 경우), 셋째는 궁중연희에 차용되어 연행된 무당굿놀이 곧 소학지희이다. 이러한 상황에서 궁중에 올려져 적극적인 후원을 얻게 된 소학지희가 연극의 한 갈래로서 독립하게 되었다고 하겠다.

소학지희의 발생은 그에 대한 필요성을 동인으로 하여 신성한 제사의식과 난장적인 여흥의 관계를 매개로 이루어졌다고 하겠다. 발생 시기를 단정 할 수 없으므로 발생의 필요성을 검증하지 못하겠으나 대체로 두 가지 측면에서 추측이 가능하다. 궁중연희인 나례의 수용자와 담당자의 양측에서 소학지희 발생에 관한 필요성을 인식하고 있었다고 하겠다. 민간 연희문화와 달리 궁중연희문화는 수용자와 담당자 즉 관객과 연희자가 분리되었다고 하겠는데, 전자의 경우 오락적인 필요와 함께 왕도적 명분을 드러내는 치정(治政)의 수단으로서 필요를 느꼈다면 후자의 경우는 임금에게 직접 통하는 언로로서 활용할 필요성을 지녔다고 할 수 있겠다.

소학지희가 파생한 이후에도 무당굿놀이와 영향관계를 주고받았다고 보여진다. 〈무세포 놀이〉에 관한 기록은 그 관계를 보여주는 단서가 된다. 무세포는 무당에게서 거두어들이는 세이므로 〈무세포 놀이〉에서 설정된 불만스러운 상황은 무당에게 가장 절실한 것이다. 그러므로 배우는 무당 자신이거나 무가(巫家)에 속한 사람이었다고 할 수 있다. 또한 임금 앞에서 연출했다가 좋은 결과를 얻는 놀이를 계속하여 전승했다는 사실에 주목해야 한다. 〈무세포 놀이〉를 고사로 삼은 전승은 무당굿놀이의 형식을 빌려 이루어졌음에 틀림없다. 소학지희에 대한 정책적인 배려는 언제나 새로운 제재를 요구하게 되므로 일단 공연된 소학지희는 그 의의를 잃게 된다. 따라서 기념할 만한 놀이는 그 연행자인 무당 혹은 무부를 통해 민간으로 내려와 무당굿놀이로 전승되었을 가능성이 크다.

한편, 무당굿놀이와 소학지희가 드러내는 몇 가지 차이점을 설명할 필요가 있다. 그러한 차이는 무당굿놀이가 유지한 제의성과 소학지희가 부여받은 정치성 사이의 차이에서 비롯했다고 본다.

나례는 이미 고려 말부터 오락 연희적인 내용이 풍부해져 갔으므로 고유의 제의성에서 벗어날 수 있었다. 그 대신 여러 가지 공식적인 의식과 결합하게 되었지만 이미 나례는 종합적인 오락 연희물로서 기능하게 되어 독자적인 위치를 확보하기에 이르렀다고 할 수 있다. 이러한 변모는 나례가 공식 연희로서 국가적인 차원의 후원을 받은 거대한 행사였으므로 가능했다.

반면, 비공식적인 민간연희의 장으로 기능했던 굿은 민간 차원의 후원에 의한 것이었는데 이때의 후원은 특정한 제의, 주술적인 효용을 위하여 주어지기 마련이며 소규모의 행사였다. 그러므로 민간의 굿은 고유의 제의성에서 완전히 탈피하기가 어렵다고 하겠다.

소학지희는 종합적인 오락 연희물인 나례의 한 종목으로서 특히 정치 사회적인 기능을 부여받았으므로 제의성에 구애받지 않고 연극의 형식에서 자유로울 수 있었다. 반면, 무당굿놀이는 굿의 제의, 주술성에서 크게 벗어날 수 없었으므로 연극의 형식 역시 굿의 제의성과 관련된다.

무당의 굿은 주로 신탁자인 한명의 무당에 의해 주재되기 마련이다. 무당굿놀이는 굿 뒤에 이어지는 여흥으로 기능하였지만 제의의 연장이라는 측면에서 본다면 잡신을 위한 굿이라고 할 수 있다. 그러므로 굿의 진행 방식을 따라서 한 명의 극중인물이 중심이 되어 거의 일인다역으로 극을 이끌어 가는 관습이 이어졌다고 하겠다.

시사적인 내용을 차용하는 방식의 차이 역시 이와 같은 맥락에서 설명할 수 있다. 제의성을 청산하지 못했으므로 무당굿놀이의 극중인물은 무당 자신이거나 잡신이며 그들이 이끌어 나가는 사건 역시 제의성 및 주술성과 관련이 있다. 이러한 것들은 무당굿놀이의 틀이라 할 것이다. 이러한 틀은 고정된 채 마을단위의 시사적인 내용이 첨가되었다. 결국, 극중 인물과 극적사건이 그러한 틀로써 고정되었으므로 시사적인 내용이 제재로 발전되지 못하고 단편적으로 기술되는 데 그치는 것이다.

그에 반해 소학지희는 제의성에서 멀어졌을 뿐더러 정치·사회적인 기능을 부여받게 되었으므로 다양한 시사적 내용을 찾아 그것을 제재로 하여 새로운 연극을 꾸며야 했다. 결국 극적 사건이 다양해지고 배역의 분화가 두드러져 대화극의 면모를 보인다는 점에서 소학지희는 무당굿놀이보다 더욱 발전되었다고 할 수 있다.

이러한 발전적인 변모는 민간적인 후원 아래 연행된 무당굿놀이가 공식적인 궁중연희에 채용되면서 소학지희로서 더욱 체계적이고 막강한 후원을 받게 되었던 것에 기인한다. 그러므로 국가적인 후원이 사라지게 됨에 따라 소학지희는 쇠퇴할 수밖에 없었다. 영조 35년(1759)의 기록[33]에 의하면 이미 그 이전에 나례가 정규적인 공식 연희로서의 의의를 잃게 되었다. 나례의 폐지는 재인에 대한 국가적인 후원이 사라지게 된 것을 의미한다. 궁중연희에 차용된 무당굿놀이로서의 소학지희는 사라졌지만 무당굿놀이는 여전히 지속되었다. 민간에서 행해지는 굿은 많이 축소되기는 하였어도, 그 주술적 효과에 기대를 거는 민간의 후원이 계속되었기 때문이다. 소학지희의 잔존하는 모습이 보이지 않는 것은 그것이 다시 무당굿놀이의 형식 속으로 잠적했기 때문이라고 본다.

무당굿놀이는 그 자체로서 화극으로서의 면모를 보일뿐 아니라 소학지희라는 발전적인 화극을 파생시키는 등 한국 전통극의 화극적 전개에 근간이 되어 왔다. 이들보다 훨씬 후대에 유행한 '만담'의 경우 박진한 입심에 의한 재담이 두드러진다. 이 경우 화극적 전통의 측면에서 본다면 무

---

33 『英祖賢錄』, 35年 12月: 上下教曰, 古有儺禮 此孔聖所以鄉人儺朝服而立於階者也. 此禮自周有之而昔於甲戌除之 亦春幡艾俑之屬 已其來久矣 昔年除之.

당굿놀이나 소학지희와 맥락을 같이 한다고 볼 수 있다. 그러나 시기가 앞선 소학지희의 연극적 변모와 견주어 볼 때 만담은 상당히 후진적인 변모를 보이고 있어 문제가 된다.

연극사적 맥락에서 소학지희의 위치를 조망하는 것은 한국 연극사에서 화극적 전통을 밝히는 작업이 된다. 소학지희의 쇠퇴 혹은 계승에 관한 문제는 여전히 미해결인 채로 남길 수밖에 없다. 그러한 문제뿐 아니라 화극적 전통의 현대적 계승문제를 해결하는 것은 무당굿놀이의 철저한 연구를 통해 가능하다고 할 수 있다. 또는 아직 발굴되지 않은 소학지희의 후대적 변모 양상을 찾아낼 가능성도 없지는 않다. 이는 앞으로 더욱 깊이 고찰해야 할 과제가 된다고 하겠다.

5. 맺음말

무당굿놀이와 소학지희는 그 공연방식과 희곡적 특성에서 많은 유사점을 지니고 있다. 첫째, 제사의식 뒤의 난장적인 여흥으로 기능한다는 사실이다. 둘째, 실제를 방불케 하는 무대장치나 탈, 인형 등을 사용하지 않는다는 것이다. 셋째, 일인다역의 변모를 보인다는 것이다. 넷째, 서사적인 전개방식이 개입된다는 것이다. 다섯째, 동작과 표정을 동원한 '흉내내기'의 방식과, 말에서의 재담적 성격으로 인해 웃음을 강화시킨다는 것이다. 여섯째, 시사적인 일을 내용으로 다룬다는 점이다. 이러한 유사성을 통해 추론한 결과 무당굿놀이의 기능과 형식이 나례에 차용되어 소학지희가 발생했다고 볼 수 있다. 또한 소학지희로 공연되어 좋은 결과를 얻은 내용이 무당굿놀이로 내려와 연행되기도 하는 등 영향을 계속 주고받았다.

또한 소학지희와 무당굿놀이의 차이점도 지적할 수 있다. 첫째, 소학지희에 비해 무당굿놀이는 배역의 분화가 덜 이루어졌다는 점이다. 둘째, 똑같이 시사의 일을 내용으로 하면서도 무당굿놀이는 그것을 제재로 발전시키지 못한 채 단편적으로 삽입할 뿐이라는 것이다. 이는 무당굿놀이가 유지한 제의성과 소학지희가 부여받은 정치성 사이의 차이에서 비롯하였다. 소학지희는 극적 사건이 다양해지고 배역의 분화가 두드러져 한층 발전적인 변모를 보였다. 이러한 변모는 민속적인 후원 아래 연행된 무당굿놀이가 공식적인 궁중 연희문화에 차용되면서 소학지희로서 더욱 체계적인 후원을 받게 되었던 것에 기인한다.

영조 35년(1759)경에 이르러 나례가 폐지되어 재인에 대한 국가적인 후원이 사라지게 되자, 소학지희는 기반을 잃고 쇠퇴했다고 여겨진다. 소학지희의 행방 문제와 더불어 화극적 전통의 현대적 계승 문제를 해결하는 것은 한국 연극사를 보강할 수 있는 작업이 될 것이다.

제4장 소학지희(笑謔之戲)/배우희(俳優戲) 연구의 쟁점과 전망[1]

1. 머리말

이 논문에서는 한국연희사의 주요 연구 대상이며 영화를 통해 세간에 널리 알려진 궁중 광대놀음, 즉 배우희(俳優戲)의 연구사를 고찰하여 쟁점을 밝히고 전망을 제시하고자 한다. 배우희는 선행 연구에서 '소학지희(笑謔之戲)'라는 이름으로 더 많이 연구되었다. 그러나 이 용어는 고유명사가 아닌 것을 그렇게 사용하여 논란이 생겼고 '배우희', '우희(優戲)', '골계희(滑稽戲)', '화극(話劇)'과 같은 용어들이 대체용으로 제시되었다. 이 논의에서는 '우희'와 같이 전통적인 용어이면서 일반인들도 쉽게 이해할 수 있는 '배우희'를 기본 용어로 사용하고자 한다.

1930년대 한국연극사 연구의 초창기 논의는 당대 전승되고 있던 가면극, 인형극, 판소리의 현재와 과거를 밝히는 작업이었다. 이때 이루어진 안확(安廓), 송석하(宋錫夏), 김재철(金在喆)의 연구는 산대희(山臺戲) 또는 나례(儺禮)의 전통 속에서 탈춤 〈산대도감극〉이 형성되었다는 논의로 수렴되었다. 이후 가무백희의 집합체로서 산대희와 탈춤 〈산대도감극〉의 관계가 쟁점으로 부각되면서 조선과 고려의 문헌 자료에 대한 정밀한 탐색이 이루어졌고 배우희의 존재가 드러나게 되었다.

배우희에 대한 논의는 1950년대 조원경, 김동욱의 연구에서 시작되었

---

1 출처: 사진실, 「소학지희(笑謔之戲)/배우희(俳優戲) 연구의 쟁점과 전망」, 『구비문학연구』 35, 한국구비문학회, 2012, 371~419면.

다. 초창기의 연구는 탈춤과 판소리의 형성 과정을 밝히기 위하여 선행 예능으로서 배우희의 존재를 인식하는 단계였다. 이후 독자적인 연희 또는 연극 양식으로서 배우희의 특성과 역사적 전개 과정을 밝히는 논의로 확장되었다. 그 사이 60년 가까운 시간이 흘렀으나 여전히 양식적인 특성이나 역사적 전개 등에 대한 정론이 도출되었다고 하기는 어렵다.

지금까지 학계에 소개된 배우희 작품 자료는 열 편 남짓이며 배우와 관객, 작품의 생산 과정이나 공연공간의 상황 등을 알려주는 간접적인 자료들이 지속적으로 발굴되고 있다. 배우희는 현재 전승되지 않아 문헌 기록에 의존하여 작품의 실체와 공연 상황을 분석해야 한다. 초창기의 선행 연구는 오로지 연구자의 인내와 노력으로 자료를 발굴하여 소개했다는 사실만으로 커다란 연구사적 의미를 지닌다. 지금은 문헌 자료의 해제와 번역은 물론 누구에게나 제공되는 고전 데이터베이스 검색을 통하여 손쉽게 문헌 자료에 접근할 수 있다. 축적된 선행 연구와 인문정보학의 발달 덕분에 배우희의 실체와 연희사적 전개 과정에 대한 논의의 틀이 잡혀가고 있다.

그러나 똑같은 자료를 분석한다 할지라도 한문 기록의 번역과 해석에 따라 연구 결과는 달라진다. 번역은 표준적인 합리성이 적용된다 할지라도 해석은 연희·연극의 장르론적 인식, 문화사적 시각 등에 따라 달라져 쟁점을 야기한다. 그런데 문제는 이러한 쟁점에 대한 진위 여부를 가릴 수 없다는 사실이다. 배우희는 현재 전승되는 연희 양식이 아닌 까닭에 그 실체와 역사적 전개에 대한 사실을 확인할 수 없다. 합리적인 추론이 가능할 뿐이다. 배우희의 연구사는 결국 자료 발굴과 해석의 역사이다.

본 논의에서는 자료의 발굴과 해석, 추론이 어떻게 진행되었고 선행 연구에 대한 수용과 극복이 어떻게 이루어졌는지 그 통시적 흐름을 살펴보고자 한다. 분명한 오류가 인정되는 선행 연구나 연구자 스스로 파기한 학설이라도 탐구 대상이 된다. 연구 당시의 진정성이 중요한 것이지 연구 결과의 성패가 중요한 것은 아니기 때문이다. 오류와 실수까지 포함하여 모든 선행 연구가 디딤돌이 되어 합리적인 학설이 자리를 잡아갈 수 있다고 본다. 상반되어 보이는 학설이라 할지라도 합치될 수 있는 지점을 찾아 해결 전망을 제시하는 것도 연구사 고찰의 중요한 몫이다.

본문에서는 용어와 범주, 양식적 특성, 연희사적 전개 등을 연구사의 쟁점으로 지정하여 쟁점별로 하나의 장을 구성하였다. 논문이나 저서의 발표순으로 연구 성과를 검토하되 선행 연구의 수용과 극복 등 통시적인 관계를 중심으로 서술할 것이다. 마지막 장에서는 쟁점을 넘어 소통할 수 있는 통합적인 해결 전망을 제시하고자 한다.

연구사 고찰의 대상이 되는 논저를 지면에 발표된 순서대로 열거하면 다음과 같다.[2]

(1) 조원경, 「儺禮와 假面舞劇」, 연세대 석사학위논문, 1955. 3[3]; 『學林』4 (연세대 사학연구회, 1955. 7)에 재수록.

(2) 김동욱, 「판소리 發生攷(一)」, 『논문집』 2, 서울대, 1955. 6; 『韓國歌謠의 研究』(乙酉文化社, 1961)에 재수록.

(3) 양재연, 「山臺戱에 就하여」, 『중앙대 30주년 기념 논문집』, 중앙대, 1955. 11; 양재연, 『國文學研究散稿』(日新社, 1976)에 재수록.

(4) 이두현, 「山臺都監劇의 成立에 對하여」, 『국어국문학』 18, 국어국문학회, 1957. 12.

(5) 고정옥, 『조선구전문학연구』, 평양: 과학원출판사, 1962. 1.[4]

---

2 이하에서는 일련번호와 연구자의 이름으로 구분하고 직접 인용의 경우만 본문 안에 페이지를 명시할 것이다.

3 국회도서관 목록에 석사학위논문이 있으나 '미소장'으로 표시되어 실물 확인이 어려웠다. 『학림』 4호에 실린 논문의 분량으로 보아 석사학위논문을 재수록했다고 여겨진다.

4 고정옥은 1957년부터 민간극, 판소리 등 구비문학 논문 제출하였다; 신동흔, 「고정옥의 삶과 문학세계-하」, 『민족문학사연구』 8, 민족문학사연구소, 1995, 227~228면. 1957년에 발표한 「조선민간극 연구 서설」(『조선어문』 3, 1957)에서 화극에 대한 논의를 시작했다 하더라도 조원경, 양재연의 논의보다 2년 뒤의 일이다.

(6) 권택무, 『조선민간극』, 평양: 조선문학예술총동맹출판사, 1966.

(7) 이두현, 『韓國假面劇』, 문화공보부 문화재관리국, 1969. 12.

(8) 최정여, 「山臺都監劇 成立의 諸問題」, 『한국학논집』 1, 계명대 한국학 연구소, 1980. 3

(9) 조동일, 「민속극의 전개와 발전 과정」, 『구비문학의 세계』, 새문사, 1980. 5.

(10) 사진실, 「소학지희의 공연방식과 희곡의 특성」, 서울대 석사학위논문, 1990. 8; 사진실, 『한국연극사 연구』(태학사, 1997)에 재수록.5

(11) 사진실, 「조선 후기 才談의 公演樣相과 戲曲的 特性」, 『韓國敍事文學 史의 硏究』(敬山史在東博士華甲紀念論叢), 중앙문화사, 1995. 6; 「18 ~19세기 재담 공연의 전통과 연극사적 의의」, 『한국연극사 연구』(태 학사, 1997)에 재수록.

(12) 전경욱, 「탈놀이의 形成에 끼친 儺禮의 影響」, 『민족문화연구』 28, 고 려대 민족문화연구원, 1995. 12.

(13) 사진실, 「조선 전기 儺禮의 변별 양상과 공연의 특성」, 『구비문학연 구』 3, 한국구비문학회, 1996. 6; 사진실, 「조선 전기 궁정의 무대공간 과 공연의 특성」, 『한국연극사 연구』(태학사, 1997)에 재수록.

(14) 사진실, 「조선시대 서울지역 연극의 공연상황 연구」, 서울대 박사학 위논문, 1997. 2; 「조선시대 서울지역 연극의 공연상황」, 『한국연극사 연구』(태학사, 1997)에 재수록.

(15) 안상복, 「한중 우희의 관련 양상에 대한 한 고찰」, 『구비문학연구』 8, 한국구비문학회, 1999. 6.

(16) 안상복, 「소학지희의 개념과 역사적 전개」, 『고전희곡연구』 1, 한국고 전희곡학회, 2000. 8.

---

5 석사학위논문의 요약본으로 사진실, 「韓國演劇의 話劇的 傳統 考察」(『한국극예술연구』 1, 한국극예술학회, 1991.3)이 있으나 논의 대상에서 제외한다.

(17) 사진실, 「배우의 전통과 재담의 전승: 박춘재의 재담을 중심으로」,
『한국음반학』 10, 한국고음반연구회, 2000. 11; 「배우의 전통과 재담
의 전승」, 『공연문화의 전통』(태학사, 2002)에 재수록.

(18) 손태도, 「광대 집단의 가창문화 연구」, 서울대 박사학위논문, 2001. 2.

(19) 전경욱, 「우희와 판소리·가면극의 관련 양상」, 『한국민속학』 34, 한
국민속학회, 2001. 12.

(20) 손태도, 「조선시대 화극의 역사와 그 전통」, 『공연문화연구』 12, 한국
공연문화학회, 2006. 2.

(21) 정지은, 「한국 가면극의 골계 연출에 나타나는 우희(優戱)의 전통」,
고려대 석사학위논문, 2012. 2.

2. 용어와 범주

용어와 범주 논의의 쟁점은 연구자들이 설정한 용어와 대상의 연결이
적절한가 여부에 달려 있다. '소학지희(笑謔之戱)'는 『문종실록』 즉위년
(1450) 6월 10일 기사에 유일하게 등장하는 용어이다. 다른 기사에 나오
는 '희학지사(戱謔之事)'나 '소희환학(笑戱謔謔)'과 마찬가지로 '농짓거리를
하여 웃기는 놀이'라는 뜻을 담고 있다. 이 용어가 '규식지희(規式之戱)',
'음악(音樂)'과 함께 나례의 공연종목으로 거론되다 보니 규식지희에 대비
되어 언어 희롱이나 재담 중심의 놀이로 인식되었고 판소리와 가면극 등
의 선행 예능으로 지목되면서 배우희의 연구가 시작되었다. 이후 『조선왕
조실록』의 다른 기록이나 개인 문집 등에서 발견된 '특정한' 놀이들이 '소
학지희'라는 용어와 짝지어졌다.

이 논의에서는 배우희의 존재가 드러나고 독자적인 연희·연극 양식으
로 논의되기까지 각각의 연구자들이 사용한 용어와 개념을 고찰하고 시
기적 또는 문화 층위적 범주를 어떻게 설정했는지 확인하고자 한다. 한
편, 배우희 관련 주요 자료들이 언제 어떤 논거로 소개되었는지 고찰할

것이다.[6]

(1) 조원경은 선행 연구에서 나례와 가면극을 동일시하거나 연관성을 강조한 데 대한 반론을 제기하면서 나례의 설행 계기, 상연물, 출연자, 무대와 소도구 등을 세밀하게 고찰하였다. 그는 궁중의 세말 나례(歲末儺禮)와 채붕(綵棚) 또는 산대 나례(山臺儺禮)를 구분하였으며 후자를 다시 사신 영접과 부묘 환궁 때의 나례로 나누어 공연종목을 밝혔다. 배우희는 나례의 상연물을 고찰하는 가운데 '희학지사(戲謔之事)'로 분류하여 논의하였다.

'희학지사(戲謔之事)'라는 용어는 『문종실록』즉위년(1450) 6월 5일 기사의 '結綵棚有儺禮戲謔之事'에서 나오는데 이 논문에서는 인용하지 않았다. 대신 세조와 중종 연간에 이르는 주요 자료를 찾아 제시하였다.[7] 특히 연산군 앞에서 임금을 풍자하는 놀이를 했던 공결(孔潔)과 공길(孔吉)의 자료를 처음 소개하였다. 자료에 대한 심층 분석은 없었고 희학지사의 존재를 확인하는 데 그쳤다. 희학지사는 '閭閻의 小事를 閭閻의 말을 使用하면서 흉내내는 戲'(32면), '엉뚱한 內容 等을 지껄이는 才談'(34면)으로 보았다.

---

6 연구자의 이름 앞에 붙은 일련번호는 배우희 관련 연구 논저 목록의 번호와 같다. 목록에 있는 논저는 따로 각주를 달지 않고 필요한 경우 본문의 괄호 안에 면수를 표기한다. 해당 연구자가 처음 논거로 삼은 자료는 논저의 일련번호에 다시 번호를 붙여 (1-1), (2-1)과 같은 식으로 표기하여 각주에 첨부한다.

7 (1-1) 『세조실록』 10년(1464) 1월 17일, '優人因戲, 或陳閭閻鄙細之事'

　(1-2) 『세조실록』 10년(1464) 12월 28일, '優人因戲, 自相問答, 官吏貪廉之狀·閭里鄙細之事'

　(1-3) 『성종실록』 9년(1478) 11월 18일, '優人乃以里巷語, 呈戲於上前'

　(1-4) 『연산군일기』 5년(1499) 12월 30일, '優人孔潔者誦李紳悶農詩'

　(1-5) 『연산군일기』 11년(1505) 12월 29일, '優人孔吉作老儒戲'

　(1-6) 『중종실록』 16년(1521) 12월 14일, '(且下儺戲)單子曰, 農作形狀, 須依豳風七月篇, 而守令賑救飢民之狀, 幷爲之可也', '先生弄新來之狀, 戲夫服綵等事, 著實爲之, 毋如兒戲爲也'

　(1-7) 『중종실록』 30년(1535) 10월 15일, '內藏畫屏, 有畫豳風七月圖者. 儺禮畢後, 別無所爲之事, 欲使倣此爲戲'

　(1-8) 『중종실록』 22년(1527) 12월 23일, '觀儺時, 令呈才人, 陳民間疾苦及救荒節次·公債斂散等狀'

(2) 김동욱의 논의에서는 판소리 발생의 배경을 밝히고 선행 예능을 탐색하는 과정에서 '광대소학지희(廣大笑謔之戲)'에 주목하였다. 『문종실록』 즉위년 6월 10일 기사[8]를 근거로 나례 잡희를 구성하는 규식지희(規式之戲), 광대소학지희(廣大笑謔之戲), 음악부를 구분하였다. '광대소학지희'는 '水尺僧廣大等笑謔之戲'를 '수척승과 광대 등의 소학지희'로 읽어 나온 명칭이다. 이 부분을 어떻게 끊어 읽을지에 대한 논의는 이후 '소학지희'라는 용어와 개념에 대한 주요 쟁점으로 부각된다.

김동욱의 광대소학지희는 '民俗的 演戲의 利殖'(176면)으로 궁중에서 연출된 즉흥적인 놀이이다. 민속에 기반을 두되 궁중 연희라는 점을 명확히 언급했다고 할 수 있다. 나례 잡희에서 규식지희의 '黙劇的인 要素'와 음악부의 '歌詞 民謠의 演唱'이 지닌 한계성이 '좀 더 自由로운 形態로서 詞를 中心으로 한 演戲形式'인 소학지희가 나올 필연적 이유였다고 하였다. 소학지희의 실제 공연내용을 보여주는 자료는 확보하지 못한 상태로 문예사적 정황을 유추한 결론이었다.

조원경의 석사학위논문은 1955년 3월에 나왔으나 『학림』 4호에 실어 발표한 시기는 김동욱의 논문보다 한 달 늦은 1955년 7월이다. 김동욱이 조원경의 논문에서 공결과 공길의 놀이를 확인했더라면 소학지희, 즉 배우희의 내용과 형식에 대한 더욱 진전된 논의가 가능했을 것이다.

이 논의에서는 나례에 참여하는 배우의 예능 전수와 활동 양상에 대한 자료가 소개되었다.[9] 또한 광대소학지희의 창곡적(唱曲的) 전개 양상을

---

8 (2-1) 『문종실록』 즉위년(1450) 6월 10일, '如廣大西人注叱弄鈴斤頭等, 有規式之戲', '如水尺僧廣大等, 笑謔之戲'

9 (2-2) 『성종실록』 12년(1481) 12월 17일, '儺禮優人, 贏糧上來者多, 留京甚難', '凡優人本不業農, 乞糧而食, 且非遠地人, 皆居京畿二日程者'

(2-3) 『연산군일기』 5년(1499) 12월 19일, '儺禮之設, 本爲戲事', '色承旨往義禁府, 試觀仲山之戲, 與銀孫等否'

(2-4) 『중종실록』 1년(1506) 11월 19일, '觀儺則雜戲也, 而絃手·才人, 出入宮禁, 事涉褻慢, 不可觀也'

다루면서 〈배뱅이굿〉의 근원설화이며 광대소학지희의 사례로 유몽인(柳夢寅)의 『어우야담(於于野談)』 소재 승려 통윤(洞允)의 일화[10]가 소개되었다.

(3) 양재연은 고대연극사의 양상을 탐색하면서 산대잡극(山臺雜劇) 또는 산대희(山臺戱)의 유래와 발전 양상, 내용, 무대 등에 대하여 논의하였다. 배우희는 산대희의 공연종목 가운데 '즉흥극'으로 분류하여 다루었다 (42~44면).

고려 의종 때 좌우번의 내시들의 놀이에서 '즉흥적인 소인극(素人劇)'의 존재를 확인하였는데, 외국 사람이 공물을 바치는 상황을 연출하여 실제로 임금에게 진귀한 물건을 바치는 상황을 기록한 자료[11]이다. 또한 『지양만록(芝陽漫錄)』 소재 도목정사(都目政事) 놀이[12]를 처음 소개하였다. 임금이 여러 가지 창우희를 해도 전혀 웃지 않자 예정에 없던 놀이를 즉석에서 마련하였다는 점에서 '즉흥극'이라는 용어를 채택했다고 할 수 있다.

『어우야담』에서 배우 귀석(貴石)의 존재[13]를 찾아 소개한 것은 큰 성과였다. 그러나 인용한 부분에는 서울의 배우 귀석이 시사적인 사건을 풍자하는 놀이를 잘했다는 내용만 나올 뿐이고 학계에 널리 알려진 내용과 문구도 다르다. 놀이의 구체적인 공연 상황을 묘사한 『어우야담』은 만종재본(萬宗齋本)인데 양재연이 찾은 자료는 다른 판본인 것 같다. 배우희 연구에서 귀석이 연출한 〈진상놀이〉와 〈종실양반놀이〉는 매우 중요한 자료이므로 연구자로서 이 내용을 빠뜨렸을 까닭이 없기 때문이다.

(4) 이두현의 논의에서는 탈춤 〈산대도감극〉의 성립 과정에 대하여 선

(2-5) 『중종실록』 4년(1509) 11월 8일, '觀儺戲事, 伶人裏糧留京之弊不貲', '觀儺戲玩, 俳優之事, 似不可行, 上有大妃殿, 不可廢也'

10 (2-6) 유몽인, 『어우야담』, '洞允者 才僧也. 能文, 善俳, 又巧作禽獸聲', '探花蜂蝶之戲'

11 (3-1) 『고려사』 의종 19년(1165) 4월, '內侍左右番爭獻珍玩時, …… 結綵棚載以雜伎, 作異國人貢獻之狀, 獻靑紅蓋二柄·駿馬二匹'

12 (3-2) 작자 미상, 『지양만록(芝陽漫錄)』, 명종 때 도목정사(都目政事) 놀이

13 (3-3) 유몽인, 『어우야담(於于野談)』, '京人優人貴石, 以善俳戲, 爲諷時事之戲'

행 연구에서 제기한 기악(伎樂) 기원설과 광대소학지희 기원설을 총체적으로 재검토하고 보완하였다. 배우희의 명칭은 김동욱이 사용한 '광대소학지희'에서 '광대'를 뺀 '소학지희'를 사용하였다.

최치원(崔致遠)의 「향악잡영(鄕樂雜詠)」 5수 가운데 〈월전(月顚)〉을 '골계 조희(滑稽調戱)'14로 파악하여 소학지희의 선행 예능으로 설정하였다 (31면). 또한 양재연이 고려 때의 즉흥극으로 소개한 '외국 사람이 공물을 바치는 형상'(3-1)을 소학지희 관련 자료로 언급하고 '素人劇으로서의 卽興的 mimic'(38면)이라고 하였다. 한편 정약용(丁若鏞)의 『목민심서(牧民心書)』「금포(禁暴)」에 나오는 내용15을 근거로 당대 광대들의 놀이가 두 가지로 나뉜다고 하여 각각 광대소학지희와 규식지희를 결부시켜 논의하였다(39면).

(5) 고정옥은 『조선구전문학연구』를 저술하면서 민간극의 형식으로 가면극, 인형극 외에 '화극(話劇)'을 제시하였다. 그는 김동주(金東洲)의 『오백년기담(五百年奇譚)』에 나오는 〈도목 연희(都目演戱)〉를 분석하여 '독연 형태의 연극이 아니면서', '춤이나 노래가 동반되고 있지 않으며', '통치자들의 정치적 내막에 대한 신랄한 비판 정신이 표현되어 있는 것'으로 보았다.(259면) 그 결과 '많은 인물들을 등장시키며, 그 상연 종목은 오랜 전승 과정을 통하여 계승 발전되고 있으며, 반드시 가무를 동반하며 또 시사 비평적 정론적 경향 대신 세태적 취미에 기울어지고 있다'(260면)고 한 가면극이나 인형극과 다른 제3의 연극 양식으로 화극의 전통을 변별해 내었다. 〈도목 연희〉는 양재연이 먼저 『지양만록』 소재 일화(3-2)를 소개하였으나 구체적인 작품 분석은 이루어지지 않은 상태였다.

고정옥은 고려 때 화극으로 예종 때 〈하공진(河拱辰)놀이〉16를 처음 제

---

14 (4-1) 최치원, 「월전(月顚)」, '肩高項縮髮崔嵬, 攘絹群儒鬪酒盃, 廳得歌聲人盡笑, 夜頭旗幟曉頭催'

15 (4-2) 정약용, 『목민심서(牧民心書)』, 「금포(禁暴)」, '俳優滑詼之演(方言云德談)', '窟櫑棚竿之戱(方言焦蘭伊, 亦名山臺)'

시하였다. 조선시대의 화극으로는 어숙권(魚叔權)의 『패관잡기(稗官雜記)』에서 〈무당 세포 놀음〉과 〈정평부사 말안장 사는 놀음〉17을 찾아 분석하였고, 유몽인(柳夢寅)의 『어우야담(於于野談)』에서 귀석의 〈수령 놀이〉와 〈종실 놀이〉18를 찾아 분석하였다. 배우 귀석의 존재(3-3)는 양재연이 논의한 바 있으나 놀이 내용에 대한 소개는 없었다.

고정옥은 새로 발굴한 화극 자료를 분석하여 '등장 인물의 제한성과 간소한 플로트에도 불구하고 높은 사상성을 가진 연극이었다'(267면)고 주장하였다. 그에 따르면 조선시대 이전의 화극은 '인민 대중에 의해서 창조된' 연극으로 봉건사회의 부정적 현상들을 예리하게 포착하여 지배층들을 강렬하게 풍자했다고 하였다.

(6) 권택무는 『조선민간극』을 저술하면서 '잡극', '우희', '화극' 등으로 불려온 연극 형식에 대하여 '잠정적으로 〈극〉이라고'(45면) 부른다고 하였다. 극은 '탈이나 인형을 사용하지 않는 배우가 자신의 극적 행동과 말 즉 대사를 주되는 표현 수단으로 하여 작품의 내용을 형상하는'(46면) 연극 형태로, 시기적으로는 10세기 이후로 한정하였다. '민간극'이라는 상위 범주 자체가 극 형식에 대한 궁정문화의 개입 가능성을 낮게 본 것이라 할 수 있다.

『고려사』 열전 염흥방(廉興邦) 조에 나오는 '세도를 쓰는 자의 집에서 일보는 자들이 백성들로부터 조세를 가혹하게 수탈하는 형상'19(48면)을 14세기 극 형식 작품으로 소개하였다. 성현의 『용재총화(慵齋叢話)』에 나오는 함북간이라는 인물20을 소개하여 15세기 후반 배우의 연기 형상력이

---

16 (5-1) 『고려사』 12권, 세가 13, 예종 2, '有優人因戲稱美先代功臣河拱辰'

17 (5-2) 어숙권, 『패관잡기』, 〈무당 세포 놀음〉

(5-3) 같은 책, 〈정평부사 말안장 사는 놀음〉

18 (5-4) 유몽인, 『어우야담』, 〈수령 놀이〉

(5-5) 같은 책, 〈종실 놀이〉

19 (6-1) 『고려사』 열전 39권, 염흥방조, '興邦嘗與異父兄李成林, 上家而還, 騶騎滿路, 有人爲優戲, 極勢家奴隷剝削民收租之狀. 成林怵怩, 興邦樂觀不之覺也'

높았다는 사실을 언급하기도 하였다. 17세기 극 형식으로 이익(李瀷)의 『성호사설(星湖僿說)』에 나오는 유희(儒戱)[21]를 소개하였으며, 18~19세기 극 형식으로 이옥(李鈺)의 〈동상기(東廂記)〉와 작자 미상[22]의 〈만강홍(滿江紅)〉을 소개하였다.

(7) 이두현의 논의에서는 규식지희와 소학지희가 산대도감계통극의 모태를 이루었다는 학설을 견지하는 한편 (4)이두현의 논의와 비교할 때 독자적인 연희 양식으로서 소학지희의 화극적(話劇的) 성격에 주목하였다. 그 사이에 출간된 고정옥과 권택무의 논의를 수용했다고 여겨진다. 그가 규정한 소학지희는 '假面과 人形의 수단을 빌리지 않고 俳優가 직접 나와서 일정한 人物과 일정한 事件에 관련된 主題를 전개하는 演劇을 話劇으로, 그것도 獨演形態만이 아니고 多數人物에 의한 演戱도 있었음을 짐작케 한다'(132면)고 하였다.

이 논의에서는 선행 연구에서 언급된 작품 외에 유몽인의 『어우야담』에 나오는 〈상소놀이〉[23]를 소개하였다. 인조 때 이귀(李貴)가 상소를 지나치게 자주 올리는 상황을 풍자한 놀이이다. 어느 집안의 잔치에서 창우들이 잡희를 벌이는데 참석한 손님 가운데 승평군(昇平君) 김류(金瑬)가 조금도 웃지 않자 우인들이 백방으로 웃음거리를 구하던 끝에 우인이 두루마리를 들고 김류 앞에 나아가 이귀가 상소하는 흉내를 내어 그를 웃게 만들었다는 내용이다.[24] 그밖에 성균관 유생들의 궐희(闕戱), 속리산 법주

---

20 (6-2) 성현, 『용재총화』, 5권, '吾隣有咸北間者 自東界出來 稍知吹笛 善談諧倡優之戱 每見人容止 輒效所爲 則眞贋莫辨……每入內庭 多受賞賜'

21 (6-3) 이익, 『성호사설』, '今時登科者必以倡優爲樂, 有倡優則必有儒戱. 其破衣弊冠, 胡說强笑, 醜態百陳, 以資歡宴'

22 남한에서는 작자가 이종린(李鍾麟)이며 1914년 회동서관(匯東書館)에서 단행본으로 간행된 것으로 알려져 있다.

23 (7-1) 유몽인, 『어우야담』, '延平好上疏. 嘗於一家慶筵, 倡優呈戱. 昇平金公素矜嚴不肯一笑, 優人萬方要笑, 其技已窮. 乃裹紙一軸, 徉至昇平前, 跪曰, "李貴呈疏矣." 一座折腰, 昇平亦爲破顏'

사의 좌수희(座首戱) 등을 소학지희의 사례로 들었다. 이러한 자료들은 궁궐이 아닌 사가(私家)나 사찰에서 이루어진 놀이들이다. 소학지희의 범주를 궁정에 한정하지 않고 민간까지 확장하여 인식한 사실을 확인할 수 있다.

(8) 최정여의 논의에서는 선행 연구에서 논의된 탈춤 〈산대도감극〉의 성립 과정을 보완하기 위하여 기악(伎樂)의 세속화와 소학지희의 정치적 필요성 등에 대하여 논의하였다. 그 과정에서 『문종실록』에 나오는 '水尺僧廣大等笑謔之戱'의 구절에서 김동욱이 '수척승'과 '광대'로 읽은 데 대하여 문제를 제기하고 '수척'과 '승광대'로 읽을 근거를 제시하였다. 승광대란 승려 신분을 갖는 광대를 말하며 이들을 통하여 불교 의식극인 기악(伎樂)이 세속화되는 계기가 마련되었다고 하였다.

이제신(李濟臣)의 「청강소설(淸江小說)」에 나오는 '승광대(僧廣大)', '고광대(姑廣大)', '초란광대(招亂廣大)', '포광대(匏廣大)'[25] 관련 자료를 찾아 연희자로서 승광대의 존재를 증명하고자 하였다. 그러나 승광대는 연희자로 보는 반면, 나머지는 인형극의 극중인물로 보아 논리적 당착을 보였다. 또한 허균(許筠)의 「장생전(蔣生傳)」[26]에서 장생이 십육나한을 흉내내는 등 여러 놀이를 잘했다는 일화를 들어 승광대의 존재 가능성을 제시했다. 세조~중종 연간의 배우희 자료와 『어우야담』, 『패관잡기』 소재 자료

---

24 이이명(李頤命, 1658~1722)의 『소재집(疎齋集)』에도 비슷한 이야기가 전하는데 우인의 이름을 박남(朴男)으로 명시하고 있고 김류가 청음(淸陰) 김상헌(金尙憲, 1570~1652)으로 바뀐 점이 다르다. 유몽인(1559~1623)과 이이명(1658~1722)의 생몰연대를 비교할 때 유몽인은 이 사건을 직접 목격하였거나 당대에 전해들은 이야기를 기록했다면 이이명은 한 세대 뒤에 항간에 떠도는 이야기를 수집하였다고 할 수 있다. 그 사이 김류가 김상헌으로 바뀌는 변화가 생긴 것이다. 우인 박남의 존재는 1626년(인조 4)『나례청등록(儺禮廳謄錄)』의 상송(上送) 재인 명단에서 확인되니 사실로 인정해도 무방할 것이다.

25 (8-1) 이제신, 『청강소설』, 「笑叢」, '爾祖僧廣大, 爾祖妣'姑廣大, 爾父招亂廣大, 今汝又爲匏廣大'

26 (8-2) 허균, 「장생전」, '或於酒半, 效盲卜・醉巫・懶儒・棄婦・乞者・老奶所爲, 種種逼眞. 又以面孔學十八羅漢'

들을 '잡희승(雜戱僧)', 즉 승광대들의 놀이로 다루었는데(22면) 타당한 근
거는 제시하지 않았다.

(9) 조동일의 논의에서는 문헌으로 전하는 민속극으로 소학지희를 다
루었다. 소학지희는 '단편적인 희극'이고 '웃음과 해학의 놀이'이며 '가면
을 쓰거나 인형을 사용하지 않고 사람이 직접 나서서 하는', '화극'(269~
270면)으로 소개되었다. 민간에서 먹고 살기 위하여 하던 놀이와 궁궐에
동원되어 하던 놀이를 모두 소학지희의 범주에 넣었다.

(10) 사진실은 남북한의 선행 연구를 토대로 소학지희의 공연방식과 희
곡의 특성을 논의하였다. '소학지희'라는 용어가 고유명사가 아니라는 사
실을 처음 지적하였으나 선행 연구에서 사용해 온 관습을 따라 사용한다
고 하였다. 선행 연구를 종합하여 소학지희는 '가면이나 인형의 수단을
빌리지 않고 배우가 직접 연기하되, 일정한 인물이나 사건을 소재로 하
여, 재담으로 관중을 웃기고, 풍자적이고 비판적이며, 어느 정도 즉흥적인
연극'으로 정의하였다. 소학지희를 조선시대 궁정 공연문화에 속한 독자
적인 연극 양식으로 파악하여 공연의 계기, 배우와 관객, 공연공간 등 궁
정의 공연 상황을 다루었다.

(14) 사진실의 논의에서는 조선시대 서울지역 연극의 공연상황이 변천
하는 양상을 통하여 궁정 연극인 소학지희와 민간 연극인 본산대놀이의
연희사적 전개 과정을 탐색하였다. 논의의 서두에서 소학지희를 담당한
광대들을 가리키는 용어와 개념을 분석하였는데(189~196면), '우인(優人)'
은 '어떠한 극적 사건을 구성하여 연기하는 예능인'으로 규정하고 가장 중
요한 재능은 '골계(滑稽)'라고 하였다. '배우(俳優)'는 우인의 용례와 거의
같아 구별하기 어려우나 중국의 개념에 따르면 '배(俳)'는 '골계소희(滑稽
小戱)'라 하여 몸으로 하는 우스갯짓이 강조된 용어라고 하였다. '창우(倡
優)'는 같은 우인을 가리키더라도 노래와 춤을 강조하여 나타낼 때 쓰였
다고 하였다.

또한 『나례청등록(儺禮廳謄錄)』 등 문헌 기록을 분석하여 경중우인(京

中優人)과 외방재인(外方才人)의 변별 양상을 밝혔다(209～249면). 경중우인은 서울에 거주하면서 상층과 궁정의 오락에 복무하는 배우들로 연말에 궁궐에서 거행되는 관나(觀儺) 등의 행사에 참여하여 소학지희를 연출하였다고 하였다. 경중우인이 되는 방법은 명종 때의 귀석(貴石)처럼 노비 신분으로 주인에 의하여 배우로 양성되는 경우가 있고, 인조 때의 박남(朴男)처럼 국가적인 산대 나례에 참여했다가 발탁되는 경우가 있다고 하였다. 그밖에 관나의 행사를 담당했던 의금부의 역할과 나례단자의 의미 등에 관하여 논의하였다. 나례단자의 존재는 배우희가 즉흥극이 아니었다는 사실을 증명한다.

(15) 안상복의 논의에서는 '우희(優戲)'라는 용어와 개념을 중심으로 한국과 중국의 상황을 비교하였다. 중국 송나라의 공연 상황을 알려주는 풍부한 자료들을 제시하여 고려와 조선의 배우와 우희를 비교하였다. 우희는 '화극 또는 과백희적 성격이 뚜렷'(330면)한 놀이로, 고려와 조선, 송나라의 궁정 공연문화에 공통적으로 나타난다고 하였다. 그런데 우희에 가면을 사용했을 가능성을 제기하는 과정에서 '우(優)'라는 글자가 들어간 놀이나 언어가 개입되었을 각종 놀이 자료를 제시하였고 결국 우희의 개념은 배우가 하는 모든 놀이로 확장되는 결과를 가져왔다.

(16) 안상복의 논의에서는 (15)의 논의를 이어 '소학지희(笑謔之戲)'라는 글자의 뜻에 충실한 해석을 시도하였고 배우의 속성이라는 측면에서 소학지희의 개념에 접근하고자 하였다. 글자의 뜻으로 보자면 가면이나 인형 사용을 배제할 이유가 없으며 배우들의 예능이 골계와 노래, 춤을 겸비한 것이었으니 노래와 춤이 삽입될 가능성이 있다는 것이다. 그 결과 소학지희의 개념을 확장하여(184～186면) '재담 혹은 만담', '순수한 화극', '가면극'을 포함한다고 하였다.

(18) 손태도의 논의에서는 광대 집단의 가창 문화를 논의하면서 광대 집단의 예능으로 '재담 소리'를 구분하였고 그 과정에서 소학지희를 '재담극'으로 분류하였다. 재담극으로는 궁정의 소학지희 외에 인조 때 박남의

〈상소놀이〉를 예로 들었고 재담 소리로는 〈배뱅이굿〉과 실전 판소리 7편, 박춘재의 재담 등을 들었다(152~158면). 재담극에 대한 정의는 내리지 않았으나 노래가 삽입되지 않고 재담적인 말과 행동으로 이루어진 연극이라고 할 수 있다.

(19) 전경욱의 논의에서는 소학지희의 용어 논란 이후 '우희'를 사용하자는 입장을 밝혔다. 우희는 산악(散樂) 백희(百戱)의 한 종목으로 중국의 산악 백희 관련 자료에서 '배우(俳優)라고 표기된 골계희'(204면)라고 하였다. 우희의 범주는 신라부터 조선시대를 포괄하는 것이며 민간과 궁중을 구분하지 않았다. 신라 때 향악(鄕樂)인 〈월전〉(4-1)에서 고려 때 민간에서 이루어진 '極勢家奴隷剝削民收租之狀'(6-1), 〈하공진놀이〉(5-1), 조선시대 궁궐에서 연출된 공길, 공결, 귀석의 놀이, 조선시대 민간에서 이루어진 박남의 놀이 등이 모두 우희에 해당한다. 또한『성호사설』에서 언급된 유희(儒戱)(6-2)를 우희의 하위범주로 두고 연산군 때 공길, 공결의 놀이와 인조 때 박남의 놀이를 포함시켰다.

(20) 손태도의 논의에서는 (5)고정옥의 용어인 '화극'을 채택하였는데, 이 용어가 '전통 화극의 주된 영역인 소극적(笑劇的) 성격을 살리지 못한 말'이기는 하나 '소극적 웃음 외에 임금 앞에서 공연하는 일정한 정치적 목적을 지닌 면도 있기에' 사용한다고 하였다(200면). 그 개념은 '사람이 간단한 말과 행동을 통해 사람을 웃기는 것'으로 보고 '어느 시대 어디서나 가능한 연극 방식'(229면)이라고 하였다. 이 논의에서 다룬 화극은 조선시대 '오락적 목적으로 임금 주변에 있게 된 광대들이 그들의 광대놀이를 통해 임금의 바른 통치를 가능하게 한다는 오랜 세월 동안 내려온 화극의 전통'이라는 점을 강조하였다. 보편적인 화극과 조선 전기 궁정의 화극을 구분했다고 할 수 있다.

이 논의에서는 19세기말 화극의 공연 양상을 보여주는 중요한 자료를 발굴하여 소개하였다.(225~226면) 첫 번째 자료는 1882년 초판된 그리피스의 책에 묘사된 '길거리에서의 화극 공연'[27]이다. 두 번째 자료는 1884년

경 미국 주한 공사 서기관으로 근무했던 퍼시벌 로웰이 찍은 길거리 공연 장면(19-2)이다. 세 번째 자료는 역시 로웰의 책에 소개된 〈담배장사〉 등의 공연 장면이다. 손태도는 이 자료를 통하여 전통적인 화극이 근대 무렵까지 길거리나 극장 등에서 공연된 사실을 확인하였다.

3. 양식적 특성

공연을 하기 위해서는 먼저 무대에 올릴 공연예술의 양식을 선정하여야 한다. 이때 양식이란 공연 종목을 변별할 수 있는 특징적인 규정이라고 할 수 있다. 배우희를 예로 들면, 시사적인 사건이나 옛 이야기를 소재로 채택하는 것, 노래나 춤을 병행한다거나 악기 반주를 쓰는 것, 분장을 하거나 가면을 쓰는 것 등 작품을 생산하기 전 미리 정해져 있는 관습들이 양식적 특성이라고 할 수 있다.

배우희의 양식적 실체는 '희학지사' 또는 '소학지희'라는 용어에서 출발하였기 때문에 언어 회롱이나 재담적 성격이 부각되었다. 이후 독자적인 연희 연극 양식으로 논의되면서 가면극이나 인형극과 다른 제3의 양식으로 변별되기 시작하였다. 따라서 배우희의 양식적 특성에서 각 연구자들이 가면이나 인형의 사용 여부를 어떻게 판단했는지 살펴보는 일이 중요하다.

또한 배우희를 판소리나 가면극의 선행 예능으로 파악하는 경우 노래와 춤이 개입되었는지 여부도 중요한 쟁점이 된다. 배우희에 노래와 춤이 포함되었는지 여부는 확인할 수 없다. 연극의 진행 과정에서 노래와 춤이 삽입되는 경우와 전체적으로 양식화되어 있는 경우는 구별해야 한다. 궁중 정재나 탈춤의 경우 노래나 춤이 개입하는 방식이 정해져 있어 양식을 규정하는 핵심 요소가 되므로 후자에 해당한다. 배우희의 경우 시사적인

---

27 (19-1) W. E. 그리피스, 신복룡 역, 『은자의 나라 한국』, 집문당, 1999, 375~376면.

사건을 재현하되 재담 형식으로 풀어가기 때문에 전체적으로 노래와 춤이 양식화할 수 있는 여지가 없어 보인다. 다루는 소재와 주제에 따라 노래와 춤이 삽입되었을 가능성을 배제할 수 없다.

(1) 조원경의 논의에서는 희학지사의 형식에 대해서 '自問自答하는 才談式의 것이고 配役이 있고 臺詞가 一定한 演劇은 아니었다'(34면)고 하였다. 단편적인 언급이었지만 '王國維의 中國戲曲史에 나오는 中國의 參軍戲도 이와 같은 것들인지 모른다'는 추정도 하였다.

희학지사에 노래나 춤의 요소가 개입되었는지에 대하여 밝히지 않았다. 그러나 줄타기에서 광대가 일인다역의 재담을 엮어가는 형식을 언급하며 희학지사와 백희[곡예]의 연관성을 추정하였다(34면). 한편, 조원경의 논의는 나례의 공연종목에서 가면극의 존재가 있는지 확인하고자 했으므로 각각의 종목에 대한 가면 사용 여부에 큰 관심을 기울였다. 방상시의 축역과 처용무에 가면이 사용되었으나 백희와 희학지사는 가면을 사용하지 않은 곡예와 재담이라고 단정하였다(35면). 희학지사의 사례로 열거한 조선왕조실록의 기사에 가면을 사용했다는 내용이 나오지 않는다는 사실을 근거로 했을 뿐 내용이나 형식에 대한 정보에서 유추한 결론은 아니었다.

조원경이 처음 소개한 『중종실록』 16년 12월 14일 기사(1-6)와 30년 10월 15일 기사(1-7)는 나례단자에 관한 내용이다. 나례단자는 나희단자라고도 하며 의금부가 나례 때 공연할 놀이의 내용을 미리 임금에게 올려 비준을 받는 문서로(사진실(14), 224~225면) 희학지사, 즉 배우희의 소재 선정에 대한 양식적 특성을 파악할 수 있다. 조원경은 (1-6)을 인용하면서 '(且下儺戲) 單子曰'로 끊어 읽어 괄호 부분을 생략하였는데 '또한 나희를 내려주었다. 단자에 이르기를' 정도로 번역했다는 사실을 알 수 있다. 임금이 직접 비준하여 놀이 내용을 정하는 나례단자의 존재를 인식하지 못했던 것이다.

(2) 김동욱의 논의에서는 '儺禮나 一般宴享에 이런 廣大笑謔之戲 같은

것을 隨時로 應變하여 演唱 演出했음을 알겠다'(176면)고 하여 소학지희에 노래의 요소가 개입된 것으로 보았다. 나례 잡희를 구성하는 음악부, 즉 궁중 정재의 형식에서 여러 곡의 노래가 불리는 형식을 수용했을 가능성을 염두에 둔 것이다. 또한 광대의 존재 방식과 유랑 활동 방식에 따른 '演戱文化의 經濟化'는 '가장 天才를 要求하고 가장 經費가 안 드는 唱에로 그 主流가 옮겨가서 唱의 문학으로 跛行的인 發達을 하게 된 것'(176면)이라고 하였다. 소학지희가 즉흥적인 재담 형식에서 시작하여 삽입가요를 수용하게 되고 창을 중심으로 형식이 재편되는 양상을 상정한 것이다.

김동욱은 탈춤 〈산대도감극〉의 형성 과정에서 이혜구가 주목한 기악(伎樂)과 같은 전래 양식에 소학지희가 결합하였으리라 추정한 바 있다(176면). 가면을 쓰는 전통이 기악과 같은 전래 가면극에서 왔다고 본 것이니 광대소학지희는 가면을 사용하지 않았다고 본 것 같다. 탈춤의 경우 가면을 사용함으로써 자유로운 분장을 통해 배역을 연출하는 연극 양식으로의 발전이 빈약했다고 보았다(189면).

(3) 양재연의 논의에서는 〈도목정사놀이〉를 근거로 배우희를 즉흥극으로 파악하였다. 〈도목정사놀이〉의 정황은 미리 준비한 놀이들을 다 보여도 임금이 반응을 보이지 않자 배우들이 원래 보유하고 있던 다른 놀이를 무대에 올린 것이라 할 수 있다. 1인극이 아닌 이상 즉석에서 소재를 찾아 형식과 내용을 갖춘 놀이를 만들어 내기란 쉬운 일이 아니기 때문이다.

양재연 역시 조원경이 희학지사의 사례로 제시한 『조선왕조실록』 자료를 활용하지 못한 것으로 보인다. 나례단자에 관한 기사를 활용할 수 있었다면 임금 앞에서 연출하는 놀이가 즉흥적일 수 없다는 사실을 확인할 수 있었을 것이다. 양재연의 논문은 1955년 11월에 발표되었다. 그는 논문 집필 과정에서 조원경의 논문을 보았고 유사한 내용이 많음을 확인하였으나 원고를 고치지 않고 발표한다는 사실을 밝혔다.

(4) 이두현의 논의에서는 탈춤 〈산대도감극〉의 전개 과정에서 소학지희의 영향으로 노래[唱]와 대사[白]가 형성되었다고 하였다. 소학지희에 노

래가 삽입되었는가 하는 문제에 대한 별도의 논의 없이 김동욱의 입장을 수용한 것으로 여겨진다.

(5) 고정옥의 논의에서는 전통적인 배우희를 현대 연극과 연속선상에서 바라보았기 때문에 가면과 인형의 사용 가능성에 대해 부정적이었다. 화극의 양식적 특성에서 중요한 부분은 인민의 사상성 표출이었다. 고정옥은 연출과 연기를 겸했던 배우 귀석에 대하여 '예술의 대담성과 높은 인민성'을 높이 평가하면서 부패한 봉건 관료들에게 수치를 주었으며 임금으로 하여금 '그의 연극에 대해서 일정한 대답을 주지 않으면 안 되게 하였다'고 하였다.

그러나 그는 화극, 즉 배우희가 임금의 왕도정치 구현이라는 명분을 갖고 있어 봉건체제에 대한 인민들의 자발적인 투쟁의식을 찾아보기 어렵다는 점을 인식하고 있었다. 그는 조선시대 화극이 임금을 절대시하여 관료들의 부정을 시정하고 악행을 처단하는 통치자의 환상을 심어주었다고 하면서 그 결과 화극이 '인민들의 의식을 계몽함으로써 인민들을 봉건을 반대하여 싸우는 길로' 이끌지 못하여 '사실주의적인 예술'로 고양되지 못했다고 지적하였다.

(6) 권택무는 극 형식에 소리, 즉 노래가 결합되었을 가능성을 제기하였다. 그는 극 형식의 선행 예술 형식으로 지목한 〈월전〉을 분석하면서 '聽得歌聲人盡笑(노래소리 듣고서 사람들 모두 웃는데)'의 구절에서 '소리를 듣는 사람을 웃기는 만큼 소리가 중요한 형상 수단이었다'(35면)고 추론하였으며 어릿광대의 몸짓과 대사가 배합되었을 가능성을 말하였다. 따라서 극 형식에 대해서도 '소리가 섞인 말과 행동으로 극적인 내용을 표현한다'(35면)고 정의한 것이다. 극 형식에 대한 본격적인 논의에 들어가는 10~14세기의 극을 서술한 부분에서는 '극 형식은 창이 아니라 등장인물들의 말 즉 대사를 주되는 형상 수단의 하나로 하고 있다'고 하면서 '소리가 그 예술 형식을 규정하는 기본 요소의 하나로 되고 있는 창극 및 판소리와도 구별된다'고 하였다(45면). 고대와 중세의 연극 공연 환경이

지닌 일반적인 특징인 '음악과 무용이 아주 긴밀하게 결합되는' 양상 때문에 현대 연극과 달리 춤이나 음악이 부수적으로 결합되었을 가능성을 열어두었다고 할 수 있다.

권택무는 극 형식이 가면이나 인형의 사용하지 않았다고 단언하였다. 극 형식의 발전 과정에서 가면극이나 인형극과 밀접한 연관 관계를 유지했으리라는 점을 전제하고 탈이나 인형이 부분적으로 사용되었을 가능성을 있지만 극 형식의 특징을 규정하는 기본 요인에 포함될 수는 없다고 하였다. '가면극과 인형극은 탈과 인형이 연극 형식의 특징을 규정하는 기본 요소의 하나로 포함된다고'(45면) 하여 변별하였다.

(8) 최정여의 논의에서는 소학지희가 노래[唱]를 포함했을 가능성에 문제를 제기하였다. 소학지희가 탈춤 〈산대도감극〉의 선행 예능이라는 학설에 동의하면서도 탈춤의 노래와 춤은 음악부에서 나온 것으로 보았다.

(9) 조동일의 논의에서도 소학지희는 가면과 인형을 사용하지 않는 것으로 보았다. 또한 소학지희의 형식과 내용의 특성에 대해서는 '광대 한 사람이 자문자답하는 경우가 흔하고, 내용은 대부분 즉흥적인 것이며, 시사지사(時事之事)를 풍자한 것이 가장 큰 주제'(270면)라고 하였다. 〈무세포놀이〉, 〈탐관오리놀이〉, 〈도목정사놀이〉 등을 언급하면서 '광대는 무력한 천민이면서도 왕 앞에서 해야 할 말을 서슴지 않고 하는 용기와 지혜를 가졌고, 연극은 정치를 비판하고 바로 잡기 위하여 필요한 것임을 입증했다'고 하였으며 '연극사의 전 시기를 통해서 연극의 가치가 이렇게까지 인정된 것은 이 경우 뿐'(271면)이라고 하였다.

(10) 사진실의 논의에서는 소학지희의 진행 방식, 작품 속에 구현된 사실과 허구의 관계, 소극적 특성 등을 밝혔다. 소극으로서 웃음을 유발하는 방식으로는 흉내 내기와 재담적 성격을 들어 논의하였다. 표정이나 동작으로 웃음을 유발시키는 연기 행위는 가면이나 인형의 수단으로 인해 오히려 제약받는다고 전제하고 소학지희는 가면과 인형을 사용하지 않음으로써 표정이나 몸짓, 말 등 모든 연기 행위를 동원하여 웃음을 유발할

수 있었다고 추정하였다. 또한 소학지희에 등장하는 극중인물은 탈춤이나 꼭두각시놀음처럼 전형화되어 있지 않고 현실성을 띠므로 탈이나 인형을 수단으로 극중인물을 형상화할 수 없다고 하였다. 대신 분장과 의상을 통하여 극중인물의 전환이 이루어졌다고 하였다. 소학지희에 노래가 포함되었을 가능성도 낮게 보았다. 노래가 삽입되었을 가능성은 있지만 노래가 주요 표현 수단이 되는 판소리 등과는 차이가 있다고 본 것이다.

(13) 사진실의 논의에서는 조선 전기 나례의 변별 양상을 다루어 구나(驅儺), 관나(觀儺), 설나(設儺)로 구분하였다. 관나는 임금이 광대놀음 등을 보는 행사로 정착되어 설나, 즉 산대나례와 달리 고정적인 무대와 객석이 마련되고 배우와 관객이 같은 공간에 현존하는 시간이 일정하고 비교적 길다고 하였다. 따라서 소학지희나 인형극 등 언어 전달을 위주로 하는 연극을 공연하기에 적합하였고 학계에 소개된 소학지희 자료의 대부분이 관나에서 공연되었다고 하였다. 또한 관나는 공식적으로 임금의 관람을 위하여 준비된 공연 종목을 연출하므로 그 내용과 공연 방식에 일차적인 검열이 전제되었다고 하였다.

(14) 사진실의 논의에서는 나례단자의 내용을 분석하여 소학지희의 양식적 특성을 고찰하였다(254~260면). 의금부가 올려 임금이 비준한 나례단자의 항목들이 소학지희의 양식적 측면에 해당하며 '時事之事에서 소재를 채택하여 政治의 得失과 風俗의 美惡이 드러나야 한다는 것', '배우들의 대화와 동작으로 표현한다는 것', '우스갯소리와 우스갯짓이 수반된다는 것', '무대장치의 번거로움을 피하여 서사적인 설명 위주로 사건을 끌어낸다는 것' 등이 양식적 특성이라고 하였다.

이러한 양식의 토대 위에 작품의 대본이 만들어지는데 소학지희의 경우 언어와 행위로 전승되는 대본을 갖는다고 하였다. 나례단자의 항목들은 정해진 양식에 따라 마련되어 고정적이지만 대본은 언제나 새로 만들었어야 한다고 하였다. 그러나 나례단자의 내용은 소재의 차원에 머물러 있어 양식적 특성의 일부만 보여줄 뿐이다. 나례단자가 오고가기 이전에 이미 배우와 관객 사이에는 소학지희의 양식에 대한 합의가 전제된다고 할 수 있다.

(15) 안상복의 논의에서는 한국과 중국의 우희를 비교하여 공통적인 양식적 특성을 제시하였다(332~335면). 연기 동작과 대사가 주된 구성 요소라는 점, 웃음과 풍자가 두드러지는 골계극의 성격을 지닌다는 점, 소규모 인원이 담당하는 단극의 형태 등을 들었다. 더불어 노래와 춤이 삽입되었을 가능성과 가면을 사용했을 가능성을 제시하였다(340~343면).

송나라 때 공연 상황을 보여주는 그림인 「오서도(五瑞圖)」와 「등희도(燈戲圖)」를 참조하여 송나라 우희 중에 가면과 춤 그리고 골계적인 내용까지 갖춘 공연양식을 가정하는 것이 가능하다고 하였다. 그림에 나타난 배우들의 여러 가지 모습이 하나의 놀이 또는 연극 작품에 포함되는지는 재고할 필요가 있다. 중세 기록화의 특성상 한 화면에 시간차를 두고 벌어진 여러 공연의 모습이 담길 수 있기 때문이다. 고려와 조선의 문헌 기록 가운데서 배우가 가면을 사용한 자료를 찾아 제시하고 우희에 가면을 사용하였다고 하였으나 직접적인 근거 자료가 되지 않는다. 예를 들어 『어우야담』에 수록된 우인의 일화 중에는 '목귀면(木鬼面)을 쓴 우인이 등장하고 있다'는 자료는 우희, 즉 소학지희에 가면이 주요 표현수단으로 사용되었을 가능성을 보여주지 않는다.

(16) 안상복의 논의에서는 소학지희가 가면을 사용했을 가능성을 유희의 전통에서 찾고 있다(185~186면). 『성호사설』에 나오는 〈유희(儒戲)〉(6-2)와 〈월제(月題)〉에 대한 기록을 근거로 『연산군일기』 소재 공길의 〈노유희(老儒戲)〉(1-5)를 가면희로 보았다. 유희라고 분류할 수 있는 놀이는 한 가지 양식이 아니었을 것이다. 신라 때부터 전승된 〈월제〉가 가면을 쓰고 선비를 놀리는 기록이 공길의 노유희를 가면희로 볼 수 있는 근거가 되지는 못한다고 여겨진다.

안상복은 『문종실록』 소재 '승광대'를 중놀이로 보는 데 전경욱과 견해를 같이 한다고 하였지만 그 파장은 자못 다르다. 전경욱은 가면극에 끼친 나례의 영향을 다루면서 승광대, 즉 중놀이의 존재에 주목한 것이다. 따라서 중국 사신을 영접하는 나례에 중놀이가 있어서 현전 탈춤의 중과장과 연결될 가능성은 있다. 그러나 안상복은 '소학지희'를 여전히 공길과 공결, 귀석의 놀이 등과 같은 과백희 또는 화극으로 보고 있으며 이러한 작품에서 가면을 사용했을 가능성을 제기하면서 소학지희가 가면극으로 계승되었다고 파악한 것이다. 과백희에서도 당연히 가면을 사용할 수 있지만 가면의 사용이 양식적으로 정착된 가면극과는 차원이 다르다는 사실을 간과했다고 할 수 있다.

가면과 인형의 사용은 유동적이다. 가면극이나 인형극의 두드러진 특성은 가면이나 인형으로 극중인물을 형상화하는 데 있다. 가면이나 인형은 일정한 제작 과정이 필요하고 비용이 들기 때문에 한 번 제작하여 반복적으로 공연하는 방식에 적합하다. 배우희는 시사적인 사건을 소재로 하기 때문에 공연 때마다 극중인물이 바뀔 수밖에 없으니 가면과 인형으로 극중인물을 형상화하는 게 쉽지 않다. 물론 배역에 따라 전형성을 띤 인물의 경우에는 한번 만들어 놓은 가면이나 인형을 사용했을 수 있다.

(17) 사진실의 논의에서는 조선전기 궁정의 소학지희가 18~19세기 민간의 재담 공연으로 나타난다고 했던 (11)논의의 후속으로 1900년대 재담극의 일인자이며 궁중배우의 전통을 이은 박춘재의 위상과 작품 세계를 고찰하였다. 음반에 남아 있는 박춘재의 재담을 분석하여 '서사형 재담', '대결형 재담', '재담극'의 유형을 구분하였고 조선전기 궁정의 소학지희 역시 이러한 유형의 작품들이 공존하였으리라 추정하였다. 서사형 재담은 혼자서 서사적인 이야기를 끌고 가는 유형이고 대결형 재담은 2명이 문답하며 재치를 겨루는 유형이라면, 재담극은 여러 명의 극중인물이 등장하여 인물의 성격과 사건이 더욱 복잡해진 유형을 이른다(500~517면).

(19) 전경욱의 논의에서는 판소리와 가면극에서 우희의 영향이 작용했을 대목을 분석하는 과정에서 우희의 양식적 특성에 대한 시각을 확인할 수 있다. 판소리에 대해서는 '어떤 대목들은 그 자체로 각각 독립적인 골

계담을 이루고 있어서, 판소리 광대가 그 대목들을 독립적으로 연행하면 바로 골계희·우희가 될 수 있는 것'(232)이라고 하였다. 골계적인 재담을 우희의 양식적 특성으로 본 것이다. 가면극 역시 '많은 대목들이 그 자체로 하나의 독립적인 우희의 모습을 갖고 있다'(241면)고 하였다. 특히 가면극 가운데 양반과장은 우희의 하위범주인 유희와 매우 유사하다고 주장하였다.

판소리의 대목들 가운데 서사적인 문맥과 상관없이 삽입된 골계적 재담의 존재는 구비문학이 전승되는 원리인 구비공식구라고 할 수 있다. 이러한 구비공식구로서 전통적인 배우의 예능인 우희가 채택될 수 있다는 사실은 부정할 수 없다. 특히 가면극에서 등장인물이 재담을 주고받는 장면은 따로 떼어 무대에 올려도 좋을 만큼 완결된 재담적 구성을 가진 경우가 많다. 다만 우희의 개념을 '골계적 재담'으로만 규정하게 되는 것이 문제이다. 골계적 재담이 들어간 모든 연희 양식들이 우희의 영향을 받은 것이라면 거의 모든 전통 연희가 우희의 영향을 받아 생성되었다고 할 수밖에 없다.

(18) 손태도의 논의에서는 소학지희를 재담극으로 보고 재담 소리와 구분하였다. 재담 소리에는 박춘재의 재담들도 포함된다고 하였는데 '재담극'이라는 용어에서 (17) 사진실의 논의와 시각의 차이를 보인다. 손태도의 입장에서 재담은 '재치 있고 재미스런 말'로 광대들의 '주요한 흥행 수단의 하나'(153면)였지만 전문 공연물은 아니다. 그는 재담과 관련된 문예물을 '재담 이야기', '재담극', '재담 소리'로 나누었다. '재담극'은 재담적인 말과 행동으로 보여주는 연극 정도로 이해할 수 있다. (11) 사진실의 논의에서는 재담을 전문 연희자의 공연물로 다루어 분석하였다. 손태도가 인용한 임석재의 정의에서도 재담은 '놀이판에서 연희자가 서술하는 詞說'이라고 하였으며 오직 전통적인 전문 놀이판에만 볼 수 있다고 하였다 (153면). (17) 사진실의 논의에서는 전문 공연물인 재담을 서사형 재담, 대결형 재담, 재담극으로 구분하였다. '재담극'이라는 용어는 연극의 기본

성질을 '극중인물이 무대에 현존하여 관객의 눈앞에 제시되는 것'으로 전제하여 붙인 명칭이다.

손태도의 구분은 재담이 포함된 문학, 연극, 음악의 갈래를 염두에 둔 것으로 여겨진다. 그러나 문학으로 전승된 '재담 이야기'를 광대가 연행하는 경우 '재담극'이나 '재담 소리'가 될 수 있고, 문헌에만 전하는 궁중 배우희의 경우 노래가 삽입되지 않았다고 볼 근거도 없다. 재담 소리로 분류한 박춘재의 재담들도 소리가 개입되는 양상이 작품마다 다르다. 〈장대장타령〉의 경우는 판소리처럼 서사 문맥에 맞게 이야기의 중간에 소리가 섞여 들어가지만, 여타의 경우는 서사가 아닌 하나의 장면에서 재담을 주고받으며 노래는 장면의 도입부에 하나씩 불리는 정도이다.

(20) 손태도의 논의에서는 화극에 노래가 삽입되지 않은 것으로 보았다. 다만 광대들이 '재담과 소리를 위주로 하기에 종래 재담 일변도의 화극보다 공연물로서 더욱 수준이 높은 소리 쪽도 그들의 공연물에 동원하게' 되었고 그 결과 '재담 소리'가 등장했다고 하였다(231면). 근대 무렵 서양인이 묘사하고 포착한 자료를 근거로 화극은 가면을 사용하지 않았으며 '근대 무렵까지도 간단한 말과 행동만으로 발전된' 양식으로 보았다(234면).

(21) 정지은의 논의에서는 중국과 한국의 우희를 1)신체 외형으로 웃음을 주는 우희, 2)풍자하기 우희, 3)흉내 내기 우희로 나누어 비교하였다. 2)는 다시 2-1)왕에게 풍간하는 우희와 2-2)탐관오리를 풍자하는 우희, 2-3)시사를 풍자하는 우희, 2-4)유희(儒戲)로 나누었고 3)은 3-1)인물 흉내 내기, 3-2)소리 흉내내기로 나누었다. 배우희는 인정물태의 다양한 양상을 소재로 하는 까닭에 유형을 분류하다 보면 범주화의 오류에 빠지게 된다. 일단 1)과 3)은 표현 방식의 유형이고 2)는 풍자 대상의 유형이다. 1)과 3)의 방식으로 2)의 내용을 확보하게 되는 것이다. 이 논의에서 주목한 '구기(口技)'는 요즈음 연예인들이 '개인기'라고 자처하는 재주와 대응한다는 점에서 흥미롭다. 극적인 수준에 도달하지 않은 흉내내기의 개인기도

충분한 배우희의 종류가 될 수 있다는 점에 동의한다.

4. 연희사적 전개

배우희의 연희사적 전개에 대한 논의는 판소리와 가면극의 형성 과정에 대한 논의에서 시작되었다. 배우희의 구체적인 공연 상황에 대한 자료가 소개되면서 가면극이나 판소리의 연행 방식과 다른 차이점이 발견되자 독자적인 연극 양식으로서 화극적 전개 양상에 대한 논의가 시작되었다. 배우희 자체가 어떤 선행 예능에서 형성되었고 어떤 연희 양식으로 전승되었는지 그 연속성을 찾는 작업도 활성화되었다.

(2) 김동욱의 논의에서는 탈춤 〈산대도감극〉, 〈배뱅이굿〉, 판소리의 선행 예능으로 광대소학지희를 지목하였다. 민속 연희에서 출발하여 나례를 계기로 궁중 연희로 '이식'된 소학지희는 '多分히 演劇的인 發展을 꾀할 수 있고 또한 歌詞 民謠를 揷入歌謠로 導入하여 새로운 形態로 膨脹할 素因을 內包'(176면)했다고 하였다. 삽입가요의 도입은 '宮中歌樂', 즉 궁중 정재에서 '歌詞 民謠를 演唱'하는 방식을 모방한 것으로 보았고 이를 '宴樂 詞系列의 庶民的인 移植'(199면)이라고 하였다.

탈춤 〈산대도감극〉에 대해서는 '宮中歌樂의 揷入歌謠의 模倣과 廣大笑謔之戲에의 形態的 移植으로 이루어진 것으로 典型的인 것'이라 하였다. 〈배뱅이굿〉은 판소리 생성으로 가는 중간 단계의 연희 양식으로 설정하였는데 소학지희의 'mime的 要素'에 '詞나 노래'(193면)가 붙어 만들어진 '唱戲'라고 표현하였다. 판소리는 〈배뱅이굿〉의 '一人唱 形態에 小說形態를 注入한 것'이라고 하였다.

김동욱은 문화의 층위를 넘나드는 연희 양식의 전개 과정에 대하여 '全國的으로 어떤 樣式이 傳播關係에 설 때에 京師를 한번 거친다는 것은 極히 重要한 일이며 또한 必要한 일이었다'는 입장을 갖고 있었다. 따라서 민속 연희인 소학지희가 나례를 계기로 서울의 궁중 연희로 이식되었고 궁중 정재 등 궁정문화의 영향을 받아 새로운 연희 양식을 발전시켜 전파하였다는 역사적 전개 과정을 설정한 것이다.

한편 그는 서양에 비하여 한국 연극사 또는 희곡사의 전통이 빈약하다고 보는 입장에서 탈춤과 판소리 발전의 한계성을 지적하였다. 탈춤의 경우 가면을 사용함으로써 자유로운 분장을 통해 배역을 연출하는 연극 양식으로의 발전이 빈약했다고 보았다(189면). 판소리의 경우 광대들을 뒷받침할 시민경제가 형성되지 못하여 셰익스피어의 희곡과 같은 문학으로 꽃피지 못하고 '聲曲으로 始終한 것은 可惜'(199면)하다고 하였다.

(3) 양재연의 논의에서는 시의적절하게 사회상을 반영하는 즉흥극의 특성이 탈춤 〈산대도감극〉의 풍자정신과 통한다고 보았다. 〈도목정사 놀이〉와 귀석의 사례에서 '當時의 社會相을 反映시킨 점'과 '時宜 適合한 卽興的 演戲를 創案 創出할 可能性'(42면)을 파악하였고 이러한 능력이 탈춤 〈산대도감극〉의 성립과 연관된다고 추정하였다.

(4) 이두현의 논의에서는 백제의 기악이 탈춤의 원형으로 모태적 영향을 주었을 가능성을 전제하면서 동작과 춤, 대사와 노래에 기여한 직접적인 선행 예능으로서 나례의 규식지희와 소학지희에 주목하였다. 중국연극사와 일본연극사의 전개 과정을 고찰하여 중국의 산악 백희(散樂百戲)와 일본의 원악(猿樂) 등에 나타난 '기기 곡예(奇伎曲藝)'와 'mimic 滑稽戲 등의 調戲'를 각각 나례 잡희의 규식지희와 소학지희에 연결하여 한국연극사의 전개 과정에 대한 논의를 뒷받침하였다.

처음으로 탈춤의 광대소학지희 기원설을 제기한 (2) 김동욱의 논의와 비교하면 삽입가요의 형식 등 궁중 정재의 영향을 고려하지 않은 대신 규식지희의 영향으로 탈춤의 동작과 춤이 형성된 것으로 보았다. '科白劇인 山臺都監劇의 淵源이 百濟의 「伎樂」에 있다 하더라도 오늘날 보는 山臺都監劇까지의 變移와 形成에는 그 「科」에는 規式之戲가 그 「唱」과 「白」에는 笑謔之戲가 影響되어 民俗劇으로서의 山臺都監劇이 成立되었음'(40면)을 강조하였다. 또한 관련 자료들을 분석하여 광대들로 대표되는 '새로운 近

世의 庶民이 主體가 되어 그 속에 그들의 生活과 그들의 소리를 表現'(39면)했다고 하였다. 소학지희가 지닌 서민문학적 특성을 감지하여 탈춤의 주제적 특징과 연결하고자 한 것이다.

한편, 정약용의 『목민심서』 소재 '俳優滑詼之演(方言云德談)', '窟儡棚竿之戲(方言焦蘭伊, 亦名山臺)'를 근거로 당대 광대들의 놀이가 두 가지로 나뉜다고 하여 각각 광대소학지희와 규식지희를 결부시켜 논의하였다(39면). 전자의 경우 '덕담'을 재담으로 보아 탈춤 〈산대도감극〉의 재담적인 대사로 연결하였다. 후자의 경우 구체적인 언급이 없었으나 탈춤의 동작이나 춤과 연결한 것으로 보인다. 그러나 '窟儡棚竿之戲'의 다른 이름인 초란이나 산대는 이미 완성된 탈놀이나 탈춤을 가리키는 것이라 규식지희로 보는 데에 무리가 있다. '俳優滑詼之演'과 '德談'은 가면이나 인형을 사용하지 않고 배우 자신의 모습으로 연출하는 놀이이며, '窟儡棚竿之戲'와 초란이, 산대는 가면을 쓰거나 인형을 놀리는 놀이를 말한다.[28] 전자와 후자는 각각 특정한 연희 양식을 가리킨다기보다 당대 민간에서 유행했던 광대놀음을 크게 둘로 구분한 사례라고 할 수 있다.

(5) 고정옥은 조선시대 화극의 전통을 고려 때의 〈하공진(河拱辰)놀이〉와 연결하였으며 근·현대극의 연장선상에서 논의하였다. '우리 나라의 현대 연극은 봉건 시대에 이룩된 민주주의적인 화극의 전통에 튼튼히 의거하면서 서구라파의 진보적 연극들에서 긍정적인 성과들을 성취함으로써 새로운 출발을 하게 되었'(260면)다고 하였다.

〈하공진놀이〉를 화극의 전통으로 내세운 이유는 조선시대 궁정의 화극 자료에서 서민계급인 배우가 이끌어내는 양반 계급에 대한 비판과 사상성에 중점을 두었기 때문이다. '하공진의 주인공이 보여주는', '애국주의 정신'이 '중세기 소설들 및 현대 연극의 성과들과 연결되어 있다'(262면)고

---

28 사진실, 「조선시대 서울지역 연극의 공연상황」, 『한국연극사 연구』, 태학사, 1997, 313~316면.

하여 둘 사이의 간격을 메우는 화극의 전통을 설정하고자 한 것이다.

조선시대 궁중 배우희가 왕실문화의 오랜 전통으로 유지된 사실을 염두에 둘 때 서민계급으로서 배우들의 자발적인 사상성의 표출이라고 보기는 어렵다. 남한학계에서는 고정옥과 같은 사회주의적 시각으로 배우희를 바라보지 않는다. 그럼에도 불구하고 많은 연구자들이 〈하공진놀이〉를 고려시대 배우희의 전통으로 인정하는 것은 납득하기 어렵다. 〈하공진놀이〉는 비극적인 영웅의 사적을 다룬 작품으로 어떤 기록이나 정황에서도 골계적인 재담이 개입할 가능성이 보이지 않기 때문이다.

(6) 권택무의 논의에서는 고정옥의 논의를 수용하되, 양재연과 이두현 등 남한 학자들의 선행 연구를 수용하여 연희사적 전개 과정을 고찰하였다. 고정옥이 고려시대 화극의 전통으로 언급한 〈하공진놀이〉(5-1) 이전에 신라 때 〈월전〉(4-1)과 같은 선행 양식이 있었다고 하였고 고려 의종 때 내시들이 연출한 '異國人貢獻之狀'(3-1)을 고려 때의 극 형식으로 보았다.

권택무는 고려 공민왕 때 염흥방(廉興邦)과 이성림(李成林)이 보았다고 하는 '세도를 쓰는 자의 집에서 일보는 자들이 백성들로부터 조세를 가혹하게 수탈하는 형상'을 '고려 봉건 통치자들이 인민을 가혹하게 착취하는 행위를 비판한 지금까지 남아있는 첫 작품인 동시에 봉건 사회의 기본 모순을 폭로하는 길에서 선구적 역할을 한 첫 극작품'(48면)으로 평가하였다. 이 놀이가 거리에서 민간을 상대로 공연되었다는 사실을 들어, 14세기까지는 극 형식이 민간에서 더욱 활발하게 보급되었으며 15~16세기 궁정 연희로 부각된 극 형식의 뿌리가 이러한 민간의 놀이에 있다고 하였다.

17세기 극 형식으로 본 유희(儒戲)에 대해서는 '부정 인물의 추잡한 언행에 나타난 성격'(97면)이 가면극이나 인형극에 등장하는 양반의 성격과 공통의 특징을 지닌다고 하였다. 그러나 유희와 가면극의 직접적인 영향 관계를 논하지는 않았다. 유희의 뒤를 잇는 18~19세기 극 형식으로 제시한 〈동상기〉와 〈만강홍〉에 대해서는 '극 형식에 음악적 요소가 배합되어' 있다고 하였으며 판소리의 창과는 다르다고 선을 그었다. 두 작품을 통하여 이전 시기의 극 형식이 '대사를 주되는 표현 수단으로 하고 있었으나 음악과 긴밀히 관련되고 있었다'는 전제를 확증해준다고 하였다.

(7) 이두현의 논의에서는 산대도감극의 선행 예능일 뿐 아니라 별도의 화극적 전통을 지닌 소학지희의 의의에 대하여 논의하였다. '優人 또는 倡優라 불리던 職業的 俳優의 發生과 그들이 公演한 優戲 또는 雜戲가 儺戲와 거의 때를 같이하여 12世紀初의 記錄들에 보이기 始作한다'(118면)고 하였다. (4) 이두현의 논의에서 언급하였던 고려시대 조희(調戲)의 전통에 고정옥이 언급한 〈하공진놀이〉(5-1)를 추가하여 '배우가 말을 主된 표현수단으로 하는 調戲로 獨演'(119면)이라고 하였다. 산대도감극의 선행 예능으로서 소학지희가 기여한 내용에 대해서는 '一定한 스토리의 展開와 才談(臺詞)을 가진 演劇的 部分'(136면)이라고 하여 소학지희의 연극적 성격을 강조하였다.

(8) 최정여의 논의에서는 이두현이 제시한 산대도감극의 형성 과정에 문제를 제기하여, 노래와 춤이 음악부에서 나온 것으로 보았고 대사는 소학지희에서, 근두(筋斗)와 같은 땅재주가 규식지희에서 온 것으로 보았다.

(9) 조동일의 논의에서는 소학지희가 '탈춤의 사설로 바뀐 것도 아니고, 판소리의 사설의 기원을 이루는 것도 아니며, 그 자체로서의 계보를 가지고 있다'(271면)고 하였고 유희(儒戲)나 줄타기 재담, 만담 등을 소학지희의 연장선에서 바라보았다. 선비를 풍자하는 내용이 신라 때 〈월전〉에서 유희로 이어지고 탈춤에서 더욱 분명해진 사실을 인정하였으나 주제적인 연속성일 뿐 직접적인 계승 관계를 상정하지 않았다.

(10) 사진실의 논의에서는 소학지희가 판소리와 탈춤의 선행 예능이 아니라 독자적인 연극 양식이었다고 주장하고 그 선행 예능을 찾고자 하였다. 현전하는 무당굿놀이와 소학지희의 유사성을 분석하고 무당굿놀이의 기능과 형식이 나례에 채용되어 소학지희가 발생하였다고 하였다. 소학지희는 나례를 통하여 국가적인 후원을 받아 성장하였으므로 나례 폐지 이후 이러한 후원이 사라지면서 쇠퇴하였다고 하였다. 그러나 무당굿놀

이는 민간에서 지속되었고 소학지희가 그 속으로 잠적하였으리라 추정하였다. 또한 어떤 방식으로든 소학지희 배우들은 민간에서의 공연 활동을 계속하였을 것이며, 조선후기 서울 시정의 예능 활동을 통하여 그러한 맥락의 일단을 발견할 수 있을 것이라고 하였다.

(11) 사진실의 논의에서는 조선 전기 궁정의 소학지희의 전통이 근대 희극으로 이어지는 중간 단계를 조선 후기 재담 공연의 양상에서 찾으려고 하였다. 오물음[외무릅], 광문(廣文) 등의 사례에서 서울 시정을 중심으로 골계, 즉 재담을 전문으로 하는 배우의 공연 활동을 확인하였고 이들이 조선 전기 경중우인(京中優人)의 계보를 이었을 가능성을 제기하였다.

나례 폐지 이후 궁정연극으로서 소학지희의 공연공간과 관객 집단의 수요가 사라지자 경중우인들은 서울 시정의 개방공간에서 흥행을 벌이면서 작품 생산 비용이 적게 드는 재담 위주의 즉흥극을 연출하고 반복적으로 공연하게 되었다고 하였다. 희극의 전통은 소학지희에서 재담으로 이어지면서 축소되고 통속화하는 측면을 보이고 있지만 빠르게 민간에 퍼져 개화기 이래 재담이 무대에 올라가 흥행하는 기반이 되었다고 추정하였다.

(12) 전경욱의 논의에서는 탈놀이의 나례 산대희 기원설을 지지하는 입장에서, 나례의 어떤 요소가 어떻게 탈놀이에 영향을 주었는지를 증명하고자 하였다. 중국의 나례에서 시작하여 한국의 궁정, 관아, 민간에서 거행된 나례에 대하여 고찰하면서 현전 탈놀이의 등장인물이나 극적 형식과 유사한 측면들을 찾아내었다.

배우희와 관련된 부분은 『문종실록』에 나오는 '승광대'와 탈놀이의 중 과장을 비교한 논의에서 찾아볼 수 있다. 승광대를 '배우가 중의 역할로 등장하는 소학지희'(237면)으로 파악하고 정현석의 『교방가요(敎坊歌謠)』에 나오는 〈승무(僧舞)〉 및 여러 탈놀이의 중과장에 영향을 주었다고 하였다.

(14) 사진실의 논의에서는 소학지희의 근간이 전통적인 배우의 예능인 골계에 있다는 사실을 밝혔다. (10) 사진실의 논의에서 소학지희의 기원

을 무당굿놀이로 추정한 것에서 달라진 점이다.[29] 또한 배우의 공연 활동
에 재정적 기반이 되는 관객의 후원과 보상 방식에 근거하여 소학지희의
연회사적 전개 양상을 고찰하였다(249~281면). '소학지희의 근간을 이루
는 우스갯소리 우스갯짓은 전통적으로 내려오는 배우의 예능'인데, 관객
의 '지속적인 후원', '계기적인 지원', '임의적인 보상' 등의 방식에 따라 공
연하는 작품의 양식이 달라질 수 있다는 것이다.

임금이나 왕실 사람들처럼 이미 확보된 관객의 '지속적인 후원'을 받는
경중우인이 궁궐 마당에서 벌이는 소학지희는 시사적인 사건을 소재로
여러 명의 배우가 배역을 맡아 연출하는 일회성 공연이었다. 그러나 같은
경중우인이라도 민간의 장터 등에서 유동적인 관객의 '임의적인 보상'을
바라고 연출하는 놀이는 달라질 수밖에 없다. 소학지희의 양식적 특성은
궁정의 공연 환경을 중심으로 마련되었기 때문에 민간에서 그대로 공연
하기에 어려움이 있다는 것이다.

왕실 관객의 '지속적인 후원' 아래 소학지희와 같은 궁정연극이 발전하
였고 연말의 나례가 폐지되면서 그러한 공연 환경이 사라지자 궁정연극
으로서의 소학지희가 사라졌다고 하였다. 그러나 골계를 기본 예능으로
하는 배우들은 '임의적인 보상'에 근거한 민간의 공연환경에 맞게 그들의
레퍼토리를 이어갔고 그것이 전문 오락물로서 재담 공연이라는 것이다.
조선후기 재담 공연의 양상에서 소학지희의 전승 양상을 찾고자 했던
(11) 사진실의 논의와 연결된다고 할 수 있다.

(15) 안상복의 논의에서는 한중 우희의 전통을 비교하면서 중국의 우희

---

29 이에 대해서는 '소학지희와 무당굿놀이의 공연 방식이 유사하고 궁정과 민간의 연극
가운데서 비교할 만한 공연 종목인 것은 사실이지만 기원 문제를 거론한다는 것은 성급한
일이었다고 본다. 아주 원초적으로야 모든 연극이 제사의식과 관련되어 있다고 말할 수 있
지만 구체적인 시기의 선후를 들어 소학지희가 무당굿놀이에서 왔다고 말할 수는 없다. 소
학지희의 예능은 역시 오랜 전통을 지니고 전수된 배우 본연의 예능이라고 할 수 있다'고
하였다(280~281면, 각주 229번).

가 한국으로 전승되었을 가능성을 주장하였다. 특히 고려 때 장사랑 영태의 놀이가 당나라 때 고최외(高崔嵬)의 농치(弄癡)와 내용이 같다는 사실을 근거로 제시하였다. 그러나 중국에서 완성된 우희 양식이 유입되거나 전파되었다기보다 문화사의 발전 단계에 맞게 공유했다고 보는 것이 옳다. 궁정 공연문화의 관습은 수용될 수 있어도 특정한 양식과 작품이 통째로 전파되어 전승될 수는 없기 때문이다. 우희는 문자가 아닌 언어의 희롱을 근간으로 하므로 언어가 다른 지역 간에서는 직접적인 전승을 논할 수 없다고 본다. 고려 충혜왕 때 장사랑 영태의 사례는 언어가 아닌 문자로 익힌 내용을 연출했던 것이다. 몽고의 지배를 받던 특수한 상황을 염두에 둔다면 일부러 중국풍을 따라했던 것일 수 있다.

(16) 안상복의 논의에서는 우희에서 가면을 사용했을 가능성을 제시하면서 『문종실록』에서 언급된 '소학지희'와 탈춤의 연관성을 강조하였다. 소학지희의 역사적 전개 과정을 '(1)산대잡극의 단계-(2)소학지희의 단계-(3)산대놀이의 단계'로 설정하였는데(207면), (1)에서는 미분화된 상태의 우희가 (2)에서는 소학지희와 규식지희의 구분이 생겨났고, (3)에서는 가면극과 인형극으로 수렴되는 한편 일부는 전문적인 재담으로 분화된다고 하였다.

(17) 사진실의 논의에서는 박춘재의 재담을 분석해서 얻은 '서사형 재담', '대결형 재담', '재담극'의 유형이 조선전기 궁정의 소학지희에도 공존했으리라 추정하고 공연 상황의 여건에 따라 소재와 주제, 공연방식에 변화를 주었다고 하였다. 왕실의 후원으로 궁궐에서 거행되었던 소학지희는 그와 같은 공연 상황이 사라진 상태에서 똑같은 유형의 작품을 만들어낼 수 없었다는 것이다. 그러나 배우의 전통이 유지되었던 만큼 그들의 예능인 재담과 재담극이 전승될 수 있었고 18~19세기 전문적인 재담 공연을 거쳐 20세기 초 극장의 레퍼토리로 거듭날 수 있었다고 하였다. 박춘재를 통하여 대중성을 띠게 된 재담의 전통은 근대 이후 만담으로 전승된 축을 따라 TV 코미디물의 토대가 되었으며 다른 한 축으로는 근대 희

극의 형성 과정에 수용되었다고 하였다(529~532면).

(19) 전경욱의 논의에서는 '삼국시대에 중국에서 유입된 산악 또는 백희라고 불리던 놀이들의 한 종목인 우희(優戱)가 고려시대와 조선시대로 계승되고, 이 전통 속에서 우희가 판소리, 가면극, 무당굿놀이, 재담, 만담 등에 영향을 끼친 것으로 본다'(203~204면)고 하였다. 우희의 본질이 '골계적 재담'이라고 한다면 언어가 가장 큰 핵심이 된다. 언어를 사용한 우스갯소리는 다른 데서 배워오는 '기예'가 아니라 저절로 익혀지는 '문화'라고 생각한다. 때로는 골계적인 재담의 내용이 다른 문화에서 유입되기도 하겠지만 대부분의 언어유희는 그 언어적 바탕에서만 통용되는 것이다. 따라서 '외래 기원의 우희'(249면)라고 했을 때 어떤 요소가 '외래'일 수 있고 어떤 요소가 그럴 수 없는가 하는 문화사적 개연성을 밝히는 작업이 필요하다고 할 수 있다.

(20) 손태도의 논의에서는 조선시대 화극이 재담 소리를 거쳐 판소리로 전승되었다고 하였다(231~233면). '궁궐의 연말 나례희를 중심으로 유지·발전되었던 화극'은 나례 폐지 후 '굳이 화극적 방식을 통해 그들의 기량을 과시할 필요가 없어지게' 되었고 '재담극의 방식에 소리들까지 동원된', '재담 소리'가 등장했다고 하였다. (18) 손태도의 논의에서 '재담의 연장인 재담 이야기를 광대의 주요 갈래인 소리를 동원해서 하는 재담 소리'(163면)라고 한 입장과는 조금 달라졌다. 또한 재담 소리가 '서사적으로 더욱 발전하고 동원되는 소리들도 보다 수준이 높아지게 된다면' 판소리가 성립된다는 입장이다.

(21) 정지은의 논의에서는 (19) 전경욱의 논의를 수용 발전시켜 배우희의 동아시아적 보편성과 한국적 독자성을 함께 다루고자 하였다. (15) 안상복이 소개한 당나라 고최외의 농치가 고려 때 장사랑 영태의 놀이로 이어지고, 그것이 민간의 놀이로 전승된 사실을 강조하여 중국과 한국의 우희가 직접적인 전승 관계가 있음을 강조하였다. 앞서 언급하였듯이, 물속에 빠졌던 배우가 나와 굴원을 만나고 왔다고 운운하는 놀이는 언어가 아

닌 문자로 전승된 것이라 할 수 있다. 동아시아의 보편성은 한문의 사용과 그를 통한 기록 문화의 전승에 있는 것이다. 언어를 통한 골계의 표현 형식은 독자적인 자국문화의 특성으로 규정된다.

5. 통합적 전망

배우희 연구사에서 용어와 범주, 양식적 특성, 연희사적 전개 양상의 쟁점은 하나로 맞물려 있다. 이하의 논의에서는 '희학지사'와 '소학지희'라는 용어가 등장한 『문종실록』 기사의 문맥을 검토하는 것을 시작으로 쟁점 해결의 전망을 제시하고자 한다.

문종 즉위년 6월 5일과 10일 조정에서는 세종의 상중(喪中)에 고명(誥命)과 면복(冕服)을 가져오는 중국사신을 영접할 때 채붕(綵棚)을 가설하는 것이 상례(喪禮)에 합당한지 여부가 논란이 되었다. 채붕은 관람의 편의를 위해 만든 임시 객석이거나 무대와 객석을 겸한 구조물로 여겨진다. 따라서 '채붕을 얽으면 반드시 희학(戲謔)을 해야 하는데 이것은 할 수 없다. 만일 희학을 하지 않는다면 채붕을 얽을 필요가 없다(搆綵棚, 則必用 戲謔, 不可爲也. 若不用戲謔, 則不搆綵棚)'는 논의가 나왔던 것이다.

환궁의식의 절차로 거행된 광화문 앞 나례에서 임금은 신하와 백성들의 축하를 받을 뿐 자리를 잡고 희학지사를 구경하는 것이 바른 도리가 아니었다. 그러나 중국 사신은 산대 앞에 좌정하고 잡희를 구경하거나 직접 산대에 올라가 잡상을 만져보는 사례까지 있었다. 따라서 중국사신을 영접하는 나례에서는 관람의 편의를 위한 채붕을 가설하는 일이 중요했던 것이다.

결국 채붕을 얽어 중국사신을 맞이했다고 하니 '나례희학지사(儺禮戲謔 之事)'를 연출했다고 할 수 있다. 다만 '백성으로서 부모의 상을 당한 것과 같다는 걸 생각하면 마음대로 떠들며 희롱하게 할 수는 없다(顧以百姓如 喪考妣, 不可恣爲謔謔)'고 하면서 내린 전교에 따라 규식지희는 전례대로 하되 소학지희는 광대들을 늘여 세워서 수만 갖추었을 것이다[則如廣大·西人·注吒·弄鈴·斤頭等, 有規式之戲, 則依舊爲之. 如水尺·僧廣大等, 笑謔之戲, 則列立備數而已可也]. 희학지사는 규식지희와 소학지희를 함께 가리키는 말이었다.

상중이 아니었다면 광화문 밖 중국사신을 영접하는 나례에서 규식지희와 함께 소학지희가 정상적으로 공연되었을 것이다. 동월(董越)의 「조선부(朝鮮賦)」는 광화문 앞 좌우에 오산(鰲山), 즉 산대를 세우고 나례를 벌인 장면이 묘사되어 있다. 동월은 아마 임시 객석인 채붕에 앉아 규식지희와 소학지희를 관람했을 것이다. 그런데 그가 묘사한 놀이들은 대부분 규식지희에 해당한다. '驚見跳梁山鬼'라는 구절 정도에서 신화나 고사를 표현한 연극적인 면모를 찾을 수 있다. 통역을 통해 관람해야 하는 언어 중심의 연극적인 놀이보다 잡상이나 가면을 사용한 볼거리 위주의 놀이에 관심을 갖고 묘사했기 때문일 것이다.

문종 때의 기사에서 '승광대 등 소학지희'라 했으니 중국사신을 영접하는 나례에 중의 탈을 쓴 배우들이 나와 말로 희롱하여 웃기는 놀이가 있었다고 할 수 있다. 그러나 이 경우 중국사신이 통역의 번거로움을 거치지 않고 즐길 수 있는 정도의 보편적인 웃음거리였을 것이다. 골계적인 재담을 기본으로 하면서 시사적인 사건을 소재로 하는 궁중 배우희는 중국사신을 영접하는 나례의 공연종목으로 적합하지 않다.

환궁의식 절차로 거행된 나례의 경우 임금은 환영과 송축의 뜻만 받고 지나야 했기 때문에 놀이를 살펴볼 겨를이 없었다. 광화문 앞 나례의 공연공간은 길 양쪽으로 구경꾼이 늘어선 가운데 임금의 행차가 지나고 그들을 위하여 전국 각지에서 모인 재인들이 한꺼번에 잡희를 연출하게 된다. 이동 중에 길 양쪽의 공연을 보거나 이동식 무대의 공연을 보는 등 무대와 객석이 고정되어 있지 않은 복합적인 공연공간에서는 보고 듣는 거리를 유지하기 어렵고 한 편의 작품을 처음부터 끝까지 관람할 수 있는 시간을 확보할 수 없다. 따라서 광화문 앞 나례에서는 골계적인 재담을 통해 시사를 풍자하여 임금에게 민간의 풍속과 정치의 득실을 알리는 궁중 배우희가 연출될 수 없었다.

소학지희도 배우의 놀이이므로 배우희라고 부를 수 있다. 그러나 궁중 배우희는 임금이나 중국 사신을 영접하는 광화문 밖 나례에서 공연된 소학지희와 변별되어야 한다. 물론 그러한 변별이 필요한가 하는 반문이 있을 수 있다. 지금까지 한국 연희사 및 연극사 연구를 통하여 가면극이나 인형극과 다른 제3의 연극 양식이 화극적 전통으로 부각되었고 독자적인 전개 과정이 논의되어 왔다. 제3의 연극 양식은 '배우들의 놀이'인 보편적인 배우희와 특정 연극 양식인 궁중 배우희를 변별할 때 그 존재와 맥락을 유지할 수 있다.

궁중 배우희는 공연 담당자, 공연공간, 소재, 형상화 방식 등에서 다음과 같은 양식적 특성을 지닌다; (1)경중우인을 양성하여 (2)궁궐의 마당이나 후원에서 (3)임금이 정치의 득실과 풍속의 미악을 알기 위하여 (4)시사적 사건을 소재로 (5)웃음과 풍자를 전달하는 연극. 조선 전기 궁궐에서는 관나(觀儺)라는 이름으로 정기적인 공연 관람 행사를 거행하여 궁중 배우희를 포함한 여러 가지 광대놀음을 연출하게 하였다. 성현(成俔)의 시 「관나」에는 이러한 정황이 잘 포착되어 있다. 또한 임금은 궁중 배우희가 다루는 소재의 사안에 따라 부정한 관료를 벌주고 그릇된 정사를 바로 잡았다.

지금까지 확인된 자료에 근거할 때 궁중 배우희는 세종(재위 1418~1450)부터 명종(재위 1545~1576) 연간에 이르는 150년 이상 동안 동일한 양식적 특성을 유지해 왔다. 이 양식만을 가리키는 전통적인 용어를 찾을 수 없으니 '궁중 배우희'를 그대로 사용하거나 '중세 궁정극'으로 부르는 것이 합당할 것이다. 이 궁정극은 동아시아 보편의 배우희를 전승하되 토착적인 언어문화와 시대적인 정황을 바탕으로 형성되었다고 할 수 있다.

현재 우리는 근대극 백년의 역사를 말하면서 그 사이 많은 연극 양식이 생겨나고 사라지는 현상을 논한다. 심지어 1900년대에서 1930년대까지는 한국연극사에서 획기적인 연극 양식으로 창극, 신파극, 신극 등을 구분하여 논쟁을 벌이기도 한다. 궁정의 공연문화가 크게 성장했던 조선 전기 100년의 연극사에서 전통적인 배우희를 혁신하여 중세 궁정극을 발전시켰다는 명제라면 선행 연구의 입장차를 넘어 충분히 합의 가능한 내용이 될 것이다.

궁중 배우희 또는 중세 궁정극을 부각시키고 나면 보편적인 배우희가 판소리나 가면극 등에 영향을 끼쳤다는 학설이 오히려 납득할 만한 내용이 된다. 선행 연구에서 분석했듯이 판소리와 가면극의 대목들 가운데 골계적인 재담으로 독립될 수 있는 것들이 많다. 보편적인 배우희는 '배우들의 골계를 중심으로 하는 과백희'이므로 무리 없이 이들 양식과 연결될 수 있다. 그러나 앞서 정리했던 궁중 배우희를 가면극이나 판소리와 직접적인 전승 관계로 설정하면 양식적 특성의 차이 때문에 논란이 일어날 수밖에 없다.

보편적인 개념의 배우희는 수천 년 전부터 형성되어 동아시아 보편의 공연문화로 공유되었다. 그런데 이러한 배우희를 단일한 연희·연극 양식으로 보고 수천 년의 연희사를 관통하는 전승 관계를 설정하는 논의에 대해서는 의문을 제기하지 않을 수 없다. 중국에서 완성된 배우희 양식과 작품이 유입되거나 전파되었다기보다 문화사의 발전 단계에 맞게 공연문화의 관습을 공유했다고 보는 것이 옳다. 동아시아의 보편성은 한문의 사용과 그를 통한 기록 문화의 전승에 있는 것이다. 언어를 통한 골계의 표현 형식은 독자적인 자국문화의 특성으로 규정된다. 중국 강창문학의 전통에 노래와 사설을 번갈아 연행하는 양식이 있고 그 내용에 서왕모(西王母)의 고사가 삽입된다고 해서 중국 강창문학의 영향으로 판소리가 형성되었다고 볼 수 없는 이치와 같다.

한중일 연극사를 비교하면서 배우희의 역사적 전개 과정에 대하여 논의할 때 중국 송나라 때의 잡극, 일본 중세의 노오(能)와 교겐(狂言), 한국의 가면극을 대응시키곤 한다. 『문종실록』의 '승광대'를 가면극의 중과장에 대응시킨다고 할 때 현전 가면극의 형성 시기는 조선 전기로 올라갈 수 있다. 그러나 초창기의 중과장은 묵극(黙劇)이었을 가능성이 크다. 배우희의 골계적 전통을 전승했다고 한다면 양반과장이 형성되고 말뚝이가 주인공으로 부각되는 조선 후기의 가면극을 상정해야 한다. 이러한 비교는 동아시아 보편 문화의 발달 단계를 고려할 때 합당하지 않다고 여겨진다. 동아시아 보편의 배우희가 자국의 토착문화와 만나 새로운 연극 양식을 발전시켰다면 한국의 경우 가면극이 아닌 궁중 배우희를 대응시켜야 한다고 본다.

또한 그 이후의 연극사에서 송나라의 잡극이 경극(京劇)에, 일본의 노오와 교겐이 가부끼에 영향을 주었다고 한다면, 조선 전기 궁중 배우희는 조선 후기 가면극의 형성에 영향을 주었다고 할 때 가장 자연스런 비교쌍이 구성된다. 각각의 선행 양식은 후발 양식의 형성에 영향을 준 것일 뿐 자체적인 발전과 쇠퇴의 과정이 전개되었다고 할 수 있다. 한국의 경우 가면극이나 인형극은 가면이나 인형이 제의적인 우상에서 연극적인 도구로 변천한 나름대로의 역사적 발전 과정을 지니되 배우희의 영향으로 골계적인 재담 위주의 대사가 형성되었다고 할 수 있다. 판소리 역시 토착적인 음악문화를 바탕으로 고도의 예술성을 요구하는 음악적 발전 과정을 거치되 사설의 형성 과정에서 배우희의 영향을 받았다고 여겨진다.

전문 예능인으로서 배우라는 직업군은 수천 년 동안 유지되었고 그들은 골계의 예능을 중심으로 노래와 춤, 악기 연주에도 능숙하였다. 한국 연희사의 한 축은 '배우들의 골계를 중심으로 하는 과백희'인 배우희를 동질성으로 유지하면서 공연 상황에 맞게 여러 가지 양식의 공연물을 만들어내었다고 본다. 이 공연물은 연희자의 수에 따라 1인 재담에서 2인의 문답식 재담, 3인 이상의 재담극으로 구분할 수 있고, 재담의 내용에 따라 서사형 재담, 대결형 재담, 재담극으로 구분할 수 있으며, 인접 장르의 양상에 따라 재담 이야기, 재담극, 재담 소리로 구분할 수 있다. 그 가운데서 왕실과 조정의 수요와 후원에 따라 궁중 배우희, 즉 중세 궁정극이 성립되어 발전하는 양상이 나타났던 것이다.

궁정 관객의 수요가 사라지고 후원이 끊기자 중세 궁정극은 사라졌지만 양식적 토대가 되었던 배우희의 전통은 변함없이 지속되었다. 그 결과 18~19세기 재담 공연의 양상에서 보이듯 민간의 흥행물로 활성화되었고 그리피스나 로웰의 자료에 나타나듯 19세기 후반까지 그 위상을 유지하였다. 배우희가 지닌 웃음과 풍자의 두 축은 비중을 달리 하면서 서로 다른 문예사적 흐름을 타게 되었다고 할 수 있다. 20세기 초 근대적인 극장 무대에서 인기를 끌었던 재담극이나 웃음거리 등은 웃음의 축을 중심으로 계보를 이었다고 할 수 있다. 풍자의 축은 전문 작가의 출현에 힘입어 근대 희극의 형성 과정에 기여했을 것으로 여겨진다.

6. 맺음말

최근 개봉된 영화 〈광해, 왕이 된 남자〉에서 다시 광대가 주인공으로 등장했다. 2005년 개봉되었던 영화 〈왕의 남자〉와 마찬가지로 1000만 관객을 돌파하는 흥행몰이를 하는 중이다. 〈왕의 남자〉에서는 궁궐에서 광대놀음을 하며 임금을 직접 풍자했던 배우 공길(孔吉)이 주인공이었다. 영화의 원작이었던 연극 〈이(爾)〉에서 이미 다량의 허구가 개입되었지만 조선시대 궁중광대의 존재에 관한 몇 가지 진실을 세상에 널리 알리는 계기가 되었다.

〈광해, 왕이 된 남자〉에 등장하는 광대는 몸져누운 광해군의 대역을 하며 백성들이 바라는 진정한 임금의 모습을 보여준다. 그는 한양의 풍류방에서 임금을 소재로 웃음과 풍자의 광대놀음을 벌이다 도승지 허균(許筠)에게 발탁되었다. 광대의 이름은 '하선'이지만 허균이 쓴 〈장생전(蔣生傳)〉의 주인공 장생을 떠올리게 한다. 장생은 우스갯소리와 노래에 능통했으며 흉내 내기의 달인으로 명백한 광대였다. 영화의 주인공 광대가 '장생'이라는 이름으로 등장했더라면 허균과의 관계를 둘러싼 역사와 허구가 더욱 절묘하게 맞아떨어졌을 것이다. 장생은 이미 영화 〈왕의 남자〉의 주인공으로 등장한 바 있어 같은 이름을 쓰기는 어려웠을 것 같다.

실존인물로서 공길과 장생은 배우희를 맡아 했던 광대들이다. 영화의 핵심이 된 인물이나 이야기는 날 것 그대로의 사료(史料)에서 나온 상상력의 소산이 아니다. 다양한 영역의 연구를 통해 구축된 인문학적 지식과 교양이 광범위한 토대가 되었다고 할 수 있다. 특히 배우희 연구의 성과가 바탕이 되어 공길과 장생을 비롯한 광대의 이야기가 영화로 제작되어 커다란 문화적 파장을 불러일으키게 된 것이다. 학문과 예술 현장의 영역이 서로 소통할 수 있었기에 좋은 영화 콘텐츠가 창출될 수 있었다. 또한 학문 영역의 피드백 등 거듭되는 소통을 통하여 광대와 그들의 예능에 대한 고증 가능한 사실과 개연성 있는 허구의 경계가 드러날 수 있다.

요즘 TV에서는 개그맨이 대세다. 각종 예능 프로그램에서 중추적인 역할을 맡는 사람들이 모두 개그맨이다. '개그콘서트'는 언제나 시청률 20%를 넘나드는 인기 프로그램이다. 개그콘서트를 보면서 조선 전기 궁정극의 전통을 떠올리게 된다. 마치 나례단자의 놀이 항목처럼 '코너'가 정해져 있고, 나례단자의 항목에 따라 의금부와 경중우인이 궁중 배우희의 내용을 짜듯이 코너의 틀 안에서 매주 새로운 개그를 선보인다. 시사적인 사건이나 세태를 반영하는 방식이나 웃음을 창출하는 양상 등도 중세 궁정극에서 추출할 수 있는 양식적 특성과 유사하다.

선행 연구에서 논의했듯이, 18~19세기 재담 공연의 전통이 20세기 초 극장무대에서 박춘재 등의 재담극으로 전승되고 촌극이나 만담의 시기를 거쳐 TV코미디물로 성장하고 요즘 한창 인기를 구가하는 개그로 이어졌을 수도 있다. 말과 행동으로 우스갯소리와 우스갯짓을 만들어내는 것은 시대를 초월한 보편적 현상이니 그러한 전통의 지속성을 내세우지 않는다 할지라도 충분히 비교할 만한 문화 현상이다. 개그맨들 자신은 인식하지 못하고 있지만 그들이야말로 오랜 세월 한국연희사의 주역이었던 배우의 전통을 잇고 있는 것이다. 배우희의 연구사는 인문학 연구가 영화나 개그 등 대중문화 산업과 소통할 수 있는 좋은 본보기를 보여주고 있다.

하나의 연구 대상을 두고 60년간 지속된 연구사의 궤적을 살펴보는 일은 그 자체로서 스토리텔링이고 문화 콘텐츠가 된다. 글자 하나하나 짚어가며 소중한 자료를 찾아 분석했지만 몇 달 뒤에 소개된 다른 자료를 보지 못해 오류를 범하는 경우도 있었고, 선행 연구자의 한 줄짜리 단견에서 영감을 얻어 광맥을 발견하는 경우도 있었다. 한 걸음 물러서서 들여다보니 자료의 실체와 학문적 안목 사이에서 고민한 선학들의 노고가 느껴진다.

견해를 달리 하는 동시대 연구자들의 논문을 다시 읽으면서 소통의 어려움에 답답한 마음이 들기도 하고 부족한 논의를 거들어주어 고마운 마음이 들기도 했다. 스스로 자신만의 논리에 갇혀 있었다고 생각했기에 연구사의 쟁점을 정리하고 통합적 전망을 제시하는 과정을 통하여 다른 연구자들과 소통하고 싶었다. 그러나 또 다른 불통을 보인 것은 아닌지 우려된다. 아쉬운 부분은 다른 논의를 통하여 보완하도록 하겠다.

제5장 전통연희의 미학과 원리 연구의 동향과 전망[1]

1. 머리말

이 논의에서는 한국 전통연희의 미학과 원리에 대한 연구의 동향을 분석하고 향후 연구의 전망을 제시하고자 한다. 예술 현장에서 이루어지는 전통연희의 현대적 재창조 작업에 더욱 풍부한 자양분을 제공하기 위해서 이론 영역의 성과와 한계를 점검하고 일신할 필요가 있기 때문이다.

공연영상 분야에서 전통연희를 재해석하고 재창조한 성과물들이 성공을 거두고 있다. 세계무대를 지향하는 창작극이나 뮤지컬이 연희의 전통을 활용한 작품을 내놓고 있으며 전통 배우의 삶과 예술을 다룬 영화가 큰 성공을 거두기도 하였다. 전통연희를 작품 속에 삽입하는 정도에서 머무르지 않고 그 원리와 미학을 현대적인 공연영상미학으로 끌어올리는 작업이 절실해졌다. 예술 현장의 창조 작업과 맞물려 전통연희의 미학과 원리를 모색하는 이론 탐구를 활성화해야 한다.

이 논의에서는 여러 가지 전통연희 가운데 '말, 이야기, 노래 등의 언어 텍스트가 여러 사람이 맞서서 하는 행동과 결합된 양식'[2]에 한정하고자

---

1 출처: 사진실, 「전통연희의 미학과 원리 연구의 동향과 전망」, 『공연문화연구』 15, 한국공연문화학회, 2007, 89~139면.

2 구비전승의 갈래를 논의한 선행 연구를 바탕으로 이런 범주를 설정하였다. 조동일은 구비전승 갈래를 말, 이야기, 노래, 놀이로 구분하였다. 말이 기본 요건에 해당한다면 이야기는 기본 요건에 꾸며낸 사건이 결합되고, 노래는 기본 요건에 음악적 율동이 결합되며, 놀이는 기본 요건에 여러 사람이 서로 맞서서 하는 행동이 결합되어 이루어진다고 규정하였다; 조동일, 『구비문학의 세계』, 새문사, 1980, 22~29면 참조. 세 갈래 사이의 경계에는

한다. 이러한 범주에 속한 양식으로는 가면극, 인형극, 굿놀이, 정재(呈才) 등을 들 수 있다. 이 양식들은 언어와 동작뿐 아니라 분장, 가면, 의상, 소도구, 음향, 무대미술 등 공연학적 요소들을 포괄하고 있어 공연영상 분야 예술현장과 소통이 용이하다. 또한 이들 양식은 전통극 또는 고전극 범주와 겹치는 부분이 많아 전통연희 가운데서 비교적 활발한 논의가 이루어졌기 때문에 연구의 동향을 살피고 전망을 가늠하는 데 유리한 점이 있다. 미학의 원천이나 공연공간의 미학 등 총론과 비교론 연구의 동향도 함께 고찰할 것이다.

미학과 원리 연구는 텍스트에 관한 연구라고 할 수 있다. 연희 텍스트는 말, 이야기와 노래 등의 언어 텍스트와 그것을 구현하기 위한 분장, 가면, 발화, 동작, 의상, 소도구, 음향, 무대미술 등의 요소가 만나 구성된다. 연희 텍스트를 구성하는 여러 가지 요소들의 특징과 상관성, 미적 가치를 탐구하는 영역이 미학과 원리 연구이다. 연희 텍스트가 구현되는 공간은 무대에 한정된다. 무대와 객석을 포함한 극장공간으로 관점을 확장하면 공연 텍스트의 양상을 파악할 수 있다. 공연 텍스트의 층위에서는 무대와 객석의 관계 및 배우와 관객의 관계를 중심으로 공연방식의 특징과 미적 가치를 탐구함으로써 미학과 원리 연구를 진행할 수 있다.

본 논의에서는 가면극, 인형극, 굿놀이, 정재의 미학과 원리 연구 및 총론과 비교론의 동향을 파악하기 위하여 1995년부터 2007년 현재까지 12년간의 연구사를 검토한다.3 이보다 이전에 이루어진 선행 연구의 성과와 한계에 대해서는 연구사를 검토한 선행 연구에 기대기로 한다. 이 분야의 선행 연구만도 10여 편이 축적되었고, 특히 2000년대로 접어들면서 전통

노래가 삽입된 이야기 또는 이야기를 들려주는 노래가 존재한다. 놀이의 경우는 이야기나 노래가 결합되어 연출되는 것이 일반적이라고 할 수 있다. 이러한 구분과 특성은 구비전승 갈래를 넘어서 문자 기록을 동반한 연희 양식에도 해당한다고 할 수 있다.

3 정재의 경우 음악과 무용 분야에서 많은 연구 성과가 축적되었으나 이 가운데 연희·연극적으로 접근한 연구를 중심으로 검토하고자 한다.

연희 또는 민속예술의 연구동향과 세기적 전환에 대한 다각적인 분석과 전망이 이루어졌기 때문이다.

2장에서는 전통연희의 연구사 검토를 진행한 선행 연구를 검토하여 미학과 원리 연구의 성과와 한계가 어떻게 평가되었는지 살펴보기로 하겠다. 3장에서 가면극, 인형극, 굿놀이, 정재, 총론과 비교론으로 나누어 1995년 이후 미학과 원리 연구의 동향에 대하여 논의하고자 한다. 4장에서는 전통연희의 언어 텍스트, 연희 텍스트, 공연 텍스트, 문화적 콘텍스트의 층위를 중심으로 미학과 원리 연구의 성과와 한계를 밝히고 향후 연구의 전망을 제시하고자 한다.

2. 연구사 검토를 진행한 선행 연구의 양상

전통연희 연구는 1920년대 말부터 축적되었으며 1,000편에 가까운 논저가 발표되었고 여러 범주에서 연구사 검토가 진행되었다. 전통연희의 여러 양식 가운데 전통극에 대한 연구사 검토가 집중적으로 진행되었으며 최근에는 정재, 풍물굿 등에 대한 연구사 검토가 이루어졌다.[4]

전경욱의 「가면극 연구사」(1985)는 전통극의 연구사를 다룬 최초의 연구라고 할 수 있다. 가면극의 연구사를 검토하면서 학자들의 분포와 연구방법론, 연구 분야의 변천에 따라 다섯 시기로 나누어 설명하였다. 연구사의 발전기인 제4기(1970~79)는 조동일과 김열규의 연구를 통하여 가면극을 문학과 미학의 대상으로 연구할 수 있는 기반이 마련되었다고 평가하였다. 또한 선행연구에서 제기한 문제를 일곱 항목으로 구분하여 연구사적 의의를 검토하였다. 일곱 항목 가운데 '구조와 구성 원리에 대한 연

---

4 전통연희, 민속연희, 전통극, 고전극, 민속극, 정재, 궁중무용, 풍물굿 등에 대한 연구사를 검토한 선행 연구를 다루되, '가면극 기원론'에 대한 연구사 검토와 같이 미학과 원리 연구와는 다른 특정한 연구 영역을 다룬 선행 연구는 논외로 하였다.

구', '연극성과 놀이성에 대한 연구', '문학적 측면에 대한 연구', '예술적 측면에 대한 연구' 등이 전통연희의 미학과 원리 연구에 해당한다.

전경욱은『민속극』(1993)에 연구사를 재수록하면서 '미학적 측면에 대한 연구', '대사와 삽입가요에 대한 연구', '주제와 사회의식에 대한 연구', '연희자에 대한 연구'의 항목을 추가하였다. '미학적 측면에 대한 연구'에서는 조동일의『탈춤의 역사와 원리』(홍성사, 1979), 김열규의「현실문맥 속의 탈춤」(『진단학보』 39, 1975), 전신재의「양주별산대놀이의 생명원리」(성균관대 석사학위논문, 1980), 전경욱의「탈놀이의 형성에 끼친 나례의 영향」(1995)을 주목하였다. 가면극의 연구사는 다시 연구 목록을 보완하여「가면극 연구의 현황과 전망」(2000)으로 발표되었다.

윤광봉은「민속극의 연구」(1994)에서 민속극 관련 저서를 중심으로 연구사의 동향을 분석하였다. 연구 영역에 따라 민속극의 역사적 전개 전반에 관한 연구, 기원론에 집중한 연구, 미학적 분석을 시도한 연구, 춤사위와 무대, 탈, 의상에 관한 연구로 구분하였으며, 연구사의 시기를 세 단계로 설정하였다. 세 번째 시기는 조동일의「가면극 대사에 나타난 패러디에 대하여」(『우리문화』 1, 우리문화연구회, 1966)를 시작으로 문헌적·민속학적 연구에서 문학적·미학적 연구로 방법론적 전환이 있었다고 하였다.

임재해는「민속연희 연구의 학사적 의의와 구조적 한계」(1994)에서 민속연희 연구의 의의와 구조적 한계를 언급하면서 민속극 연구의 동향을 분석하였다. 대표적인 연구 성과로 언급한 여러 저술 가운데서 미학적 연구의 비약적 발전을 이룬 저서로 조동일의『탈춤의 역사와 원리』를 들었다. 탈춤과 풍물굿의 원리를 구조적으로 분석하여 그 발전적 전개 과정을 역사적으로 추적했을 뿐 아니라, 작품의 미학적 형상성과 그 형상을 통해 드러내고자 하는 주제를 명쾌하게 분석하였다고 평가하였다.

또한 임재해는「남북한 꼭두각시놀음의 전승양상과 해석의 비교연구」(1996)에서 연구 업적의 성과를 중심으로 인형극〈꼭두각시놀음〉의 연구사를 3단계로 나누어 검토하였다. 3단계에 들어와서 인형극 연구는 연극으로서의 원리를 밝히고 연극사적 가치를 조명하는 데까지 나아갔다고 하였는데 대표적인 논문으로는 허술의 「인형극의 무대」(『창작과비평』 38, 1975), 조동일의 「무당굿놀이·꼭두각시놀음·탈춤」(『연극평론』 16, 1976), 김흥규의 「꼭두각시놀음의 연극적 공간과 산받이」(『창작과비평』 49, 1978) 등을 언급하였다. 단행본으로는 임재해의 『꼭두각시놀음의 이해』(홍성사, 1981)와 서연호의 『꼭두각시놀이』(열화당, 1991)를 대표작으로 꼽았는데, 전자의 경우 새로운 구조 분석을 통하여 형식과 내용 및 미적 범주를 유형화시킴으로써 미학과 원리 연구의 성과를 내었다고 할 수 있다.

임재해는 또한 「구비문학의 연구동향과 세기적 전환의 기대」(2001)에서 다섯 가지 문제로 나누어 이전 10년간의 구비문학 연구동향을 분석하고 새로운 연구 패러다임을 모험적으로 제시하고자 하였다. 다섯 가지 문제로는 구비문학 자료, 구비문학의 연구 조직, 구비문학의 연구방법 또는 이론적 동향, 구비문학에 대한 인식의 전환, 구비문학 연구자의 개인적 성과 등을 들었다. 90년대 민속극 연구는 여전히 기원론과 역사적 전개를 주목한 역사적 연구와 더불어 동아시아 연극 전통의 비교 연구 경향이 두드러졌다고 하였다. 그 가운데 탈춤의 미학 연구를 둘러싼 학계의 논쟁에 대하여 주목하면서 김욱동의 저서 『탈춤의 미학』(1994)이 일으킨 반향에 대하여 소개하였다. 김욱동은 탈춤의 역사와 원리에 관한 조동일의 이론을 집중적으로 비판하면서 바흐찐의 카니발 이론을 들어 탈춤의 미학을 재론하고자 하였다. 임재해는 「미학 없는 탈춤의 미학과 식민 담론의 정체」(『민족예술』, 한국민족예술인총연합회, 1994)에서 김욱동의 논리를 반박하였고 이후 여러 차례의 논쟁을 거듭하였다.

박진태는 「세기 전환기의 고전희곡 연구의 동향」(2000)에서 1990년대 고전희곡 연구의 동향을 검토하고 21세기의 과제를 전망하는 성과를 내었다. 희곡적 연구, 미학적 연구, 기원론, 역사적 연구, 비교 연구, 채록과 주석적 연구, 전승론 등으로 나누어 분석하였다. 탈춤에 대한 기존의 연구 풍토를 비판하면서 나온 김욱동의 저서 『탈춤의 미학』(1994), 탈춤의 불림에 주목하여 표현미학적 원리를 탐구한 조만호의 저서 『전통희곡의 제식적 미학』(1995), 탈춤의 신명풀이 미학을 고대 그리스연극의 미학인 카타르시스, 인도 산스크리트 연극의 미학인 라사와 비교 분석한 조동일의 저서 『카타르시스·라사·신명풀이』(1997), 세계연극의 흐름인 '생태주의적 생명연극론'과 한국연극이론을 접맥하려 시도한 김익두의 논문 「한국연극이론에 관한 시론」(1999)을 들어 그 성과와 한계를 논의하였다.

또한 박진태는 「고전극의 연구사」(2001)에서 가면극, 인형극, 무당굿놀이, 잡색놀이를 중심으로 고전극의 연구사를 검토하였다. 양식별로 나누어 연구방법의 동향과 획기적인 연구 성과를 기점으로 각각 가면극 연구의 세 시기, 인형극 연구의 다섯 시기, 무당굿놀이 연구의 두 시기, 잡색놀이 연구의 한 시기로 구분하여 설명하였다. 가면극의 경우 제3기(1992~)부터 희곡적·미학적 연구가 활성화되었다고 보았으며, 인형극의 경우는 제3기(1977~1984)에 구비문학적·연극학적 연구가 축적되면서 미학적 분석이 이루어졌다고 하였다. 무당굿놀이의 경우는 1977년 이후 희곡문학적 접근을 통하여 미학적 연구가 진척되기 시작하였다고 하였다. 이러한 경향의 대표적인 연구자로 서대석, 황루시, 이균옥 등을 들었다. 잡색놀이의 연구사는 갈래 규정 및 유형 분류의 작업이 진행되는 시작 단계에 있다고 보았는데 박진태와 김익두의 연구가 가장 활발한 것으로 드러났다. 박진태의 고전극 관련 연구사 검토는 2004년 2월까지 연구 목록을 보완하여 『한국 고전극 연구사 70년』(2005)에 재수록되었다.

성기숙은 「궁중정재 연구의 성과와 한계」(1999)에서 단행본과 논문류로 나누어 정재연구의 동향을 점검하였다. 정재 관련 단행본은 정재의 개념과 유형, 형식 등의 기본 설명과 역사적 전개 양상을 다룬 개설서의 성격이 강한 것으로 드러났다. 논문류는 특정한 정재를 대상으로 한 역사적·양식사적 고찰이 가장 많고 공연예술적 측면 및 무대양식적 측면을 다룬 경우와 반주음악을 다룬 경우가 있으며 정재에 내포된 예악사상이나 음양오행 및 태극원리 등 동양사상을 밝히는 연구가 늘어가는 추세에 있다고 하였다. 그러나 원전 사료를 보지 않고 기존 연구에 의존하여 재배치할 뿐인 정리성 연구가 많다는 점을 지적하면서 무용계에서 이루어지는 정재 연구가 비판적 관점과 창조적 서술이 부족하다는 사실을 드러내었다.

또한 정재 분야의 연구사 연구로 정은혜의 「궁중무용 연구의 성과와 한계」(2004)가 있다. 성기숙의 연구사 검토가 원전 해석을 바탕으로 하는 사상이나 미의식 연구에 대한 확고한 전망을 가지고 접근했다면, 정은혜의 연구사 검토는 궁중무용, 곧 정재와 관련된 많은 연구 성과를 모두 포괄하여 소개하는 세심함을 장점으로 한다. 필자가 주목한 연구 가운데 정재의 미학적 연구로는, 예악사상 등 동양사상을 통하여 정재의 이념과 원리를 분석하려는 연구 및 정재의 놀이적 특성이나 미적 요소를 다룬 연구 등을 들 수 있다.

이영배는 「풍물굿 연구의 심화를 위한 제언-풍물굿 연구담론의 위상 점검과 새로운 방향 모색」(2004)에서 풍물굿의 연구사를 검토하였다. 풍물굿 연구의 분수령이 되었던 이보형, 정병호의 선행 연구를 소개하는 한편, 풍물굿 연구의 새로운 지평을 연 업적으로 조동일, 신용하, 박진태, 김익두의 연구를 검토하였다. 잡색놀이의 문학·연극적 차원을 더욱 심화시킨 박진태의 연구를 비롯하여 공연학적 접근으로 풍물굿 연구의 새로운 지평을 열었다고 평가된 김익두의 연구가 풍물굿의 미학과 원리 연구에 해당한다고 할 수 있다.

지금까지 전통연희 관련 기존 연구사 검토를 고찰하였다. 1920년대 말 전통연희의 연구사가 시작된 이래 40년이 지난 1970년대에 와서야 미학과 원리에 대한 단독 논문이 발표되기 시작하였으니, 전통연희 양식을 발굴하여 소개하고 기원을 따지는 역사적 연구와 양식의 정체성을 밝히는 연구가 축적되어야 미학 연구가 활성화된다는 사실을 알 수 있다. 역사 연구와 미학 연구가 서로 맞물려 있기 때문이다.

연구사 검토에 의하면 역사적 연구가 활발했던 가면극 연구에서 미학과 원리 연구도 활성화되었다는 사실을 알 수 있다. 가면극에 대해서는 '미학' 또는 '원리'를 제목으로 표방한 다수의 학위논문과 저서가 다수 출간되었다. 그 가운데 조동일의 『탈춤의 역사와 원리』(1979)는 탈춤의 미학에 관한 독보적인 위상을 차지해 왔는데, 김욱동의 『탈춤의 미학』(1994)이 출간되면서 미학 논쟁을 일으키고 조동일은 『카타르시스·라사·신명풀이』(1997)를 집필하여 대응하였다. 이러한 논쟁이 있었다는 사실 자체가 미학 연구의 발전을 의미한다고 할 수 있다.

1990년대 중반 이후 강이천(姜彝天, 1768~1801)의 한시 〈남성관희자(南城觀戲子)〉, 청나라 사신의 화첩 『봉사도(奉使圖)』, 경복궁 중건 때의 연희 기록 『기완별록(奇玩別錄)』 등 중요한 자료가 발굴되었고 전통연희 양식의 정체성과 관련하여 새로운 논의들이 진행되었다. 정재의 공연 현장을 보여주는 궁중 기록화에 대한 관심이 증폭되었고 궁중의 의례 및 공연문화의 실상을 알려주는 다수의 의궤 자료가 번역되었다. 이러한 자료들을 바탕으로 역사적 연구가 새로운 국면에 접어든 만큼 그 성과와 맞물려 미학과 원리 연구가 어떻게 진행되었는지 이후의 연구 동향을 눈여겨볼만하다.

3. 1995년 이후 미학과 원리 연구의 동향

1) 가면극

조만호는 『전통희곡의 제식적 미학』(1995)에서 탈춤 사설이 지니는 제식(祭式)적 미학을 밝혀내었다. 탈춤에서 '불림'은 국가적 제전(祭典)에서 사용된 구호치어(口號致語)와 같이 오신(娛神)이나 신명과 관련이 있으며 역설적 하례(逆說的賀禮)를 목적으로 한다고 하였다. 탈춤 사설에 언어유희와 육담이 지배적인 까닭은 바로 이러한 불림적 속성을 바탕으로 탈춤을 제식화하는 데 작용한다고 하면서 이러한 제식적 가치들이 미학적 가치인 해학으로 전환된 것이 탈춤의 사설이라고 하였다. 필자가 밝혔듯이 새로운 미학의 발견이라는 차원에서 불림의 제식적 미학은 의의를 지닌다고 할 수 있다. 그러나 불림의 의미를 밝히는 과정에서 궁중연회, 산대나례(山臺儺禮), 동신제(洞神祭), 급제자의 유가(遊街)나 신래(新來) 불림 등 여러 가지 형식의 의례를 동일시한 것은 제의의 종류와 형식에 대한 역사적 연구와 연관되어 있으므로 명확하게 사실 여부를 따졌어야 한다고 생각한다.

전경욱은 「탈놀이 대사의 형성원리」(1996) 역시 탈놀이 사설의 구성 원리에 대한 논의이다. 수사적인 반복 방식, 과장 구성에서 단락의 반복 방식, 등장인물의 관계를 규정하는 대화 방식, 기존가요를 차용하는 여러 가지 방식에 대한 분석이 있었다. 현재 전승되는 거의 모든 탈놀이의 대사를 대상으로 그 형성 원리를 밝힌 연구였다는 점에서 의의를 지닌다. 형성 원리로 제시한 다양한 방식들이 탈춤의 공연방식이나 문화사적 배경과 관련하여 어떤 이유에서 발생하였고 어떤 결과를 낳았는지 해석하는 논의로 활성화될 수 있다.

서연호의 저서 『한국전승연희의 원리와 방법』(1997b)에서는 〈동래야류〉, 〈고성오광대놀이〉, 〈봉산탈춤〉을 중심으로 골계화소·탈의 성격화, 춤·음악의 형식, 재담과 노래, 장면 만들기와 관중 등의 항목을 두어 탈놀이 형식의 원리를 설명하였다. 선행 연구의 성과와 연극의 제의성과 놀이성에 대한 일반론을 수용하여 개설적인 논의를 진행하였다고 할 수 있다.

정형호의 논문 「한국가면극에 나타난 여성의식」(1997)에서는 여성신의 성격, 생산의 주체, 성적 유희의 대상, 현실 저항적 인물 등의 항목을 중심으로 가면극에 나타난 여성의식에 대하여 논의하였다. 여기서 '여성의식'이란 가면극의 전승 집단인 남성들의 여성관이라고 할 수 있다. 저자는 가면극에 나타난 여성관이 지모신적(地母神的) 마을 수호신 → 생산 주체로서의 여성 → 핍박의 대상 → 현실 저항적 인물 등의 모습으로 변모해 갔다고 추론하고 있다.

허용호의 「〈봉산탈춤〉 속의 여성들 -여성 등장인물들의 대칭적 형상화에서 드러나는 남성 중심성」(1997)에서는 봉산탈춤에 나타난 남성중심성에 대하여 논의하였다. '남성의 횡포 비판'을 주제의식으로 분석했던 조동일의 논의에 대한 비판에서 시작하였는데, 여성 등장인물 가운데 남성이 생각하는 긍정적 가치와 여성과 부정적 가치의 여성이 대립적으로 형상화된 내용을 분석하였다. 〈봉산탈춤〉의 연행 공동체는 절묘한 성차별의 역학을 만들어내었으며, 〈봉산탈춤〉은 남성들의 잔치이고 반페미니즘적인 축제라는 사실을 확인하였다.

서연호는 「탈놀이 사상 연구」(1998)에서 사회적인 측면(내용)과 예술적인 측면(형식)으로 나누어 탈놀이에 내포된 사상을 고찰하였다. 사회적인 측면에서는 신분, 종교, 가족관계에서 빚어지는 갈등이 주축을 이루고 있다고 하였고 예술적인 측면에서는 춤과 음악, 재담, 장면만들기, 관중의 호응성, 참여정신 등에 나타난 특성을 고찰하였다. 이 연구는 저자의 저서 『한국 가면극 연구』(2002)에 재수록되었다.

전경욱은 저서 『한국가면극 그 역사와 원리』(1998)에서 가면극 대사의 표현언어를 고찰하면서 비속어, 육담, 사투리 등 국문체 표현언어와 한시구, 고사성어 등 한문체 표현언어의 실상을 밝히고 그 혼효양상을 고찰하였다. 또한 가면극의 극적 형식을 고찰하면서 싸움의 형식, 반복의 형식, 정체확인 형식, 구나(驅儺)의 형식 등을 구분하였는데, 특히 오방신장무, 사자춤, 취발이와 노장의 관계, 말뚝이와 양반의 관계 등에서 구나의 형식에 조응하는 형식을 추출함으로써 탈춤이 구나 의식과 연관된다는 사실을 확인하였다.

박진태는 「봉산탈춤 중마당군의 양면성과 구성원리」(1999)에서 봉산탈춤의 제의극적 요소와 예술극적 요소의 혼합현상에 초점을 맞추어 각 마당의 연극적인 내용을 분석하고 마당 내부와 마당 상호간에 작용하는 구성원리를 구명하고자 하였다. 봉산탈춤은 불교적인 질서를 옹호하는 제의극의 성격을 띠는 동시에 반불교적인 세속극의 성격을 띤다고 하였고 이러한 모순성은 〈싸움-화해〉라는 굿의 원리를 반어적으로 계승한 것을 의미한다고 하였다.

김재석은 「하회탈춤 대사의 기능과 구현 원리」(1999)에서 하회탈춤 대사의 기능적 배분에 주목하여 백정마당 대사의 직접성, 양반·선비마당 대사의 간접성, 중마당 대사의 상징성에 대하여 분석하였다. 또한 배우와 관객의 소통 관계를 비움과 채움의 원리로 설명하여 각 마당에 나타난 비움과 채움의 양상에 대하여 분석하였다.

전성운은 「봉산탈놀이의 구성원리와 사유기반」(1999)에서 봉산탈춤 각 과장의 춤, 대사, 인물이 지닌 구성상 특징을 고찰하고 그 원리와 사유기반, 미적 특징을 밝히고자 하였다. 봉산탈춤의 구성 원리로 반복적 심화의 원리, 점근적 자유의 원칙을 도출하였으며, 이러한 원리의 사유기반은 자기 유사성의 무한 복제라는 프랙탈적 사유에 있다고 하였다.

전신재는 「할미마당의 갈등구조와 할미의 인간상」(1999)에서 각 지역의 탈춤에 포함되어 있는 할미마당의 갈등 구조를 분석하여 차이점을 찾아내고 그 차이를 만들어낸 원리를 구명하고자 하였다. 오광대와 들놀음에서는 가정이 파괴되어 가는 과정과 이에 따라 할미가 몰락해가는 모습을 단계적으로 보여주었다면, 탈춤과 산대놀이에서는 파괴된 가정을 복원하려는 할미의 의지가 잘 나타나 있다고 하였다.

정형호는 「양주별산대놀이에 나타난 미의식」(1999)에서 〈양주별산대놀이〉 전승 집단의 의식과 미의식을 추출하고자 하였다. 작품 속에 나타난 탈일상성에 의한 전도된 현실, 비극적 일상의 사실적 형상화, 바람직한 삶의 구현, 대동놀이적 집단 신명풀이의 항목을 전승 집단의 의식과 결부하여 분석하였다. 가면극의 미의식은 종국적으로 전도되고 비극적인 현실이 드러내는 갈등을 극복하여 화해와 조화를 지향한다고 밝혔다.

또한 정형호는 「가면극에 나오는 가요의 수용 양상」(1999)에서 〈봉산탈춤〉에 나타난 가요의 수용 양상에 대하여 논의하였다. 가면극의 가요는 극적 상승, 극적 형상화, 신명 도출, 장면 전환 등의 기능을 지닌다고 하였으며 〈봉산탈춤〉의 경우 가요의 개작 양상이 두드러지며 신명 도출, 극적 형상화의 기능이 두드러진다고 하였다.

박진태는 「탈춤의 언어매체와 탈/춤/놀이 매체의 관련양상」(2000)에서 탈춤의 대사를 구성하는 언어 매체와, 탈, 춤, 놀이 매체의 결합과 관련 양상을 분석하고 새로운 시대의 탈춤을 위한 언어매체의 창작 방안에 대하여 논의하였다. 언어매체가 춤과 결합하여 가무극의 형태를 이루거나 언어매체가 놀이와 결합하여 대사극의 형태를 이루는 양상을 밝혀내었다. 또한 탈매체에 의하여 언어매체가 성립하고 언어매체에 의하여 탈매체가 재생되는 상호의존관계에 대하여 논의하였다.

한창훈은 「가면극 삽입가요의 기능과 성격」(2000)에서 가면극 삽입가요의 기능을 상황 전환의 기능, 환기 혹은 강조의 기능, 부분의 확대 혹은 장면의 극대화 기능, 다양성 추구의 기능 등으로 나누어 분석하였다. 삽입가요의 성격은 문맥적 성격과 구조적 성격으로 나누었는데 후자의 경우 문맥에는 어울리지 않지만 가면극 전체의 흐름에서 의미를 지닌다고 하였다.

김헌선은 「탈춤 '침놀이' 마당에 구현된 신명풀이」(2001)에서 〈양주별산대놀이〉와 〈송파산대놀이〉에 포함된 '침놀이'의 신명풀이적 성격에 착안하여 삶과 죽음의 대립 구조를 밝히고 신명풀이 미학의 사상적 근거를 제시하였다. 마음의 신명풀이와 몸의 신맥풀이가 하나이면서 둘이라는 관계를 밝히고 신기(神氣), 신령(神靈), 신맥(神脈) 등 철학, 종교, 의학의 영역에서 그 사상적 근거를 찾을 수 있다고 하였다.

박진태는 「민속극의 예술성-탈놀이의 종합예술성과 풍자미」(2002)에서 미술적 측면, 연극적 측면, 문학적 측면에서 탈놀이의 예술성에 대하여 논의하였다. 미술적 측면에서는 탈의 조형원리에 주목하여 좌우대칭과 비대칭의 특성이 인물의 신분이나 성격과 연관이 있음을 밝혔다. 연극적 측면에서는 인물 설정의 방식을 다루어 시각화와 언어화의 효과에 대하여 논의하였다. 문학적 측면에서는 언어표현기법을 다루어 풍자를 극대화하는 언어 사용의 원리에 대하여 논의하였다.

양종승은 「강령탈춤을 통해 본 가면극의 무용적 요소」(2002)에서 〈강령탈춤〉의 각 과장에 나타난 춤의 양상을 분석하고 가면극에서 춤이 갖는 의미와 기능, 역할에 대하여 논의하였다. 춤형식과 춤사위에 대한 자세한 분석을 토대로 춤이 표현하는 민중의식, 삶, 신앙성, 불교성, 놀이성, 예술성, 연희의 공간성과 시간성, 교육성, 생산성 등의 측면을 설명하였다.

허용호는 「가면극의 축제극적 구조-봉산탈춤을 중심으로」(2002)에서 바흐찐의 축제 이론을 바탕으로 〈봉산탈춤〉의 축제극적 구조를 분석해내었다. 축제극의 구조란 축제 왕을 선발하여 대관식을 거행하고 다시 관을 빼앗는 대관과 탈관의 전환 구조인데, 중마당에서 노승의 엽색과 축출, 양반마당에서 양반의 유락과 실권, 할미마당에서 할미의 야성과 죽음이라는 전환 구조를 추출하여 대응시켰다. 또한 민중 축제이며 간접적 축제로서 〈봉산탈춤〉의 한계와 효용에 대하여 논의하였다.

박진태는 「영남지역 탈놀이의 표현매체와 지역성」(2003)에서 영남지역의 오광대와 들놀음을 중심으로 언어매체, 탈의 조형, 춤사위, 연희 등 표현매체가 구현된 실상을 분석하였다. 등장인물의 성격과 관계에 따라 각 매체의 활용방식이 달라지는 점을 포착하였으며 매체 상호간의 관련 양상을 통합적으로 분석하여 지역적인 특성과 함께 논의하였다. 또한 박진태는 「예천청단놀음의 대립구조와 지역성」(2004)에서 〈예천청단놀음〉의 명칭, 유래설화, 탈의 조형, 복색, 극적 내용에 나타난 대립 구조를 고찰하였는데, 이러한 대립 구조를 통해서 인물의 신분과 성별의 변별을 표현하고 성격과 감정을 유형화하였다고 하였다.

이미원은 「한국전통극의 공간-탈놀이 연극공간의 층위를 중심으로」(2004)에서 기존의 공간 이론을 바탕으로 신성공간, 일상공간, 무대공간, 극중텍스트공간(허구적 재현의 공간, 추상적 상징의 공간) 등 공간 층위의 모델을 제시하고 서낭제형 탈놀이와 도시형 탈놀이의 연극공간을 분석하였다. 전자의 경우 신성공간이 강하게 남아 있으며 일상공간과 무대공간의 구분이 미약하고, 추상적 상징의 공간이 다양한 의미를 부여한다고 하였으며 후자의 경우 추상적 상징의 공간과 제의적 신성공간이 중첩되어 공연에 의미를 부여한다고 하였다. 더불어 탈놀이 공간의 사회성과 미학적 특질, 다층적 의의를 탐색하였다.

김익두는 「한국 탈놀음의 공연학적 해석-'동래 들놀음'을 중심으로」(2006)에서 리차드 셰크너가 제시한 공연학의 6가지 관점에서 동래 탈놀음을 분석하였다. 셰크너의 공연학은 무대 위에서 펼쳐지는 작품뿐 아니라 무대와 객석의 상호관계, 공연 전후 청관중과 연기자의 존재의식 변화, 공연지식의 전승과 전파, 공연의 가치평가 등의 요소를 기준으로 삼아, 무대공간에 한정된 '공연예술'이 아닌 공연 전후의 여러 상황들이 연관된 '공연 이벤트'를 탐구한다. 이 논의는 탈춤의 미학에서 공연자와 청관중의 참여와 진정성, 상호작용 등을 추출하여 현대 공연예술의 공연자와 청·관중에 적용할 수 있는 많은 가능성을 내포하고 있다.

박진태는 「'탈춤'과 '탈놀이'의 용어에 대한 미학적·예술학적 접근」(2006)에서 학계에서 혼용해온 탈춤 또는 탈놀이를 미학적·예술학적 분류법을 바탕으로 분석하여 7개의 유형으로 나누었다. 탈춤을 구성하는 기본요소는 탈의 조형인 조각, 노래와 반주인 음악, 비사물적 표현인 무용인데 여기에 사물적 재현인 연극이 더해지면 탈춤놀이가 된다고 하였다. 탈춤은 다시 3개의 하위 유형으로, 탈춤놀이는 각각 4개의 하위유형으로 구분되는데 여기에는 서정시[노랫말]와 희곡[재담]이라는 언어텍스트의 구성이 주요한 요소로 작용하는 것으로 보았다. 그 결과 비사물적이며 비모방적인 운동예술인 탈춤에서 사물적이며 모방적인 탈춤놀이로 이행하는 발전과정을 제시하였다.

박진태는 「탈놀이의 '대사-춤'의 결합 구조에 대한 미학적 접근」(2007)에서 대사와 춤의 결합 구조에서 드러나는 연극미학적 특성을 밝혔다. 대사는 대화, 독백, 불림, 노래로 구분하였는데 대화는 산문이고 독백은 산문과 운문이 혼용되고 불림과 노래는 운문이라고 하였다. 운문은 신체율동과 결합하기 용이한 반면 산문은 그렇지 못해 운문적인 발화로 전환시켜 춤과 결합한다고 하였다. 춤은 즐기는 춤, 맞서는 춤, 어르는 춤, 아우르는 춤으로 구분하였고 즐기는 춤과 어르는 춤은 합일과 도취의 경지를 추구하는 한편 맞서는 춤과 아우르는 춤은 대립을 통한 긴장감은 유발한다고 하였다. 대사와 춤의 결합은 탈꾼에게 사고작용과 신체활동을 조화롭게 수행하게 하고, 구경꾼에게 청각적 지각과 시각적 지각을 통합적으로 체험하게 한다. 대사와 춤의 공연구조는 신체문화에 언어문화가 적층된 것이며 다시 신체문화로 회귀하려는 순환적 세계관을 보여준다고 하였다.

정형호는 「한국탈놀이에 나타난 무언의 의미와 기능」(2007)에서 탈놀이에 나타난 무언의 등장인물을 분석하여 사회적 맥락에 따른 인물의 전형성을 탐색하였고 인물 관계와 극적 전개에 따른 무언의 의미를 밝혔다. 무언의 등장인물이 지니는 전형성은 숭고와 비속의 이중성, 의식무의 주재자로서의 성격, 외모적인 교태와 현실적 한계성, 신체적 불구와 비정상성을 부각시키기 위하여 드러난다고 하였다. 또한 무언과 무언, 무언과 유언의 인물 관계를 분석하여 무언의 인물은 결합과 대립 등의 극적 전개를 극대화하는 데 사용된다는 사실을 밝혔다.

2) 인형극

김청자는 「한국전통극 꼭두각시놀음 텍스트 연구」 1, 2, 3(1996, 1998, 1999)에서 Ras Shamra-ougarit 서사시에 나타난 신화적 이미지를 〈꼭두각시놀음〉의 인물과 비교하여 분석하였다. 또한 물질의 생성과 변화를 설명하는 연금술의 이미지를 통하여 〈꼭두각시놀음〉 텍스트에 새로운 의미를 부여하였다. 앞소리에서 불려지는 "떼루야하~"에서 신의 현현(顯現)을 체험하려는 청신(請神)의 흔적을 찾는다거나 박첨지와 피조리에게 도둑과 여신의 이미지를 발견하는 등 그동안 이루어진 텍스트 분석과는 판이한 방향에서 접근하였다.

서연호는 『한국전승연희의 현장 연구』(1997a), II장 2절 '꼭두각시놀이의 재담구성'에서 인형극 〈꼭두각시놀음〉의 재담이 지니는 구성 원리와 주제의식에 대하여 설명하였다. 재담은 형식적인 측면에서 매우 운율적이고 음악적인 특성을 지니고 있으며 동음이의어를 이용한 함축성과 언어의 풍자적, 오락적 사용이 두드러진다고 하였다. 탈춤에 비하여 한문투의 관용구가 적은 대신 욕설·야유·직설적 표현이 많으며 이러한 표현들은 비판적, 쾌락적, 공격적, 파괴적 기능을 지닌다고 하였다. 결론적으로 〈꼭두각시놀음〉의 재담은 현실 저항성이나 이상 지향성이 충만한 놀이성과 조화되어 있다는 사실을 강조하였다.

같은 저자의 『한국전승연희의 원리와 방법』(1997b)에서는 〈꼭두각시놀음〉을 인형놀이로 총칭하여 공중무대, 박첨지의 역할과 화소, 재담과 노래, 장면 만들기 등 전반적인 표현 형식의 원리를 다루고 있다. 장면 만들기에서는 세 가지 특성을 언급하였는데, 첫째 대결 양상으로 이루어진 화소 중심의 구성, 둘째 인물 등퇴장 방식의 형식적 구성, 셋째 연희자들의 재능과 즉흥성에 의한 개방적 구성 등을 들었다.

허용호는 「〈꼭두각시놀음〉의 연행기호학적 연구 시론」(1998)에서 연행기호학을 적용하여 〈꼭두각시놀음〉을 분석하였다. 발화방식, 움직임, 외적인 형상 등을 연행 기호로 설정하였는데 이 연행기호의 체계를 모호성의 증대와 해소라는 틀로 설명하였다. 변형되고 왜곡된 발화가 모호성을 증대하므로 반복적이고 장황한 발화방식을 보완하여 모호성을 해소한다는 등의 설명이다. 이 연구는 〈꼭두각시놀음〉의 인형극성에 주목하여 극작술이 연행 집단의 성격과 의식에서만 기인하는 것이 아니라 인형극이라는 장르적 특성에서 왔다는 사실을 밝혔다.

김익두는 「꼭두각시놀음의 의미와 그 한계」(2001)에서 〈꼭두각시놀음〉 대본의 텍스트와 행위소, 모티프별 사건 전개 등을 정리하고 작품에 구현된 의미와 주제의 지평을 밝히고 아울러 그 가치와 한계를 지적하고자 하였다. '박첨지놀음'의 차원에서는 몰락 양반인 박첨지의 자기 정체성 붕괴와 유랑, 정체성 재정립의 과정, '홍동지놀음'의 차원에서는 민중 민주적 상생의 세계관과 그것의 민족주체적 가능성 이라는 의미 지평을 거론하였고, '꼭두각시놀음'의 차원에서는 페미니즘적 의미 지평에서 본 작품의 가능성과 한계를 지적하였다.

김현철은 「꼭두각시놀음의 「산받이」 연구」(2001)에서 산받이의 역할과 기능을 다각적으로 고찰하였는데 놀이공간의 확장자, 극중인물과 비판적 관객, 극중 해설자와 연출자, 텍스트의 확장자 등으로 나누어 제시하였다. 또한 산받이의 연행 원리로 비판의 원리와 유희의 원리를 들어 분석하였다.

서연호의 『꼭두각시놀음의 역사와 원리』(2001)는 양식별 연극사 서술을 표방하였기 때문에 〈꼭두각시놀음〉의 역사적 전개 양상이 중심을 이루고 있다. Ⅷ장 '꼭두각시놀음의 원리'에서 공중무대, 역할과 화소, 재담과 노래, 장면 만들기 등의 형식에 대하여 설명하였는데, 『한국전승연희의 원리와 방법』(1997)의 내용을 재수록하였다.

허용호는 박사학위논문인 「전통연행예술 속의 인형오브제 연구」(2001)에서 인형극에 국한되지 않은 다양한 연행 인형의 전통을 발견하고 기호학적 접근 방식을 적용하여 그 연행 원리를 밝히고자 하였다. 본론의 2장 '인형 오브제의 조형 과정과 외양 양상'에서는 인형을 제작하는 주체의 성격과 제작 공정의 정밀도에 따라 인형의 외양이 변별된다는 사실을 밝혔다. 3장 '인형 오브제의 연행방식'에서는 연행 방식의 드러냄과 감춤이라는 대립 체계를 바탕으로 하여 발화 연행 방식과 움직임 연행 방식을 각각 다섯 가지의 유형으로 나누어 분석하였다. 4장 '인형 오브제의 의미화 양상'에서는 외양, 발화, 움직임을 포괄하는 기호 복합체로서 인형 오브제의 의미화 양상을 살폈는데, 초자연적 존재로 영속적 변환을 하는 인형 오브제들과 자연적 존재로 일시적 변환을 하는 인형 오브제들을 대별하여 논의하였다. 5장 '인형 오브제 기호 작용의 양상과 문화적 기반'에서는 집안굿이나 마을굿의 연행에 등장하는 인형 오브제와 가면극, 인형극, 풍물놀이의 연행에 등장하는 인형 오브제가 변별적인 기호 작용의 양상을 띠는 사실을 밝히고 두 양상의 문화적 기반이 각각 주술·종교적 문화 전통과 예술·세속적 문화 전통이라는 사실을 추론하였다. 이 논문은 수정·보완을 거쳐 저서『전통연행예술과 인형오브제』(2003)로 출간되었다.

허용호는「조선시대 제의적 연행인형 연구」(2003)에서 연행 인형 연구의 영역을 확장하여, 현재 전승되는 전통연행예술이 아닌 문헌 기록에 남아 있는 연행 인형의 전통에 대하여 논의하였다. 기우제, 제웅치기, 궁중 내농작, 염매(魘魅) 의례 등에 나타난 제의적 연행 인형의 존재 양상을 살피고, 제작과정과 외양, 인형에 대한 인간 연행자의 발화와 움직임 연행의 측면에서 기호 작용을 비교하여 논의하였다. 기우제, 제웅치기, 염매 의례의 연행 인형이 주술적 의미 작용을 통하여 초자연적 존재로 인식되며 영속적 변환이라는 특징을 갖는다면, 궁중 내농작의 연행 인형은 제의적·오락적 성격을 함께 지니고 있어 초자연적인 존재로 인식되는 동시에 일시적인 변환이라는 특성을 지닌다고 하였다.

또한 허용호는「전통인형연희의 기호학적 연구」(2005)에서 기호학적 방법론을 통하여 연행방식, 의미 양상 등 전통인형연희에 대한 고찰과 함께 인형의 제작 과정과 연행 이후의 처리 방식 등 인형연희를 둘러싼 문화 전통과 인간의 욕망을 탐구하고자 하였다. 그 결과 '자신을 둘러싼 제 현상을 마음대로 하려는 인간의 욕망'에서 발원한 인형연희의 전통이 마을굿과 무당굿 등 '주술종교적 문화전통'과 인형극과 가면극 등 '예술세속적 문화전통'으로 양분되어 다양한 인형연희의 연행방식과 의미작용으로 분화되었다고 하였다.

임혜정은「꼭두각시놀이의 음악 연구」(2006)에서 꼭두각시놀이에서 연주되는 기악곡과 성악곡을 분석하고 그 음악적 특성을 밝혔다. 기악곡의 경우〈염불〉이 극의 시작 부분에 쓰인다면〈굿거리〉와〈타령〉은 등장인물의 본격적인 춤 장면에,〈덩덕궁이〉는 극 내용의 전환을 알려주는 역할을 한다고 하였다. 성악곡의 경우 극의 내용을 관중들에게 전달하는 역할을 하기도 하고 노래를 부르는 이의 신분 등을 암시하는 역할을 하기도 하며 극의 구성이나 진행과 상관없이 관중의 흥을 돋우는 역할을 하기도 한다고 하였다.

3) 굿놀이[5]

김익두는 「풍물굿의 공연원리와 연행적 성격」(1995)에서 호남지방 풍물굿을 중심으로 총체적인 공연예술로서 풍물굿의 연행적 성격을 밝히고자 하였다. 먼저 공연 참가자의 측면에서 본 구성 요소를 분석하였고 음악적, 무용적, 연극적 요소들의 상호침투와 역할을 논의하였다. 공연의 원리에서는 첫째 '개방성의 극대화'를 통한 '청관중의 공연자화', 둘째 '판전도의 원리' 혹은 '상황 역전의 원리', 셋째 '자기축소화의 원리', 넷째 '반복·축적·순환의 원리', 다섯째 '탈경계화의 원리', 여섯째 '수용과 평가의 통합원리'를 들어 분석하였다. 또한 풍물굿의 공연원리를 이해하기 위하여 생태학적 해석의 필요성을 강조하였다.

또한 김익두는 「한국 풍물굿 '잡색놀음'의 공연적/연극적 성격」(1997)에서 각 지역의 풍물굿에 나타나는 잡색놀음의 공연적 기능과 역할을 밝히고 지역적 분포와 유형을 고찰하였으며 양성놀음형과 군사놀음형이라는 두 가지 문화형에 대하여 논의하였다. 잡색놀음의 공연적 기능으로, 첫째 잡색들은 풍물굿에 연극적 성격을 부여해주며, 둘째 공연자 집단과 청관중 사이를 오가며 경계를 허물며, 셋째 청관중의 공연자화를 유발하며, 넷째 사회적 갈등의 반영하고 해결하는 특성을 지니며, 다섯째 풍물굿 공동체로 하여금 상생적 공동체를 지향하게 한다는 사실을 들었다.

---

5 굿놀이는 무당굿이나 마을굿에서 신이나 인간의 모습을 모방하여 구경거리를 제공하는 놀이를 말한다. 따라서 굿놀이에는 무당굿놀이와 마을굿놀이가 함께 포함된다고 하겠다. 풍물굿이나 잡색놀음 등을 마을굿놀이로 보아 여기서 다룬다.

서연호는 『한국전승연희의 현장 연구』(1997a), Ⅱ장 1절 '무극의 원리'에서 공간성, 시간성, 행동성, 무당의 역할, 관중의 존재, 표현매체의 특성 등 무극의 원리를 다루었다. 무극은 굿의 목적에 따른 새로운 차원의 시공간을 설정하며 행위들의 모방을 통하여 현실과 구별되는 집약된 갈등의 구조를 형성하게 된다고 하였다. 무극의 연행자인 무당은 제의의 구성, 연출, 연행 등을 맡아 하는 연극배우의 원초형태라고 하였고, 제의의 관중은 자연스럽게 연극의 관중으로 변모된다고 하였다. 언어·동작·소리·빛·도구 등의 매체가 어울려 행동이 창출된다는 점에서 무극을 연극으로 볼 수 있다고 하였다. 연달아 출간한 『한국전승연희의 원리와 방법』(1997b)에서는 무극을 굿놀이로 명칭을 바꾸어 굿놀이의 원리에 대한 더욱 체계적인 분석을 시도하였다. 공간·시간의 전이, 변신과 가장, 음악·노래·무용, 표현매체와 관중 등의 항목으로 나누어 논의를 진행하였다. 음악·노래·무용 등 굿놀이의 예술 형식을 구성하는 요소에 대하여 주목하였으나 이러한 요소들이 어떤 원리로 결합되는지 어떤 미학으로 수렴되는지 구체적인 논의는 이루어지지 않았다.

정형호의 논문 「농악의 잡색놀이에 나타난 연극적 성격 고찰」(1998)에서는 가면극 관련 인물과 잡색에만 등장하는 인물로 나누어 잡색놀이의 등장인물 분포 양상을 밝히고 잡색놀이와 가면극에 공통으로 등장하는 주요 인물들의 역할과 특징을 비교하였다. 중, 양반, 각시, 포수 등을 중심으로 인물들의 관계를 분석하여 갈등보다는 결합 중심의 관계 등 흥미로운 결과를 제시하였다.

박진태는 「농악대 잡색놀이의 연극성과 제의성」(1997)에서 잡색놀이를 무당굿놀이와 마찬가지로 민속극의 독립된 갈래로 설정할 것을 주장하며 논의를 시작하였다. 본론에서는 전국 각지의 판굿과 잡색놀이의 유형을 고찰하여 잽이와 잡색이 함께 연출하는 잡색놀이와 잡색 단독으로 연출하는 잡색놀이를 구분하여 제의성과 연극성을 분석하였다. 연극성은 잡색이 극중인물로서 극적 상황에 휘말리는 내용을 중심으로 파악하였다.

또한 박진태는 「영광농악의 잡색놀이 연구」(1998a)에서 영광농악 잡색놀이의 이본적 양상과 연극적 특징에 대하여 논의하였다. 도둑잽이에서는 풍요 다산을 기원하는 제의적 의미와 더불어 양반이 지배하는 공동체 내부의 대립과 갈등을 해소하고 화해·통합시키는 사회적 의미가 담겨있다고 하였다. 구정놀이(개인놀이)의 경우 이본에 따라서는 짜임새 있는 구성과 세련된 극작술을 보이는 경우가 있다고 하였다. 잡색놀이의 연극성과 관련하여 독립된 놀이마당의 부재나 춤사위와 재담의 미분화 등 한계를 지적하였다.

이균옥의 저서 『동해안 지역 무극 연구』(1998)에서는 동해안 지역에서 전승되는 굿놀이, 곧 무극의 연행 원리를 종합적으로 논의하였다. 제4장 '등장인물의 종류와 갈등 양상'에서 등장인물의 종류와 등장인물화 방식, 갈등 양상을 다루었고 제5장 '대사의 표현 단위와 연행적 특성'에서는 대사의 표현 단위와 연행적 특성, 극 외적 요소의 개입에 대하여 논의하였다. 제6장 '삽입가요의 종류와 사설의 조직 방식'에서는 삽입가요의 종류와 성격, 사설의 조직 방식에 대하여 분석하였다. 저자는 무극을 희곡문학이며 연행문학으로 규정하고 문학적 분석을 시도하였다. 등장인물화 방식에서는 현실성과 유형성이라는 거리굿과 탈굿의 차이를 확인하였으며 관중을 등장인물로 전환시키는 방법에 대한 심도 있는 분석이 있었다. 또한 대사의 연쇄, 관용적 표현, 의문형 대사의 증가, 현실의 개입 등 대사 표현의 특성과 이유에 대하여 논의하였다. 저자가 남는 문제에서 언급하였듯이 '연행문학'을 표방하였으나 연행의 원리가 빠진 문학 중심의 연구였다고 할 수 있다.

조정현은 석사학위논문인 「민속연행예술에 나타난 도둑잽이놀이의 구조와 미의식」(1998)에서 현장론적 접근 방식을 바탕으로 도둑잽이놀이의 연행 구조와 의미를 밝히고 예술적 형상화와 관련한 민중들의 미의식을 밝히고자 하였다. 연행 구조와 의미의 분석에서는 '연행소'의 분석을 통하여 '위반-교정-통합'의 구조를 발견하였으며 주술·종교적인 풍요 기원과 사회문화적 도둑잡기가 맞물려 중층적 의미를 형상화한다고 하였다. 도둑잽이놀이의 전승은 대사 중심의 전승이 아닌 미의식의 전승이기에 상징적 행위나 진풀이, 가락 등으로 표현되는 다양한 연행소를 통해 극적 연출을 이루었다고 하였다. 민중들은 도둑잽이놀이를 통하여 현실에 대한 비판적 의식을 구현하였으며 협화와 대동의 미의식을 지향하였다고 하였다.

허용호는 「해산거리의 여성축제적 성격」(1999)에서 동해안별신굿의 마지막에 행해지는 거리굿 가운데 〈해산거리〉에서 나타나는 여성축제적 성격과 여성의 형상화, 외적 현실의 영향 등을 분석하였다. 〈해산거리〉는 출산과 같은 여성 고유의 경험의 표출, 관객의 호응과 참여를 통하여 여성축제의 장이 되어 극중 여성인물이 어떤 민속극보다 당당하게 형상화되어 있다고 하였다. 그러나 남아 선호와 같은 외적 현실의 침투는 〈해산거리〉를 통해 만들어진 여성축제의 장이 완전한 독립을 성취하지 못하였음을 보여준다고 하였다.

신동흔은 「민간연희 존재방식과 그 생명력-동해안 별신굿의 거리굿을 중심으로」(2000)에서 거리굿의 연희미학에 대하여 논의하였다. 상세한 작품 분석을 통하여 놀이와 제의가 어우러지고 삶의 고통과 한을 신명으로 풀어내는 축제의 미학을 제시하였고, 이야기적 요소와 극적 요소의 자연스러운 어우러짐, 작품의 생산과 수용 과정에 나타난 소통과 합일의 방식을 강조하였다. 이러한 민간연희의 미학은 현장연희의 현재적 가능성을 보여준다고 하며 이야기 · 극 · 노래가 어우러지는 현장공연 운동을 전망하였다.

심상교 · 이철우는 「동해안 별신굿 중 거리굿의 연극적 특징 고찰」(2001)에서 거리굿 이본의 공통점과 차이점을 분석하고 등장인물, 연기, 대사 등 연극적 특징을 고찰하였다. 등장인물은 귀신등장인물과 사람등장인물을 나누어 분석하였고 연기적 특성은 극적 상황의 도입과 확대 차원에서 분석하였으며 대사는 골계적 대사와 해설자적 대사로 나누어 분석하였다.

유인경은 「동해안 별신굿 거리굿의 축제극적 성격」(2002)에서 바흐찐의 카니발 이론을 중심으로 거리굿의 축제극적 성격을 고찰하였다. 작품 분석을 통하여 유교 지배질서의 전도, 육담 및 육체성의 과장, 죽음에 대한 초월적 인식 등의 내용을 확인하였다.

4) 정재

정은혜는 박사학위논문인 「처용무의 동양사상적 분석을 통한 무의 연구」(1995)에서는 태극, 음양오행 등 동양사상의 원리를 바탕으로 〈처용무〉의 무의(舞意)를 분석하였다. 『악학궤범』에 수록된 〈처용무〉와 현행 〈처용무〉를 대상으로 춤사위와 작대(作隊), 복식의 동양사상적 근거를 제시하고자 하였다. 또한 내용, 형식, 음악, 춤사위, 복식의 측면에서 일반 정재와 〈처용무〉의 특성을 비교하여 서술하였다. 〈처용무〉에는 인무(人舞)의 사상에서 유가적(儒家的) 요소가, 창사(唱詞)의 내용에서 불가적(佛家的) 요소가, 작대작무(作隊作舞)의 역할 속에서 도가적(道家的) 요소가 공존하고 있다고 하였다.

한옥근은 「〈鶴蓮花臺處容舞合設〉의 연극적 구성과 표현」(1996)에서 〈학·연화대·처용무합설〉의 구성과 표현형식, 주제 등의 측면을 논의하였다. 세 가지 구성의 특성을 밝혔는데, 첫째는 극적구성으로 준비과정인 구나장, 전개부분인 처용무장, 클라이맥스인 학연화대장, 대단원인 집단가무장으로 나누어진다고 하였다. 둘째는 복합구성으로 처용무장과 집단가무장이 수미상관의 반복 형태를 취하여 연극적 흥미를 증대시켰다고 하였다. 셋째는 의미구성으로 단일한 주제를 전달하기 위하여 사건 중심이 아닌 의미 중심으로 연희가 엮어졌다고 하였다. 표현형식에서는 지당판(池塘板), 침향산(沈香山) 등의 무대장치를 사용하여 사실적인 연희의 표현을 시도하였다는 점을 언급하였다. 또한 집단가무장이 가무오인(歌舞娛人)하는 한국적 연희 특성을 잘 살려 연희자와 관객이 함께 즐길 수 있는 대단원의 구성을 이루었다고 강조하였다.

사진실은 「고려시대 呈才의 공연방식과 연출원리: 〈舞鼓〉, 〈動動〉, 〈紫霞洞〉, 〈獻仙桃〉를 중심으로」(1998b)에서 궁중연희라는 측면에서 고려시대 정재의 공연방식과 연출원리를 분석하였다. 공연 행위에서 발생하는 작중공간·공연공간·현실공간의 층위를 설정하여 작중인물을 구현하고 작중공간을 창출하는 방식에 대하여 분석하였으며, 〈자하동〉과 〈헌선도〉를 통해서 '가탁(假託)'이라는 새로운 연출원리를 추출하였다. '가탁'의 원리는 의(意: 현실공간)를 염두에 두고 물(物: 작중공간)을 연출하는 방식으로, 현실공간의 일상적 행위를 변형하는 놀이정신을 구현한다고 보았다.

성기숙은 「극(劇) 형식의 한량무 연구-문헌고증과 현장조사를 토대로 하여」(1998)에서 문헌으로 전하는 극 형식의 한량무와 구전으로 전하는 극 형식의 한량무를 비교 분석한 결과 정현석의 『교방가요』에 승무(僧舞)로 기록된 한량무는 진주 한량무와 동일한 형식의 한량무라고 하였다. 유래와 전승과정을 밝히는 역사적 연구이지만 승무와 한량무, 탈춤의 연희 형식을 비교하는 성과를 내었다고 할 수 있다.

허영일은 「궁중정재에서 무대의 성격과 극장무용적 의미 연구」(1998)에서 궁중정재를 공연한 궁궐의 무대공간을 고찰하는 한편, 정재 〈춘앵전〉의 화문석과 〈무산향〉의 대모반에 주목하여 무대 안에 무대를 만들어 주는 무대장치의 역할을 한다고 하였다. 정재가 정제된 궁중 공연예술의 성격을 지니고 무대공간을 통하여 실행되었으므로 근대적인 극장무용으로 창조적인 전환을 이룩할 수 있었다는 사실을 강조하면서 현대의 극장무용으로의 전승과 재창조의 방향에 대하여 논의하였다.

성기숙은 석사학위논문인 「조선전기 궁중정재의 예악사상과 형상의식 연구」(2000)에서 정재에 나타난 예악사상, 악학기관과 춤문화 정책, 여악(女樂) 제도의 성립 등에 대하여 논의하였다. 또한 민본·덕치 사상, 천일합일 사상, 사대사상 등으로 나누어 개별 작품에 형상화된 유가 사상의 내용을 분석하였다. 필자가 언급한 대로 형식에 치우쳤던 정재 연구에 철학적인 이론 체계를 도입하는 성과를 내었다고 할 수 있다.

박진태는 「연등회의 맥락에서 본 당악의 연극적·희곡적 양상」(2002)에서 〈헌선도〉, 〈연화대〉, 〈오양선〉 등을 중심으로 행위 내용을 분석하여 당악의 연극적 구성을 밝혔다. 또한 〈헌선도〉를 중심으로 창사의 내용을 분석하여 당악의 희곡적 구성을 밝혔다. 〈헌선도〉와 같은 가무극은 '강신의식-신유의식-송신의식'의 제의와 대응되는데, 신성계의 존재가 세속계의 군왕에게 강림한 내용을 통하여 세속적인 축제공간에 신성계와 세속계가 화해·통합하는 제의적 공간을 중첩시켰다고 하였다.

성무경은 「정재 〈項莊舞〉의 연희전승과 극연출 방식」(2002)에서 등장인물과 배역, 무대실연을 위한 장치, 등장형식, 극 행동과 대사의 측면에서 극연출의 방식을 고찰하였다. 〈항장무〉는 홍문연 고사를 원텍스트로 하여 재창조된 정재 작품으로 다양한 연출 해석이 가능한 개방적 연출조건을 지니고 있으며 특히 무대장치의 측면에서 간단한 기물만으로 극적 상상력을 불러일으키는 효과적인 무대를 형상화한다고 하였다.

사진실은 「進宴에 나타난 禮樂의 원리와 공연미학적 특성」(2003)에서 예악론(禮樂論)을 바탕으로 진연과 정재의 공연미학적 특성을 밝히고자 하였다. 진연은 의례 절차를 통하여 예의 원리를 실천하고 정재의 공연을 통하여 악의 원리를 구현하고 있다고 하였으며 진연의 장소, 진연의 주체와 절차, 정재의 본질과 표현에 구현된 예악의 원리를 분석하였다.

박진태는 「당악정재의 연극적·희곡적 측면-헌선도·오양선·포구락·연화대를 중심으로」(2003)에서 극의 진행과정, 구조와 구성 원리 등 연극적 측면과 치어와 창사에 담겨진 희곡적 측면을 분석하였다. 신선의 등장-가무-퇴장의 절차는 신의 내림-오신(娛神)-송신에 대응한다고 하였으며, 창사의 내용에는 연등회와 팔관회의 소회와 대회 때 외국사신과 신하, 백성이 군왕을 송도한다는 내용이 들어 있어 공연장소와 극중장소의 일치라는 원리를 적용할 수 있다고 하였다.

정은혜는 「정재의 형식과 특징에 관한 연구」(2003)에서 정재의 종류, 무원(舞圓)과 편성 등 구성형식을 고찰하였고, 정재의 형식, 정재의 시행 절차, 정재의 진행 절차, 정재의 춤사위 등을 논의하였다. 정재의 형식에서는 창사와 음악을 다루었다. 시행 절차는 정재를 공연하는 진연의 시행 절차를 말하며 윤허와 상소문, 의식의 종류 선정, 의식의 진행의 과정으로 이어진다. 진행 절차란 정재 공연의 진행 절차를 말하며 기승전결의 절차를 말한다.

조규익은 「악장과 정재의 미학적 상관성」(2003)에서 정재 악장의 미학적 바탕과 그 통시적 성격에 대하여 논의하였다. 정재를 관통하는 의식이나 미학은 선계(仙界) 지향 및 헌신(獻身)과 흥(興)을 주조로 하는 풍류라고 하였으며 이를 흥취적(興趣的) 풍류와 이취적(理趣的) 풍류로 나누어 고찰하였다. 흥취란 흥을 포함하되 흥의 내용이나 방향까지 포괄하는 의미이며 이취란 이치의 내용과 방향을 포괄하는 의미라고 하였다.

사진실은 「궁중 정재(宮中呈才)의 공연공간과 연출원리」(2005)에서 궁중 연향(宮中宴享)과 행렬 의식(行列儀式)을 중심으로 정재의 공연공간과 연출원리를 고찰하였다. 정재가 공연된 궁중 연향에서는 궁궐의 일상공간이 일시적으로 공연공간으로 전환되며 행렬 의식에서는 임금의 행렬이 지나는 대궐문 앞 큰 길이 거대한 공연공간으로 전환된다고 하였다. 궁중 연향과 행렬 의식은 각각 단일한 공연공간과 복합적인 공연공간의 특성을 지니며 정재의 종목과 수, 공연방식과 무대장치, 출연자의 수, 반주 음악 등의 차이를 두어 공간 활용의 효과를 극대화하였다고 하였다.

임미선·사진실은 「고려시대 정재의 음악과 공연미학」(2006)에서 『고려사』「악지」소재 정재를 대상으로 정재의 이념에 따른 공간 운영의 원리와 음악의 특성을 밝혔다. 송도(頌禱), 상락(相樂), 관풍(觀風) 등 정재의 이념을 구분하여 창사의 작중공간과 정재의 공연공간이 지니는 상관성을 고찰하였다. 송도의 정재는 제의적 진정성을 담지하기 위하여 상락의 정재는 향락적 현장성을 강화하기 위하여 공연공간과 작중공간을 일치시키는 공간 운영 방식을 사용하였으므로 정재의 창사에서 고려시대 정재의 공연 현장을 유추할 수 있다고 하였다. 그 결과 창사만 남아 있는 정재의 공연공간을 재구하여 전정 연향(殿庭宴享)과 환궁 의식(還宮儀式)의 현장을 고찰하였으며 단일하거나 복합적인 공연공간의 특성을 확인할 수 있었고 음악적 특성을 밝혀내었다.

5) 총론과 비교론

사진실은 「조선전기 나례의 변별양상과 공연의 특성」(1997)에서 탈춤과 나례의 상관성에 대한 선행 연구에서 드러나는 자료 해석의 문제점을 지적하고자 조선 시대의 나례를 구나(驅儺), 관나(觀儺), 설나(設儺)로 변별하여 제의·오락적 성격과 공연미학 등을 고찰하였다. 구나는 제의이며 관나와 설나는 오락 행사라는 사실을 확인하였으며, 관나는 궁중에서 배우들의 놀이를 구경하기 위한 오락적인 공연 행사로 설나(산대나례)는 큰길가에서 임금 등의 행차를 환영하기 위한 의전적인 행사였다는 사실을 확인하였다. '관(觀)의 미학'과 '설(設)의 미학'의 차이에 따라 관나와 설나의 공연공간이 달라지며 공연종목의 선정에도 영향을 미친다고 하였다.

조동일은 「연극미학의 세 가지 기본원리, '카타르시스'·'라사'·'신명풀이' 비교연구」(1996)에서 탈춤의 미학인 '신명풀이'를 그리스 연극 미학인 카타르시스, 산스크리트 연극 미학인 라사와 비교하였다. 세계문학사 서술 방법론을 모색하는 연장선에서 이루어진 이 논의는 유럽문명권중심주의에 대한 인식을 극복하고 세계연극사의 이해를 위한 새로운 전망을 제시한다는 목적으로 쓰였다. 세 가지 연극 미학을 구현한 연극 작품의 특성과 세계관을 비교하는 가운데 신명풀이의 연극 미학적 특성을 드러내었으며, 전통 사상에서 신명의 철학을 찾아내어 신명풀이 연극 미학의 이론적 접근을 시도한 성과를 내었다.

이 연구는 단행본으로 확장되어 『카타르시스·라사·신명풀이』(1997)

로 출간되었다. 『탈춤의 역사와 원리』(1979) 이후 18년 만에 탈춤 관련 저
서를 내놓기까지 저자는 동아시아 문학사 비교론을 거쳐 세계문학사 서
술을 위한 광범위한 논의를 진행해 왔다. 그 과정에서 저자의 탈춤 연구
가 국수주의적이고 민중주의적이라는 비판에 대응하여 탈춤의 이론을 바
탕으로 세계연극사의 보편이론을 도출하려는 입장을 견지하였다. 서두의
논의에서는 세계문학사의 균형적 인식을 위한 문제제기부터 1970년대 이
후 진행된 마당극 운동의 한계, 영화 등 문화산업의 현장에서 드러나는
표현의 오류에 이르기까지 논의하여 전통연희에 입각한 예술 이론 정립
의 필요성을 강조하였다. 본론의 논의에서는 작품의 전개, 언어 사용, 관
중의 구실, 세계관의 지향이라는 측면에서 세 연극의 미학을 비교 분석하
였고 세계연극사를 향한 논의로 확대하여 고대, 중세, 근대이행기 연극의
중심에 있었던 카타르시스연극, 라사연극, 신명풀이연극의 세계사를 재구
하였다. 『탈춤의 역사와 원리』와 『카타르시스·라사·신명풀이』는 탈춤
의 특수성에 관한 미시 담론에서 출발하여 세계연극의 보편성에 관한 거
대 담론으로 나아간 학문 연구의 사례를 보여주었다고 생각한다. 두 저서
를 합본하여 수정·보완한 『탈춤의 원리 신명풀이』(지식산업사, 2005)가
출간되었다.

사진실은 「산대의 무대양식적 특성과 공연방식」(1998a)에서 중국사신
의 화첩 『봉사도(奉使圖)』에 나타난 산대의 공연방식에 대하여 논의하였
다. 산대는 기암괴석의 산 모양으로 만들어 나무와 사찰 등으로 장식하고
인물과 동물의 잡상을 설치하였는데, 인물 잡상의 경우 고사 속의 인물이
나 전형적인 인물을 표현하여 관객에게 감상의 흥미를 제공하였다고 하
였다. 중국의 오산에 대한 기록을 근거로 산대의 인물 잡상이 기관 조작
에 의하여 움직이는 인형이었을 가능성을 제기하였다. 이 논의는 필자의 저
서 『공연문화의 전통 악·희·극』(2002)에 수정·보완되어 재수록되었다.

신은경의 저서 『동아시아 미학의 근원 풍류』(1999)에서는 풍류(風流),
흥(興), 한(恨), 무심(無心) 등 동아시아 미학의 근원을 탐구하였는데, 이

가운데 흥의 미학적 전개를 논의하면서 탈놀이의 공연방식에 나타난 흥의 원리를 논의하였다. 저자에 의하면 흥의 미적 원리란 '흥기된 정서의 발산', '俗(현실)과의 적극적 관계맺음', '무갈등의 경향', '재미와 놀이요소' 등을 포한한다. 탈놀이에 있어서는 탈놀이판에 대한 관중의 기대심리, 수용과정에서 나타나는 놀이꾼과 구경꾼의 상호작용 등 작품외적 요소, 탈과 복색의 형태, 탈놀이의 춤사위 등 시각예술적인 요소, 희극적 불일치, 경계허물기, 해학적 요소 등 문학적 요소에 나타난 흥의 미학을 다각적으로 분석하였다.

사진실은 「산희와 야희의 공연 양상과 연극사적 의의:『奇玩別錄』에 나타난 공연 행사를 중심으로」(2001)에서 경복궁 중건 때 거행한 공연 행사를 기록한『기완별록』에 나타난 산희와 야희의 양상을 고찰하였는데, 산희는 산대 위에 인형 잡상을 설치하여 놀리는 산대 잡상 놀이를 말한다. 산대 잡상 놀이가 고사의 장면을 재현하여 장관을 연출한다는 사실이 생생한 현장 기록을 통하여 확인되었다. 또한 봉래산 등 신성한 산과 신선의 이야기를 산대 잡상으로 연출함으로써 군주의 만수무강을 비는 뜻을 담았다고 추론하였다.

사진실은 또한 「금강산의 팔선녀: 산대의 이념과 미학」(2002)에서 산대의 정치적인 이념과 미학을 논의하면서 산대를 둘러싼 산희(산대잡상놀이)와 야희(탈춤)의 문화사적 변천 과정을 개괄하였다. 산대를 세우고 산대 위에서 벌이는 산희와 산대 앞마당에서 펼쳐지는 야희 사이에는 상관적인 공연미학이 발생한다고 상정하였다. 산희는 '산대-신성공간-인형-초월세계'의 속성을 지닌다면 야희는 '마당-세속공간-사람-인간세계'의 속성을 지니는데 산희와 야희가 같은 공간에서 연행될 때 관객은 산희와 야희의 인물과 상황을 관련지어 감상하게 된다는 것이다.

사진실은 「선유놀음의 무대와 객석」(1999a)에서 국립박물관 소장『평양감사향연도』와 미국 피바디 에섹스 박물관 소장『평양감사환영도』중 선유도(船遊圖)와『평양지』등 문헌기록을 중심으로 대동강에서 거행된 선유놀음의 무대와 객석 구조를 분석하였다. 「은영연의 무대와 객석」(1999b)에서는 선조 때 기록화인 「과거은영연도(科擧恩榮宴圖)」를 중심으로 과거 급제자를 위하여 임금이 내린 은영연의 무대와 객석 구조를 분석하였다. 「기로연의 무대와 객석」(2000a)에서는 숙종 때 화첩인 『기사계첩』의 기록화를 중심으로 국가 원로들에게 임금이 내린 기로연의 무대와 객석 구조를 분석하였다. 「부벽루 연회의 무대와 객석」(2001)에서는, 국립박물관 소장 『평양감사향연도』와 미국 피바디 에섹스 박물관 소장 『평양감사환영도』 중 「부벽루연회도」를 중심으로 부벽루의 무대와 객석 구조를 분석하였다.

또한 사진실은 「조선시대 궁정 공연공간의 양상과 극장사적 의의」(2000b)에서 궁정연회를 거행하는 동안 궁궐은 궁정극장의 성격을 지니게 된다고 하였으며, 조선시대 궁궐 건축 공간을 극장사의 측면에서 접근하였다. 보계를 가설하는 방식 및 무대와 객석의 구조 등 궁정극장의 규범은 당대 상층사회 및 민간에 널리 퍼졌다. 그 결과 궁정극장의 물리적 폐쇄성과 장터 놀이판의 시장 논리가 맞물려 최초의 근대극장인 협률사가 마련되었다고 할 수 있다.

신선희는 박사학위논문인 「한국 궁중의례의 극장공간 연구」(2003)에서 '자연공간의 제장(祭場)', '삼국시대 가무백희의 공간', '고려시대 국가의례의 축제극장', '조선시대 궁중의례의 공간'의 항목을 두어 시대별 극장공간의 유형을 통시적으로 고찰하였고, 마지막으로 '궁중의례 극장공간의 원리'를 다루어 고대부터 근세까지 극장공간의 전통과 미학을 추출하였다. 저자는 산대(山臺), 채산(綵山) 등 궁중의례의 극장공간에 나타난 산(山)의 의미에 주목하여 '산'을 인간과 자연이 결합하는 극적세계를 구현한 장치라고 분석하였다. 또한 흙을 돋우어 만든 대(臺)에 주목하여, 산이 실재하는 이상공간의 표현이었다면, 대는 이 세계를 공개적으로 보여주는 극행동의 공간이라고 규정하였다. 또한 대를 둘러싼 세속의 공간은 '마당'이라는 놀이공간을 창조하였다고 분석하였다. 특히 저자는 궁중의례의 극장공간이나 마당과 같은 야외극장에서 나타나는 통로인 길의 공간 연출 방식에 주목하여 상징적이고 기능적 특성과 의미를 밝혔다. 이 논문은 수정 보완 작업을 거쳐 『한국 고대 극장사 연구』(열화당, 2006)로 출간되었다.

사진실은 「동아시아의 '신성한 산' 설행에 나타난 욕망과 이념」(2006)에서 한국, 중국, 일본에서 두루 나타나는 바, '신성한 산'을 만들어 연행하는 전통의 동질성과 문화사적 의미를 밝히고자 하였다. 봉래산과 곤륜산으로 수렴되는 '신성한 산'의 설행은 비의(秘儀)에서 공의(公儀)로, 주술에서 예술로 중심점을 옮겨가면서 장생불사를 향한 개인적인 욕망에서 왕조의 영속성을 과시하는 정치적인 이념으로 확장되었고 국가적 축제의 중심이 되었다고 하였다. '신성한 산'의 설행은 도교적인 신선사상에 대한 숭배를 나타낸 것이 아니라 신화가 지니는 장생불사의 이미지를 활용한 것이며 중세 이후에는 오히려 유교적인 통치 이념을 주지시키고 확산시키는 동아시아 보편의 의전(儀典)으로 자리 잡았다고 하였다.

4. 전통연희의 미학과 원리 연구의 성과와 전망

여기서는 전통연희의 미학과 원리에 대한 연구 성과와 한계를 종합하고 향후 전망을 제시하고자 한다. 앞서 언급하였듯이 미학과 원리 연구는 텍스트 연구이다. 연희양식의 공연 상황을 상정할 때 언어 텍스트, 연희 텍스트, 공연 텍스트의 세 층위와 더불어 공연 행위를 둘러싼 문화적 콘텍스트의 층위가 존재한다. 세 개의 텍스트와 하나의 콘텍스트는 층위가 다른 네 개의 공간과 연관되어 있다(표 참조).[6]

---

6 연극을 공연할 때 발생하는 극중공간, 공연공간, 일상공간의 층위에 대하여 고찰한 내용을 연희의 공연 상황에 비추어 수정하였다; 사진실, 「고려시대 정재의 공연방식과 연출원리」, 『정신문화연구』 21, 한국학중앙연구원, 1998; 『공연문화의 전통 악·희·극』, 태학사, 2002, 233~245면 참조.

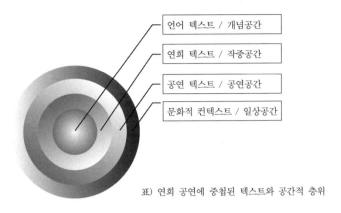

표) 연희 공연에 중첩된 텍스트와 공간적 층위

언어 텍스트는 연희에 포함된 말, 이야기, 노래의 짜임이다. 언어 텍스트에 의하여 구현되는 시공간을 개념공간이라 부를 수 있다. 개념공간은 언어 텍스트, 즉 연희 사설만을 별도로 읽었을 때 독자의 머릿속에 그려지는 세계이다. 독자가 축적해온 여러 가지 개념들을 종합하여 상상적인 이미지를 만들어낸다는 의미에서 개념공간이라 명명할 수 있다.

연희 텍스트는 언어 텍스트를 포함하여 분장, 가면, 의상, 소도구, 발화, 동작, 음향, 무대미술 등의 총체적인 요소들의 짜임이다. 연희 텍스트에 의하여 구현되는 시공간을 작중공간이라 부를 수 있다. 작중공간은 연행자가 관중에게 전달하는 가시적인 대상으로 무대 위에 드러나는 작품 세계라고 할 수 있다.

공연 텍스트는 연희 텍스트를 포함하여 연행자와 관중이 만나는 무대와 객석의 구조나 운영방식, 공연 상황의 짜임이다. 공연 텍스트가 존재하는 시공간은 공연공간이라 부를 수 있다. 공연공간은 연희 작품의 작중공간의 생산과 수용을 목적으로 연행자와 관중이 공존하는 현실 세계이다.

문화적 콘텍스트는 언어 텍스트, 연희 텍스트, 공연 텍스트를 창출한 문화적 맥락이다. 문화적 콘텍스트가 존재하는 시공간은 일상공간이라 부를 수 있다. 일상공간은 연희 공연의 배후에 있는 현실 세계이다.

앞서 제시한 여러 층위의 텍스트에 대한 연구가 고르게 분포하고 각 층위의 상호작용에 대한 연구가 함께 진행되었을 때 전통연희의 미학과 원리 연구가 더욱 활발해질 것이다. 이하에서는 언어 텍스트, 연희 텍스트, 공연 텍스트, 문화적 콘텍스트로 나누어 전통연희의 미학과 원리 연구의 과제를 살펴보도록 하겠다.

언어 텍스트에서는 사설에서 드러나는 언어 표현의 특성, 대사의 표현 기법과 형성 원리, 삽입가요의 기능과 성격, 언어로 표현된 인물과 사건의 형상화 방식 등 언어·문학적인 미학과 원리를 발견할 수 있다. 조만호(1995), 전경욱(1996), 김청자(1996, 1998, 1999), 서연호(1997a)의 재담 구성 관련 논의, 정형호(1997), 이균옥(1998), 전경욱(1998)의 탈놀이 대사 관련 논의, 김재석(1999), 전신재(1999), 정형호(1999), 한창훈(2000), 김익두(2001), 조규익(2003), 정형호(2007) 등의 논의가 이 영역을 중점적으로 다루었다. 전통연희의 미학과 원리 연구에서 언어 텍스트 연구는 연희 텍스트 연구에 포함될 수 있다. 언어 텍스트를 따로 떼어 분석한 연구가 많다는 사실은 연구자의 대다수가 문학 연구를 기반으로 한다는 사실과 연관이 있다고 하겠다. 연구자의 학문적 기반이나 취향에 따라 특정한 영역에 주목하는 경향을 보인 것이라 할 수 있다. 언어 텍스트 연구는 그동안 이루어진 선행 연구 성과를 기반으로 연희 텍스트나 공연 텍스트, 문화적 콘텍스트와의 상관성을 밝히는 연구로 나아가야 할 것이다.

연희 텍스트에서는 사설을 포함하여 동작, 표정, 의상, 음악, 음향, 소도구의 이용, 무대장치 등을 사용하여 가시화한 인물과 사건 혹은 상황에 대한 미학과 원리를 발견할 수 있다. 정은혜(1995), 조동일(1996), 한옥근(1996), 조동일(1997), 서연호(1997b), 정형호(1997), 사진실(1998a), 사진실(1998b), 성기숙(1998), 허용호(1998), 박진태(1998a), 박진태(1998b), 조정현(1998), 박진태(1999), 박진태(2000), 성기숙(2000), 김헌선(2001), 김현철(2001), 사진실(2001), 서연호(2001), 심상교·이철우(2001), 허용호(2001), 박진태(2002a), 박진태(2002b), 사진실(2002), 양종승(2002), 유인경(2002), 박진태(2003a), 박진태(2003b), 정은혜(2003), 허용호(2003a), 허용호

(2003b), 박진태(2004), 박진태(2006), 임혜정(2006), 박진태(2007) 등의 논의가 이 영역을 중점적으로 다루었다. 언어 텍스트의 차원을 넘어서 연희의 제반 요소를 언급한 연구를 포함시켰다. 그러나 사실상 연희 텍스트의 차원에서 인물과 사건의 입체적 형상화를 다룬 경우도 갈등 구조나 대립의식 등 문학적 접근 방식이 중심을 이루고 있다. 여러 차례의 연구사 검토에서 연행론을 거듭 강조한 사실을 통해서도 그동안 연구사의 흐름이 편중되었다는 사실을 확인할 수 있다.

기존의 연구사 검토에서는 문학, 무용, 음악, 미술, 무대, 복식 등의 요소가 함께 어울려 이루어내는 연행 원리를 고찰하여 연희이론을 체계화해야 한다고 주장하였다. 종합적인 공연예술로서 전통연희의 연행 이론을 구축하는 문제는 연구사 검토가 시작된 1985년부터 강조된 내용이나 20년이 지난 지금도 여전히 유효하다. 학제 간 연구나 협동 연구를 장려하고 있는 연구 풍토이니만큼 과거에 비하여 예술 영역 사이의 소통이 활발해질 것이다. 그러나 학제 간 연구나 협동 연구의 경우 하나의 공통 주제로 묶인다는 것뿐 연구 자체는 자신의 전공 영역에서 벗어나지 못하는 경우가 많다.

총체적인 공연예술로서 전통연희의 예술형식에 관한 이론을 체계화하기 위해서는 먼저 실기와 이론을 겸비한 연구자 개인의 역량이 중요하다고 할 수 있다. 현재 활동하는 연구자들 가운데서도 대학의 학부에서 실기를 전공하고 이론 연구로 전환했거나 대학 동아리 활동에서 출발하여 전통연희의 이수자나 전수자에 이른 인재들이 있는 것으로 알고 있다. 그러나 이러한 현상은 개인적인 노력과 취향의 결과이지 제도적인 교육 과정이나 연구 환경의 결실은 아니다. 체계적인 교육을 통하여 실기를 겸비한 이론 연구자를 양성하는 일이 필요하다고 하겠다.

연희 텍스트의 층위와 관련하여 전통연희의 미의식과 예술철학을 발굴하는 논의가 부각될 필요가 있다. 구비전승된 민속연희의 경우 연희 양식에 대한 일반론을 기록으로 남기지 않았으므로 연희 텍스트를 구성하는 모든 요소들에 녹아있는 미의식과 예술철학을 찾아내야 한다. 또는 문학사상이나 예술사상 등 외부에서 전개된 철학적 사유를 빌어 전통연희의 미의식과 예술철학을 밝히는 연구를 진행할 수 있다. 궁중연희인 정재의 경우 예악사상에 바탕을 둔 수많은 악론(樂論)이 개진되어 있어 미의식과 철학을 탐구하는 연구가 축적되었다. 이 영역에 있어서는 민속연희 연구가 궁중연희 연구의 방법론을 수용할 지점에 있다고 하겠다. 그러나 정재의 미의식과 예술철학을 밝히는 연구에 있어서도 예악사상이나 악론이 정재의 공연방식과 연출원리에 어떻게 적용되었는지 분석하는 작품론이 활성화될 필요가 있다.

연희 텍스트의 미학과 원리는 이미 존재하는 것을 발굴할 뿐만 아니라 새롭게 창조하고 재창조할 수 있다. 역사 연구는 사료(史料)를 바탕으로 사실을 증명해야 하지만, 미학과 원리 연구는 논리적 정합성을 인정받을 수만 있다면 사실 여부를 뛰어넘는 창조적 논의가 얼마든지 가능하다. 전통의 창조 혹은 날조에 대한 비판이 있지만, 이때의 전통이란 과거에 존재했던 어떤 대상에 대한 사실 여부와 연관되어 있다. 전통연희의 기원이나 형성 과정은 과거에 존재했던 역사적 사실이므로 창조할 수 없지만, 미학과 원리는 현재의 공연현장에서 소통되는 가치이기 때문에 새롭게 발견할 수 있다. 전통연희의 현대화라는 담론만 무성하고 실천을 위한 방법론이 제시되지 못하는 상황이기에 새로운 미학과 원리를 창조하고 재창조하는 연구가 절실하다.

공연 텍스트에서는 연행자와 관중의 상호작용, 무대와 객석의 구조, 공간 연출의 원리 등 공연 현장과 관련한 미학과 원리를 발견할 수 있다. 김익두(1995), 김익두(1997), 사진실(1997), 허영일(1998), 사진실(1999a), 사진실(1999b), 허용호(1999), 사진실(2000a), 사진실(2000b), 신동흔(2000), 허용호(2002), 신선희(2003), 이미원(2004), 사진실(2005), 김익두(2006), 신선희(2006), 임미선·사진실(2006) 등의 연구가 이 영역에 집중하고 있다. 기존의 연구사 검토에 의하면 전통연희는 생산자와 수용자, 작품이 동시적으로 존재하여 상황에 따른 가변성을 지니므로 그 특성을 잘 살린 현장론적 연구가 필요하다고 하였다. 현장론에 입각한 연행자 연구가 제기되기도 하였다. 상황에 따라 변화하는 공연현장에서는 연행자의 역량에 따라 연희의 내용이 달라질 수 있기 때문이다. 같은 논리로 현장론에 입각한 관중 연구도 가능하리라 여겨진다.

공연 텍스트는 무대와 객석의 구조와 분위기가 달라져 공간의 운영방식이 달라지고 연행자와 관중의 현존 관계가 달라져 연행 내용이 달라지는 그 변화를 포착해야 한다. 연희 텍스트의 연구는 문자로 기록된 연희본이나 현장을 촬영한 영상물, 기억 속에 남아 있는 공연 장면 등을 종합하여 추출된 가상의 선본(善本)을 대상으로 한다. 반면 공연 텍스트 연구는 공연현장에 따라 발생한 공연 텍스트 하나하나가 대상이 된다고 할 수 있다.

전통연희의 현장론에서는, 문화재로 지정되어 전승된 전통연희 공연의 한계에 대한 우려가 컸다. 무형문화재 보존 차원에서 거행되는 공연에서는 전통연희를 함께 즐기는 공동체문화의 현장을 포착할 수 없기 때문이다. 그러나 지역축제가 크게 활성화되면서 일시적이나마 공동체문화의 특성을 지닌 공연현장을 발견할 수 있게 되었다. 문화재전수회관 대신 지역축제의 공연현장을 찾아온 관중들의 태도에서 자발적인 참여와 집단적인 신명을 찾을 수 있기 때문이다. 지역축제가 지역을 넘어선 획일성과 내용 부족으로 비난을 받기도 하지만 전통연희의 공연현장을 확산시켜 자발적인 관중을 확보했다는 점에서 의의를 지닌다고 할 수 있다.

공연 텍스트는 일회성을 지니므로 연구 대상으로 삼기 위해서는 공연현장의 상황을 담은 동영상 자료의 제작이 필수적이다. 기존의 연구사 검토에 의하면 현장에 밀착하여 사설, 춤사위, 음악, 가면, 의상, 놀이판, 연행자, 공연의 상황 등에 대한 종합적 자료를 수록한 연희본을 작성해야 한다고 강조하였고 디지털 매체로 연희본을 제작하여 활용해야 한다는 주장도 있었다. 공연 텍스트 연구를 위해서는 강의에 사용하거나 연구에 참고할 목적으로 기록한 동영상 연희본 외에 공연 텍스트의 각편인 동영상 연희본이 함께 제작되어야 한다. 전자의 경우 무대 위에 나타난 연희 텍스트를 중심으로 촬영하겠지만 후자의 경우 무대 뒤 연행자의 모습이나 관중의 모습, 현장의 돌발 상황 등 공연 텍스트의 변이를 보여주는 정보를 중심으로 촬영하게 될 것이다.

동영상 연희본을 사용한 공연 텍스트 연구는 연구 과정과 공개 발표과정에서도 새로운 방식을 모색해야 한다. 공연 텍스트 연구를 논문으로 작성하여 공개하기 위해서 동영상 연희본의 사설을 채록하고 공연상황을 묘사하여 기록하는 수고를 피해 가야 하기 때문이다. 공연 텍스트 연구는 공연현장을 담은 동영상 자료가 논거가 되기 때문에 공개 발표 역시 동영상 자료를 사용한 프레젠테이션(presentation)의 방식을 채택할 필요가 있다. 지금도 학회의 연구 발표에서 파워포인트(Power Point)나 플래시(Flash) 프로그램을 사용한 프레젠테이션 방식을 사용하기도 한다. 여기서 더 나아가 논문집을 발간할 때도 웹사이트상의 전자저널로 만들어 게재하는 방안을 생각해 볼 수도 있다.[7]

그러나 아무리 세밀하게 제작된 동영상 연희본이라 할지라도 공연 텍스트와는 분명히 다르다. 공연 텍스트는 일회성으로 끝나 반복할 수 없지만 동영상 연희본은 반복 재생은 물론 편집까지 가능하기 때문이다. 또한 공연현장의 특정한 인물이나 상황을 포착하다 보면 다른 인물이나 상황을 놓치게 된다.[8] 공연 텍스트 연구에서는 고의적이거나 실수로 발생하는 왜곡을 피하기 위하여 전체적인 연희 텍스트를 촬영한 동영상 연희본과

---

7 임재해, 「구비문학의 연구동향과 세기적 전환의 기대」, 『한국민속학』 32, 한국민속학회, 2000에서 언급한 동영상 연희본과 파워포인트 프레젠테이션, 전자책에 대한 전망을 확대시켜 보았다.

8 공연 텍스트는 'performance text'로 번역할 수 있는 바, 실제 퍼포먼스와 동영상으로 촬영된 퍼포먼스의 차이에 대해서는 Paul Thom, *For an Audience : A Philosophy of the Performing Arts*, Philadelphia: Temple University Press, 1993, 4~6면 참조.

연구자의 논점에 따라 포착한 동영상 연회본이 동시에 필요하다고 할 수 있다. 실제로 이러한 연구 방식과 공개 발표, 웹사이트 게재의 방식이 실현된다면 실제 공연과 동영상 연회본의 차이를 좁혀줄 보완책이 필요할 것으로 여겨진다.

현장론적 연구에 있어서는 궁중연희 연구가 민속연희 연구의 방법론 또는 방법론적 고민을 수용해야 할 것이다. 정재 연구에서는 일회적인 공연현장을 포착하는 공연 텍스트 연구가 진행되지 않고 있기 때문이다. 근래에 궁중의례와 정재를 복원하여 공연하는 행사가 활발해지면서 정재에 대한 학계와 예술현장의 관심이 증대되었다. 고증 문제와는 별도로 현대의 공연공간에 나타난 정재의 현장론적 연구가 필요하다고 할 수 있다.

공연 텍스트 연구의 구체적인 내용을 보면 연행자와 관중의 상호작용에 관한 논의가 압도적이었다. 극중장소와 공연장소의 일치 문제, 인형극 산받이와 탈춤 악사의 역할 등은 이러한 논의의 사례들이다. 무대와 객석 등 공연공간의 미학에 관한 연구는 민속연희를 중심으로 논의되었다가 오랜 공백 후 궁중연희의 공연공간에 대한 논의가 시작되었다. 극장사의 전통을 재구하는 측면에서 무대와 객석의 실체를 밝히는 연구였기에 공간 운영의 미학에 대한 관심이 적었다. 미학과 원리에 주목한 연구는 현장예술가의 시각으로 분석한 논의였기에 이론적으로 공감할 수 있는 개념 설정과 논증이 이루어지지 않았다. 공연공간 또는 의례공간의 미학과 원리에 대한 논의는 아직 갈 길이 멀다고 할 수 있다.

문화적 콘텍스트의 층위에서는 연행 집단과 관중 집단의 성격과 존재 방식, 세계관, 공연 상품의 생산과 수용 과정, 유통 방식, 공연문화와 관련된 제도와 관습 등 문화사 전반의 문제가 거론될 수 있다. 선행 연구로는 허용호(1997), 신은경(1999), 전성운(1999), 정형호(1999), 허용호(2005), 사진실(2006), 정형호(2007) 등을 들 수 있다. 문화적 콘텍스트의 상황은 언어 텍스트, 연희 텍스트, 공연 텍스트의 미학과 원리를 창출하는 바탕이 되는 동시에 텍스트 차원의 변화를 수용하여 반영한다고 할 수 있다.

각 층위의 텍스트와 문화적 콘텍스트의 상관성에 관한 논의도 의미가 매우 크다고 할 수 있다. 학계와 일반 독자들을 대상으로 하는 『○○○의 문화사』류의 저술이 이 층위의 연구에서 활성화될 수 있다. 전통연희 작품 또는 양식을 둘러싼 총체적인 공연상황과 인접 예술의 상관관계, 사회 문화적 변동들을 함께 다루면 전통연희의 총체적인 면모가 더욱 균형 있게 드러나리라 생각한다.

5. 맺음말

지금까지 한국 전통연희의 미학과 원리에 대한 연구의 동향을 분석하고 향후 연구의 전망을 제시하였다.

2장에서는 전통연희의 연구사 검토를 진행한 선행 연구를 고찰하여 미학과 원리 연구의 성과와 한계가 어떻게 평가되었는지 살펴보았다. 역사적 연구가 활발했던 가면극 분야에서 미학과 원리 연구도 가장 활성화되었고 주목할 만한 미학 논쟁이 진행되기도 하였다. 대부분의 연구사 연구에서는 미학과 원리 연구를 본격적으로 다룬 저서로서 조동일의 『탈춤의 역사와 원리』, 임재해의 『꼭두각시놀음의 이해』를 대표작으로 꼽았다.

3장에서는 가면극, 인형극, 굿놀이, 정재, 총론과 비교론으로 나누어 미학과 원리 연구의 동향에 대하여 논의하였다. 가면극의 경우 한 작품을 중심으로 연행 원리와 의미 구현 양상을 도출하는 논의를 비롯해서 작품을 넘나들며 같은 소재를 다룬 과장을 비교하는 논의, 가면극의 공연 전후 상황을 함께 다루는 현장론적 논의에 이르기까지 다양한 연구가 진행되었다. 특히 새로운 시도로서 가면극의 표현 매체로 사용된 다양한 요소들의 결합 구조와 상관관계를 다룬 논의가 눈에 띈다.

인형극의 경우 여전히 꼭두각시놀음의 연행 원리와 의미를 찾는 작업에 집중되었다. 꼭두각시놀음은 현재 전승되는 유일한 인형극으로 연구대상이 되었으나 최근 들어 무당굿이나 마을굿, 가면극 등에 포함된 인형연희 전반을 다루는 논의가 시도되어 인형극 연구의 활력을 불어넣고 있다.

굿놀이의 경우 풍물굿 또는 농악대의 잡색놀이에 대한 관심이 고조되어 전통연희 연구의 영역이 확장되었다. 이들 연희 양식의 연극성을 드러내는 논의에서 시작하여 구조와 미의식을 다루는 논의까지 빠른 속도로 가면극이나 인형극 등의 연구 성과를 따라잡고 있다. 연극성이 널리 알려진 동해안별신굿의 거리굿은 여전히 주목받은 연구대상이었다.

정재의 경우 문학과 연극학 연구자들이 관심을 갖게 되면서 정재의 연극적 성격 및 공연방식과 연출원리를 다루는 연구가 활성화되기 시작하였다. 정재는 궁정 공연예술이므로 기록화와 의궤 등 많은 기록 자료가 남아 있어 연구가 용이하다는 점이 연구의 활성화에 크게 작용하고 있다. 정재가 공연된 진연(進宴)에 주목하여 정재의 이념과 형식의 상관관계, 공연공간의 구조와 운영 원리 등을 다룬 논의가 새롭게 부상하고 있다.

총론과 비교론의 경우 탈춤의 원리를 동서양의 대표적 연극양식의 미학과 비교하는 논의가 이루어졌고 문학과 철학에서 발견되는 미학적 담론을 전통연희의 미학에 적용하는 논의가 이루어졌다. 전통연희 양식을 포괄하는 공연공간에 대한 논의가 새로운 연구 영역을 개척하기도 하였다. 특히 〈봉사도(奉使圖)〉와 『기완별록(奇玩別錄)』 등의 자료가 발굴되면서 중세 전통연희의 축제였던 산대 나례의 공연공간과 연행원리에 대한 집중적인 논의가 이루어졌다. 우리나라 극장공간의 유형과 원리를 집대성한 극장사 연구가 출간된 것도 큰 성과이다.

4장에서는 전통연희의 언어 텍스트, 연희 텍스트, 공연 텍스트, 문화적 콘텍스트의 층위를 중심으로 미학과 원리 연구의 성과와 한계를 밝히고 향후 연구의 전망을 제시하였다. 미학과 원리 연구는 텍스트 연구이다. 언어 텍스트는 연희에 포함된 말, 이야기, 노래의 짜임이다. 연희 텍스트는 언어 텍스트를 포함하여 분장, 가면, 의상, 소도구, 발화, 동작, 음향, 무대미술 등의 총체적인 요소들의 짜임이다. 공연 텍스트는 연희 텍스트를 포함하여 연행자와 관중이 만나는 무대와 객석의 구조나 운영방식, 공연 상황의 짜임이다. 문화적 콘텍스트는 언어 텍스트, 연희 텍스트, 공연 텍스트를 창출한 문화적 맥락이다.

전통연희 연구는 구비문학 연구의 하위 영역으로 시작되었기 때문에 언어 텍스트 층위의 연구가 집적되었는데 최근 12년 사이 연희 텍스트 층위의 연구가 크게 성황을 이루게 되었다. 공연 텍스트 및 문화적 콘텍스트의 층위에서도 연구가 활성화되고 있으며 향후 큰 성과를 내리라 기대할 수 있다. 공연 텍스트의 경우 디지털 매체를 통해서 전통연희의 답사와 기록의 풍경이 달라졌기 때문에 새로운 연구와 발표의 양상이 나타나게 되리라 예측할 수 있다. 문화적 콘텍스트의 경우 전통연희를 둘러싼 사회문화적 동향을 반영할 수 있어 일반 독자의 이해와 관심을 일으킬 수 있으니 예술 현장과의 소통을 위해 더욱 중요한 연구 영역이 된다고 할 수 있다.

제2부 근대극의 성립과 근대적 변화 양상

제1장 개화기 한국연극의 근대적 발전 양상 연구[1]
-연극 전통의 계승과 혁신을 중심으로

1. 서론

개화기 연극은 중세 연극에서 근대 연극으로 이어지는 이행적(移行的) 성격을 지니고 있다. 따라서 근대극의 성립 과정에 나타난 전통극의 계승과 혁신의 양상을 밝히는 데 중요한 연구 대상이 된다. 연극 전통을 바로 세우는 일은 학문 내적인 미해결의 과제일 뿐만 아니라, 현재 공연 문화의 현장에서 부닥친 당면의 문제를 해결하는 데 있어서도 매우 중요한 과제이다. 우리 연극의 전통이 과거에서 현재에 이르기까지 단절되지 않고 연속되었다는 사실을 증명하여야 문화적 정체성(正體性)과 정통성(正統性)을 확보할 수 있기 때문이다.

한국연극사에서 근대극의 성립 과정은 매우 중요한 연구 과제였다. 근대인에게 있어서는 중세를 청산하며 맞이한 근대의 성과가 중요할 수밖에 없었다. 따라서 '근대극'이 일정한 가치 개념으로 인식되었으며, 근대극을 도달점에 두고 그 성립과 발전 과정을 밝히는 노력을 경주하게 되었던 것이다.

김재철 이후 지금까지 대략 20년마다 한 번씩 쓰여진 한국연극사[2] 저술

---

1 출처: 사진실, 「개화기 한국연극의 근대적 발전 양상 연구: 연극 전통의 계승과 혁신을 중심으로」, 『한국연극연구』 3, 한국연극사학회, 2000, 9~66면.

2 지금까지 출간된 연극사 또는 희곡사 관계 저술 가운데 전통극과 근대극을 함께 다룬 저술은 김재철의 『조선연극사』(학예사, 1933), 한효의 『조선연극사개요』(평양: 국립출판사, 1956), 이두현의 『한국연극사』(민중서관, 1973) 등이다. 후자는 개정판(학연사, 1985)과 신수

제1장 개화기 한국연극의 근대적 발전 양상 연구 **187**

은 모두 '신극(新劇)' 혹은 '근대극(近代劇)'의 출현을 크게 강조하였다. 그러다 보니 이전 시대와는 다른 새로운 연극의 동향에 주목하였고 '구극(舊劇)'과 '신극(新劇)'이라는 이분법적인 개념을 갖게 되었던 것이다. 연극전통의 동질성보다는 새로운 연극이 만들어 낸 이질성에 관심을 가졌고 급기야는 연극의 전통단절론이 보편화되었다고 할 수 있다.

그러나 근대극을 마련하는 것으로 한국연극사의 역정이 끝난 것이 아니다. 근대극을 극복하려는 탈근대 연극의 향방이 광범위하게 모색되고 있기 때문이다. 근대의 연극을 중세나 고대의 연극과 함께 객관적으로 대상화할 수 있어야 한다. 본 연구는 이러한 관점에 기초하여 근대 연극의 형성 과정에 나타난 연극사의 전통과 혁신에 관하여 논의하고자 한다. 개화기 연극이 중세 연극의 전통을 이어 근대 연극을 마련한 자생적인 노력과 성과를 조명하고자 하는 것이다.

선행 연구에서도 개화기 연극은 한국연극사의 전통과 혁신을 구명할 중요한 연구 대상이었다. 이두현의 『한국신극사연구』 및 『한국연극사』, 유민영의 『개화기연극사회사』와 『한국근대연극사』, 서연호의 『한국근대희곡사연구』와 『한국근대희곡사』 등 연극사 저술에서[3] 1900년대 이후 극장과 극단 및 연극 작품의 동향을 소상하게 다루었다. 전통극과 근대극의 접맥 양상을 중점적으로 다룬 논의로서 권순종의 『한국희곡의 지속과 변화』를 들 수 있고,[4] 개화기 연극의 대표 갈래인 창극의 역사를 다룬 논의로서 백현미의 『한국창극사연구』가 있다.[5] 그밖에 대화체 문학 양식을 개

판(학연사, 1999)이 나왔다.

3 이두현, 『한국신극사연구』, 서울대출판부, 1966.
_____, 『한국연극사』(신수판), 일신사, 1999.
유민영, 『개화기연극사회사』, 새문사, 1987.
_____, 『한국근대연극사』, 단국대출판부, 1996.
서연호, 『한국근대희곡사연구』, 고려대 민족문화연구소, 1982.
_____, 『한국근대희곡사』, 고려대출판부, 1994.
4 권순종, 『한국희곡의 지속과 변화』, 중문출판사, 1993.

화기의 희곡으로 파악한 논의가 있다.[6]

1900년대 신연극의 전통과 혁신에 관한 문제를 다룰 때 가장 중요한 작품이 〈은세계〉이다. 김재철은 〈은세계〉 등을 최초의 신극으로 파악하면서 혁신단 이후의 신파극과 연속선상에서 논의하였다.[7] 따라서 이를 기점으로 구극과 신극이 단절되는 듯이 보였다. 그러나 〈은세계〉의 창극설(唱劇說)이 대두되면서 이른바 '구연극'인 판소리와 '신연극'[8]인 〈은세계〉의 지속성이 밝혀졌다.[9] 판소리의 전통을 계승하고 혁신한 창극의 발전 과정이 드러난 것이다.

창극의 연구를 통하여 개화기 연극의 전통과 혁신 양상이 밝혀졌음에도 불구하고 여전히 한국연극사는 전통단절론을 극복하지 못한 것으로

---

5 백현미, 『한국창극사연구』, 태학사, 1997.

6 1900년대 후반에 집중적으로 나타난 대화체 문학을 희곡의 관점에서 파악하는 논의는 김상선의 『한국근대희곡론』(집문당, 1985)과 김원중의 『한국근대희곡문학연구』(정음사, 1986)에서 활성화되기 시작하였다. 권순종도 앞의 저서에서 이런 관점을 이어 논의하였으며 최근에는 이정순의 「한국 근대희곡의 형성과정 연구」(부산대 박사학위논문, 1999)가 나왔다. 자생적으로 발달한 대화체의 글쓰기 방식 등이 근대희곡의 형성에 끼친 영향은 인정해야 할 것이다. 그러나 연극사의 입장에서 전통극의 계승과 혁신을 밝히기 위해서는 기록된 희곡의 흔적보다 연극 공연 상황의 현장성에 주목할 필요가 있다.

7 김재철, 앞의 책, 173~178면.

8 여기서 '신연극'이란 1900년대 연극 개량의 목표를 가지고 만들어진 연극을 말한다. 당대의 신연극이란 용어는 극장측과 관객들 사이에 견해 차이가 있었다. 극장측에서는 형식적인 새로움을 기준으로 삼았으므로 기존 판소리를 창극화한 작품도 신연극이라 하였다. 그러나 관객들은 당대 현실을 그려내는 등 내용의 새로움을 기준으로 삼아 신연극 여부를 판단하였다; 유민영(1998), 앞의 책, 13~17면.

9 〈은세계〉의 창극설은 유민영이 「한국희곡사연구」(『연극평론』 6·7, 1972)에서 제기하였는데, 최원식이 「은세계 연구」(『창작과비평』 1978년 여름호)에서 판소리의 전통과 결부시켜 〈은세계〉의 세계관과 창작 방법을 논의함으로써 거의 확정되었다. 장르에 관한 논의는 일단 정리되었으나, 작자 및 창작 경위, 문학사적 의의 등에 관하여 최근에 다시 논쟁이 일고 있다.
    김종철, 「〈은세계〉의 성립과정 연구」, 『한국학보』 51, 1988년 여름.
    _____, 「판소리의 근대 문학 지향과 〈은세계〉」, 『민족문학과 근대성』, 문학과지성사, 1995.
    이상경, 「〈은세계〉 재론」, 『민족문학사연구』 5, 1994.
    _____, 「이인직 소설의 근대성 연구」, 『민족문학과 근대성』, 문학과지성사, 1995.
    양승국, 「신연극과 〈은세계〉 공연의 의미」, 『한국현대문학연구』 6집, 한국현대문학회, 1998.

보인다. 판소리뿐 아니라 여러 가지 연극 양식이 20세기 직전까지 흥행하였다는 사실을 상기할 때, 20세기 이후 연극운동이 오로지 판소리를 대상으로 이루어진 이유를 해명할 필요가 있다. 판소리가 갈래 논쟁에 휩싸여 그 연극성 여부를 의심받는 데 비하여, 탈춤은 대표적인 전통 연극으로서의 위상을 인정받고 있다. 그럼에도 불구하고 개화기 당시 신연극을 마련하기 위하여 탈춤이 아닌 판소리를 선택한 당위성이 어디에 있었을까. 이러한 문제는 개화기 이후 한국연극의 지향점과 연관되어 있다. 문제의 해답은 한국연극사 전체를 조망하여 밝혀낼 수 있을 것이며 연극사 전개의 원리를 밝히는 주요 단서가 될 것이다.

필자는 한국연극사 시대구분의 방법을 모색하면서 연극사 전체의 전개 과정을 약술한 바 있다. 근대극 이후 형성된 연극의 개념과 갈래에 대한 선입견을 배제하고 고대, 중세, 근대 및 탈근대의 연극을 통틀어 인식할 수 있는 연극의 개념과 갈래를 규정하고자 하였다. 그 결과 나온 것이 악희극(樂·戲·劇)의 연극 갈래인데, 각각 노래·놀이·이야기가 중심이 되어 발전하였다고 하였다. 연극사는 이들 갈래가 서로 경쟁하고 조화를 꾀하면서 전개된 과정으로 파악할 수 있다.[10] 또한 필자는 「조선시대 서울지역 연극의 공연상황 연구」[11]에서, 20세기 직전까지 배우의 활동 유형과 공연 관리 기구의 기능, 공연의 재정적 기반과 작품의 생산 과정, 공연 공간의 특성과 연극의 유통 방식 등을 중심으로 연극사의 전개 과정을 밝혔다.

연극사의 발전은 전통을 잇는 동질성과 전통을 단절한 이질성을 모두 필요로 한다. 긍정적인 전통을 계승하고 부정적인 전통에 대항함으로써 혁신이 이루어질 수 있기 때문이다. 20세기 이전의 연극사와 마찬가지로

---

10 사진실, 「한국연극사 시대구분을 위한 이론적 모색」, 『한국음악사학보』 24집, 한국음악사학회, 2000. 6.

11 사진실, 「조선시대 서울지역 연극의 공연상황 연구」, 서울대 박사학위논문, 1997; 『한국연극사 연구』(태학사, 1997)에 수록.

20세기 이후의 연극사 역시 전통의 계승과 혁신을 통하여 발전하였다고 상정한다면 근대극의 성립 과정에서 제기된 전통단절론은 극복될 수 있을 것이다. 이 논문에서는 앞선 연구의 관점과 방법론을 토대로 개화기 연극의 공연상황 및 연극의 내재적 지향점 등에 대하여 논의하고자 한다.

연극사의 발전은 연극 외적인 동인과 연극 내적인 동인이 맞물려 이루어진다. 본론의 논의는 먼저 2장에서 '공연 공간의 변모와 극장의 발전'이라 하여 20세기 전후 전통적인 공연 공간이 상업적인 극장 공간으로 전환되는 과정을 고찰할 것이다. 3장에서는 '공연의 재정적 기반과 공연 종목의 특성'이라 하여 배우와 관객 등 연극 담당층의 동향이 공연 종목의 특성과 결부된 양상을 살펴보고자 한다. 4장에서는 '공연 텍스트의 서사성과 재현성'이라 하여 개화기 연극의 내재적인 지향점을 밝히고자 한다. 5장 결론에서는 개화기 전통극의 근대적 대응 양상을 일괄하고 이 시기 연극이 전체 한국연극사에서 차지하는 위상을 가늠하게 될 것이다.

2. 공연 공간의 변모와 극장의 발전

지금까지 극장사에서는[12] 1900년 이후 상설 옥내극장 무대의 상황에서 논의를 시작하였으므로 이전 시기 공연 공간의 양상과 연결되지 않는다. 이 논의에서는 20세기 직전 연극 양식의 변천과 더불어 진행된 공연 공간의 변모를 고찰하여 자생적인 극장문화의 발생 과정을 탐색하고자 한다. 필자는 공연 공간의 양상을 분석할 몇 가지 틀을 제시하고 조선 전기와 후기 공연 공간의 변천 양상을 밝힌 바 있다.[13]

---

12 극장사는 연극사와 사회사가 연결될 수 있는 매우 흥미로운 분야임에도 불구하고 연구가 그리 활성화되지 못하였다. 지금까지 유민영의 저술이 거의 독보적인 위상을 지니고 있다.

유민영, 『한국극장사』, 한길사, 1982.

_____, 『한국 근대극장 변천사』, 태학사, 1998.

공연 공간은 관객 구성 및 물리적인 구조의 개폐성에 의하여 폐쇄공간, 준폐쇄공간, 준개방공간, 개방공간으로 나눌 수 있다. 조선전기는 궁정을 중심으로 폐쇄공간과 준폐쇄공간의 공연이 발달하였다. 궁정에서 벌어지는 연희의 공연 공간은 모두 폐쇄공간의 특성을 지니며 관객의 입장이 제한되어 있고 공간의 물리적인 구조도 폐쇄적이다. 반면, 개방공간으로 갈수록 관객의 입장이 자유스럽고 공간의 물리적 구조도 개방적이다. 민간 놀이패가 흥행 활동을 하는 장터나 거리의 공연 공간은 개방공간의 특성을 지닌다.

후기에 오면 신분적인 특권을 내세워 관객을 제한하였던 폐쇄공간의 공연이 점차 축소되었고 공연 상품을 선택하여 즐기는 준개방공간의 공연이 늘어났으며 익명의 관객을 대상으로 공연하는 개방공간이 확장하게 되었다. 개방공간의 확장은 상업문화가 활성화되는 변화와 맞물려 일어났다. 개방공간에서는 공연 상품의 수요와 공급이 시장의 원리에 의하여 좌우된다. 공연 상품을 유통하는 최선의 방식은 익명의 다수 관객이 입장료를 선지불하는 보상 방식을 통하여 이루어진다. 그러기 위해서는 정당한 관객과 그렇지 않은 사람을 구분해주는 건축물로서의 극장이 필수적이다.

1) 노천 가설 극장과 옥내 극장

19세기 말부터 신문 기사에 등장하는 아현이나 용산 등지의 무동연희장은 서울 경강(京江) 주변의 상업문화가 발달하면서 설립되기 시작한 극장이라고 할 수 있다.[14] 아현은 본산대 탈춤인 〈애오개본산대〉로 잘 알려

---

13 사진실, 앞의 책, 281~303면, 367~394면.

14 『황성신문』 1900.3.3, 『황성신문』 1899.4.3; 단국대 공연예술연구소 편, 『근대한국공연예술사 자료집』 1, 단국대출판부, 1984. 13~14면.

진 곳이며 용산은 이들 놀이패의 흥행 경로에 해당하는 지역이었다. 상업 지역의 장터와 같은 개방공간에서 이루어지던 민간 놀이패의 공연이 인기를 얻으면서 노천 가설극장을 지어 일정한 기간 동안 상설 공연을 하게 되었던 것이다.

용산의 무동연희장에서는 비가 오는 바람에 하루 뒤로 공연을 연기했다고 하였는데 비를 가릴 수 없을 정도의 허술한 노천 가설극장이었다는 사실을 알 수 있다. 그러나 유료 관객을 구분할 정도의 시설은 갖추었다고 보는 것이 옳다. 동대문 전차고 안에서 개장하였다는 광무대[15]는 고정적인 건축물을 활용하여 극장으로 사용하였다는 점에서 근대적인 극장 건축에 더욱 가까워졌다고 하겠다.

개방공간인 장터의 놀이판은 가설물을 설치하거나 기존 건축물을 활용하여 관객과 비관객을 구분하는 폐쇄성을 추구하게 되었다. 이전 시기 폐쇄공간에서는 관객이 신분적인 특권에 의하여 변별되었다면 이제는 입장료의 유무에 따라 변별되기 시작하였다고 할 수 있다. 극장의 개념이 도입되기 전까지 이들 놀이패들은 공연의 보상조차도 기약할 수 없는 유랑 연예 활동을 하거나 소수 관객의 부름을 받아 일정한 지역에 머무르며 공연하였다. 노천 가설극장이 생겨나면서 이들은 신문에 광고를 내어 선전을 하고 고정된 장소에서 일정한 기간 동안 공연하기 시작하였다. 관객을 찾아다니던 방식에서 관객을 불러 모으는 방식으로 전환된 것이다.

이러한 변화는 공연물의 상품 가치에 대한 자신감을 나타낸다. 예능의 수준이 향상되었을 뿐 아니라 공연 상품에 대한 일반인의 수요가 팽배해진 결과였다고 할 수 있다. 이러한 가설극장은 상업적인 상설 극장의 시초가 되었다고 할 수 있다. 이와 같이 근대적인 상업 극장을 마련하기 위한 자생적인 노력에 힘입어 협률사와 같은 상설 옥내 극장이 생겨날 수 있었다.

---

15 박황, 『창극사연구』, 백록출판사, 1976. 20~21면.

협률사는 1902년 고종의 즉위 40주년을 기념하는 칭경예식(稱慶禮式)을 위하여 봉상사(奉常寺) 안에 설립한 희대(戲臺)에서 출발하였다고 한다.[16] 희대에서 거행하고자 했던 칭경 예식은 동서양 각국의 외교 사절을 위한 연회였다고 알려져 있다.[17] 1897년 대한제국이 성립되고 고종은 대외적으로 제국과 황제의 위상을 높이기 위한 노력을 기울였다. 고정적인 건축 공간으로서 희대를 만들고 각국의 군주(君主)를 초청하여 칭경 예식을 거행하고자 한 의도도 이러한 노력의 일환이었다고 여겨진다.

조선시대 궁정은 의례를 치를 때마다 다양한 공연 행사를 거행하였고 무대와 객석 등의 공연 공간은 시대의 흐름에 따라 그 기능과 의미를 달리 하면서 변천해 왔다. 조선시대 궁궐의 공연 공간은 궁정 극장의 의의를 지닌다.[18] 궁정 극장은 일상적인 공간을 임시로 활용한 형태에서 고정적인 건축 공간을 확보하는 방향으로 발전하였다. 이러한 양상은 유럽의 극장사에서도 나타난다.[19]

궁정에서 진연(進宴) 등의 연회를 거행할 때는 건축 공간의 실내와 마당 공간을 무대와 객석으로 활용하였다. 특히 월대(月臺)를 기반으로 보계(補階)를 만들어 실내 공간을 확장하여 사용한 것이 특징이다. 보계의

---

16 이두현(1999), 앞의 책, 246~251면; 유민영(1998), 앞의 책, 23~25면. 이하 협률사의 성립과 변천 과정에 대해서는 이 저서들의 내용을 따랐다.

17 최남선, 『조선상식문답 속편』(동명사, 1947), 344~345면 참조.

18 이하 조선시대 궁궐의 공연 공간에 관한 논의는 필자의 논문 「조선시대 궁정 공연 공간의 양상과 극장사적 의의」(『서울학연구』 15집, 서울학연구소, 2000)의 내용을 요약한 것이다. 이 논문에서는 궁정 극장의 관점에서 궁정 공연 공간의 구조를 분석하고 극장사적 의의를 가늠하였다.

19 유럽의 극장사에서는, 궁성의 마당을 활용한 이탈리아의 임시 극장(Cortile Nuovo)에서 궁정 극장(Court theatre)의 역사가 시작된 것으로 파악하고 있다. 1500년대 이후 궁성의 일상적인 건축 공간을 임시 극장으로 사용하다 영구적인 궁정 극장 건축이 이루어졌다고 한다. 왕실의 궁정 극장에서 비롯된 실내 극장은, 귀족이나 부유한 상인의 저택에 딸린 사설 극장(private theatre)으로 퍼져 나갔으며 근대적인 상업 극장이 생겨날 때 영향을 미쳤다고 한다. 이하 유럽의 극장사에 대한 내용은 다음의 저서를 참고하였다; Marvin Carlson, *Places of Performance: The semiotics of Theatre Architecture*, Cornell University Press, 1992.

북쪽 면은 어좌(御座)가 있는 대청에 접하며 남쪽 끝단에는 반주석이 자리하게 된다. 그 가운데는 무대 공간이며 무대의 양옆으로 객석이 마련된다. 궁정의 공연 공간에서는 신분적인 위계에 따라 객석의 층위가 엄격하게 구분되어 있었다. 제1의 객석은 임금의 어좌로서, 공연 공간의 중심부에서 가장 좋은 조망 위치를 차지하게 되는 유일한 최고의 좌석이다. 제2의 객석은 초청받은 인사들이 앉는 좌석인데, 높은 품계일수록 어좌와 무대에 가깝게 배치된다. 제3의 객석은 비공식적인 객석으로 마당 공간에 해당된다. 한편, 여성 관객들을 위한 특별석이 마련되기도 하였다. 내연(內宴)과 외연(外宴)이 구분된 진연(進宴)과 달리 남녀 관객이 함께 모이는 공연 공간에서는 전내(殿內) 및 장랑(長廊) 등에 여성 전용 객석을 준비하였던 것이다.

전통적인 궁정 연회의 관습에 따르면, 고종의 즉위 40주년을 기념하는 칭경예식(稱慶禮式)은 진연(進宴)의 방식으로 진행하여야 한다. 실제로 1902년 11월 4일 중화전(中和殿)에서 외진연(外進宴)을 거행하였고 8일에는 관명전(觀明殿)에서 임금 이하 왕실이 참석하는 내진연(內進宴)과 야진연(夜進宴)이 거행되었다. 9일에는 관명전에서 황태자회작(皇太子會酌)과 황태자야연(皇太子夜讌)이 거행되었다. 이 연회에 대한 내용이『고종임인진연의궤(高宗壬寅進宴儀軌)』에 기록되어 있는데, 각각 외연과 내연의 규식을 따라 거행되었다는 사실을 확인할 수 있다. 공연 공간 역시 전통적인 공연 공간의 구조와 같이 궁궐의 대청과 기단, 월대와 보계를 무대와 객석으로 전환하였다.[20]

전통적인 의례의 방식대로 즉위 40주년을 축하하는 행사를 벌였음에도 불구하고 새로운 칭경예식(稱慶禮式)을 위하여 희대를 건축한 까닭은 무엇인가. 전통적인 궁정 연회 공간의 구조는 절대적인 권력을 지닌 임금을 위하여 집중되어 있을 뿐만 아니라 노천극장의 형태로 이루어지기 때문

---

20 서울대 규장각 편,『高宗壬寅進宴儀軌』, 1996, 7∼45면 참조.

에 임금을 제외한 참석자들에게는 불편한 점이 많았다. 조선시대 빈례(賓禮)의 경우 중국 사신은 어좌와 마주 보고 앉는 것이 원칙이었지만 그 밖의 나라에서 온 사절들은 진연 때의 문무대신과 마찬가지로 보계에 도열하여야 하였다. 연회 절차에도 차이가 있어서, 중국 사신을 위한 연회에는 진작(進爵), 진탕(進湯), 진대선(進大膳) 등의 절차로 진행되었는데 일본이나 유구 사신을 위한 연회는 이와 같은 절차를 생략하여 간략하게 거행하였다.[21] 개화기 이후 서양 각국의 외교 사절이 궁정에 드나들고 그들을 위한 연회가 빈번해지면서 이전의 빈례 원칙이 지켜질 수 없었다.

따라서 희대는 당시 지식인의 표현대로 '라마(羅馬)의 콜롯세움'이나 '구주(歐洲) 연희옥(演戲屋)'을 본떠 서구식으로 만들어졌던 것이다. 그러나 전통적인 건축물인 봉상사(奉常寺)의 한쪽을 터서 만들었다 하였으므로, 전통 건축 공간의 구조에서 크게 벗어날 수 없었다고 여겨진다. 공연 내용 역시 궁정 연회의 레퍼토리를 그대로 사용하였기 때문에 궁정 공연 공간의 구조를 그대로 전승하였으리라 여겨진다. 결국 당시의 희대는 전적으로 서구식 극장문화를 수용한 것이 아니라 전통적인 극장문화를 혁신한 결과였다고 할 수 있다.

2) 협률사의 흥행과 민간 연희 단체

희대는 궁정 극장이었지만 상업적인 흥행 활동을 도모하였다. 당시 왕실은, 대한제국과 황제의 위상을 널리 알리기 위하여 대대적인 행사를 치른 후 극장 영업을 통하여 재정을 확충한다는[22] 두 마리의 토끼를 잡고자 하였을 것이다. 전자는 명분적인 성격이 강하고 후자가 실질적인 목적이었다고 할 수 있다. 칭경 예식이라는 일회성 행사가 끝나면 그 건축 공간

21 김재숙 외, 『궁중의례와 음악』, 서울대출판부, 1998, 131~133면.

22 백현미, 앞의 책, 30~31면.

은 당연히 다른 용도로 쓰일 수밖에 없다. 희대의 칭경 예식은 결정된 사안이 아니라 일종의 기획안이었기 때문에 대내적인 어려움을 핑계로 쉽게 무산될 수 있었다. 본격적인 칭경 예식인 진연이 다섯 차례에 걸쳐 거행되었던 사실과 대비된다.

궁정의 연회를 위하여 건축된 궁정 극장인 희대는 상업적인 영업 활동을 도모하면서 '협률사'라는 명칭을 갖게 된 것으로 여겨진다. 『황성신문』 1902년 8월 15일 기사에 의하면 칭경 예식 때 사용하기 위하여 만든 극장은 '희대'라고 불렀을 뿐 '협률사'라는 명칭을 사용하지 않았기 때문이다. 박황의 『조선창극사』에 의하면, 민간의 연희 단체로서 협률사가 1860년경부터 활동하였다고 한다. 이들은 판소리, 줄타기, 재담, 농악 등을 공연하였으며 판소리를 대화창으로 나누어 부르는 초창기 창극의 형태를 실험하기도 하였다.[23] 궁정 극장의 이름과 민간 연희 단체의 이름이 같은 것은 우연한 일치라고 보기는 어렵다. 최초의 옥내 극장이자 궁정 극장이었던 '희대'가 기존의 민간 연희 단체인 협률사를 끌어들여 국가적인 행사를 치르고 극장 흥행을 도모하는 과정에서 '협률사'라는 명칭으로 불리게 되었던 것은 아닐까.

이러한 추정은 건축물로서 극장인 희대와 그것을 운영한 단체인 협률사를 분리하여 파악한다는 전제 위에 가능하다. 최원식에 의하면, 처음에 관청의 임시 기구인 협률사(協律司)가 희대를 운영하다가 국가적인 행사가 끝난 후 흥행적인 연희 단체인 협률사(協律社)가 운영하였다고 하였다.[24] 한편, 김종철은 협률사가 이전 시기 나례도감이나 산대도감의 기능을 계승한 것으로 파악하였고 국가적인 행사에 재인을 모았던 기능을 고종의 칭경 예식에서도 수행하였다고 하였다.[25] 이러한 논의에서는 극장

---

23 박황, 앞의 책, 16~21면.
24 최원식, 앞의 논문, 283~284면.
25 김종철, 「19~20세기 초 판소리 변모양상 연구」, 서울대 박사학위논문, 1993, 70~71면.

건축물로서 희대와 그 운영 단체로서 협률사가 분리되어 있다. 그러나 협률사를 관청 기구로 파악한 견해에는 동의할 수 없다.

먼저, 1902년 당시 전국적으로 재인을 통제하고 관리하는 공식적인 기구가 존재하였겠느냐는 문제부터 검토할 필요가 있다. 이 문제는 나례도감의 폐지 이후 협률사의 설립 때까지 그 과정에 나타난 변화를 고려하여 논의할 수 있는데 그 양상은 대략 다음과 같다. 첫째, 국가적인 행사 때 전국에서 동원되던 외방재인들은 1636년 병자호란 이후 나례도감의 통제를 벗어나기 시작하였고 오히려 자체적인 조직력을 강화하였으며, 1784년에서 1824년 사이에 재인청을 설립하였다. 둘째, 나례도감의 구속력이 약화되다가 1784년 폐지된 것은 이와 같은 외부적 요인에 의하여 불가피하게 이루어진 것이었다. 셋째, 재인청은 관청이 아니라 재인의 자치 조직으로, 관(官)과 밀접하게 공조하는 관계를 유지하면서 이전 시기 나례도감의 기능을 위임받았다.[26]

이상과 같은 변화의 양상을 거치는 200여 년 동안 조정은 민간 재인에 대한 국가적인 통제력을 행사하지 않았고 또한 그럴 수도 없었던 것이다. 각종 국가 행사에서 재인이 필요할 때는 재인청 등 재인 자치 조직과 공조하되 그들에게 위임하여 선발하였다고 할 수 있다. 1865년 경복궁 중건 당시 각지의 재인들을 동원하여 공연을 벌인 때도 나례도감이나 협률사와 같은 기구는 존재하지 않았다. 그렇다면 1902년 칭경 예식을 위하여

---

26 이러한 양상은 「完文 等狀八道才人」이나 「京畿道唱才都廳案」 등 재인 조직과 관련한 문서를 통하여 확인할 수 있다. 재인청은 재인 출신의 도산주(都山主) 이하 각지의 재인들을 계원으로 조직되었다. 17세기 중반 이후 재인들에 대한 국가적인 통제력이 약화된 것과 반대로 조직을 강화하고 내부적인 질서를 다졌다. 흥행 활동이 활발해지면서 서로의 활동 영역을 침해하지 않고 이익을 보장하기 위하여 질서와 규칙을 정할 필요가 있었던 것이다. 이러한 관리는 재인 집단의 일상적인 흥행 활동과 관련이 있으므로 이전 시기의 나례도감이 관리하는 영역이 아니었다. 1784년 이후 재인의 자치 조직이 재인청으로 거듭난 것은, 자체적인 질서를 바로잡고 민간의 공연 오락적 수요에 부응하기 위한 노력이었다고 볼 수 있다. 나례도감과 재인 자치 조직의 관계 등 조선후기 공연 관리 기구의 변화에 대해서는 사진실, 앞의 책, 316~326면 참조.

재인을 동원할 때 굳이 제2의 나례도감을 설치할 필요가 있었을까. 더구나 1860년경부터 민간 연희단체인 협률사가 설립되어 서울의 노천 가설극장에서 흥행 활동을 벌이고 있던 터였다.

연희 단체 협률사는 전라도 명창 및 경서도 명창 등 전국에서 재인들을 모은 연희 단체로서 이전 시기부터 존재해온 재인청과 연결되었다고 여겨진다. 따라서 이전 시기의 관습에 따라 국가적인 행사에 즈음하여 관청 기구와 재인 조직이 공조하였을 것이고 이미 서울에 진출해 있었던 연희 단체인 협률사가 큰 역할을 담당하였으리라 추정할 수 있다. 그렇다면 1902년 이후 극장문화를 선도한 협률사는 민간 및 궁정 공연 문화의 합작으로 이루어진 셈이다. 궁정은 고정적인 건축물로서 최초의 극장인 희대를 제공하고 민간 연희 단체는 이 극장을 근대적인 상업 극장으로 전환하는 역할을 수행하였던 것이다.

11월 9일 황태자야연(皇太子夜讌)을 끝으로 즉위 40주년을 기념하는 진연을 모두 마치자 협률사는 본격적으로 상업 극장으로서의 변신을 도모하기 시작하였다. 11월 30일 극장측은 남자 공연자인 창부(唱夫)를 널리 구하여 다양한 공연자를 확충하였고,27 12월 4일에 일반인을 상대로 하는 '소춘대유희(笑春臺遊戲)' 공연을 시작으로 상업적인 영업 활동에 들어갔다.28

당시의 언론 및 조정 대신들은 궁정 극장의 영업에 대하여 비난하였고 영업의 이윤이 담당 관료의 개인적인 부를 위해 흘러갔다는 의혹을 감추지 못하였다.29 그러나 궁정 극장 또는 관영 극장이 상업적인 극장으로 변모하는 것은, 자연스런 근대화의 과정이었다고 할 수 있다.30 결국 협률

---

27 『皇城新聞』 1902.11.30; 단국대 공연예술연구소 편, 앞의 책, 18면.

28 『皇城新聞』 1902.12.4; 단국대 공연예술연구소 편, 앞의 책, 18면.

29 『대한매일신보』 1906.3.8; 단국대 공연예술연구소 편, 앞의 책, 23~24면.

30 유럽의 극장사에서도 궁정 극장이 일반인을 상대로 영업을 하기 시작하였고 이후 근대적인 상업 극장의 출현에 영향을 미쳤다고 한다. Marvin Carlson, 앞의 책, 38~52면.

사는 이전 시기 궁정 공연 공간의 전통을 계승하는 한편, 서구식 극장의 건축적인 면모를 수용하는 혁신의 과정을 거쳐 궁정 극장으로 설립되었으며 민간 연희 단체의 역할에 힘입어 근대적인 상업 극장으로 거듭나게 되었다고 할 수 있다.

3. 공연의 재정적 기반과 공연 종목의 특성

노천 가설극장과 옥내 극장은 그 외형적 구조 및 운영 주체가 달랐던 만큼 공연의 재정적 기반과 공연 종목의 특성에서 차이가 있었다. 공연의 재정적 기반은 배우의 공연 활동에 대한 관객의 후원 및 보상으로 마련된다. 필자는 이것을 (1) 지속적인 후원, (2) 계기적인 지원, (3) 임의적인 보상 등 세 차원으로 나눈 바 있다.[31] '지속적인 후원'은 배우의 일상적인 생계비용과 공연 준비 비용, 공연의 보상을 모두 동일한 관객이 부담하는 경우라고 할 수 있다. '계기적인 지원'은 일상적인 생계비용은 배우 스스로 유지하며 관객이 공연 준비 비용과 공연의 보상을 하는 경우라고 할 수 있다. '임의적인 보상'은 관객이 공연의 보상만을 부담하는 경우라고 할 수 있다.

지속적인 후원을 하는 관객 집단은 작품의 생산 활동에 깊숙이 관여하게 된다. 관객 집단이 배우의 예능 수련이나 대본 창작 등을 주도하기 때문에 그들의 세계관이 작품에 나타나게 될 것이다. 계기적인 지원을 하는 관객 집단은 공연을 위한 제반 비용을 전적으로 부담하기 때문에 여전히 작품의 생산 과정에 관여하게 된다. 관객 집단은 배우의 일상적인 수련에 대하여 관리할 수 없지만 특정한 배우 집단이나 공연 종목을 선택하여 요구할 수 있다. 작품은 생산자인 배우 및 수용자인 관객의 의식과 세계관이 공유될 수 있다. 관객은 자신들의 취향에 맞게 공연 종목을 선택하고

---

31 이에 관한 자세한 논의는 사진실, 앞의 책, 249~281면 참조.

x

배우는 지원 주체인 특정한 관객에 맞추어 공연의 내용을 조절할 수 있기 때문이다. 임의적인 보상을 하는 관객 집단은 배우의 수련이나 작품의 생산에 직접 관여할 수 없으며 원하는 공연을 선택하여 관람할 뿐이다. 배우에게 있어 관객은 불특정한 다수이기 때문에 특정한 관객 집단의 의식과 취향을 가늠할 수 없다. 따라서 배우 집단은 가장 대중적이고 보편적인 작품을 생산하고자 할 것이다.

조선 전기까지 배우 집단에 대한 재정적 기반은 지속적인 후원이나 계기적인 지원, 임의적인 보상이 모두 가능하였다. 경중우인(京中優人)이나 경기(京妓) 등은 상층 사회 관객 집단의 지속적인 후원을 받으며 그들에게 예속되어 있었다. 반면 민간에서 활동하는 배우 집단은 계기적인 지원이나 임의적인 보상을 받으며 비교적 자유롭게 활동할 수 있었다. 조선 후기로 오면서 배우 집단은 예속성을 벗어나 자유로운 흥행 활동을 추구하게 되었다.

1) 노천 가설극장의 양상

1900년 전후 노천 가설극장은 민간 배우들이 주축이 되었으므로 특정한 관객 집단에 예속되지 않고 자유롭게 활동하였다. 이들은 불특정한 다수 관객의 임의적인 보상을 바라고 전통적으로 익혀온 각종 공연 종목을 무대에 올렸다. 악희극(樂·戱·劇)의 연극 갈래 가운데서 희와 극이 중심이 되었다고 할 수 있다. 민간 연희 단체인 협률사에서는 동대문의 광무대에서 판소리, 줄타기, 재담, 농악 등의 공연종목으로 흥행 활동을 벌였다고 한다. 아현이나 용산에 설립한 노천 가설극장은 '무동연희장'이라 하였으므로 무동놀이를[32] 중심으로 공연하였을 것이다. 무동연희장 외에

---

32 여기서 '무동'은 궁정의 외연(外宴)에 참여한 '무동(舞童)'이 아니라 '무등타기'의 예능과 관련된다. 궁정의 무동은 기녀를 대신해서 궁중 연회 때 정재(呈才)를 공연하였다. 『데

산대도감극을 공연하는 연희장도 있었다.

새문밧 링동 근쳐 사룸들이 산두도감 연회장을 삼으려고 약간 졔구싯지 만들엇스되 관부에 허가를 엇지 못ᄒ야 쥬션즁이라더니 직작일에 그 동리 사룸들이 룡산 광ᄃᆡ 줄 타ᄂᆞᆫ 구경을 갓더니 구경군은 희소ᄒ고 맛츰 한셩판 윤 리ᄎᆞ연씨가 룡산으로 나왓ᄂᆞᆫ지라 산ᄃᆡ도감 허가ᄒ여 주기를 쳥구ᄒᆞᆫ즉 리 판윤의 말이 룡산으로 나와 놀터이면 허가ᄒ여 주마 하ᄂᆞᆫ고로 하로만 링동 서 놀고 그 후에부터 룡산셔 놀기로 쥰허가 되여 방쟝 긔구를 쥰비ᄒᆞᆫ다더 라[33]

위의 기사는『제국신문(帝國新聞)』1900년 4월 9일의 기사로 용산에 '산 두도감[산대도감] 연희장을 마련하였다는 내용이다. 새문 밖에 비하여 용 산은 쉽게 허가가 나서 연희장을 세울 수 있었다. 무동연희장으로 알려진 용산 등은 노천 가설 극장이 성업하는 지역으로 인정받았던 것 같다. 당 시에도 이미 "광ᄃᆡ 줄 타ᄂᆞᆫ 구경"이 흥행 중이었다.

산두도감, 즉 산대도감극(山臺都監劇)은 주로 탈춤 산대놀이를 가리키 는 것으로 알려져 있으나 실제로는 탈춤과 인형극 등을 두루 공연하였다 고 여겨진다.『황성신문』1900년 8월 9일 기사에 실린 산대도감의 관극평 에 의하면,[34] 산대도감극은 현전하는 탈춤 산대놀이와 같다. 한편,『대한 민보』1910년 6월 2일 기사에 실린「풍림당선(諷林當選)」에 의하면, 산대 도감극은 박첨지와 함께 "無數ᄒ 土偶芻狗之徒가 假粧人面ᄒ고" 등장하는 인형극으로 나타난다.[35] 전통적으로 민간 놀이패들은 탈춤, 인형극, 땅재

국신문』1902년 12월 16일 기사에 의하면 "망칙 긔괴ᄒ 춤도 만흔 즁 무동을 셰층으로 타는 거시 ᄯᅩᄒ 장관이라 ᄒ더라"라고 하였는데, 무동놀이가 일종의 잡기(雜技) 종목이었음을 알 수 있다.

33『뎨국신문』1900.4.9.

34『황성신문』1900.4.9; 단국대 공연예술연구소 편, 앞의 책, 14~15면.

주 등 복합적인 레퍼토리로 흥행 활동을 벌였다. 다만 어떤 공연 종목을 대표로 내세우는가에 따라 놀이패의 명칭이 여러 가지로 정해졌던 것 같다. 그렇다면 무동연희장에서도 무동놀이만 공연한 것이 아니라 탈춤이나 땅재주 등 야외의 공연 공간에 적합한 레퍼토리를 함께 공연하였을 것이다.

이러한 양상은 1778년 쓰여진 강이천(姜彛天, 1769~1801)의 서사시 〈남성관희자(南城觀戲子)〉에 나타나고 있다. 남대문 밖에서 벌어진 놀이판에서는 인형극과 탈춤, 각종 잡기들이 함께 공연되고 있다.[36] 또한 18~19세기 공연 문화의 양상을 보여주는 〈무숙이타령〉에서도 이러한 흥행의 양상이 나타난다. 주인공 무숙이가 유산(遊山)놀음이나 선유(船遊)놀음을 벌이면서 전국 각처에서 산대도감패, 판소리 광대, 이야기꾼, 사당거사패 등을 불러 모아 각종 예능을 공연하게 하였던 것이다.[37]

무숙이가 벌인 놀이판의 경우 의금부나 금군, 포도청 등의 하급 무반이 주축이 된 왈자 집단이 계기적인 지원을 통하여 배우 집단을 초청하였다. 이들 관객 집단은 서울지역의 유흥오락을 장악한 중간층에 속하는데, 서

---

35 『대한민보』 1910.6.2; 단국대 공연예술연구소 편, 앞의 책, 98~99면.

[狐鯣呼舞](諷林當選) 近日 西部坊曲에 山頭都監牌가 突出ᄒᆞ얏ᄂᆞ대 其演劇이 可觀可憎이러라

▲牌長 朴僉知ᄂᆞ 一入不出ᄒᆞ고 山頭都監이 具甲胄張虎威ᄒᆞ며 這演場內에 儼立ᄒᆞ얏ᄂᆞ대 無數흔 土俑芻狗之徒가 假粧人面ᄒᆞ고 并蹲其前ᄒᆞ야 추추雀舌로 獻媚納巧ᄒᆞ며 哀呼伏乞曰 渠等의 依賴保縷ᄂᆞ 但信山頭將軍이오 且渠等이 曾有細功於將軍이오니 將軍은 活我活我ᄒᆞ시면 將軍의 勳勞威德은 大書發表ᄒᆞ야 戮力圖報호리다……其可憐悲鳴은 尤甚於華容道 關公馬下에 漢城 曹瞞의 奸狀窮態라 故로 人皆拍掌唾笑而散ᄒᆞ니 入場券 枚數ᄂᆞ 号曰 百萬이나 只不過 幾百箇魚頭鬼面而已러라

選者曰 演劇場에는 無靑龍刀乎아

36 이 작품은 탈춤 연구에 획기적인 정보를 제공하였다. 임형택이 『이조시대 서사시 下』 (창작과비평사, 1992)에서 소개하였으며 이후 탈춤의 형성 과정을 밝히려는 많은 연구에서 주요 자료로 활용되어 왔다.

37 김종철, 「게우사(資料紹介)」, 『한국학보』 65집, 일지사, 1991, 228~232면; 김종철, 「〈무숙이타령〉과 19세기 서울 시정」, 『판소리의 정서와 미학』, 역사비평사, 1996, 176~187면 참조.

울지역 탈춤인 〈본산대놀이〉에서 등장하는 포도부장 혹은 武夫와 연결된다.[38] 〈남성관희자〉에 나타난 18세기 후반 탈춤에서는 이들 인물이 강력한 힘을 지닌 주인공으로 등장한다. 〈무숙이타령〉에 나오는 놀이판과 같은 공연의 계기를 통하여 관객 집단과 배우 집단의 의식이 공유된 결과라고 할 수 있다. 배우와 관객의 상호 작용을 통하여 탈춤의 대방놀이적인 성격을[39] 잘 발휘할 수 있었다고 하겠다.

〈남성관희자〉의 놀이판은 남대문 밖 칠패 시장 근처라고[40] 하므로 장터의 개방공간에서 벌어진 공연이다. 따라서 특정한 관객 집단의 계기적인 지원을 받았다기보다 불특정한 임의적인 보상을 바라고 놀이판을 벌였을 것이다. 그러나 봉건 사회에서 장터에 모이는 사람들의 계층이나 신분이 주로 중간층 이하 하층민이었을 가능성을 상정한다면 〈무숙이타령〉의 놀이판과 같이 비교적 단일한 관객 집단이 형성되었다고 할 수 있다. 비록 임의적으로 맺어진 배우와 관객의 관계이지만 서로 어울려 흥을 내는 신명풀이의 미학이 실현될 수 있었다고 할 수 있다.

2) 옥내 극장의 양상

옥내 극장이며 궁정 극장인 희대의 공연 종목은 악 갈래인 정재(呈才)가 중심이 되었다. 희대에서 거행하기로 한 칭경 예식은 궁정 연회의 연속선상에 있었기 때문에 전통적인 예법대로 기녀의 정재를 연습하게 되었던 것이다. 조선 전기의 궁정의 기녀는 여악(女樂)이라 하여 장악원(掌樂院)에 예속되어 있으면서 예능을 수련하고 궁정의 의례나 연회에 참석

---

38 사진실, 앞의 책, 348~354면.

39 조동일, 『탈춤의 역사와 원리』, 기린사, 1988, 143~156면 참조.

40 윤광봉, 「18세기 한양을 중심으로 한 산대놀이 양상」, 한국고전문학연구회 편, 『문학작품에 나타난 서울의 형상』, 한샘출판사, 1994, 136~137면.

하여 공연하였다. 이들은 관객 집단의 지속적인 후원을 받는 배우였다고 할 수 있다. 관객 집단은 이들의 노래와 춤, 교양을 수련시키고 악곡이나 가사를 짓는 등 작품 생산에 적극 참여하였다. 조선후기에 들어서 장악원의 여악(女樂)이 폐지되고 필요에 따라 지방의 관기(官妓)를 동원하는 선상기(選上妓) 제도가 시작되었다.[41] 이때부터 궁정의 지속적인 후원을 받지는 못하였으나 상층 애호가들의 지속적인 후원을 받으면서 예능인으로서 기녀의 존재가 유지되었다.

의녀나 침선비를 교습하여 궁정 연회에서 공연하게 한 것은 선상기 제도마저 폐지된 이후의 일이다. 1902년 전통적인 방식으로 거행된 어극 40주년 기념 진연 행사에서는 전례대로 의녀와 침선비 등이 정재를 교습하여 공연하였을 것이다. 의녀와 침선비는 본래 예능인이 아니었기 때문에 궁정의 연회가 끝나면 본업으로 돌아가기 마련이었다. 그러나 당시 조정에서는 의녀와 침선비를 예능인인 관기의 신분으로 고정시켜 예능인으로 양성하고자 하였다. 또한 무명색, 삼패 등 민간에서 활동하는 기녀 및 일반인 지원자까지 모아 예기(藝妓)와 예기(預妓)를 두었다.[42] 궁정 극장 희대가 극장 흥행을 겸하는 협률사로 전신하기 위한 준비였다고 할 수 있다.

희대가 협률사로 거듭나면서 관기와 함께 예기(藝妓), 예기(預妓)를 조직한 것은 1902년 8월 25일이었다. 이후 약 3개월 동안 협률사는 궁정 연회와 극장 흥행을 위하여 기녀들을 교습하는 장소로 활용되었다고 할 수 있다. 일반적으로 궁정 연회는 각종 예능과 의식 절차를 연습하는 기간이 한 달 정도이다. 원래 9월에 진연을 거행하기로 하였기 때문에 마침 그 준비도 겸하여 한 달 전인 8월에 의녀와 침선비를 교습하기 시작하였을 것이다. 예기(藝妓)나 예기(預妓)는 궁정 연회에 올라갈 수 없었으나 후일

---

41 여악(女樂)의 변천에 관해서는 송방송, 『한국음악통사』, 일조각, 1984; 김종수, 「조선 전·후기 여악의 비교 연구」, 서울대 박사학위논문, 1999 참조.

42 『황성신문』 1902.8.25; 단국대 공연예술연구소 편, 앞의 책, 18면.

극장 흥행을 위하여 궁중의 정재를 연습하였다고 여겨진다. 이들은 궁중 정재의 노래와 춤, 공연 도구 등에 익숙하지 않았기 때문이다.

진연은 11월로 연기되어 4일, 8일, 9일에 걸쳐 다섯 차례 거행되었다. 그 과정에서 외국 사절을 초청하는 칭경 예식도 거행할 예정이었으나 여러 차례 미루어지다가 결국 무산되고 말았던 것이다. 공식적인 궁정 행사가 모두 끝나고 3주 뒤 11월 30일에는 창부(唱夫)의 급료 등을 고시하는 광고가 나갔고 판소리 명창, 경서도 명창 등 170여명의 예능인이 확보되었다.[43] 이미 노천 가설극장 등의 영업을 통하여 민간 예능인들의 단체 조직이 활성화되어 있었기 때문에 짧은 시일 안에 다수의 단원을 확보할 수 있었을 것이다. 판소리 명창이나 경서도 명창 등의 배우들은 이미 노천 가설극장 등을 통하여 흥행 활동을 하던 터이므로 협률사 공연을 위하여 오랜 연습 기간이 필요하지 않았을 것이다. 따라서 공연을 불과 닷새 앞두고 창부의 모집 광고를 낼 수 있었다고 여겨진다.[44] 앞서 추정한 바와 같이 당시 서울에서 활동한 민간 연희 단체인 협률사가 이 과정에서 개입하였다고 한다면 그 단원들이 고스란히 궁정 극장 협률사에 소속되었을 수도 있다.

이러한 과정에서 상층 사회에 예속되거나 천민으로서 각지를 유랑하던 민간 배우들이 궁정 극장 혹은 관영 극장의 급료를 받으며 전속되는 변화가 일어났다. 나례도감을 통하여 궁정의 행사에 동원될 때도 일괄적으로 무명 한 필 정도의 급료를 받았고 개인의 기량에 따라 포상이 이루어졌다.[45] 그러나 나례에 동원되는 계기에 주어지는 일시적인 급료였으므로

---

43 유민영(1996), 앞의 책, 35면.

44 먼저 기녀를 선발하여 연희를 교습하다가 나중에 창부들을 모아 공연 준비를 한 시간적 차이는 궁정의 진연 및 칭경 예식을 준비하는 일과 일반인을 상대로 하는 '소춘대유희' 공연을 준비하는 일이 순서대로 진행되었을 뿐이라고 여겨진다. 이것을 두고 협률사 공연의 중심이 기녀의 가무에서부터 광대의 연극으로 옮겨졌다고(양승국(1998), 앞의 논문, 42면) 보기는 어려울 것 같다.

45 사진실, 앞의 책, 265~266면.

안정적인 수입이라고 하기 어렵다. 민간 배우들은 협률사에 전속됨으로써 수입을 고정적으로 확보할 수 있게 되었다.[46] 기록에 나와 있지 않으나, 의녀와 침선비에서 관기로 양성되어 협률사에 소속된 배우들도 민간배우에 상응하는 급료를 받았을 가능성이 있다. 신분적으로 예속된 배우가 아닌 경제적인 계약에 의한 전속 배우로 전환되었다고 할 수 있다. 전속 제도를 통하여 극장은 이전 시기 관객 집단의 지속적인 후원, 계기적인 지원, 임의적인 보상을 대리하여 수행하게 된다. 익명의 다수 관객이 내는 임의적인 보상인 입장료를 거두어서 극장의 운영비와 배우들의 급료를 충당하고 공연 준비 비용을 마련하기 때문이다.

1902년 12월 4일 '소춘대유희(笑春臺遊戲)' 공연을 시작으로 궁정과 민간의 공연예술이 함께 본격적인 극장 공연을 시작하게 되었다. 궁정의 정재 등이 일반인을 상대로 흥행 활동을 벌이게 된 사실은 궁정예술이 해체되는 양상을 보여준다. 이미 중간층의 노력에 의하여 한시나 시조 등 상층의 문학을 함께 향유하는 양상이 나타났으나 궁정의 의례와 연회에 사용된 공연예술은 이 시기에 와서야 일반의 오락물로 제공되었다고 할 수 있다.

협률사에서는 정재, 판소리 등과 함께 탈춤과 줄타기 등도 공연하였다. 다음은 1902년 12월 16일자 『뎨국신문』의 논설인데 협률사의 공연 내용을 전하고 있다.

협률사 구경 …… 협률이라 ᄒᆞ는 뜻슨 풍악을 ᄀᆞ초어 노리ᄒᆞ는 회샤라 홈이니 맛치 청인의 창시와 ᄀᆞᆺᄒᆞᆫ 거시라 외국에도 이런 노리가 만히 잇ᄂᆞ니 외국에서 ᄒᆞ는 본의는 종ᄎᆞ 말ᄒᆞ려니와 이 회샤에서는 통히 팔로에 광ᄃᆡ와 탈군과 소리군 츔군 소리ᄑᆡ 남ᄉᆞ당 ᄲᆡ지조군 등류를 모하 합이 팔십여명이 ᄒᆞᆫ 집에셔 슉식ᄒᆞ고 논다ᄂᆞᆫᄃᆡ 집은 벽돌반 양제로 짓고 그 안헤 구경ᄒᆞ는 좌쳐

---

46 김종철(1993), 앞의 논문, 68~69면.

를 삼등에 분ᄒᆞ야 상등 쟈리에 일원이오 증등에는 칠십젼이오 하등은 오십
젼 가량이라 미일 하오 여섯시에 시작ᄒᆞ야 밤 열흔시에 긋친다 ᄒᆞ며 ᄒᆞ는 노
름인즉 가진 풍악을 가초고 혹 츈향이와 리도령도 놀니고 쌍쥴도 타며 탈츔
도 취고 무동픠도 잇스며 기외에 ᄯᅩ 무슴픠가 더 잇는지는 ᄌᆞ셰치 안으나 대
기 이상 몃 가지로만 말ᄒᆞ야도 풍악긔계와 가무의 련슉흠과 의복과 물건 차
린거시 별로 보잘거슨 업스니 과히 초초치 아니ᄒᆞ며 츈향이 노리에 이르러
는 어사츌도 ᄒᆞ는 거동과 남녀 맛나노는 형상 일판을 다각각 졔복싁을 ᄎᆞ려
놀며 남원일읍이 흡샤히 온 듯 하더라 ᄒᆞ며 망칙 긔괴ᄒᆞᆫ 츔도 만흔 즁 무동
을 세층으로 타는 거시 ᄯᅩᄒᆞᆫ 쟝관이라 ᄒᆞ더라[47]

위의 기사에 의하면, "풍악을 ᄀᆞ초어 노리ᄒᆞ는 회샤"인 협률사에서 "광
디와 탈군과 소리군 츔군 소리픠 남ᄉᆞ당 ᄯᅩ직조군" 등을 모아 공연하였
다. 이들의 공연종목은 각종 풍악, 판소리, 줄타기, 탈춤, 무동 등이었다.
판소리 "츈향이 노리"는 "어사츌도 ᄒᆞ는 거동과 남녀 맛나노는 형상 일판
을 다각각 졔복싁을 ᄎᆞ려 놀며 남원일읍이 흡샤히 온 듯" 하였다고 하므
로 이미 초창기 창극의 양상을 보여준다고 할 수 있다.[48]

1900년대 초반 프랑스인 부르다레가 서울의 풍경을 묘사한 내용에 의
하면, 당시 서울에는 '희대' 또는 '소청대'라고 불린 유일한 극장이 있었으
며 그곳에서 줄타기 등을 공연하였다고 한다.[49] 유일한 극장이라 하였으
므로 최초의 극장에 해당한다. 또한 '소청대'란 '소춘대'를 말하는 것 같다.
불어로 표기한 것을 다시 우리말로 읽는 과정에서 일어난 작은 오류라고
할 수 있다. '소춘대유희'에서 줄타기와 같이 야외에서 벌어지는 전통연희

---

47 『뎨국신문』 1902.12.16.; 양승국(1998), 앞의 논문에서 재인용.
48 〈은세계〉 이전에 판소리가 대화창의 방식으로 창극화하고 있었다는 사실은 최원식의
「〈은세계〉 연구」에서 이미 밝혀졌고 백현미의 『한국창극사연구』와 양승국의 「〈신연극〉과
〈은세계〉 공연의 의미」에서 진전된 논의가 있었다.
49 백성현·이한우, 『푸른 눈에 비친 하얀 조선』, 새날, 1999, 253~254면.

가 공연되었다면 적어도 남사당패의 예능인 덧뵈기 탈춤이나 인형극 등
이 공연되었음을 추정할 수 있다. '소춘대유희' 공연이 1902년 12월 4일에
시작되었으니, 1902년 12월 16일자 기사인 위 인용문은 '소춘대유희'의 공
연일 가능성이 있다.

비슷한 시기에 근대적인 상업 극장을 추구하였지만 노천 가설극장에 비
하여 협률사의 위상은 매우 높았다고 여겨진다. 고정적인 건축물을 확보
하였으므로 외형적으로 근대 극장사의 상징이 되었을 뿐 아니라, 궁정의
관료 및 자본주들이 개입하여 당대의 유명 배우들을 모집하였기 때문이다.
따라서 협률사에서 원각사로 이어지는 시기에 나타난 공연 종목의 특성
및 연극 담당층의 동향은 당대 연극계의 주류로 떠올랐다고 할 수 있다.

3) 탈춤과 판소리의 동향

1900년대 협률사를 비롯한 상설 극장에서는 악희극(樂·戱·劇)의 연극
갈래인 정재, 탈춤, 판소리가 모두 무대에 올랐다. 그러나 이 가운데 옥내
극장의 무대에서 성공한 주류 연극은 판소리였다. 판소리는 연극 개량의
대상으로 지목되어 당대의 신연극인 창극으로 발전하였던 것이다. 반면
탈춤은 옥내극장의 무대에 적응하지 못하고 다시 노천 가설극장을 전전
하게 되었다.[50] 정재 역시 판소리나 창극에 밀려 화려한 볼거리 위주의
전통무용으로 전락하고 말았다.

정재를 포함하는 악 갈래는 중세연극의 대표적인 양식이었으므로 근대
로의 이행기 및 근대에는 당대의 세계관을 반영하는 연극으로서 기능할
수가 없었다고 할 수 있다. 중세연극은 근대극을 마련하기 위하여 오히려

---

50 『대한매일신보』 1906.8.28, 『황성신문』 1910.5.28, 『대한민보』 1910.6.2. 등의 기사에
서 서울 및 인천의 노천 가설극장에서 여전히 산대도감패가 공연하였다는 사실을 알 수 있
다; 단국대 공연예술연구소 편, 앞의 책 참조.

지양 극복해야할 대상이었다고 할 수 있다. 그러나 판소리와 탈춤은 민속예술에서 출발하여 이행기 연극의 혁신을 이루어내었다. 탈춤과 판소리는 중세연극을 극복하고 근대연극을 준비할 사명을 함께 지녔다고 할 수 있다. 판소리가 신연극으로서 창극을 모색한 것은 거시적으로 보아 근대극을 마련하기 위한 과정이었다고 할 수 있다. 그러나 탈춤이 이러한 역할을 수행하지 못한 까닭은 무엇인가.

이에 대해서는 판소리가 민중예술에서 출발하여 대중예술의 단계에 편입한[51] 반면, 탈춤은 민중예술 또는 민속예술로 일관하다가 시대의 흐름에 동참하지 못하였다는 견해가 있다.[52] 필자는 민속예술로 존재하던 탈춤이 서울의 중간층이 주도한 상업적 유흥 문화에 힘입어 전문 흥행예술인 탈춤 〈본산대〉로 변화한 사실을 밝혔다.[53] 하층의 민속예술로서 존재하거나 상층의 오락문화에 복무하던 연극이 시민예술로 성장한 것이다. 당대로 보자면 전통의 계승과 혁신이 일어난 셈이다.

서울지역의 중간층이란 시정인(市井人)이 중심이 되며 유럽의 근대 사회를 이끌어낸 시민과 가장 유사하다고 할 수 있다. 탈춤 〈본산대〉에는 이들 중간층의 의식이 반영되어 있다. 1900년을 전후로 서울지역에서 탈춤이 흥행예술로서 성황리에 공연되고 있었던 상황을 보아도[54] 탈춤은 민속예술의 단계를 넘어서 시민예술 또는 대중예술로[55] 진입하였다고 할 수 있다.[56] 적어도 20세기 직전까지 탈춤과 판소리는 유사한 발전 단계를 거

---

51 판소리의 예술사적 위상에 대해서는 김종철(1993), 앞의 논문, 78~80면 참조.

52 권순종, 앞의 책, 25면; 양승국, 「1930년대 대중극의 구조와 특성」, 『울산어문논집』 12집, 1997, 139~140면.

53 사진실, 앞의 책, 331~367면.

54 위의 책, 389~390면; 양승국(1998), 앞의 논문, 43~44면 참조.

55 이때의 대중예술은, 19세기에 판소리가 대중예술의 단계에 진입하였다고 밝힌 김종철의 견해에 따라 '수용자의 의식을 마비시키는 근대의 대중예술과는 다른, 중세 말기에서 발생하여 도시 중산계급의 수요에 부응하는 예술'을 말한다. 김종철(1993), 앞의 논문, 80면.

56 반면, 각 지방도시의 탈춤은 서울지역 탈춤의 영향을 받았으면서도 민속예술 또는 민

치고 있었던 것이다. 문제는 20세기 초 당대의 연극계에 탈춤과 판소리가 어떻게 받아들여졌는가에 있다.

이 문제에 관해서는 탈춤의 공연방식이 옥내 극장의 무대에 적합하지 않았다는 견해가 가장 지배적이다. 옥내극장의 조명 및 무대와 객석의 거리 등 무대의 특성은 탈춤이나 인형극과 같은 전통극에 적합하지 않았다고 할 수 있다.[57] 마당 공간에 적합한 공연 종목이 프로시니엄 무대에 올라갔을 때 당연히 부적절한 요인들이 지적되었을 것이다. 이러한 공연 방식에 덧붙여 공연 미학의 문제를 거론할 수 있다.

탈춤의 공연 미학은 '신명풀이의 미학'으로[58] 요약될 수 있다. 배우와 관객이 의식을 공유하며 어우러지는 대방놀이적 성격은 신명풀이 미학의 전제가 된다고 할 수 있다. 따라서 배우와 관객이 공동체적 합일을 이룰 수 있는 공연 공간이 마련되어야 탈춤의 미학이 제대로 발휘될 수 있는 것이다.[59] 그러한 공연 공간은 배우와 관객의 관계가 친밀하여 상호작용이 가능하여야 한다. 〈무숙이타령〉에 나타난 탈춤의 공연 상황을 들어 논의한 대로, 탈춤은 특정한 관객 집단이 계기적인 지원을 통하여 배우의 공연과 관계를 맺을 때 그 공연 미학이 가장 잘 발휘될 수 있다. 또한 〈남

중예술로 일관하였다. 1970년대 이후 탈춤이 마당극 운동으로 되살아날 수 있었던 것은 지방의 탈춤이 유지한 민중예술적 성격 때문이다. 그러나 협률사가 설립되던 당시에 노천 가설극장에서 흥행하던 탈춤은 '산두도감(山頭都監: 山臺都監)' 또는 '나례도감(儺禮都監)'이라고 불린 서울지역의 탈춤인 〈본산대〉였다는 사실을 상기할 필요가 있다.

57 유민영(1998), 앞의 책, 15~16면.

58 조동일, 『카타르시스·라사·신명풀이』, 지식산업사, 1997, 84~163면 참조.

59 필자는 탈춤이 지니는 공격성과 남성적 성격, 축제성 등은 대항 문화의 성격을 고스란히 보여주는 것으로서 복고적, 보수적 취향으로 변질되기 어려웠고 새로운 옥내 극장의 무대에서 상품화하기 어려웠으리라고 추정한 바 있다; 사진실, 앞의 책, 394면. 양승국은 이러한 견해에 대하여 반론을 제기하였는데, 탈춤이 극장 무대에 오르지 않은 것은 그 민중적 성격 때문이 아니라 그 연행적 성격상 실내 무대에서의 공연이 불가능하거나 무의미하다고 하였다; 양승국(1997), 앞의 논문, 140면. 앞선 필자의 견해는 공연 미학의 측면을 강조하였다면 후자의 견해는 공연 방식의 측면을 강조하였다. 지금의 논의에서는 공연 방식과 공연 미학의 문제를 함께 다루려고 한다.

성관희자)에서와 같이 불특정 다수의 관객 집단을 상대로 공연할지라도 비교적 단일한 성격을 지닌 관객 집단을 찾아갈 수 있다면 탈춤의 공연 미학은 제대로 실현될 수 있을 것이다.

1900년대 노천 가설극장에서는 불특정 다수 관객의 임의적인 보상을 바라고 공연하였지만 고정적인 건축물로서 극장을 세운 것이 아니었으므로, 적당한 관객층을 찾아 원하는 장소에서 놀이판을 벌일 수 있었다. 탈춤 등을 공연한 노천 가설극장이 아현이나 용산 등지에서 활성화 된 것은 그러한 사례에 해당한다. 아현이나 용산 등 한강 주변은 서울의 신흥 상업지역으로 상인이나 도시 노동자 등 비교적 단일한 성격의 계층이 생활하고 있었으며 이전 시기 탈춤패의 활동 본거지이기도 하였기 때문이다. 옥내 극장에서 밀려나 탈춤패가 서울 변두리 및 인천 등지에서 노천 가설극장을 세우면서 순회공연을 다닌 것도 적절한 관객층을 찾아 나선 사례에 해당한다고 할 수 있다. 이러한 양상을 두고 생산자와 수용자가 일치하였던 민속예술의 특성을 유지하였다고 볼 수는 없다. 이미 배우와 관객이 분화된 대중예술로 진입한 단계에서 관객이 연극에 동참하는 양상은 공연 미학의 차원에서 다루어질 문제이다.

고정된 건축물인 옥내 극장은 관객층을 선택할 수 있는 여지가 전혀 없으므로 각양각색의 관객층이 형성된다. 공동체 의식이 합의될 수 없는 공연 공간에서는 탈춤의 공연 미학이 발휘되기 어렵다. 탈춤은 공연 방식의 측면에서 사면이 트인 마당 공간의 무대를, 공연 미학의 측면에서 배우와 관객이 공동체적 의식을 공유할 수 있는 바탕을 필요로 한다. 일시적으로 옥내 극장의 무대에 오른 탈춤은 이러한 공연 방식과 공연 미학의 문제에 부딪혀 옥내 극장의 무대에 존속하지 못하고 당대 연극의 주류에서 밀려났던 것이다.[60]

---

60 필자는 탈춤이 20세기 이후 연극의 주류에서 밀려나는 까닭에 대하여 극장 운영 주체의 성향과 결부시켜 설명한 바 있었다; 사진실, 앞의 책, 390~391면. 서울의 신흥 상업지역

한편, 판소리의 공연은 본래 마당 공간에 일고수일명창이 등장하여 이루어졌다. 탈춤과 마찬가지로 탈춤은 생산자와 수용자의 계층이 일치되는 민속예술의 단계에서 출발하였으므로 배우와 관객의 상호 작용과 일체감을 표출하는 공연 방식이 발달하였다. 그런데 중인층과 상인의 음악 문화에 편입되면서 판소리는 점차 애호가의 감상을 위한 예술로 변화되었다. 판소리 배우를 달리 '명창(名唱)'이라고 불렀듯이 판소리에서는 음악적 재능이 차지하는 비중이 매우 컸다. 탈춤이 집단적인 놀이로 인식되었다면 판소리는 개인적인 예술로 인식되었다. 판소리 창자의 전문성으로 인하여 판소리의 고급예술화가 진전되었다는 지적은 매우 적절하다고 여겨진다.[61] 고급예술로서 감상과 애호의 가치를 지녔다고 평가된 판소리는 그 배우를 전문 예술가의 경지에 오르게 하였고 상층 사회의 고객까지 청중으로 끌어들이게 되었다.

판소리의 공연 미학은 지속적인 후원이나 계기적인 지원, 임의적인 보상의 방식을 통틀어 제한 없이 발휘될 수 있었다. 중인층이나 양반층 애호가가 배우의 일상적인 생계와 예능 수련의 과정을 후원하며 작품 생산 과정에 직접 참여하였다는 점은 탈춤과 크게 다른 점이다. 관객 집단이 판소리의 작품의 생산 과정에 참여한 것은 민속예술의 단계에서 생산자와 수용자가 일치되었던 양상과는 다르다. 이미 대중예술로 진입한 이후의 판소리 생산 과정에서 관객의 참여는 전문 작가 및 매니지먼트의 역할

인 京江 지역을 중심으로 생겨난 노천 가설극장과 서울의 중심부에 생겨난 옥내극장은 그 출발부터가 달랐다는 입장이었다. 옥내 극장은 그 운영이 예능 활동과 분리되어 전문성을 띠게 되었을 뿐만 아니라 당대 권력층과 제휴하였기 때문에 노천 가설극장의 경쟁력으로는 능가하기 어려웠다고 할 수 있다. 따라서 노천 가설극장의 공연종목이었던 탈춤이 쇠퇴하고 옥내극장의 공연종목이었던 판소리 및 창극이 1900년대 신연극의 토양으로 성장할 수 있었다고 보았던 것이다. 이러한 가설은 노천 가설극장과 옥내극장의 공연종목이 달랐다는 전제 아래 이루어진 것이었다. 그러나 최근에 보고된 자료에 의하여 초창기 협률사의 무대에 탈춤이 공연되었을 가능성이 생겼으므로 논의의 방향을 새로이 설정하였다.

61 김종철(1993), 앞의 논문, 65~66면, 97~101면.

과 관련이 있기 때문이다.

20세기 이후 노천 가설극장 및 옥내 극장의 무대에 오르면서 판소리 공연의 재정적 기반은 불특정 다수 관객의 임의적인 보상으로 전환된다. 판소리의 공연 방식과 공연 미학은 이러한 상황 변화에도 불구하고 유지될 수 있었다. 더욱이 판소리는 노천 가설극장 시기부터 대화창과 분창의 방식을 실험하고 있었다. 이러한 변화는 분명히 판소리 고유의 미학을 굴절시키는 것이었지만, 관객에 대한 연극적 효용을 극대화하기 위한 자생적인 노력의 결과였다고 할 수 있다. 따라서 판소리는 연극계의 주류로 부상할 수 있었고 신연극을 창출하기 위한 연극개량운동의 중심에 자리잡게 되었다고 할 수 있다.

4. 공연 텍스트의 서사성과 재현성

지금까지 공연 공간 및 공연의 재정적 기반 등의 문제와 관련하여 개화기 전통극의 향방에 관하여 논의하였다. 연극사는 이러한 공연 상황 속에서 전개되지만 정작 당대의 관객에게 인식되는 것은 공연 텍스트일 뿐이다. 전통적인 관점에서는 공연 텍스트가 연극 공연의 전부인 것으로 여겨지기도 하였다.[62] 그만큼 공연 텍스트는 연극 공연의 핵심이 된다고 할 수 있다. 공연 텍스트는 연극 생산 활동의 실질적인 결과물이며 관객이 향유하는 실제 대상이다.

악희극(樂·戱·劇)의 연극 갈래는 각각 노래, 놀이, 이야기가 중심이 된다고 하였다. 따라서 정재, 탈춤, 판소리의 공연 텍스트는 이러한 기본 특성을 근간으로 이루어졌다고 할 수 있다.[63] 정재는 노래와 춤이 중심이

---

62 Marvin Carlson, 앞의 책, 4~6면에 의하면, 전통적인 연극 연구에서는 연극 텍스트와 연극 이벤트(theatre text and theatre event)를 격리된 현상으로 파악하였으나 이제 연극은, 여러 층위의 역동적인 의미를 지닌 문화적인 현상으로 보아야 한다고 한다.

63 이하 악·희·극의 갈래에 속한 정재, 탈춤, 판소리의 장르적 특성을 비교한 내용은

되는 연극이다. 무대 위의 장경(場景)은 연기자가 노래를 감동적으로 부를 수 있는 상황을 연출하는 데 역점을 둔다. 탈춤은 제의의 형식 가운데 주술적인 모의 행위와 직접적인 관련이 있다. 따라서 몸짓 놀이가 앞서고 말장난 등의 요소는 나중에 덧붙은 것으로 여겨진다. 탈춤이 인물들의 대결 양상으로 점철되어 있는 것은 제의의 형식에서 비롯된 모의적인 싸움의 흔적을 지니고 있기 때문이다. 판소리는 서사적인 줄거리를 이야기와 노래로 풀어나가는 연극이다. 창자는 관객을 직접 상대로 서사적인 설명을 통하여 이야기를 이끌어 가는 한편, 표정, 몸짓 등 놀이의 요소를 결합하여 극중인물을 형상화하게 된다.

1) 서사의 '화출(畫出)'

20세기 초 연극계의 동향은 연극의 '서사(敍事)의 화출(畫出)'을 추구하였고 각각의 연극 양식들은 나름대로의 개량의 방안을 모색하여 공연 텍스트의 변화를 가져왔다. '화출'이란 '활화(活畵)', 즉 살아 움직이는 그림처럼 연출한다는 의미로, 다음의 신문 논설에서 채택한 용어이다.

[演劇奇觀] 東門內電氣廠에 附屬ᄒ 活動寫眞所內에 演劇場을 新設ᄒ다ᄂ 說은 前報에 槪報ᄒ얏거니와 該演劇은 電氣會社에서 專管經起ᄒ야 光武臺라 名稱ᄒ고 前記ᄒ 才人等으로 演藝을 始開ᄒ얏ᄂ듸 再昨夜에 下午八時붓터 開場ᄒ야 活動寫眞 數回를 演戲한 後에 春香歌中 數回를 演劇ᄒᄂ듸 才人等의 唱歌와 技藝가 天然的 眞境을 畫出ᄒ거니와 十二歲女 蓮花ᄂ 上丹의 形貌를 換出하고 十一歲女 桂花ᄂ 春香이가 再生ᄒ 듯 百般 悲歡ᄒ 狀態를 模出할쇈더러 唱歌, 彈琴, 僧舞가 無非絶妙ᄒ야 可히 歌舞場裏에 第一等을 占據ᄒ 거시라 一動一靜이 觀覽者의 喝采를 供ᄒ며 傀儡가 換出ᄒ 時間에ᄂ

사진실(2000a), 앞의 논문, 124~129면 참조.

留聲器로 歌曲을 迭奏하니 春香傳은 傳來ᄒᄂᆞ 特異한 行蹟이ᄂᆞ 但 倡優가 唱歌로 敷衍ᄒᆞ고 其眞像을 未睹함이 慨歎ᄒᄂᆞ 바이러니 今에 其活畵를 快睹 ᄒᆞ니 眼界ᄂᆞ 恍然ᄒᆞ고 心地ᄂᆞ 豁如ᄒᆞ거니와 演戲場進步도 其影響이 亦是 國 民發達에 及ᄒᄂᆞ되 此才人등의 技藝가 他國에 讓頭치 아니ᄒᆞᆼᄂᆞ지라 觀覽 ᄒᆞᆫ 盛況을 略記ᄒᆞ야 讚揚ᄒᄂᆞ 一辭를 附陳ᄒᆞ노라[64]

위의 내용은 1907년 광무대에서 창극 〈춘향가〉를 관람한 관극평이라고 할 수 있다. 평자는 창극의 기예가 다른 나라에 뒤지지 않을 것이라고 칭찬하였는데 그 핵심은 "倡優가 唱歌로 敷衍ᄒᆞ고 其眞像을 未睹" 하였던 행적, 즉 서사(敍事)를 "活畵"로 연출하였다는 사실이다. 서사 문맥 속에 들어 있던 인물들이 살아 움직이는 그림처럼 눈앞에 재현된 상황을 말한다.

위의 기사는 이미 창극으로 발전하고 있었던 판소리의 양상을 보여주는 자료이다. 그러나 이밖에도 당대 지식층들이 천명한 연극 개량의 방법 가운데는 서사물을 연극적으로 재현할 것을 요구하는 내용이 많다.

(1) …… 우리나라에셔도 전에 문명홀쎡에는 이런 란잡ᄒᆞᆫ 노리픠는 왕궁 지쳑에 갓가히 못ᄒᆞ다ᄒᆞ야 셩즁에 드리지 안튼바ㅣ오 외국에셔는 이런 노리 마당이 무슈ᄒᆞ나 다 국법과 본의가 잇셔 음탕황잡ᄒᆞᆫ 거동을 슌검이 엄금ᄒᆞ며 다만 학문과 지식과 의견에 유조홀 것을 퇴ᄒᆞ야 힝ᄒᆞ민 <u>옛 ᄉ기즁에 유명ᄒᆞᆫ ᄉ젹과 올코 착한 사ᄅᆞᆷ에 조흔 일을 쏀바다가 남녀로소로 ᄒᆞ여금 옛글에셔 보던 일을 눈으로 친히 보는듯시 되ᄒᆞ야 츄앙ᄒᆞ는 마음이 ᄌᆞ연히 싱기게 ᄒᆞ며 ᄉᆡ로라도 조흔 니아기를 지어 그 니아기가 한란을 차리되 음란방탕ᄒᆞᆫ 일은 엄금ᄒᆞ는바ㅣ</u> 어늘 우리나라에 탈판과 츈향가 등류는 극히 희참ᄒᆞᆫ 말이라 차라리 몃가지 노리는 곳치면 나흘듯ᄒᆞ도다[65] [밑줄 필자]

64 『만세보』 1907.5.30.
65 『뎨국신문』 1902.12.16.

(2) …… 悲劇을 演ᄒ야 英雄豪傑의 淋漓壯快한 往跡을 觀ᄒ면 비록 庸者
懦兒라도 此에셔 感興ᄒ지며 忠臣烈士의 凄凉貞烈ᄒ 違標를 觀ᄒ면 비록 蠢
奴劣僕이라고 此에셔 奮起ᄒ지니 歷史에 如何ᄒ 偉人을 傳ᄒ던지 但只 其言
行과 事實을 記錄ᄒ거니와 극에 至ᄒ야ᄂ 不然ᄒ여 千古以上의 人物이라도
其容顔을 接ᄒᄂ 듯 咳唾를 聽ᄒᄂ듯 ᄒ야 十分精神에 七分을 可得이라 今
에 假令 成忠 階伯 朴堤上 諸公을 演ᄒ면 其瑩潔ᄒ 狀態가 腦에 印하며 崔瑩
尹관 鄭夢周 諸賢을 演하면 其忠壯ᄒ 實跡이 眼에 照ᄒ야 畢竟 心往神移ᄒ
야 高尙純潔ᄒ 心思가 自生ᄒ지니 所以로 극을 可貴라 ᄒ이어늘 乃者 今日
國內에 存在ᄒ 극은 只是 有害無益의 극이오 壹個可觀의 극이 無하니 此亦
人民의 恥로다

　然이나 今後에 苟或 劇界改良에 留意ᄒᄂ 者ㅣ 有ᄒ거던 惟彼演극에 從事
하야 國民의 心理와 感情을 陶鑄ᄒ지어다[66] [밑줄 필자]

(3) 〈演劇場主人에게〉 -達觀生- (論說)
　…… 營業上에도 關係가 잇게 ᄒ고 風化改良에도 效力이 잇게 ᄒ야 一篇
小說을 滋味잇게 지어←되 我國古來 貪官汚吏의 政治도 包含ᄒ며 閨門內 妻
妾爭妬의 弊端도 寓意ᄒ며 或 乙支文德의 薩水大戰ᄒ든 形容이며 桂月香의
賊將謀斬ᄒ든 眞相을 逼逼히 活劇ᄒ면 一般觀聽이 忠義勇敢의 大氣槪를 鼓
發ᄒ지며 古來政俗의 不美ᄒ 것을 不得不改良ᄒ 思想도 發現ᄒ지니……[67]
[밑줄 필자]

(1)의 논설은 초창기 협률사의 공연에 대한 평문이다. 외국의 사례를
들면서 "옛 ᄉ기중에 유명ᄒ ᄉ적과 올코 착한 사름에 조흔 일을 쏟바다
가 남녀로소로 ᄒ여금 옛글에셔 보던 일을 눈으로 친히 보는듯시 딕ᄒ야

66 『대한매일신보』 1908.7.12; 단국대 공연예술연구소 편, 앞의 책, 48~49면.
67 『西北學會月報』 1권 16호, 1909.10.31; 단국대 공연예술연구소 편, 앞의 책, 81~82면.

츄앙ᄒ는 마음이 ᄌ연히 싱기게 ᄒ며 ᄉᆞ로라도 조흔 니아기를 지어" 연극으로 만들라고 역설하였다. 역사 및 인물담 같은 서사물을 책 속에서 끌어내어 눈앞에 펼쳐 놓는 것을 연극의 개념으로 받아들이고 있다. (2)의 논설에서는 연극을 통하여 "千古以上의 人物이라도 "其容顔을 接ᄒᆞᄂᆞ 듯 咳唾를 聽ᄒᆞᄂᆞ듯 ᄒᆞ야 十分精神에 七分을 可得"할 수 있다고 하였다. 역사상 위인들의 이야기를 연극적으로 '화출'하여 풍속을 개량하자는 논리이다. (3)의 논설에서는 연극으로 만들 서사물로 세 부류를 들었다. 첫째는 "貪官汚吏의 政治도 包含ᄒᆞ며 閨門內 妻妾爭妬의 弊端도 寓意ᄒᆞ"는 "一篇小說"이다. 연극으로 만들 소설을 창작하자는 말인데, 이때의 소설이란 연극의 대본이 될 '이야기'를 말한다고 할 수 있다. 아직 문학 갈래로서 희곡의 개념이 보편화되지 않았기 때문에 '서사의 화출'이라는 입장에서 연극으로 만들 소설을 기대하였던 것이다. 둘째는 역사 인물 이야기이며 셋째는 고전소설이다. 이러한 서사물의 "眞相을 這這히 活劇"함으로써 일반 관객이 풍속 개량의 사상을 발현하게 될 것이라는 내용이다.

이러한 언술에는 '연극이란 평면적인 이야기의 입체적인 연출'이라는 인식이 들어 있다. 중세 및 이행기의 연극 개념을 벗어나 있다고 할 수 있다. 정재와 탈춤에는 이러한 개념이 적용되지 않는다. 정재와 탈춤에서는 이야기가 중요하지 않았고 인물과 사건이 구체적으로 다루어지지 않았다. 판소리의 경우 서사시를 연행한다는 측면에서 이미 '서사의 화출'이 이루어지고 있었다.[68] 그러나 이러한 서사성은 판소리를 연극이 아닌 서사문학으로 귀속시키는 결과를 가져오기도 하였다. 그렇다면 연극의 근대화를 준비하는 이 시기에 어떤 이유로 '서사의 화출'이 요구되었을까.

---

68 판소리는 배우의 일인다역 연기를 통하여 극중인물을 형상화한다. 배우는 사설 속의 인물로 분장하지는 않지만, 아니리를 통하여 인물의 대사를 말하고 사건을 전달하며, 창(唱)을 통하여 인물의 감정을 표출하고 장면을 묘사한다. 또한 너름새를 통하여 인물의 행위를 흉내 낸다. 따라서 신위와 같은 관객은 「관극절구(觀劇絶句)」에서 사설 속의 인물이 눈앞에 나타난 듯 감탄하게 되었던 것이다.

당대 지식인의 논설을 통하여 그 해답을 찾아볼 수 있다.

〈小說과 戱臺가 風俗에 有關〉(論說)

一國의 風俗을 改良코져 흘진뒤 近世의 閱覽ᄒᄂᆫ 小說과 近日에 演劇ᄒᄂᆫ 戱臺를 必先改良이니 何者오 小說과 戱臺가 不甚與世輕重이로뒤 其源을 語ᄒ면 街士坊客의 無聊不平흔 著述이오 倡夫舞女의 俳優嬉笑ᄒᄂᆫ 資料ㅣ니 大人雅士의 掛齒煩目홀빅 아니나 其流를 究ᄒ면 <u>個人의 腦髓에 浹洽ᄒ고 社會의 風氣에 薰染ᄒ야 心志를 蠱惑ᄒ고 情性을 濫移ᄒ야 不可思議의 效力이 有한지라 大抵 新奇를 喜ᄒ고 平常을 厭ᄒ며 刺激을 感ᄒ고 凡例를 忘흠은 世人의 常情</u>이니 是故로 話席의 淫談俚說은 一生을 終토록 必憶必記호뒤 經典의 聖謨賢訓은 數月을 經ᄒ야 若存若忘ᄒ며 樽組揖讓之筵에ᄂᆫ 憚而不赴호뒤 荒淫遊戱之場에ᄂᆫ 樂而忘返ᄒᄂᆫ니 <u>小說與戱臺ᄂᆫ 尋常婦孺의 最所感覺ᄒ고 最所貪嗜ᄒᄂᆫ 者라 其原動力이 能使人情으로 隨以變遷ᄒ고 能使世俗으로 從以感化ᄒ니</u> ……. [밑줄 필자]

然則 此小說與戱臺가 風俗의 有關홈이 曷云淺尠이리오 故로 <u>泰西列邦에ᄂᆫ 小說의 著述과 戱臺의 演劇이 大英雄 大賢人의 驚天動地흔 事業을 撮影而活動ᄒ고 演役而說明ᄒ야 國民의 思想을 鼓吹ᄒ고 國民의 義氣를 발揚ᄒ야 足히 文明自由의 前提가 될 바어날</u> 아 韓國은 小說과 戱臺의 자료가 不乏이로뒤 雄偉活潑흔 氣像은 絶無ᄒ고 荒淫怪僻흔 習慣만 滋長케 ᄒ니 人心의 淸漓와 民싱의 困瘁가 未或不由於此ㅣ라 故로 風俗을 改良코져 흘진뒤 小說과 戱臺를 必先改良이라 ᄒ노라[69] [밑줄 필자]

위의 논설에 의하면 한 나라의 풍속을 개량하기 위하여 소설과 연극을

---

69 『대한매일신보』 1910.7.20; 단국대 공연예술연구소 편, 앞의 책, 103~104면. 이상에서 소개한 논설이나 비평은 연극 개량이 시작되었던 시기보다 뒤늦게 발표된 것들이다. 그러나 당대의 연극적 지향점을 보여준다는 의미에서 인용문으로 채택하였다.

가장 먼저 개량해야 한다고 주장하고 있다. 소설과 연극은 개인의 뇌리에 사무치고 사회의 풍기에 스며들어 사람의 정서를 변화시키고 세속을 감화시킬 수 있는 힘이 있다고 하였다. 스스로 '불가사의(不可思議)'한 힘이라 하였으므로 뚜렷한 결론은 내리지 못하고 있으나 "新奇"하고 "刺激"적이어서 "一生을 終토록 必憶必記"할 수 있으므로 평범한 부녀자와 아이마저도 좋아하여 느끼고 깨달을 수 있다고 주장하였다. 소설과 연극이 쉽고 빠르게 대중을 감동시킬 수 있다고 여긴 것이다.

문예사적으로 소설과 연극은 서로 다르게 발전해 왔고 현대적인 관점에서도 매우 다른 예술 양식이다. 그럼에도 불구하고 1900년 당시의 관점에서 동일하게 논의되고 있는 이유는 소설과 연극이 지니는 '재현(再現, representation)'의 원리에 있다고 여겨진다. 예술적 '재현'은 오랜 역사를 지니고 있으며 비단 근대에 와서 제기된 문제는 아니다. 그러나 사실주의를 바탕으로 하는 근대 예술에 있어서 재현의 방식은 중요하게 부각되었다고 여겨진다. 근대인의 자각은 일상적인 현실 세계를 사실적으로 재현하고자 하였다. 자생적이든 외래적이든 당시 우리나라의 문예사적인 상황에서도 근대예술의 특성인 '사실적인 재현'이 인식되기 시작하였던 것이다.

재현은 연극, 문학, 회화 등의 분야에 걸쳐 두루 논의된다. 그러나 그림에서 재현된 사물은 그 속에 갇혀 있을 뿐이며, 소설에서 재현된 세상은 독자의 상상 속에서 그려볼 수 있을 뿐이다. 반면, 연극에서는 가장 완벽한 재현이 이루어질 수 있다. 문학이나 그림은 글이나 말, 선이나 색을 매체로 하지만 연극은 무엇보다도 사람 자신을 매체로 하기 때문이다.

1900년대 당시 연극 개량의 주요 방식이었던 '서사의 화출'은 서사적 재현을 연극적 재현으로 전환시킨다는 의미를 갖는다. 소설과 연극이 모두 풍속 개량에 유용한데 연극은 소설 속의 상황을 눈앞에 살아 움직이게 할 수 있으니 효용을 극대화할 수 있는 최상의 선택이었다고 여겨진다. 우리의 문예사는 서사적 재현의 전통과 달리 연극적 재현의 전통이 희박하였다. 따라서 재현을 추구하는 신연극을 마련하는 데 있어 서사, 특히 소설의 전통에 기댈 수밖에 없었다고 여겨진다.

판소리는 문학 갈래에서 서사에 속하면서 소설의 발달을 촉진하였다. 또한 본 논의에서 전제로 한 연극 갈래에 의하면 서사적인 줄거리가 중심이 되는 극 갈래에 속한다. 판소리는 완벽한 연극적 재현의 경지에 이르지는 않았으나 이미 서사적 재현에 충실한 언어 텍스트를 보유하고 있었기 때문에 당대 연극 개량의 관점에서 가장 유용한 연극 양식이었다. 서사적 설명의 강도를 낮추고 시각적으로 화출하는 양상을 강화하여 손쉽게 당대 연극이 요구한 면모를 갖출 수 있었다. 개화기의 연극 개량에 판소리가 앞장섰던 이유가 더욱 자명해진다고 할 수 있다.

반면, 탈춤은 당대 연극이 원하는 서사성과 재현성을 충족시킬 수 없었다. 서사성은 연출 형식인 '서사적 설명'으로 혹은 텍스트 이면의 줄거리인 '서사적 구조'로 나타난다. 근대극에서 필요로 하는 특성은 후자이다. 판소리의 경우 두 가지 양상의 서사성을 모두 지니고 있었던 반면, 탈춤의 경우 간혹 극중인물의 대사 가운데 극적 상황을 소개하는 설명적인 내용이 포함될 수는 있었으나 서사적인 구조를 발견할 수는 없다. 탈춤은 갈등과 화해의 구조가 반복되는 놀이의 형식을 취하고 있다. 역동적인 장경의 연출, 뛰어난 상황 묘사력, 생생한 재담, 소극적(笑劇的) 특성 등은 이행기 연극의 혁신으로 평가되나 이러한 놀이적이고 축제적인 공연 방식은 현실 세계에 대한 자상한 설명을 거부한다. 따라서 '서사의 화출'을 통한 계몽적인 효용을 원하는 개화기 관객의 관심을 끌지 못하였다고 할 수 있다.[70]

---

[70] 정확하게 말하면, 탈춤 나름대로 시대적 분위기에 적응하기 위한 노력이 있었으나 성공을 거두지 못하였다고 할 수 있다. 이하에서 거론할 정재와 마찬가지로 탈춤 양식에서도 서사성 및 재현성을 수용하는 변화가 있었으리라 예상된다. 몇몇 문헌기사나 신문기사를 통하여 현전하는 탈춤 레퍼토리가 아닌 다른 레퍼토리가 많이 공연되었던 사실을 알 수 있기 때문이다. 구체적인 논의는 후고를 통하여 진행하도록 하겠다.

정재는 신화나 고사, 일화 등의 이야기와 관련되어 있으나 그 서사 문맥은 공연 텍스트 밖에 전제되어 있다. 중세 궁정의 관객 집단은 정재의 이면에 숨겨진 서사 문맥에 익숙하였기 때문에 무대에서 벌어지는 공연 행위를 연극적으로 수용할 수 있었다. 서사 문맥을 알지 못하는 한 정재의 등장인물은 극중인물로 인식될 수 없다. 따라서 20세기 초 옥내 극장에서 관객은 정재를 연극이 아닌 무용으로 받아들였다고 할 수 있다.[71]

이러한 정재도 '서사의 화출'을 원하는 당대 관객의 취향에 맞추어 변신을 모색하게 된다. 1917년 『매일신보』의 기사에서는 정재 〈항장무(項莊舞)〉와 〈성진무(性眞舞)〉를 각각 〈홍문연연의(鴻門宴演義)〉와 〈구운몽연의(九雲夢演義)〉로 개량한 사실이 나타난다.[72] 〈항장무〉는 사마천(司馬遷)의 『사기(史記)』「항우본기(項羽本記)」에 나오는 '홍문지회(鴻門之會)'의 부분을 연극화한 것이다. 다른 정재에 비하여 그 서사 문맥에 널리 민간에 알려져 있었을 뿐 아니라 정재에서는 드물게 극중인물의 대사가 나타난다. 〈항장무〉는 중세연극 정재가 탈중세의 시대에 모색한 변신의 결과물이다. 〈성진무〉는 정재의 형식을 빌어 소설 〈구운몽〉의 주인공 성진의 일화를 표현한 것 같은데, 궁중의 정재 목록에 나와 있지 않으므로 지방 관기들의 정재였거나 옥내 극장의 새로운 레퍼토리로 개발된 것 같다. 〈구운몽연의〉의 연기 내용을 묘사한 기사에 의하면, 성진과 육관대사의

---

71 이러한 상황은 현재도 마찬가지이다. 정재를 복원하는 일을 무용계에서 담당해오면서 정재가 지닌 연극성은 거의 사라지고 말았다. 정재의 연극적 위상을 되살려야 중세연극이 제대로 파악될 수 있다. 필자는 이러한 입장에서 다음의 연구를 진행하였다.
사진실, 「고려시대 정재의 공연방식과 연출원리」, 『정신문화연구』 21, 한국학중앙연구원, 1998.
_____, 「船遊樂의 공연 양상과 형성 과정」, 『국문학연구 1999』, 서울대 국문학연구회, 1999.
72 『매일신보』 1917.11.6.
본권번이 본년 이월에 병립ᄒᆞᆫ바 제반신구가무를 열심연습ᄒᆞ야 관람ᄒᆞ신 첨군자의 오락에 공ᄒᆞ옵ᄂᆞᆫ 중 유래 성진무를 개량ᄒᆞ야 구운몽연의를 제작ᄒᆞᆷ과 항장무를 개량ᄒᆞ야 홍문연연의를 저술ᄒᆞᆷ과 춘향전에 옥중가를 실지로 현형ᄒᆞᆷ은 기히 십일간 고평에 갈채를 표ᄒᆞ온바……

배역을 맡은 기생들의 연기가 사실적인 재현을 추구하였음을 알 수 있다.[73] 많은 정재 가운데 〈항장무〉와 〈성진무〉가 연극 개량의 대상이 된 것은 서사성을 지니고 있었기 때문이다.[74] 일정한 서사 문맥을 전제로 하되 등장인물의 서정을 노래와 춤으로 표현하였던 공연 텍스트를 변개하여 서사성과 재현성을 강화시켰다고 할 수 있다.

개화기 연극은 연기에 있어서 춤보다는 사실적인 행위를, 언어 표현에 있어서는 시(詩)보다는 소설(小說)의 방식을 선택하였다고 할 수 있다. 또한 암시나 상징, 패러디의 수법보다는 직접적인 묘사와 설명을 원하였다고 할 수 있다. 이러한 양상은 근대극을 지향하는 시대적인 요청이었다.

2) 〈은세계〉의 성과와 한계

판소리는 일상적인 현실 세계를 재현하여 탈중세인의 자각을 담아냄으로써 근대극을 위한 모색 과정에서 가장 앞장설 수 있었다. 아직 근대성에 도달하지는 못하였다고 할 수 있으나 1900년대 대중 관객에게는 기존 판소리의 내용만으로도 충분한 호소력이 있었다. 판소리의 사설 속에 들어 있던 등장인물들의 모습과 일련의 사건을 눈앞의 '활극(活劇)'으로 보게 되었을 때 "眼界는 恍然ᄒ고 心地는 豁如"한[75] 감격이 압도적이었다고 할 수 있다.

그러나 진보적인 연극 담당층에게는 점차 창극의 내용이 구태를 벗지

---

73 『매일신보』 1917.12.2.
……ᄉ로 연출ᄒ는 구운몽이 하도 유명ᄒ다기에 시간이 느리가는 것을 불고ᄒ고 기다렷더니 열시 반 가량이 되야 비로쇼 막이 열니니 이날은 구운몽연의 데이회 셩진이 팔션녀와 희롱타가 류관대사의 노ᄒ심을 바다 디옥으로 가는 데라 계옥의 셩진이 신셰타령ᄒ는 노리는 관긱으로 ᄒ야곰 부지중 눈물을 싸ᄂ리고 남수의 류관대ᄉ는 어됴가 좀 이상ᄒ나 긴ᄉ셜을 ᄯᅦ지 않코 그다지 어싀지 안케 말홈은 참 놀랍다……
74 백현미, 앞의 책, 113~114면.
75 『만세보』 1907.5.30.

못한 것으로 여겨졌고 풍속 개량 등 연극의 순기능을 수행할 수 없다고 보였다. 따라서 당대 현실을 소재로 한 창작 창극을 갈구하게 되었던 것이다. 이러한 과정에서 창극 〈은세계〉가 창출되었다. 주지하다시피 〈은세계〉는 원주 감사의 학정에 시달린 최병도란 인물의 실화를 토대로 창작된 작품이다.

〈은세계〉는 연극 광고에 '소설연극(小說演劇)'[76]이라고 하였고 출판 광고에 '연극신소설(演劇新小說)'[77]이라고 하였다. '소설'과 '연극'이 모두 언급되었기 때문에 〈은세계〉는 소설사 및 연극사 연구에서 중요한 위치를 차지하여 왔다. 최원식이 〈은세계〉의 발전 과정을 추론한 이래[78] 판소리 〈최병두타령〉의 존재 여부 및 창극 〈은세계〉와 소설 〈은세계〉의 선후 관계 등에 대한 논의가 이어졌다. 필자는 적어도 1908년 당시에 전자와 후자가 둘이 아니었다는 입장을 갖고 있다.

앞에서 논의하였듯이, 희곡의 개념이 정착되지 않았던 1900년대 당시에는 연극을 만들어내기 위해서 먼저 서사물, 특히 소설을 만들어 그것을 '서출(書出)'한다는 입장을 가지고 있었다. 달관생(達觀生)의 논설 〈演劇場主人에게〉에서 "營業上에도 關係가 잇게 ᄒ고 風化改良에도 效力이 잇게 ᄒ야 一篇小說을 滋味잇게 지어닉되 我國古來 貪官汚吏의 政治도 包含ᄒ며"[79]라고 하였을 때, 극장의 영업에서 흥행을 올리고 풍속을 개량하기 위하여 지어내자는 한편의 '소설'은 다만 연극 공연을 위하여 창작한 이야기

---

76 『황성신문』 1908.7.28; 단국대 공연예술연구소 편, 앞의 책, 52면.
〈小說演劇〉大韓新聞社長 李人稙氏가 我國演劇을 改良ᄒ기 위ᄒ야 新演劇을 夜珠峴 前協律社에 創設ᄒ고 再昨日붓터 開場하얏ᄂᄃᆡ 銀世界라 題ᄒ 小說로 唱夫를 教育ᄒ야 二個月後에ᄂ 該新演劇을 設行ᄒ다ᄂᄃᆡ 多衆ᄒ 唱夫 教育費가 巨大ᄒᆷ으로 其經費를 補助키 爲ᄒ야 七月 二十六日로붓터 二個月간은 每日 下午 七時로 同 十二時ᄭᆞ지 營業的으로 我國에 固有ᄒ던 各種 演藝를 設行ᄒ더라

77 『대한매일신보』 1908.12.16.

78 최원식, 앞의 논문, 285~297면 참조.

79 『西北學會月報』 1권 16호, 1909.10.31; 단국대 공연예술연구소 편, 앞의 책, 82면.

를 말한다.

전통적으로 '소설'이라는 용어는 원래 대단치 않은 수작을 뜻했다.[80] 일정한 격식을 갖추지 않고 평가할 가치가 없는 잡서나 잡문을 모두 한꺼번에 일컬어 소설이라고 했다고 한다. 19세기 초 소설의 실상과 부합하는 개념 정의는 19세기 초 홍희복(洪羲福)의 글에 나타나는데, "거짓 일을 사실처럼 만들어 보는 사람으로 하여금 천연히 믿으며 진정으로 맛들여 보기를 요구"하면서 "신기하고 재미있기를 위주로 하"는 새로운 창작물을 소설이라고 하였다. 〈은세계〉를 가리키는 '소설'이라는 표현 역시 이러한 전통적인 개념에서 쓰였다고 할 수 있다.

결국 '소설연극'은 '소설을 화출하여 만든 연극'을 말한다. 그런데 이 소설은 처음부터 연극을 위하여 창작하였으므로 연극 대본의 의의를 지니는 것이다. 당시는 소설과 희곡이 분화되지 않은 상태에 있었고 소설에서 연극 대본으로 각색하는 과정을 거치지 않았다. 그렇지 않다면 연극 공연 광고에 '소설'이란 수식어가, 소설 출판 광고에 '연극'이란 수식어가 필요하지 않았을 것이다. 따라서 연극 이전에 소설이 선행되었다 할지라도, 이 소설은 실용적인 측면에서 연극 공연을 위한 대본이며 희곡을 의미한다고 할 수 있다. 당시 연극계는 연극이 '서사의 화출'이라는 인식에 머물러 있었다. 희곡의 개념이 보편화된 상태였다면 서사의 단계를 거치지 않는 연극적 재현을 요구하였을 것이고 소설과는 별도로 연극의 대본이 되는 희곡 창작을 갈구하였을 것이다.

문학 갈래로서 희곡의 개념과 창작 방법이 보편화되기 전까지 소설은 빈번하게 연극의 대본으로 사용되었다. 이러한 양상은 1910년대 신파극 레퍼토리에서 가장 활발하게 나타난다.[81] 이러한 양상은 '서사의 화출'을

---

80 이하 소설의 형성 과정에 나타난 용어와 개념의 변천에 대해서는 조동일, 『소설의 사회사 비교론』, 지식산업사, 2001, 106~108면 참조.

81 1910년대 신파극과 신소설의 관련 양상에 대해서는 양승국, 「1910년대 한국 신파극의 레퍼터리 연구」, 『한국극예술연구』 8집, 1998. 45~59면 참조.

통하여 연극을 만들 수 있다는 인식 때문이었다고 할 수 있다. 근대 희곡의 개념이 도입되면서 서사의 단계를 거치지 않는 연극적 재현이 완성될 수 있었다고 할 수 있다.[82]

근대극이 개연성 있는 허구를 창출하는 데 비하여, 〈은세계〉는 당대의 실제 사건을 취재하여 공연하였다. 〈은세계〉의 뒤를 이어 역시 실제 사건인 "安州 리召史의 抑冤흔 事件"을 소재로 연극을 만들고자 하였고,[83] 〈천인봉(千仞峰)〉 역시 이러한 소재 채택 방식의 연장선에 있다고 여겨진다.[84] 이러한 작품 생산 방식은 일단 판소리에서 왔으리라고 추정할 수 있다. 판소리가 당대의 현실을 그려내는 전통을 지니고 있었기 때문이다. 그러나 세태적인 사건과 시사적(時事的)인 사건은 다르다. 판소리에서는 세태를 토대로 개연성 있는 허구를 만들어 내었다면 〈은세계〉는 시사적으로 문제가 된 실제 사건을 다루었다.

김종철은 근대적인 전업 작가로서 이인직의 위상을 평가하는 동시에 판소리 창자 집단 역시 창작 과정에 참여하였으리라고 추정하였다. 그러나 현실에서 취재한 소재를 다루는 방식이 어디에서 나왔느냐는 문제에 대해서는 해답을 유보하였다.[85] 양승국은 〈은세계〉 창작 과정이 판소리

---

82 이러한 상황을 고려할 때, 적어도 연극으로 공연된 소설이라면 당대 희곡사 연구의 대상으로 삼을 수 있을 것이다. 그렇다면 '연극신소설' 〈은세계〉는 국문학 최초의 기록희곡이라는 의의를 갖는다고 할 수 있다.

83 『대한매일신보』 1909.5.27; 단국대 공연예술연구소 편, 앞의 책, 69~70면.
[探問事情] 圓覺社에서 將次 安州 리召史의 抑冤흔 事件으로 新演劇을 設行흔다고 大韓新聞에 揭佈흔 바어니와 更聞흔즉 該 리召史를 請邀ᄒ야 其前後事情을 壹壹 探問ᄒᄂ 中이라더라

84 『대한매일신보』 1909.7.6; 단국대 공연예술연구소 편, 앞의 책, 74면.
현재로서는 이 작품의 내용을 알 수 없다. 고전소설 자료의 목록에는 〈千仞峰〉이라는 이름이 나오지 않는 것을 확인하였다; 조희웅, 『고전소설 이본 목록』, 집문당, 1999 참조. 이 작품이 혹시 '이소사 사건'을 취재하여 만든 창극이 아닐까 생각된다. '이소사 사건'을 취재한 것이 1909년 5월 27일, 〈천인봉〉을 공연한 것이 그해 7월 4일이므로 한 달 남짓한 기간의 차이가 난다.

85 김종철(1995), 앞의 논문, 113~114면.

광대들을 중심으로 이루어졌다는 사실을 강조하였고 이러한 자생적인 노력의 성과를 높이 평가하였다. 또한 이보다 앞서 판소리의 창극화 과정에서 소학지희 광대 등 다양한 공연 주체들이 개입하고 협조하였을 가능성을 제기하였다.[86]

위와 같은 선행 연구에 덧붙여, 본 논의에서는 〈은세계〉의 현실 소재 채택 방식이 조선시대 소학지희의 전통과 유사하다는 사실을 확인하고자 한다. 조선전기 소학지희(笑謔之戲)의 전통 가운데 당대의 시사적인 사건을 재현하고 풍자하는 단막극의 형식이 있었다.[87] 서울의 배우인 경중우인들이 주로 맡아 하였는데, 이들은 의금부(義禁府)의 관리 아래 왕실의 공연 행사에 참여하여 공연하였다. 이 연극은 임금에게 정치의 득실(得失)과 풍속의 미악(美惡)을 알린다는 명분을 갖고 있었기 때문에 적어도 왕실의 행사에서는 언제나 새로운 레퍼토리를 선보여야 하였다.

현전하는 소학지희 대본 가운데 〈탐관오리(貪官汚吏)놀이〉는 중종 때 정평부사인 구세장(具世璋)이 말안장 파는 상인을 수탈한 내용을 다루고 있어 원주 감사와 최병도의 관계를 연상하게 한다. 또한 〈무세포(巫稅布)놀이〉는 무세포를 징수하려는 관원들이 무당의 집에 들이닥쳐 행패를 부리는 내용을 담고 있어 역시 최병도가 관가에 잡혀가는 양상을 떠올리게 한다.[88] 다만 〈탐관오리놀이〉 등이 골계미를 추구하였다면 〈은세계〉는 비장미를 추구하였다는 사실이 다르다.

소학지희는 연극에 담은 불합리한 현실을 현명한 임금이 해결해 주리라는 전망을 지니고 있었다. 연극을 통하여 잘못된 풍속과 정치를 파악하

---

86 양승국(1998), 앞의 논문, 41~45면.

87 이하 소학지희에 대해서는 사진실, 앞의 책, 77~108면, 209~219면, 251~264면 참조.

88 물론 이 작품들과 〈은세계〉를 직접 연결시킬 수는 없다. 관원이 양민을 수탈하는 내용은 고전문학 전체의 모티프로 작용하고 있기 때문이다. 판소리 〈춘향가〉만 하더라도 〈은세계〉와의 공통점이 많이 제시되었다; 최원식, 앞의 논문, 288~294면; 김종철(1995), 앞의 논문 참조.

고 그것을 바로잡는다는 데 소학지희 공연의 계기와 목적이 있었기 때문이다. 그러므로 정평부사와 상인의 대결이 골계적으로 표현될 수 있었다. 그러나 〈은세계〉는 불특정한 다수 관객에게 당대의 현실을 폭로할 수 있을 뿐 현명한 권력자에게 문제의 해결을 기대할 수 없었다. 해결의 전망이 보이지 않는 불합리한 현실은 쉽게 물리칠 수 없는 거대한 폭력으로 다가오게 된다. 따라서 최병도와 정감사의 대결은 비장미를 띨 수밖에 없는 것이다.

결국 이러한 차이는 소학지희가 중세 궁정연극이며 〈은세계〉가 근대를 지향하는 '신연극'이었다는 데서 출발하였다고 할 수 있다. 전자는 중세적인 질서에 순응하는 태도를, 후자는 중세의 봉건적인 질곡을 타파하려는 태도를 지니고 있는 것이다. 신연극 〈은세계〉는 연극 전통을 계승하면서도 그것을 단절하여 극복하는 성과를 내었다고 하겠다.

그런데 실제 사건을 취재하여 형상화하는 작품 생산 방식으로 창출된 연극은 현실의 연장으로서 사실을 드러낸 것도 아니고, 현실을 단절하여 완전한 허구를 구축한 것도 아니다. 사실과 허구를 넘나들고 있다고 하겠다. 본래 극 갈래는 현실을 허구적으로 전환하여 '완전한 특정(特定) 전환(轉換) 표현'[89]을 획득하여야 한다. 그러나 대부분의 소학지희 작품이나 〈은세계〉의 경우 '비전환(非轉換) 표현'을 주로 하는 교술 갈래의 특성을 함께 지녔다.[90] 실제 사건이 작품과 차단되지 않고 지속적으로 의미를 생성하기 때문이다. 그러한 결과 〈은세계〉의 공연 도중에 관객이 배우를 질타한 사건이나[91] 정감사의 후손들의 상연 정지 운동[92] 등이 일어났다고 할 수 있다.

---

89 조동일, 「18 · 19세기 국문학의 장르체계」, 『고대문학연구』 1, 한국고전문학연구회, 1971, 79~80면.

90 소학지희의 이러한 특성에 대해서는 사진실, 앞의 책, 85~90면 참조.

91 『황성신문』 1908.12.1; 단국대 공연예술연구소 편, 앞의 책, 59면.

92 『춘추』 1941.3; 최원식, 앞의 논문, 277면 참조.

소학지희와 〈은세계〉는 모두 연극의 계몽적인 효용을 명분으로 삼았다. 다만, 전자가 임금을 향한 상소의 양상을 띠었다면 후자는 관객 대중을 향한 교육의 양상을 띠고 있었다. 시사적인 사건을 연극적으로 재현함으로써 현실감이 더해지고 관객에게 강한 주제 의식을 전달할 수 있었다고 여겨진다. 그러나 이러한 방식으로는 레퍼토리 창작의 활성화를 기대하기 어려웠다고 할 수 있다. 근대적인 소설 또는 연극이 현실 세계를 재현하는 일은 개연성 있는 허구를 창출하는 것이지 실제 사건을 옮기는 것이 아니다. 작품 생산 방식의 제한성은 신연극의 지속적인 발전에 장애 요소로 작용하였다고 할 수 있다.

판소리에서 계승한 음악성 역시 이러한 제한성으로 작용하였다. 전통적인 창법은 판소리 배우가 경험적으로 습득한 것이기 때문에 지식인 작가가 관여할 수 있는 분야가 아니었을 것이다. 새로운 작품을 대할 때마다 전업 작가와 판소리 배우들의 협업이 이루어져야 하므로 자유로운 창작 활동이 어려웠다고 여겨진다. 창극의 가창 방식은 완전한 연극적 재현을 위해서 장애가 되기도 하였다. 일상적인 현실 세계에서는 노래로 의사를 전달하는 일이 자연스럽지 않다.

창극의 모태인 판소리가 '작품외적 자아'인 배우에 의하여 연행되는 연극이었다는 점을 상기한다면, 창극 〈은세계〉 역시 서사적 설명이 개입되어 있었다고 할 수 있다. 이러한 양상은 〈은세계〉의 대본이었다고 할 수 있는 소설 〈은세계〉에서 확인할 수 있다. 서사적인 설명 방식 역시 가창 방식과 마찬가지 이유로 제한성을 지닌다. 서사적인 설명은 희곡에는 없고 소설에 필수적인 "작품외적 자아의 개입"에 해당하기 때문이다.[93] 초창기 신연극의 개념에서는 '화출'의 과정을 통하여 서사물이 연극으로 전환된다고 여겼다. 서사의 단계를 거쳐 연극적 재현에 이르는 과정을 상정한

---

93 조동일, 「자아와 세계의 소설적 대결에 관한 시론」, 『한국소설의 이론』, 지식산업사, 1981, 103면.

것이다. 신연극 운동 초창기에는 창극의 서사적인 공연 방식이 문제될 수 없었으나 점차 제한 요인으로 작용하게 되었다고 할 수 있다.

여러 가지 제한성의 결과 창극은 더 이상 당대 연극의 희망이 될 수가 없었다. 연극은 점차 현실 세계를 재현한 극적 환상을 구축하는 데에 지향점을 두기 시작하였기 때문이다. 창극의 내용과 형식에 대한 지식층의 비난이 거듭되기 시작하였고 이인직과 같은 근대적인 전업 작가가 창극 운동에서 분리되었다. 작가는 현실을 직시하고 미래를 전망하는 예지력을 지닌 당대의 지식인으로 세계관을 담을 가장 적절한 예술 양식을 찾게된다. 개화기, 곧 애국 계몽기에 있어서 연극은 가장 효용적인 예술 양식이었다고 할 수 있다. 연극의 생산과 수용은 직접적이며 전면적인 것이어서 교훈과 감동을 전달하는 데 가장 효과적이기 때문이다. 1900년대 당시 작가가 자신의 역량을 발휘할 가장 적실한 연극 양식으로 창극을 선택하였다면, 1910년대에 이르러서는 여러 가지 제한성을 지니고 답보 상태에 있는 창극을 벗어나 신파극과 같은 다른 연극 양식을 모색하였다고 할 수 있다. 창극은 나름대로 활로를 모색하여 전통 연희 공연을 유지하였으나 신연극 운동의 전면에서 물러나게 되었다고 할 수 있다.

5. 결론

이 연구의 목적은 개화기 전통극의 근대적 대응 양상을 밝히는 데 있었다. 20세기 이전이나 이후의 연극사가 모두 전통의 계승과 혁신을 통하여 발전하였다고 상정하고 근대극의 성립 과정에서 제기된 전통단절론을 극복하고자 하였던 것이다. 연구의 관점과 방법론은 그동안 필자가 진행해 온 연구 가운데 한국연극사 시대구분을 위한 이론적 가설 및 공연 상황을 분석하는 몇 가지의 틀을 활용하였다.

한국연극사는 악희극(樂·戲·劇)의 연극 갈래가 경쟁하고 조화를 이루는 가운데 전개되었다. 악 갈래는 11세기 이후 중세 연극의 중심으로 자리 잡았다. 궁중의 정재가 이 시기 연극 양식으로 대두되었다. 15세기부터는 희가 성장하여 악과 경쟁하고 조화를 이루기 시작하였다. 악과 희는 각각 궁정문화와 민간문화를 토대로 중세 후기적인 성격을 구현하는 데 기여하였다. 소학지희가 이 시기의 희 갈래에 해당한다. 17세기 중반부터는 희의 시대가 시작되었다. 궁정의 공연문화는 급속히 축소된 반면, 민간의 공연문화가 성장하였다. 탈춤이 성장하여 희 갈래에서 혁신적인 전환이 일어났고 극 갈래에서 판소리가 대두하였다. 20세기부터는 극의 시대가 시작되었다. 본 연구는 바로 이 시기 연극의 공연 상황 및 내재적 지향점에 대하여 논의한 것이었다.

개화기 연극의 동향은 희의 시대에서 극의 시대로 전환되는 양상을 나타내고 있다. 사회경제적인 근대화와 더불어 연극 공연의 상품화가 촉진되었으며 상업적인 극장 문화가 시작되었다. 이러한 발달은 이전 시기 연극의 전통을 계승하고 혁신함으로써 가능하였다. 개화기 연극은 중세 연극을 극복하고 근대 연극을 마련하는 이행기적 사명을 다하였다고 할 수 있다.

20세기 이전 개방공간과 폐쇄공간이라는 극단적인 성격을 지녔던 민간과 궁정의 공연 공간은 각각 노천 가설극장과 옥내 극장으로 발전하였다. 근대적인 상업 극장의 발달은 폐쇄공간과 개방공간의 논리가 통합되어 나타났다고 할 수 있다. 개방공간인 장터의 놀이판은 시장 논리가 극대화되어 폐쇄공간의 물리적 폐쇄성을 받아들이게 되었고, 폐쇄공간인 궁정의 공연 공간은 개방공간의 시장 논리를 받아들이게 된 것이다. 아현이나 용산의 무동연희장, 동대문의 광무대 등이 전자의 예에 해당한다면 협률사는 후자의 예에 해당한다고 할 수 있다. 전자와 후자는 각각 민간의 노천 가설극장과 궁정의 옥내 극장으로 다르게 출발하였지만 근대적인 상업 극장을 향한 발전 과정에 동참하였던 것이다. 이러한 극장사의 전개 과정에서 서울 및 대도시 지역을 중심으로 많은 사설 극장들이 생겨나 극장문화가 활성화되었다고 할 수 있다.

개화기 전통극이 노천 가설극장과 옥내 극장의 무대에 오르면서 공연의 재정적 기반에 변화가 생겼다. '지속적인 후원'이나 '계기적인 지원'을 받으며 공연 활동을 하던 배우들이 '임의적인 보상'의 방식으로 단일화하게 된 것이다. 더 이상 배우는 특정한 개인이나 집단에 예속되지 않으며 관객을 찾아 유랑하지 않아도 되었다. 고정적인 극장에서 관객을 불러들여 입장료의 수입을 기반으로 공연 활동을 하게 되었다. 이러한 과정에서 배우와 관객의 관계가 변화되었으며, 이는 특히 탈춤과 판소리의 성패에 영향을 주었다. 배우와 관객의 신명풀이로 요약되는 탈춤의 미학은 옥내 극장의 공연 상황에서 발휘되기 어려웠다. 탈춤은 공동체적 의식을 공유할 수 있는 단일한 관객 구성을 필요로 하였기 때문이다. 판소리가 지닌 감상의 미학은 계층과 성별을 넘어서 광범위한 관객층을 확보할 수 있었다. 궁중예술이 해체되어 내려온 정재 역시 일반인의 감상 예술로 자리잡았으나 화려한 볼거리 위주의 전통무용으로 전락하고 말았다. 판소리는 개화기 연극 흥행의 중심이었던 옥내 극장에 안착하였기 때문에 당대 연극의 주류로 부상할 토대를 갖추게 되었다.

전통극의 공연 텍스트에 나타난 근대적 탐색 양상은 '서사의 화출'을 통하여 현실 세계를 재현하려는 일련의 모색 과정 속에서 전개되었다. 이 과정은 종국적으로 무대 위에 사실주의적인 극적 환상을 구축하려는 목적을 향하여 있었다고 할 수 있다. 정재나 탈춤은 서사성과 재현성이 부족하였기 때문에 당대 연극계의 요구에 부합하기 어려웠다. 반면 판소리는 이미 서사적 재현을 실현하고 있었기 때문에 창극화의 과정을 거쳐 연극적 재현의 단계로 나아가게 되었다. 〈은세계〉의 창작은 당대 현실을 담아내려는 혁신의 결과였고 한층 더 근대극의 위상에 다가섰다고 할 수 있다. 그러나 실제 사건을 취재하여 공연하는 소재의 채택 방식은 창작 창극 발전에 장애로 작용하였다. 또한 판소리가 지닌 서사적 설명 방식 및 판소리의 창법 등도 극적 환상을 구축하는 데 장애가 되었다고 할 수 있다. 창극운동에 참가한 지식인 작가는 이러한 제한성을 지닌 창극에서 벗어나 1910년대 신파극으로, 1920년대 사실주의 연극으로 그 관심을 돌렸다고 여겨진다. 개연성 있는 현실 세계를 재현하여 극적 환상을 구축하는 근대극을 마련하고자 하였던 것이다.

근대극을 성립시키기 위하여 외래연극의 양상을 받아들인 것을 부정적인 시각으로만 바라볼 수는 없다. 구비문학의 전통 위에 한문학을 받아들여 민족어문학의 발전을 촉진한 것처럼, 외래문화 수용을 통하여 혁신을 위한 변화를 촉진하였다고 할 수 있다. 개화기 연극은 앞선 전통의 성과를 계승하는 한편, 동시대 외국극을 수용하여 혁신의 계기로 삼았다. 중세 및 이행기의 연극과 근대극은 전통을 계승하였다는 측면에서 지속성을 지닌다면, 혁신을 이루었다는 측면에서는 단절성을 지닌다. 결국 전통극과 근대극은 지속적인 동시에 단절되어 있다고 할 수 있다. 중요한 사실은 이러한 지속과 단절이 연극사 전체를 통하여 끊임없이 반복되어 왔다는 사실이다.

본 논의에서 드러난 개화기 연극의 지향성은 근대극을 마련하기 위하여 점철된 것이었다. 그러나 탈근대의 연극을 모색하는 현재의 시점에서 근대성은 오히려 지양 극복의 대상으로 바뀌었다. 근대극을 극복하기 위하여 오히려 중세 및 이행기 연극의 원리와 미학을 탐색하고 있는 것이다. 근대극이 이전 시기 연극에 대하여 그랬듯이, 다가올 시대의 연극 역시 당대 연극의 양상을 지속하고 단절하는 가운데 발전하게 될 것이다.

제2장 근대극의 성립과 해체 과정에 나타난 공동체 문화의 위상[1]

1. 머리말

이 논의의 목적은 근대극의 성립과 해체 과정을 중심으로 연극사의 추이에 나타난 공동체 문화의 위상을 밝히는 데 있다.

기록문학으로서 희곡 양식이 정착되기 전까지 우리나라의 연극 양식은 대부분 구비문학의 범주에 속하였다. 근대적인 극장문화가 정착되면서 근대극의 성립을 위한 모색이 시작되었고 판소리가 선두에 섰다. 창극 운동은 구극(舊劇)인 판소리를 혁신하는 신극(新劇)을 모색하면서 근대극 운동의 서막을 열었다고 할 수 있다. 계속되는 근대극의 성립 과정에서 신파극, 서구 사실주의극 등의 자극을 받은 제2, 제3의 신극 운동이 거듭되었다.

근대극의 시대가 시작되면서 구비문학은 한국연극사의 주도권을 기록문학에 넘겨주었으나 1960년대 이후 가속화된 근대극의 해체 과정에서 다시 구비문학인 탈춤이 연극사의 전면에 나서게 되었다. 탈춤의 전통에 주목한 연극 운동 가운데 특히 마당극 운동은 탈춤의 이념과 형식을 바탕으로 당대 현실의 문제를 담아냄으로써 한국연극사의 추이에 적지 않은 영향을 끼쳤다고 할 수 있다.

근대극의 전개 과정에 나타난 판소리와 탈춤의 활약은 한국연극의 풍

---

1 출처: 사진실, 「근대극의 성립과 해체 과정에 나타난 공동체 문화의 위상」, 『구비문학연구』 제21집, 한국구비문학회, 2005, 35~66면.

부한 토양이 되어온 구비문학의 위상을 보여주는 현상이라고 설명할 수 있다. 판소리와 탈춤은 지역적이거나 계층적인 공동체 문화를 기반으로 향유된 구비문학이면서 근대 이행기의 문화를 대표한다는 측면에서 동질성을 지닌다. 그런데 판소리와 탈춤이 근대극의 성립과 해체라는 상반된 위치에 서게 된 사실은 별도의 관심을 요구한다. 이 논의에서는 연극 공연과 공동체 문화의 상관성에 대한 방법론을 바탕으로 근대극의 성립과 해체 과정에 나타난 판소리와 탈춤의 갈림길에 대한 의문을 풀고자 한다. 그 결과 한국연극사의 추이에 나타난 공동체 문화의 위상이 드러나길 기대한다.

근대극의 성립 과정에 나타난 판소리와 탈춤의 갈림길에 대해서는 선행 논의가 있었다. 판소리가 민속예술의 단계에서 대중예술의 단계에 편입한 반면 탈춤은 그렇지 못했다는 견해를 비롯하여 탈춤의 공연방식이 근대적인 극장무대에 적합하지 않았다는 견해가 있었다. 필자는 공동체적 합일을 바탕으로 하는 탈춤의 신명풀이 미학이 익명의 다수 관객을 상대로 하는 근대적인 극장문화와 어울릴 수 없었다는 견해를 제시한 바 있다.[2]

이 논의에서는 앞선 연구를 확장하여 판소리와 탈춤, 또는 창극과 마당극의 공연 행위와 공동체 문화의 관계를 논의하고자 한다. 먼저 2장에서 연극의 공연 행위와 공동체 문화의 상관관계에 대한 분석틀을 마련하여 제시하고자 한다. 3장과 4장에서는 분석틀을 바탕으로 근대극의 성립과 해체 과정에 나타난 판소리 개량 및 탈춤 재창조의 의미에 대하여 논의하고자 한다. 5장에서는 본론의 논의를 마무리하면서 연극사의 추이에 나타난 공동체 문화의 위상에 대하여 밝히고자 한다.

---

2 선행 연구의 내용은 본론에서 구체적으로 다루기로 한다.

2. 연극 공연과 공동체 문화의 관계

공동체는 혈족, 지역, 계층, 생업, 이념, 기호 등의 동질성으로 사람들을 묶어내는 단위이다. 공동체 문화는 이러한 집단적 동질성을 바탕으로 양산되는 문화라고 할 수 있다. 연극은 제의적 진정성과 놀이적 오락성을 모두 갖추고 있으며 연기자와 관객이 같은 시공간에 현존하는 특성을 지니고 있어 공동체 문화를 활성화하기 위한 매우 효과적인 예술 양식이 된다. 연극 공연과 공동체 문화의 관계를 위한 분석틀을 마련하기 위하여 먼저 연극 공연에서 발생하는 여러 층위를 살펴보고자 한다.[3]

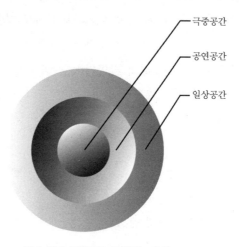

극중공간
공연공간
일상공간

표 1 연극 공연에서 발생하는 층위

연극을 공연할 때 연기자와 관객은 같은 시공간 안에서 현존하게 된다. 외형적으로는 극장 안에 함께 있을 뿐이지만 극중공간, 공연공간, 일상공간의 세 층위에서 공존하는 관계를 내포하고 있다. 극중공간은 허구적으로 형상화된 공간으로 극중인물의 세계이다. 공연공간은 공연이 이루어

---

3 사진실, 『공연문화의 전통』, 태학사, 2002, 233~245면.

지는 공간으로 연기자와 관객이 만나는 장소이다. 일상공간은 극중공간과 공연공간의 배후에 있는 현실 세계이다.

'~공간'은 물리적인 장소로서 공간의 개념이 아닌 시공간과 인물, 사건으로 조직된 텍스트가 존재하는 층위를 가리키는 것으로 사용한다. 극중공간에는 연극 텍스트(theatrical text), 공연공간에는 공연 텍스트(performance text), 일상공간에는 문화적 콘텍스트(cultural context)가 존재한다고 할 수 있다.4 물리적인 장소로 보면 '극중공간 〈 공연공간 〈 일상공간'의 포함 관계를 이룬다. 극중공간은 대체로 무대 위에 한정되고 공연공간은 무대와 객석, 분장실, 휴게실 등을 포함한 극장공간에 한정되며 일상공간은 극장을 포함한 현실적인 생활공간에 해당한다.

일상공간에서 생활인으로 존재하는 A는 연극 공연을 위하여 극장 문을 들어서게 되며5 먼저 공연공간에 속하게 된다. 무대에 오르기 위하여 A가 분장을 하고 의상을 갈아입는 일 등이 공연공간에서 발생하는 연기자의 행위들이다. 연극이 시작되면 A는 극중인물로 전환되어 허구적인 극중공간에 속하게 된다. 극중인물이 객석의 관객에게 말을 건네는 경우 극중공간과 공연공간이 소통하는 상황이 발생하기도 한다. 연극이 끝나 무대 인사를 하는 순간부터 연기자는 다시 공연공간의 층위에 속하게 된다. 분장을 지우고 다시 평상복으로 갈아입고 휴식을 취하는 일 등이 공연공간에서 이루어진다. 다시 극장 문을 나서는 순간 연기자는 일상공간으로 복귀하게 된다.

B 역시 일상공간에서 생활인으로 존재하였다가 극장문을 들어서면서

---

4 패트리스 파비스에 의하면 연극 텍스트 안에 또 다른 층위로서 희곡 텍스트(dramatic text)를 설정할 수 있다; 리차드 셰크너, 김익두 옮김, 『민족연극학』, 한국문화사, 2004, 36~37면. 이 논의에서는 무대공간에 표현된 연극 공연 행위를 다루기 때문에 그 이면에 있는 희곡 텍스트의 층위는 생략하였다.

5 여기서 극장이란 고정적인 건축물로 완성된 극장만을 가리키지 않는다. 궁궐에 마련된 연회석이나 장터 놀이판도 극장에 해당한다. 따라서 '극장 문'은 일상공간과 공연공간을 구별해주는 최소한의 표지라는 의미로 사용한다.

공연공간의 관객으로 전환된다. 공연공간에서 그는 준비 중인 연기자 A를 격려해줄 수도 있고 좋은 좌석을 찾기 위해 옮겨 다닐 수도 있다. 연극이 시작되면 B는 극중공간에 집중하게 되고 극중인물을 접하게 된다. 대체적으로 관객은 극중공간에 참여하지 않는다. 그러나 연극의 공연방식상 극중공간이 공연공간으로 확장되는 경우 관객은 일시적으로 극중공간에 속하게 된다. 연극이 끝나고 극장 문을 나서면 B는 다시 일상공간으로 복귀하게 된다.

극중공간, 공연공간, 일상공간에서는 각각 공동체 문화와 연관된 관계의 층위가 형성된다. 극중공간에서는 극중인물과 관객이 만나게 되고 정서적 공감이나 이념적인 동화 작용 등 정신적인 소통이 이루어지게 된다. 공연공간에서는 연기자와 관객이 만나게 되고 공연방식에 따라서는 물리적인 접촉과 의사소통이 이루어지게 된다. 일상공간에서는 연극 공연과 상관없이 혈족, 지역, 계층, 생업, 이념, 기호 등의 동질성에 따른 공동체가 구성된다.

일상공간에서 A와 B는 불특정 다수의 개체로 존재한다. 연기자와 관객으로 A와 B가 같은 시공간 안에 현존했다는 사실이 그들을 공동체 문화로 묶어주지는 않는다. 극중공간과 공연공간의 연극이 일상공간의 공동체 문화를 고양시키고 일상공간의 공동체 문화가 공연공간과 극중공간의 연극에 영향을 주는 관계를 가시화하기 위해서는 연극을 공연하고 관람하는 체험을 통하여 연기자와 관객의 내부에서 어떤 변화가 일어나는지 포착해야 한다. 물리적인 공간 개념으로 보면 연기자와 관객은 처음에 출발했던 같은 자리로 돌아온다. 그러나 공연에 임했던 연기자와 관객의 심신 상태 및 사회적 지위는 다양한 양상으로 변화할 수 있다.

리차드 셰크너(Ricahrd Schechner)는 이러한 변화에 주목하여 연기자와 관객 등 참여자들이 영구히 변화되는 연행(performance)을 지속적인 변환(transformation)으로, 다시 처음의 상태로 돌아오는 연행을 일시적인 변환(transportation)으로 구분하였다.[6] 셰크너는 지속적인 변환의 대표적인 경우로 통과의례를 들었고 일시적인 변환의 대표적인 경우로 구미의 연극을 들었다. 성인식과 같은 통과의례를 거치면서 소년들은 성인이 되었음을 인정받고 변화된 심신 상태 및 사회적 지위를 계속 유지해 간다. 구미의 연극이란 근대극을 선도한 사실주의극을 가리킨다고 할 수 있는데, 연극이 이루어지는 동안 연기자와 관객은 정해진 공간에서 극적 환상을 체험하지만 공연이 끝나고 다시 일상적인 심신 상태 및 사회적 지위로 되돌아오게 된다. 앞서 제시한 연극 공연의 층위에 이러한 변환 방식을 표시하면 다음과 같다.

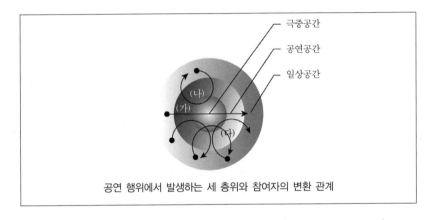

공연 행위에서 발생하는 세 층위와 참여자의 변환 관계

(가)는 지속적인 변환을 하는 경우이다. 물리적으로는 일상공간에서 출발하여 공연공간과 극중공간을 거쳐 다시 일상공간으로 돌아왔지만 변화된 심신 상태 및 사회적 지위가 일상공간에서도 유지되는 까닭에 직선으로 표시할 수 있다. (나)는 일시적인 변환을 하는 경우이다. 공연이 끝나고 심신 상태 및 사회적 지위가 처음의 출발점으로 되돌아오는 까닭에 원으로 표시할 수 있다.

---

6 이하 일시적 변환과 지속적 변환을 겪는 공연자들과 청·관중에 대해서는 위의 책, 201~257면 참조.

일시적인 변환을 가져오는 연행에서 일상공간으로 돌아온 연기자와 관객은 불특정 다수로 존재하며 일시적인 변환의 경험을 개인적인 문화 체험으로 남겨두게 될 것이다. 그러나 지속적인 변환을 가져오는 연행에서 연기자와 관객은 특정한 관계를 맺게 되고 일상공간에 돌아와서도 그 유대감을 유지하게 될 것이다. 지속적인 변환을 가져오는 연행은 공동체 문화를 형성하는 데 기여한다고 할 수 있다.

일시적인 변환을 거쳐 일상생활로 복귀하는 대표적인 연행 양식으로 근대극이 있고 지속적인 변환을 이루어 참여자를 변화시키는 대표적인 연행 양식으로 통과의례가 있다. 제의를 비롯한 지속적인 변환을 이루는 연행 양식들은 참여자들의 공동체 의식을 강화하는 진정성을 지닌다고 할 수 있다. 그러나 지속적인 변환을 이루는 연행 양식은 한 번의 연행으로 충족되는 특성을 지닌다. 예를 들어 통과의례는 단 한 번의 연행을 통하여 개인을 특정한 공동체에 들여보내는 것으로 완성된다. 지속적인 변환 방식의 설정만으로는 공동체의 구성원들을 재교육하고 재생산하는 반복적인 연행에 대하여 설명하기 어려운 것이다. 공동체 문화를 형성하는 데 있어서는 공동체에 소속된 이후의 활동과 작용이 중요하다.

지속적인 변환을 추구하는 연행 양식이 일회성을 특징으로 하고 일시적인 변환을 추구하는 연행 양식이 반복성을 특징으로 한다고 할 때, 지속적인 변환을 추구하면서도 반복적인 연행을 통하여 끊임없이 공동체 문화를 다져나가는 변환 방식이 바로 (다)이다. 지속적인 변환을 이루는 개별적인 연행들이 나선형으로 연속되는 모양으로 표시하고 '주기적인 변환'이라고 부르고자 한다. 지속적인 변환을 추구하는 개별적인 연행이 서로 연관을 맺고 주기적으로 반복된다고 할 수 있다. 마을이나 종교 집단 등에서 반복적으로 거행하는 의식이나 행사를 예로 들 수 있다. 이러한 행사나 의식에 포함되어 주기적 변환 방식을 갖는 연극은 공동체의 동질성을 강화하고 공동체 문화를 활성화하는 가장 효과적인 양식이 될 수 있다.

이하의 논의에서는 연극 공연의 층위와 연행의 변환 방식을 적용하여 근대극의 성립과 해체 과정에 나타난 판소리 개량과 탈춤 재창조 과정에서 나타난 공동체 문화의 위상에 대하여 분석하고자 한다.

3. 근대극의 성립 과정과 판소리 개량의 의미

판소리와 탈춤은 민속예술에서 출발하여 근대 이행기 연극의 혁신을 이루어내었다. 탈춤과 판소리는 중세극을 극복하고 근대극을 준비할 사명을 함께 지녔다고 할 수 있다. 근대적인 극장문화가 성립된 초창기에는 탈춤과 판소리가 함께 무대에 올랐다.7 판소리의 진영에서는 신연극을 바라는 당대 연극계의 호응에 창극 운동이 일어나게 된다.8 반면 탈춤은 옥내극장의 무대에 적응하지 못하고 다시 노천 가설극장을 전전하게 되었다. 창극 운동은 근대극을 모색하기 위한 과정이었다고 할 수 있다. 그러나 탈춤이 이러한 역할을 함께 수행하지 못한 까닭은 무엇인가.9

이에 대해서는, 판소리가 민중예술에서 출발하여 대중예술의 단계에 편입한10 반면, 탈춤은 민중예술 또는 민속예술로 일관하다가 시대의 흐름에 동참하지 못하였다는 견해가 있다.11 그러나 필자는 서울지역의 탈춤이 경강지역의 상업문화를 기반으로 발달하였다는 사실을 밝힌 바 있

---

7 사진실, 앞의 책, 449~450면.

8 근대 극장문화의 초창기 창극의 전개 과정에 대해서는 백현미, 『한국 창극사 연구』, 태학사, 1997, 29~59면 참조.

9 필자는 이 문제에 대하여 당대 연극계가 요구한 '서사(敍事)의 화출(畫出)'이라는 연극관과 판소리가 지닌 서사적 재현성이 들어맞았다는 견해를 내었다. 탈춤의 공연미학과 공동체성에 관해서도 언급한 바 있으나 논의가 불충분하다고 여겨 이 논의를 통하여 보충한다; 사진실, 앞의 책, 457~473면 참조.

10 판소리의 대중예술적 전개에 대해서는 김종철, 『판소리사 연구』, 역사비평사, 1996, 80~88면.

11 권순종, 『한국희곡의 지속과 변화』, 중문출판사, 1993, 25면.
양승국, 「1930년대 대중극의 구조와 특성」, 『울산어문논집』 12집, 1997, 139~140면.

다.[12] 1900년을 전후로 서울지역에서 탈춤이 흥행예술로서 성황리에 공연되고 있었던 상황을 보아도[13] 탈춤 역시 판소리와 같이 민속예술의 단계를 넘어서 시민예술 또는 대중예술로 진입하였다고 할 수 있다. 적어도 근대적인 극장문화에 편입되기 직전까지 탈춤과 판소리는 유사한 발전단계를 거치고 있었던 것이다. 문제는 근대적인 극장문화에 대한 적합성 여부에 있다.

이 문제에 관해서는 판소리와 달리 탈춤의 공연방식이 실내공간이라는 무대 여건에 적합하지 않았다는 견해가 지배적이다. 옥내극장의 조명 및 무대와 객석의 거리 등 무대의 특성이 탈춤에 적합하지 않았다고 할 수 있다.[14] 물리적인 공간과 연관된 공연방식뿐만 아니라 극중공간과 공연공간을 넘나드는 공연방식이 근대적인 극장공간의 특성과 어울릴 수 없었다.

근대적인 공간은 구획화를 통한 불연속성과 단절을 특징으로 한다.[15] 극장문화의 경우 고정적인 건축물을 확보하고 극장문을 좁혀 관객과 비관객을 차별하고 관람료를 내지 않은 사람이 극장 안으로 들어오지 못하도록 통제하게 되었다. 근대적인 극장문화에서는 일상공간과 공연공간을 단절할 뿐 아니라 공연공간과 극중공간의 단절을 요구하였다. 무대와 객석 사이에 보이지 않는 벽이 존재하듯이 극중공간의 독립성이 보장되어야 하였다. 극중인물이 관객에게 말을 건네고 극중장소와 공연장소가 일치하기도 하는 탈춤의 공연방식은 근대적인 극장공간의 개념에 위배되었다고 할 수 있다.

---

12 사진실, 『한국연극사 연구』, 태학사, 1997, 367~394면.

13 위의 책, 389~390면; 양승국, 「'신연극'과 〈은세계〉 공연의 의미」, 『한국현대문학연구』 6집, 한국현대문학회, 1998, 43~44면 참조.

14 유민영, 『한국근대극장변천사』, 태학사, 1998, 15~16면.

15 근대적인 공간의 특징에 대해서는 이진경, 『근대적인 시·공간의 탄생』, 푸른숲, 258~314면 참조.

판소리의 경우는 연기자(소리꾼)가 다층적인 성격을 지니고 극중공간과 공연공간을 넘나들지만 극중공간은 독립되어 있다.[16] 이별 장면에서 춘향이 되었던 연기자는 극중공간에 속해 있다면 상황을 정리하여 전달해주는 해설자인 연기자는 공연공간에 속해 있다. 공연공간 층위의 연기자는 고수나 관객을 향하여 말을 건넬 수 있지만 극중공간의 극중인물로서 관객에게 말을 건네지 않는다. 연기자와 관객의 소통은 공연공간의 차원에서 이루어진다고 할 수 있다. 관객의 추임새는 대부분 연기자를 향한 것이지 극중인물을 향한 것이 아니다. 탈춤에서 극중인물인 말뚝이가 악사나 관객에게 직접 다가서는 경우와 다르다.

판소리 공연의 층위는 근대적인 극장공간의 불연속성 속에서도 유지될 수 있었다고 할 수 있다. 서사적 완결성을 바탕으로 하는 판소리는 서사성이 배제된 탈춤에 비하여 극중공간의 독립성을 보장받을 수 있었다. 특히 창극의 전개 과정은 배역을 나누고 무대장치를 하는 등 그럴듯한 세계를 재현함으로써 극중공간과 일상공간을 단절시키는 방향으로 나아갔기 때문에 근대적인 극장공간에 더욱 적합하게 되었다고 할 수 있다.

마을굿에 속해 있던 농촌탈춤의 변환 방식은 연기자와 관객 모두 주기적인 변환을 이룬다고 할 수 있다. 마을 공동체는 마을의 안녕과 풍요를 위하여 주기적으로 마을굿을 거행하고 탈춤의 공연을 통하여 공동체의 합일을 이루어낸다. 연기자와 관객은 지역, 생업, 신분에 있어 동질성을 지니는 공동체이며 마을굿과 탈춤의 공연을 통하여 연기자와 관객은 지속적인 변환을 이루게 된다. 이러한 지속적인 변환이 반복되면서 연기자와 관객이 속한 공동체의 결속이 강화되고 공동체 문화가 활성화될 수 있다. 탈춤이 지닌 '신명풀이의 미학'[17]은 이러한 공동체 문화를 기반으로

---

16 판소리의 극중공간과 공연공간은 김익두가 제시한 작중시간과 공연시간의 개념과 유사하다. 김익두, 『판소리, 그 지고의 신체 전략』, 평민사, 2003, 92~99면.

17 조동일, 『카타르시스·라사·신명풀이』, 지식산업사, 1997, 84~163면 참조.

하는 것이다.

탈춤이 근대적인 극장문화에 편입되기 직전 서울지역의 전문 흥행예술이었던 산대도감극의 경우 연기자는 일시적인 변환, 관객은 주기적인 변환을 이룬다고 할 수 있다. 도시에서 전문적인 흥행 활동을 하는 연기자는 짧은 여행을 하듯 공연공간과 극중공간을 거치는 일시적인 변환을 경험하게 된다. 공연이 반복되면서 연기자의 경험도 거듭되지만 연속되지 않는 개별적인 경험이라고 할 수 있다. 물론 같은 배역을 계속 연기하다 보면 자신과 극중인물을 동일시하는 변화가 일어날 수 있지만 그 역시 정해진 공연 기간이 끝나면 제자리로 돌아오는 일시적인 변환이라고 할 수 있다(표 3).

산대도감극과 같은 도시탈춤은 전문 흥행예술로 성장하였지만 서울 상업지역의 중간층이나 평민층이 관객 집단을 구성하였기 때문에 여전히 지역적이거나 계층적인 공동체 문화를 유지하였다고 할 수 있다. 산대도감극의 공연에 대한 관객의 보상 방식은 불특정 다수 관객의 임의적인 보상이 아닌 특정한 소수 관객의 계기적인 지원에 해당한다.[18] 〈게우사〉에서 무숙이는 선유놀음을 벌이면서 산대도감패를 불렀는데, 공연을 준비하는 비용으로 좌우편에 각각 이천 냥을 주었고 공연이 끝난 후 다시 천 냥씩 주었다. 무숙이가 선유놀음을 위하여 사용한 돈은 모두 삼만 삼천 오백 냥이었다.[19] 특정한 행사의 계기를 맞이하여 공연의 준비 비용을 대고 공연 후 보상까지 해주었던 것이다. 무숙이의 놀음에는 다수의 왈자들이 관객으로 참석하였다.

왈자와 같은 관객집단은 서울 시정의 오락유흥을 장악한 중간층에 속하는데 〈산대도감극〉에 등장하는 무부(武夫) 혹은 포도부장과 연결된다.

---

18 필자는 공연의 재정적 기반에 따른 작품의 생산 과정을 다루면서 배우의 공연 활동에 대한 관객의 후원 및 보상 방식을 (1) 지속적인 후원, (2) 계기적인 지원, (3) 임의적인 보상 등으로 나누어 논의한 바 있다; 사진실(1997), 앞의 책, 249~281면 참조.

19 김종철, 「게우사(자료소개)」, 『한국학보』 65집, 일지사, 1991, 229~232면.

놀이패의 후원자이며 관객인 왈자가 18세기 이후 탈춤에서 가장 강력한 힘을 지닌 주인공으로 등장하는 것이다.[20] 연극 공연을 통하여 관객들은 왈자 집단의 공동체성을 재인식하고 과시할 수 있었다. 왈자 집단에 있어 산대도감극의 공연은 공동체의 구성원을 맞아들이는 통과의례와도 같았다고 할 수 있다.[21] 그러나 〈산대도감극〉은 통과의례처럼 한번으로 완성되는 것이 아니라 주기적으로 반복되어 공동체의 구성원들을 재생산하는 역할을 수행하였다고 할 수 있다.

강이천(姜彝天, 1768~1801)의 한시 「남성관희자(南城觀戲子)」에 나타난 남대문 밖 장터의 놀이판처럼 불특정 다수의 관객 집단을 상대로 공연할지라도 비교적 단일한 성격을 지닌 관객 집단을 만날 수 있다면 탈춤의 공연미학은 제대로 실현될 수 있을 것이다. 중세 봉건사회에서 장터에 모이는 사람들이 주로 중간층 이하 하층민이었을 가능성을 상정한다면 이때의 놀이판 역시 비교적 단일한 관객 집단이 형성되었다고 할 수 있다. 비록 임의적으로 맺어진 연기자와 관객의 관계이지만 서로 어울려 흥을 돋우는 신명풀이의 미학이 실현될 수 있었다고 하겠다.

1900년대 노천 가설극장에서는 불특정 다수 관객의 임의적인 보상을 바라고 공연하였지만 고정적인 건축물로서 극장을 세운 것이 아니었으므로, 적당한 관객 집단을 찾아 또는 관객 집단의 요청에 따라 원하는 장소에 극장을 가설할 수 있었다. 탈춤 등을 공연한 노천 가설극장이 아현이

---

20 사진실, 앞의 책, 348~354면.

21 통과의례에서는 연기자가 일시적인 변환을 하고 관객이 지속적인 변환을 한다. 망자 (亡者)를 위한 굿이나 치병(治病)을 목적으로 하는 무당굿에 포함된 연극적 제의인 무당굿놀이에서 이러한 양상을 확인할 수 있다. 무당굿놀이의 극중공간을 이끌어가는 무당은 신들림의 상태로 일시적인 전환을 하게 되고 굿이 끝나면 다시 무당 자신으로 돌아오게 된다. 그러나 망자의 가족이나 환자는 굿을 통하여 심신 상태의 변화를 일으키게 되고 그 변화는 일상공간에 돌아와서도 지속된다고 하겠다. 환자가 치병굿을 통하여 병을 치유하게 되었는가는 별개의 문제이다. 병이 낫기를 바라고 나을 것이라는 희망을 갖게 되는 변화가 생겨 굿이 끝난 후에도 유지되므로 지속적인 변환이라고 할 수 있다.

나 용산 등지에서 활성화 된 것은 탈춤의 관객 집단이 지역이나 계층적인 동질성을 지녔다는 사실을 말해준다. 조선후기 산대도감패의 활동 본거지이기도 하였던 아현이나 용산 등 한강 주변은 서울의 신흥 상업지역으로 상인이나 도시 노동자 등 비교적 동질적인 계층의 사람들이 모여들었던 것이다. 산대도감패가 서울 변두리 및 인천 등지로 순회공연을 다닌 것도 동질적인 관객 집단을 찾아 나선 사례에 해당한다고 할 수 있다. 동질적인 관객 집단은 탈춤의 공동체성과 신명풀이의 미학을 구현할 수 있는 바탕이 된다.

근대적인 극장공간에서는 고급 관료에서 장터의 노동자까지 다양한 관객층이 형성되었다고 할 수 있다. 연극 공연에서 관객은 연기자 또는 극중인물과 현존성을 지니고 소통하지만 개인적인 체험이 병행되는 것일 뿐 집단적인 체험이 될 수 없다. 근대적인 극장공간의 연극 체험은 일시적인 변환을 경험할 뿐이다. 근대적인 극장공간은 연기자와 관객이 모두 일시적인 변환을 하는 연극 공연이 적합하다(표 4). 연기자는 직업적인 배우이며 관객은 연극적 오락이나 예술적 흥취를 위하여 극장을 찾는다고 할 수 있다. 공연은 반복되며 연기자는 같은 배역을 거듭해서 연기하고 관객 역시 같은 공연을 여러 번 관람할 수 있다. 그러나 반복되는 연극 공연은 다만 개체일 뿐 연속적인 상관성을 지니지는 않는다.

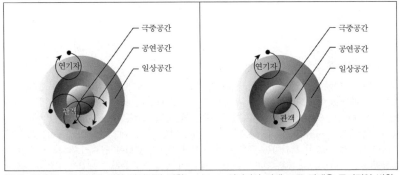

표 3. 연기자는 일시적인 변환 일시적인 변환   **표 4.** 연기자와 관객 모두 관객은 주기적인 변환

탈춤은 공연방식의 측면에서 극중공간, 공연공간, 일상공간이 통합되는 마당공간의 무대를 필요로 하였고 공연미학의 측면에서 연기자와 관객이 공동체 의식을 공유할 수 있는 바탕을 필요로 하였다. 일시적으로 근대적인 극장공간의 무대에 오른 탈춤은 이러한 공연방식과 공연미학의 문제에 부딪혀 근대적인 극장문화에서 살아남지 못하고 당대 연극의 주류에서 밀려났던 것이다. 탈춤의 공연방식과 공연미학은 공동체 문화의 산물이었다.

판소리의 공연은 본래 마당공간에 일고수일명창이 등장하여 이루어졌다. 탈춤과 마찬가지로 판소리는 생산자와 수용자가 일치되는 민속예술의 단계에서 출발하였으므로 연기자와 관객의 공동체적 작용을 바탕으로 하는 공연방식이 발달하였다. 이러한 민속예술의 단계에서 판소리는 연기자와 관객을 변화시키는 지속적인 변환 또는 주기적인 변환 방식을 갖고 있었다고 할 수 있다.

중인층과 상인의 음악 문화에 편입되면서 판소리는 점차 애호가의 감상을 위한 예술로 변화되었다. 판소리 광대를 달리 '명창(名唱)'이라고 불렀듯이 판소리에서는 음악적 재능이 차지하는 비중이 매우 컸다. 탈춤이 집단적인 놀이로 인식되었다면 판소리는 개인적인 예술로 인식되었다. 판소리 창자의 전문성으로 인하여 비평과 이론이 대두되고 판소리의 고급예술화가 진전되었다는 지적은 매우 적절하다고 여겨진다.[22] 고급예술로서 감상과 애호의 가치를 지녔다고 평가된 판소리는 그 연기자를 전문예술가의 경지에 오르게 하였고 지역이나 계층의 경계를 넘어서는 관객을 확보하게 되었다. 관객 역시 고도의 음악적 안목이 요구되었으므로 판소리 감상은 집단적 체험이 아닌 개별적 체험으로 존재하였다. 대중예술의 단계로 진입하면서 판소리는 연기자와 관객 모두에게 일시적인 변환을 일으키는 연행물이 되었다고 할 수 있다.

---

22 김종철, 앞의 책, 49~55면, 89~107면.

판소리의 공연미학은 지속적인 후원이나 계기적인 지원, 임의적인 보상의 방식을 통틀어 제한 없이 발휘될 수 있었다. 중인층이나 양반층 애호가가 배우의 일상적인 생계와 예능 수련의 과정을 후원하며 작품 생산 과정에 직접 참여하였다는 점은 탈춤과 크게 다른 점이다. 관객 집단이 판소리 작품의 생산 과정에 참여한 것은 민속예술의 단계에서 생산자와 수용자가 일치되었던 양상과는 다르다. 판소리가 이미 대중예술로 진입한 이후이므로 작품 생산 과정에서 관객의 참여는 전문 작가 및 흥행사의 역할과 관련이 있다고 하겠다.

20세기 이후 근대적인 극장공간의 무대에 오르면서 판소리 공연의 재정적 기반은 불특정 다수 관객의 임의적인 보상으로 전환된다. 판소리의 공연방식과 공연미학은 이러한 상황 변화에도 불구하고 유지될 수 있었다. 더욱이 판소리는 노천 가설극장 시기부터 대화창과 분창의 방식을 실험하고 있었다. 이러한 변화는 판소리 고유의 미학을 굴절시키는 것이었다고 평가되지만, 근대적인 극장공간에서 흥행을 극대화하기 위한 노력의 결과였다고 할 수 있다.

결국 판소리는 근대적인 극장문화의 초창기에 연극계의 주류로 부상할 수 있었고 근대극의 성립 과정에서 연극 개량 운동의 중심에 자리하게 되었다고 할 수 있다. 판소리의 서사적 재현은 연극적 재현으로 전환되었고 극중공간이 공연공간이나 일상공간에서 독립하여 완결성을 지니게 되었다고 할 수 있다. 무대와 객석을 분리하고 현실의 시공간과 불연속적인 극적환상을 창출하는 것은 근대극의 속성이다.

판소리의 창극화는 근대적인 극장문화에 편입되는 대신 공동체 문화의 기반을 잃는 결과를 가져왔다고 할 수 있다. 공동체 문화를 바탕으로 하는 연극 공연은 일상공간의 제의적 진정성이 공연공간과 극중공간에 연속되어 있다. 공간의 구획과 불연속성을 특징으로 하는 근대적인 극장문화에서는 이러한 공동체 문화의 특성이 거추장스러울 수밖에 없었다.

4. 근대극의 해체 과정과 탈춤 재창조의 의미

중세극의 해체 및 근대극의 성립 과정에서 중세극의 전통을 잇는 판소리에서 먼저 연극 운동이 시작되었듯이, 근대극의 해체 과정에서 근대극의 주류였던 사실주의극 진영에서 먼저 변화가 시작되었다. 근대적 사실주의극에 대한 수정주의나 부조리극, 서사극, 전위극 등 1960년대 일어난 탈사실주의적 경향들이 이러한 변화를 드러내준다고 할 수 있다.[23] 이러한 경향들은 근대극을 주도한 서구에서 일어난 연극 운동의 성과를 수용한 것이었다. 이후 1970년대로 이어진 근대극의 해체 과정에서 탈춤 등 전통연희를 계승하여 재창조하고 현대화하는 작업이 가속화되었다.[24]

연극계와 학계, 대학가에서 이루어진 전통담론과 실천 가운데 특히 마당극 운동은 탈춤의 이념과 형식을 두루 계승하고자 하였으며 집단적인 신명과 민중성을 그 핵심으로 삼았다.[25] 마당극 운동은 마당굿과 민족극 등으로 정체성을 재정비해 나가면서 민중문화운동을 견지하게 되었고 탈춤에서 멀어져 갔다. 1980년에 정리된 마당극의 전개 과정에서는 1970년대 초 대학의 민속가면극연구회의 활동과 성과를 통하여 마당극 운동이 시작된 것으로 보았다.[26] 그러나 1990년에 정리된 「연희예술 변천의 궤적」에서는 마당극이 '번역극⇒창작극⇒민중극'의 과정을 거쳐 발전되었다

---

23 서연호·이상우, 『우리연극 100년』, 현암사, 2000, 190~193면. 근대극과 현대극의 시대를 나누고 탈사실주의 경향, 동시대성, 탈근대성의 특징이 생겨난 1960년대를 현대극의 기점으로 설정하였다.

24 백현미는 1970년대 진행된 연극계 및 학계의 전통담론 및 실천에 대하여 (1) 민속극의 고전극화론, (2) 실험극과 민속연희의 충돌론, (3) 한국적 민족극론, (4) 마당극 운동론 등으로 구분하여 분석하였다; 백현미, 「1970년대 한국연극사의 전통담론 연구」, 『한국극예술연구』 13집, 한국극예술학회, 2001, 169~190면.

25 마당극의 전개 과정에 대해서는 이영미, 『마당극양식의 원리와 특성』, 시공사, 2001 및 이영미, 『마당극·리얼리즘·민족극』, 현대미학사, 1997 참조.

26 임진택, 「새로운 연극을 위하여」, 『민중연희의 창조』, 창작과비평사, 1990, 22~23면; 이 글은 『창작과비평』 1980년 봄호에 처음 소개되었다.

고 하고 탈춤과의 관계는 간접적인 영향·수용 관계로 바꾸어 놓았던 것이다.[27] 탈춤의 역사와 원리를 재인식하며 시작한 광범위한 마당극 '운동'이 좁은 의미의 마당극 '양식'으로 구체화되는 과정이었다고 여겨진다.

최초의 마당극 작품으로는 〈진오귀(鎭惡鬼)〉(1973, 김지하 작, 임진택 연출)가 거론되어 왔다.[28] 〈진오귀〉는 민중극에서 마당극으로 가는 첫 작품[29]일수는 있으나 마당극 운동을 일으킨 첫 작품은 아니라고 할 수 있다. 마당극 운동의 기점이 되는 작품은 기성 연극계에서 전개된 마당극 또는 마당놀이까지 포괄할 수 있어야 하기 때문이다. 기성 연극계에서 공연된 마당극의 첫 작품은 극단 민예의 〈서울 말뚝이〉(1974, 장소현 작, 손진책 연출)로 알려져 있다.[30] 마당극 운동을 일으킨 첫 작품은 서울대의 〈향토 의식초혼(鄕土意識招魂)굿〉에서 공연된 〈원귀 마당쇠〉(1963, 조동일 작, 이필원 연출)라고 할 수 있다. 〈원귀 마당쇠〉는 대학 연극반이 중심이 되어 만든 〈진오귀〉와 극단 민예의 〈서울 말뚝이〉로 이어진 원천적인 성격을 지니고 있다.

임진택은 70년대 마당극의 전개 과정을 밝히면서, 민속극의 계승과 현대적 수용에 대한 선각적인 관심을 보여주는 '60년대 중반의 〈향토의식초혼굿〉이라는 저돌적 집단행위'에 대하여 언급하였다. 행사는 3부로 진행되었는데 1부 '원귀 마당쇠', 2부 '사대주의 장례식', 3부 '난장판 민속놀이'로 알려져 있다고 소개하였다. 행사에 참석하지 않고 전해들은 이야기를 소개하였기 때문에 정확한 사실이 전달될 수 없었고 행사에서 공연된

---

27 임진택, 「1980년대 연희예술운동의 전개」, 앞의 책, 128~132면; 이 글은 『창작과비평』 1990년 가을호에 처음 소개되었다.

28 임진택이 「새로운 연극을 위하여」에서 제기한 내용이 유민영의 『한국연극운동사』와 서연호·이상우의 『우리연극 100년』에서 채택되었다.

29 임진택, 앞의 책, 132면.

30 이영미는 마당극 운동의 역사적 흐름을 정리하면서 기성연극계 최초의 마당극 작품으로 〈서울 말뚝이〉를 들었다. 대본의 내용에 대해서는 장소현, 『서울 말뚝이』, 예니, 1984 참조.

〈원귀 마당쇠〉의 연극사적 가치가 드러날 수 없었다.

〈향토의식초혼굿〉은[31] 서울대학교 향토개척단의 주최로 1963년 11월 19일 서울대학교에서 거행되었으며 '농촌운동 자세 반성을 위한 밤'이라는 부제를 달고 있었다. 1부는 '향토개척의 문제와 방향'으로 오후 5시부터 7시까지 대강당에서 '농업발전을 저해하는 근본원인'(농대교수 김문식), '농업 협업화의 가능성과 의의'(상대교수 박동묘)에 대한 강연으로 이루어졌다. 2부는 '원귀 마당쇠'로 오후 8시부터 9시까지 문리과대학 소극장에서 탈춤을 재창조하여 현실을 풍자한 작품 〈원귀 마당쇠〉가 공연되었다. 3부는 '나가자 역사야'로 오후 9시부터 10시까지 본부 교정에서 '향토의식 소생굿', '사대주의 살풀이', '난장판 민속놀이', '조국발전 다짐굿'의 순서로 연행되었다(사진 1).

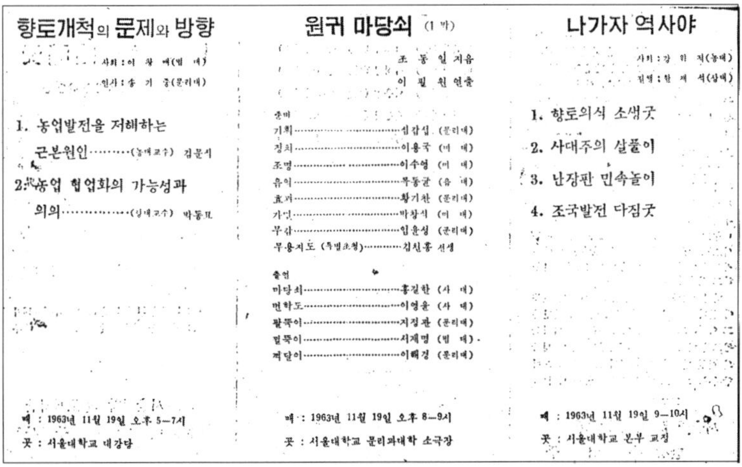
향토개척의 문제와 방향

사회 : 이 창 배(법 대)
인사 : 송 기 중(문리대)

1. 농업발전을 저해하는 근본원인 ……(농대교수) 김문식
2. 농업 협업화의 가능성과 의의 ……(상대교수) 박동묘

때 : 1963년 11월 19일 오후 5—7시
곳 : 서울대학교 대강당

원귀 마당쇠 (1 막)

조 동 일 지음
이 필 원 연출

준비
기획 …… 심갑섭 (문리대)
장치 …… 이용국 (미 대)
조명 …… 이수영 (미 대)
음악 …… 목동균 (음 대)
효과 …… 황기찬 (문리대)
가면 …… 박창식 (미 대)
무대 …… 임운성 (문리대)
무용지도 (특별초청) …… 김천흥 선생

출연
마당쇠 …… 홍길한 (사 대)
변학도 …… 이영윤 (사 대)
팔뚝이 …… 지정관 (문리대)
멀뚝이 …… 서재명 (법 대)
꺽달이 …… 이해경 (문리대)

때 : 1963년 11월 19일 오후 8—9시
곳 : 서울대학교 문리과대학 소극장

나가자 역사야

사회 : 강 위 지(농대)
진행 : 한 재 석(상대)

1. 향토의식 소생굿
2. 사대주의 살풀이
3. 난장판 민속놀이
4. 조국발전 다짐굿

때 : 1963년 11월 19일 9—10시
곳 : 서울대학교 본부 교정

사진 1 〈향토의식초혼굿〉 안내장

31 〈향토의식초혼굿〉의 팸플릿과 〈원귀 마당쇠〉 등사본은 서울대 서대석 교수가 보관하였다가 조동일 교수에게 제공하였다고 하며, 필자는 조동일 교수로부터 복사본을 전해 받았다. 마당극 운동의 전개 과정을 논의할 때 선구적인 연극 활동으로 거론되었으면서도 정확한 내용을 알 수 없었던 〈향토의식초혼굿〉 행사와 '신판 광대놀이' 〈원귀 마당쇠〉의 실체를 알 수 있는 귀중한 자료이다. 다른 지면을 빌어 상세한 분석을 시도하고자 한다.

〈원귀 마당쇠〉의 극중공간에서 극중장소는 전라도 빈곤군 무지면 절량리이고 극중인물은 마당쇠, 변학도, 꺽달이, 쩔뚝이, 팔뚝이 들이다. 조선 말기 수탈과 횡포의 가해자와 피해자로 만났던 그들이 두 세대가 지난 1963년 추석날 밤 무덤에서 나와 다시 만났다. 원한 맺힌 마당쇠의 공격과 꺽달이, 쩔뚝이, 팔뚝이의 가세로 변학도는 궁지에 몰린다. 마당쇠와 원귀들이 원한 맺힌 사연을 털어놓고 변학도가 스스로 비리와 허위를 폭로하면서 극중인물 사이의 갈등은 최고조에 달한다. 두 번 죽을 위기에서 변학도가 간청한 마지막 소원에 따라 마당쇠와 변학도는 손자들이 차린 제사상의 음식들을 먹게 된다. 변학도의 손자는 여전히 부유하고 마당쇠의 손자는 여전히 빈궁한 것이 드러난다. 수탈의 구조가 여전하여 농민인 손자가 빈곤을 대물림한 실상을 깨달은 마당쇠는 변학도로 하여금 손자에게 현몽하여 꾸짖을 것을 요구하고 손자의 뉘우침 정도에 따라 변학도에 대한 징벌을 감해주겠다고 약속한다.

마당쇠는 〈봉산탈춤〉에 등장하는 말뚝이의 성격을 지니고 있다.[32] 조선 말기 현실에서 마당쇠는 권력의 횡포에 희생당한 힘없는 민중이었지만 죽어 원귀가 되어 나타난 마당쇠는 말뚝이처럼 양반을 공격하고 조롱하는 능동적인 인물이다. 마당쇠는 생전의 원한을 풀기 위해 변학도를 찾아다니고 있었다. 〈서울 말뚝이〉에서는 양반이 노비문서를 가지고 달아난 말뚝이를 찾아다니게 된다. 그 결과 조선시대를 살았던 극중인물이 '지금 여기'에 나타나게 된 것이다. 〈봉산탈춤〉의 말뚝이를 현대의 시공간으로 데려와 현실의 문제를 담으려 하였다는 점에서 〈원귀 마당쇠〉와 〈서울 말뚝이〉가 유사하다.

〈진오귀〉는 '진오귀굿'에서 이름을 빌어 왔으나 실제로는 '나쁜 귀신을

---

32 말뚝이의 성격을 가져왔지만 이름은 취발이의 아들과 같은 '마당쇠'이다. 취발이는 아들이 마당에서 태어났다고 하여 그렇게 이름을 지었다. 마당은 수평적인 개방공간이며 누구나 평등한 공동체의 공간이다. 작가가 의도하였든 그렇지 않든 마당쇠는 마당극 운동을 일으킨 최초 작품의 극중인물로서 의미가 크다고 하겠다.

진압한다'는 뜻을 가진 작품으로 농민을 못살게 구는 자연재해와 사회적 모순을 수해귀, 소농귀, 외곡귀 등 세 마리의 도깨비로 형상화하였다.[33] 원귀와 악귀라는 차이가 있지만 귀신의 존재를 등장시켜 탈춤으로 표현하였다는 점에서 〈원귀 마당쇠〉와 〈진오귀〉가 유사하다.

〈원귀 마당쇠〉의 공연공간은 극중공간과 넘나드는 관계에 있다. 극중 인물인 마당쇠가 관중석과 대화를 나누는 방식을 통하여 극중공간의 경계를 허무는 것이다. 탈춤의 영감·할미 과장에서 할미나 영감이 악사와 대화를 나누는 방식과 유사하다. 탈춤의 경우 과장의 도입부에만 악사가 개입하지만 〈원귀 마당쇠〉에서는 시종일관 마당쇠와 관중석의 대화로 극적 사건을 이끌어간다. 공연장소와 극중장소를 일치시키는 기법도 탈춤에서 가져왔다.

관중석　그럼 부슨 귀신이냐?
마당쇠　무슨 귀신이냐고? 난 원귀여, 원귀! 원한이 있어 무덤에서 나왔
　　　　단 말이여.
　…(중략)…
마당쇠　(두리번거리며 살핀다) 그 녀석이, 그 놈이 어디 있나? (관중석
　　　　가까이 가서 한참 두리번거리다가) 그런데 여기 웬 사람들이 이
　　　　렇게 많이들 모여 있나? 또 무슨 난리가 났나?
관중석　난리가 난 게 아니고 서울대학교에서 굿을 한다고 해서 구경꾼
　　　　들이 모인 거야.
마당쇠　(모르겠다는 듯이 고개를 저으며) 서울대학교라니? 뭘하는 곳이
　　　　여?
관중석　뭘하긴 뭘해, 글 배우는 곳이지.

---

33 〈진오귀〉의 내용 및 공연 후기는 임진택, 앞의 책, 24면, 132~133면; 김지하, 『똥딱기 똥딱』(동광출판사, 1991)에 실린 대본 참조.

…(중략)…

마당쇠   그대로 남은 잘못은 어떻게 할건가.

관중석   고치도록 싸워야지.

마당쇠   누가

관중석   농민들이 그리고 여기 모인 우리들이 싸울 수 있는 역사적 계기
                   가 나타나기 시작했어.

마당쇠   (절을 넙죽히 하면서) 잘 부탁한다. 꼭 싸워서 우리 손자가 잘 살
                   수 있도록 해다고.[34]

〈원귀 마당쇠〉의 일상공간은 농촌 문제의 심각성이 야기되는 현실, 서울대학교 향토개척단의 출범과 활동, 〈향토의식초혼굿〉의 기획과 준비, 희곡 작품의 창작, 연기자의 선정과 연습, 가면 제작 등의 과정을 포함한다. 〈원귀 마당쇠〉의 전후에 배치된 강연과 굿판은 일상공간에 속하면서 공연공간과 연속되어 있다. 끝부분에서 마당쇠가 농촌 문제 해결을 위한 싸움을 결행할 것을 부탁할 때는 극중공간이 일상공간의 현실과 직접 연결된다. 한편, 물리적인 장소로서 마당에서 공연되지는 않았지만 누구에게나 개방되었다는 점에서 공연공간과 일상공간의 구획이 강제적이지 않다. 극중공간 및 공연공간과 일상공간을 단절하는 불연속성이 근대극의 특징이었다면 탈춤을 계승한 〈원귀 마당쇠〉에서는 이러한 공간들의 경계를 허무는 변화가 생긴 것이다.

〈진오귀〉의 일상공간 역시 공연공간과 연속적이다. 〈진오귀〉는 원주 가톨릭 재해대책본부가 농촌 협업을 추진하면서 그 일환으로 문화선전대를 계획했던 것에서 시작되었다고 한다.[35] 〈진오귀〉에서는 해설자를 두어 극을 이끌어 나가면서 관객들에게 농촌사회의 문제점과 해결 방안을 제

---

34 조동일, 〈원귀 마당쇠〉 등사본.

35 임진택, 앞의 책, 131면.

시한다. 판소리를 통한 해설은 창극에서 창도(導唱)의 역할과 같으며 서사극의 형식을 수용하였다고 한다.[36] 현실 문제를 강연하고 토론하는 의식 절차가 연극 공연의 전후에 거행되었다고 추정할 수 있다. 〈진오귀〉는 마당에서 공연하였다고 하니 물리적인 장소의 차원에서도 공연공간과 일상공간의 경계를 허물었다.

〈서울 말뚝이〉는 전문 극단이 흥행을 위하여 공연한 작품으로 일상공간과 공연공간의 구획이 명확하다. 정해진 관람료를 지불해야 극장 문을 통과하여 공연공간에 들어설 수 있는 것이다. 〈서울 말뚝이〉의 일상공간에서는 공연을 위하여 합의된 구체적인 이슈가 전제되지 않으므로 연극 공연과 연속적인 의식이나 행사 절차가 필요하지 않다.

〈원귀 마당쇠〉의 공연에서 연기자와 관객의 변환 방식은 주기적인 변환에 해당한다. 〈향토의식초혼굿〉은 향토개척단의 구성원 및 일반 학생과 농민의 의식을 변화시켜 실천에 옮기게 하려는 목적성을 지닌다. 또한 향토개척단의 집회와 공연은 일회로 끝나는 것이 아니라 마을굿과 같이 주기적으로 반복될 것이다. 일상공간에서 사범대 학생인 홍○○은 서울대 향토개척단의 일원으로 활동하였고 농촌운동의 자세를 반성할 〈향토의식초혼굿〉에서 〈원귀 마당쇠〉라는 연극이 공연된다는 사실을 알게 된다. 그는 극중인물 마당쇠의 배역을 맡아 연습한다. 홍○○은 분장과 의상으로 준비를 마치고 호흡을 가다듬어 무대에 오른다. 극중공간에서 그는 마당쇠로 전환되며 관중석과 대화를 나누고 변학도를 꾸짖으며 대물림 되는 빈곤 등 농촌 현실의 악순환에 대하여 토로한다. 공연이 끝나고 무대 인사를 마친 홍○○은 다시 일상공간의 학생으로 되돌아오게 된다. 그러나 그의 의식은 변화하였고 그 변화는 일상공간의 실천으로 지속될 것이다.

이러한 변환이 다수의 구성원들에게서 발생하고 주기적으로 반복된다

---

36 임진택, 앞의 책, 133면.

면 집단의 공동체성과 방향성이 강화되고 그러한 응집력이 다시 연극 공연으로 표출되는 상관관계가 형성된다고 할 수 있다. 〈원귀 마당쇠〉는 마을굿에 속한 농촌탈춤이 지니는 연극 공연의 층위와 변환 방식을 계승하였던 것이다. 연기자는 직업 배우가 아니므로 언제든지 연기자와 관객의 입장이 바뀔 수 있다. 연기자와 관객으로 참여한 학생들은 마을굿에 참여하는 마을 사람들과 마찬가지로 일련의 행사와 연극 공연을 통하여 공동체 문화의 결속력을 다지게 될 것이다.

〈향토의식초혼굿〉은 농촌과 농업이 당면하고 있는 기본 문제를 다루겠다는 취지로 거행되었다. 〈원귀 마당쇠〉는 특히 봉건사회의 계급 차별이 현대까지 이어져 빈부의 차별로 대물림되는 현실을 비판하고 있다. 이는 당시 사회를 바라보는 학생 사회의 세계관을 반영한 것이다. 〈원귀 마당쇠〉는 탈춤을 계승하되 현실 인식을 드러내는 이념과 형식을 발견하여 재구성하였다고 할 수 있다. 전통사회의 탈춤이 자연발생적인 공동체 문화를 기반으로 형성되었다면, 〈원귀 마당쇠〉는 현실 인식을 공유하는 이념적인 공동체를 확산하기 위하여 '창조된 전통'이었다고 할 수 있다. 창조된 전통은 관습이나 일상적인 생활 및 인습과는 달리 의례적·상징적으로 중요한 기능을 하며 현실을 정당화시키는 이념적인 역할을 수행한다.[37]

〈원귀 마당쇠〉를 필두로 이어진 마당극 운동은 농촌이나 도시의 생활 현장에서 나타난 현실 문제를 다루면서 새로운 개념의 공동체 문화를 형성하고자 하였다. 기성 연극계의 마당극은 '마당놀이'로 수렴되면서 고전문학의 서사와 탈춤의 공연방식을 결합한[38] 개성적인 양식으로 전개되었

---

37 창조된 전통, 내재적 전통, 초월적 전통 등 전통담론의 일반론에 대해서는 백현미, 「한국근현대연극사의 전통 담론 연구를 위한 도론」, 『한국극예술연구』 11집, 한국극예술학회, 2000, 155~178면 참조.

38 박진태, 「탈춤과 TV 마당놀이의 관련 양상」, 『우리말글』 23집, 우리말글학회, 2001, 17~19면.

다. 마당놀이는 가면극의 형식미를 집중하여 계승하였다면 마당극은 내용이 담고 있는 현실성과 신명성을 적극 수용하였다고 할 수 있다.[39] 그러나 총체적으로 볼 때 탈춤의 마당극화는 근대극이 갈라놓은 극중공간, 공연공간, 일상공간을 다시 연결하여 연극 공연의 배후에 있는 공동체 문화를 활성화하는 데 기여하였다고 할 수 있다.

5. 맺음말: 연극사의 추이와 공동체 문화의 위상

한국연극사에서 중세극의 해체 또는 근대극의 성립 과정은 중세극에 대한 생극(生克)[40]의 연극 운동을 모두 포함한다. 중세극의 전통을 잇는 판소리에서 창극으로 전개된 변화는 동질성을 바탕으로 한 변화로 생(生)의 작용이라 할 수 있다. 일본 신파극과 서구 사실주의극을 끌어들여 거듭한 제2, 제3의 연극 운동은 이질성을 바탕으로 한 변화로 극(克)의 작용이라 할 수 있다. 근대극의 성립 과정은 생과 극의 작용이 함께 맞물린 생극의 발전 단계를 밟아 전개되었던 것이다.[41]

근대극의 해체 또는 현대극의 성립 과정 역시 생극의 발전 단계를 거쳤다고 할 수 있다. 근대극의 주류였던 사실주의극의 진영에서 일어난 변화는 동질성을 바탕으로 한 生의 작용이라면 탈춤 등 전통연희를 재창조한

---

39 손태도, 「민속 연희 연구의 현황과 과제」, 『구비문학연구』 16집, 한국구비문학회, 2003, 392~393면.

40 '생극론(生克論)'의 역사철학에 대해서는 조동일, 「生克論의 역사철학 정립을 위한 기본구상」, 『한국의 문학사와 철학사』, 지식산업사, 1997 참조.

41 미시적으로 보면, 근대극을 모색하는 과정에서 발생한 창극, 신파극, 신극 운동의 단계마다 극(克), 생(生), 생극(生克)의 작용이 일어났다고 할 수 있다. 예를 들어, 창극 운동은 크게 보면 판소리를 계승하였지만 운동의 시작은 판소리에 대한 이질성의 창출에서 시작되었기 때문이다. 배역을 나누어 분장하고 무대배경이나 소품으로 극중공간을 꾸미는 일은 판소리에 대한 극(克)의 작용이다. 판소리의 서사와 음악성을 유지하고 도창(導唱)을 두어 해설자 역할을 하게 한 것 등은 생(生)의 작용이다. 이러한 생극(生克)의 작용이 어울려 창극이 형성되었다고 할 수 있다.

마당극 운동은 이질성을 바탕으로 한 克의 작용이라고 할 수 있다.

근대극의 성립 과정에서 공동체 문화는 극복 대상이었다. 근대적인 극장문화는 고정적인 건축물로서 극장과 일상공간을 차별하였고 연극 공연 행위를 극장공간의 내부로 몰아갔다. 극장의 내부에서도 무대와 객석의 경계를 강화하여 연기자와 관객을 구별하였다. 공동체 문화를 바탕으로 하는 연극 공연은 일상공간의 제의적 진정성이 공연공간과 극중공간에 연속되어 있다. 공간의 구획과 불연속성을 특징으로 하는 근대적인 극장 문화에서는 이러한 공동체 문화의 특성이 거추장스러울 수밖에 없었다.

근대극의 해체 과정에서는 공동체 문화로서 연극의 위상을 회복시키기 위한 노력이 시작되었다. 민속예술 또는 민중예술 단계의 이념과 형식을 회복하기 위한 연극 운동의 결과 탈춤이 지닌 공동체 문화의 특성을 돌아보게 하였던 것이다. 탈춤의 마당극화를 통하여, 극중공간과 공연공간, 일상공간의 층위가 서로 소통하고 연기자와 관객이 직접 대면하게 되었다. 연극 공연이 참여자의 삶에 지속적인 변환을 가져다줄 수 있는 공동체의 연극이 회복되었다고 할 수 있다.

근대극의 해체 과정에서 돌아보게 된 공동체 문화는 분명 중세나 근대 이행기의 양상과는 다르다. 중세나 근대 이행기의 연극에서는 지역이나 신분, 생업 등의 동질성을 바탕으로 공동체 문화가 형성되었다면 근대극을 해체하는 마당극 운동에서는 이념적 동질성에 기초한 공동체 문화를 추구하였던 것이다. 중세적인 공동체 문화도 이념적 동질성을 지닐 수 있지만 이는 일상생활에서 체득된 것이지 학습된 것이 아니다. 생활과 이념이 일치하는 공동체 문화를 찾아가면서 대학의 마당극은 노동 현장의 마당극으로 전개되었다.

마당굿, 민족극 등 양식적인 논쟁을 거쳐 민중문화 양식으로 남은 마당극 양식은 초창기 마당극 운동의 이념을 유지하는 대신 연극계의 전면에서 물러났다. 고전문학과 전통연희를 결합하여 현재까지 흥행성을 유지하고 있는 마당놀이 양식은 상업주의라는 폄하를 받기도 한다. 그러나 이 양식들은 연극에 현실 인식을 담는 방식이나 전통연희의 형식을 원용하는 방식 등 현대극에 끼친 영향이 매우 크다고 하겠다. 또한 현대에서 연극의 공연과 관람 행위가 개인적 체험의 병행이 아닌 집단적 체험으로 복원되는 길을 열었다고 할 수 있다. 현대극의 공연과 관람 행위에서 공동체 문화의 위상은 여전히 유효하다. 현대극의 공연 행위에서 드러나는 공동체 문화의 가능성과 의미를 찾는 논의가 별도의 과제로 남는다.

제3장 김우진론: 자유의지와 인과율의 문제[1]

1. 머리말

김우진은 최초로 서구 근대극을 연구하였으며 작가로서 본격적인 근대 극을 썼다고 평가된다. 근대극 이론과 작품들은 그의 확고한 인생관 및 세계관이 바탕이 되어 나타났다고 할 수 있다. 그의 삶 자체가 그러한 인 생관 및 세계관과 연결되어 있다.

김우진의 인생관 또는 세계관은 버나드 쇼(Bernard Show)의 영향을 많 이 받았다고 알려져 있다. 버나드 쇼의 철학은 '생명력'이라고 번역하는 'Life Force'의 철학이다. 김우진의 평문이나 수필의 곳곳에 보이는 '삶의 힘', '생의 힘', '생명력', '자유의지' 등에 관한 개념이 쇼의 '생명력' 철학과 관련되어 있다. 그러나 쇼와 김우진의 '생명력' 개념은 동질적이고 이질적 인 측면을 동시에 지닌다. 그 성격을 잘 드러내주는 용어가 바로 '자유의 지'이다.[2]

김우진의 '생명력' 또는 '자유의지'의 개념은 선행 연구를 통하여 명확히 드러났다고 볼 수 있다.[3] 이 논문에서는 자유의지와 아울러, 그 대립항을

---

1 출처: 황패강 엮음, 『한국문학작가론』 4, 집문당, 2000, 169～187면.
2 김우진은 '생명력'이나 '자유의지'를 거의 차별 없이 사용하였고, 오히려 '생명력'을 더 자주 사용하였다. 그러나 '생명력'이란 용어를 사용할 경우 쇼의 용어와 혼돈될 우려가 있다. 뿐만 아니라, '자유의지'는 김우진이 쇼의 '생명력'을 여과하여 받아들인 개념이기도 하다.
3 많은 선행 연구에서도 김우진의 '생명력' 개념을 중심으로 그의 작품을 분석하거나 쇼 의 철학과 비교하여 상관관계를 밝히는 작업이 이루어졌다. 유민영의 『한국현대희곡사』(홍 성사, 1982), 『한국근대연극사』(단국대출판부, 1996) 및 서연호의 「遺稿 解說」Ⅰ, Ⅱ(『김우

이루고 있는 '인과율'의 문제를 다루고자 한다. 김우진의 삶 자체에서 '살려고 하는 막지 못할 힘'인 자유의지가 강조된 만큼, 그 의지를 억압하는 인과율에 대한 저항감이 강하게 표출된다. 자유의지와 인과율의 관계는 그의 평문이나 작품에서도 잘 나타나고 있다.[4] 따라서 자유의지와 인과율의 문제는 그의 삶과 문학을 이해하는 기본 관점이 된다고 할 수 있다.

김우진의 문학사적 의의는, 1920년대 근대극 운동을 주도하였다는 데 있다. 짧은 생애 동안 그가 남긴 평문에서 근대극을 마련하기 위한 실천적 고민을 접할 수 있다. 그에 의하면, 근대극은 '인류의 영혼의 해방구제(解放救濟)를 사명으로 하여 교련(敎鍊) 있고 수완 있는 예술적 지배자의 극적 표현을 중심으로 하여, 또 사회적 민중의 교화(敎化)와 오락을 목적으로 하여 인류의 공동생활에 공헌하는'[5] 연극이다. 그는 인류의 영혼을 구제하기 위하여 작품 속에 '시대의식'을 담고자 노력하였다. 그에게 있어 시대의식은 근대극의 정체성을 이루는 요체가 된다.

이 논의에서는, 먼저 자유의지와 인과율의 개념을 고찰하고 그 관점이 어떻게 근대극의 시대의식과 연관되는지 밝히고자 한다.

2. 자유의지와 인과율

김우진은 쇼의 생명력을 설명하면서 개체가 지니는 본능적인 의지에

진전집』 I , II, 전예원, 1983) 등에서 김우진은 '쇼주의자'로서 쇼의 사상을 '생의 방향을 바꾸는 데까지 절대적인 영향'으로 받아들인 이론가이며 작가로 인식되었다. '생명력' 개념으로 작품 분석을 시도한 것은 김종철의 「〈산돼지〉 연구」(『인문학보』 3, 1987)인데, 쇼의 '생명력' 개념과는 대비하지 않았다. 홍창수는 「김우진 연구: 수상을 포함한 문학평론과 희곡의 관련성을 중심으로」(고려대 석사학위논문, 1992) 에서 쇼와 김우진의 '생명력' 개념을 대비하여 고찰하였다.

4 그러나 이 논문의 논의는 김우진의 실제 삶을 다루지는 않는다. 양승국이 지적한 것처럼, 그동안 김우진에 대한 많은 논의가 그의 특이한 생애와 관련하여 어떠한 선입관을 적용해왔기 때문이다(양승국, 「극작가 김우진 재론」, 『한국극예술연구』 7집, 한국극예술학회, 1997, 9~11면).

5 김우진, 「所謂 近代劇에 관하야」, 『김우진전집』 II , 전예원, 1983, 119면.

대하여 특히 관심을 두었다.

여기서 내릴 수 있는 결론은, 한낱 파리와 벼룩도 인간이나 성직자에 못지
않게 신(神)을 구현하고 있다는 것이다. 맹목적으로 계속 진보하는 신이야말
로 세계의 유일한 본체인 동시에, 살아 있는 모든 것들, 즉 육체와 정신으로
나타나 온 힘을 다해 실험을 추구하는 생명력을 지닌 존재로 그 모습을 드러
낸다. 그러므로 육체와 정신은 본체, 즉 생명력 혹은 신에 대한 이중의 관념
일 뿐이다.[6]

쇼의 생명력을 한낱 파리와 벼룩같은 생물이나 인간에게 똑같이 내재
되어 있는 본성이라고 파악하였다. 실험이란, "개개의 생명체가 그 자신
을 조직하기 위한 끝없는 실험[7]"을 말하며, 개체들은 종족을 진화시키기
위한 생명력으로 그 끊임없는 도전을 계속하게 된다.

쇼의 철학을 분석한 다른 견해에 따르면,[8] 종족을 진화시킨다는 것은
'창조적 진화(Creative Evolution)'[9]라는 개념으로 정리할 수 있다. 창조적
진화의 목적은 전지전능한 신(神)의 단계에 이르는 것이다.[10] 목적에 도달

---

6 "By this we conclude that a fly and a flea is deiform no less than man and the Fathers
of the Church. Only suffice it to repeat that the blind ever-progressing God is the only entity
of the world and, at the same time, it is incarnated in everything alive, which was presented
into matter and body (Sprit), the Life Force only seeking its full experiment. Therefore matter
and body are nothing but the double-aspects view of the entity, viz. the Life Force or God.";
김우진, 「Man and Superman」, 앞의 책, 1983. 138면.

7 위의 글, 위의 책, 138면. "Life is a force which has made innumerable experiments in
organizing itself"

8 버나드 쇼의 '생명력'에 관한 논의는 강희경, 「Bernard Shaw의 Creative Evolution 사상:
Man and Superman에 나타난 그 성격과 기능」, 고려대 영문과 석사학위논문, 1981; 김화숙,
「George Bernard Shaw의 Life Force 이론: Man and Superman을 중심으로」, 연세대 영어교육
과 석사학위논문, 1982 참조.

9 강희경, 위의 논문, 24~25면.

10 김우진, 앞의 글, 앞의 책, 138면. "the ideal individual being omnipotent, omniscient

하기 위해서는 본능적인 생명력인 '개인의지(individual will)'에 지적(知的)인 생명력인 '세계의지(world's will)'가 결합되어야 한다.[11] 세계의지는 본능적이고 맹목적인 생명력에 일정한 목적과 방향성을 제시해주기 때문이다. 파리와 인간의 생명력을 같다고 본 것은 세계의지보다 본능적인 개인의지를 강조하였기 때문이다.

김우진은 쇼의 생명력이 본능적인 개인의지보다는 이성적인 세계의지에 기울어 있다는 점을 비판했다. 그는 쇼가 구체적인 현실을 무시한 채 보편적인 생명에 관해서만 집착하였다고 하였다.[12] 개인의지와 세계의지는 모두 개체의 내면에 존재하는 생명력이므로 개체의 진화는 외부 환경에 의하여 크게 작용을 받지 않는다. 김우진은 외부 환경, 즉 구체적인 현실 속에서 인간의 존재를 파악하고자 하였던 것이다.

쇼는 특정한 시공을 초월한 개체의 진보 및 구원에 대해서만 관심을 갖고 있었다. 초인 또는 신의 경지에 이른 인간 개체들의 사회를 지상낙원으로 본 것이다. 김우진은 구체적 현실을 떠난 인간의 실존을 인정하지 않았을 뿐만 아니라, 이미 거대한 목적으로 질서 지워진 인간 진화의 과정과 그 낙관적인 결말에 대해서도 회의하였다.

이게 웬일인가. 왜 이런 苦役을 맡아 가지고 생활이 나왔는가. 進化된다면서도 실상인즉 현실의 짐이 무거워질 뿐이다. 웬일일까. 諸君은 다만 행복, 쾌락이라는 꿈으로 이것을 잊으려는가. 잊을 수 있거든 잊어 봐라. 한번 취해 가지고 뗏장 밑으로 들어 가기 전에는 여기서 피할 수 없다. 행복이나 쾌락은 현실이 아니다. …(중략)… 하늘 속에다가 천당을 바라는 것도 헛일이겠지만 이 땅 위에다가 옛날 그네들 모양으로 낙원을 만들어 낼 줄 믿는 것

---

infallible, and withal completely, unilludedly Self-conscious: in short, a God"

11 강희경, 앞의 논문, 58~59면. 참조.

12 김우진, 앞의 글, 앞의 책, 145면. 이에 관해서는 홍창수, 앞의 논문, 32~33면에서 상세하게 다루어졌다.

도 헛된 수작이다. 그러면 어찌할까. 여보 동무여, 그러면 어찌할까. 좋다. 諸君의 앞에 生活이 있고 生命이 있다. 어찌할 수 없는 生命力이 있다. 生命力을 결정해 주는 自由意志가 있다.[13]

인간의 창조적 진화와 그 결과로 나타나는 지상낙원에 대한 희망은 쇼의 세계관이다. 김우진에 의하면, 이러한 낙관적인 믿음은 잠깐 동안 현실의 짐을 벗으려는 시도에 지나지 않는다. 진화의 목적과 방향을 일깨워 주는 세계의지를 인정하지 않았으므로 당연한 사고의 결과이다. 쇼의 개념에 있어 세계의지는 지상낙원을 향한 나침반과도 같은 것이기 때문이다.
김우진은 생명력의 본질이 본능적인 개인의지인 '자유의지'에 있다고 하였다.

因果律이 인간의 부자의 운동을 결정해 주는 발동기라는 말을 위에 말했다. 그런대 인과율의 지배를 아니 당하는 현실이 한가지 있다. 교회 속에 있는 것도 아니다. 불타나 기독이나 마호메트나 공자 가슴 속에 있는 것도 아니다. 극히 미소한 아메바 속에 있다. 이것이 생물인즉 생물 중에서 제일 靈長이라는 인간 속에 제일 강렬하게 이 현실이 있다. 극히 발달되고 진화되고 文化되었다는 나라의 국왕에게도 있지만, 극히 유치하고 단순하고 愚痴한 山村의 초동 아이에게도 그이에게 지지 않을 만큼 있다.
이것은 자유의지다. 살려는 맹목적, 결정적, 숙명적인 자유의지다. 아무것도 지배할 수 없고 아무 힘도 결박하거나 죽이지 못할 생명의 힘이다.[14]

자유의지는, 쇼의 개념으로 말하자면, 세계의지가 제거된 생명력이다. 어떤 것도 지배하거나 구속하지 못하는 본능적인 의지인 것이다. 생명체

---

13 김우진, 「新靑卷」, 『김우진전집』 II, 200면.
14 김우진, 「自由意志의 問題」, 『김우진전집』 II, 206~207면.

의 본질은 바로 살고자 하는 맹목적인 자유의지에 있다고 보았다.

그런데 쇼의 세계의지는 개체에 내재된 생명력이기는 하지만 개체를 넘어서는 역사의 진보 과정을 설명하는 데 쓰인 개념이다. 그렇다면 본능적이고 맹목적인 자유의지는 어떻게 개체 밖의 현상과 관계를 맺을 수 있는가 밝힐 필요가 있다. 더구나 그는, 구체적 현실을 무시하였다는 사실을 들어 쇼의 개념을 비판하였던 것이다. 김우진 자신은 자유의지를 지닌 인간이 어떻게 구체적인 현실과 관계를 맺는다고 보았는가.

김우진은 세계의지를 부정하는 대신, 개체의 밖에서 자유의지를 억압하는 '인과율(因果律)'의 개념을 부각시켰다. 이것은 구체적인 현실을 무시한 쇼의 개념에 대하여 현실감을 부여한 것이라 할 수 있다. 인과율은 인간의 부자의(不自意)의 운동을 지배하는 법칙으로 개인의 사상, 감정을 지배하며 집단적인 민중 심리, 사회의식까지도 지배한다.[15] 인과율은 호흡하는 공기처럼 인간 삶의 곳곳에 작용하지만, 특히 사회적인 관계, 과거의 역사나 인습처럼 개체를 에워싸고 커다란 영향력을 행사하기도 한다. 김우진에 의하면, 자유의지를 지닌 인간에게 있어 인과율은 부정적인 대상일 뿐이다.

그러나 이 계급의 대립에서 벗어나지 못한다고 사람은 그에 만족할 것인가. 그는 네가 寒暑의 자연법칙 속에서 벗어나지 못한다고 그대로 앉아서 얼어 죽거나 데어 죽겠느냐 함과 같다. 여기에서 나는 인간의 운명을 본다. 激浪惡波는 절벽의 암석을 깨뜨려 버리려고 밀려오는 것이 아니다. 암석은 닳아지든 안 닳아지든, 깨어지든 안 깨어지든, 波浪은 자신의 그칠 수 없는 힘으로 밀려 온다. 개인의 생의 힘은 영원하다. 그러나 사회의 법칙은 한번 있게 되면 그대로 존속해 가려고 한다. 여기에서 개인과 사회의 충돌은 필연적으로 일어난다. 우리는 사회주의니 四海同胞니 민주주의니 하지만 거기에서

---

15 위의 글, 위의 책, 206면.

개인의 사회에 대한 반항을 보아야 한다.[16]

"한번 있게 되면 그대로 존속해 가려고" 하는 사회의 법칙은 인과율이다. "생의 힘", 곧 자유의지의 주체인 개인은 끊임없이 인과율이라는 바위에 몸을 부딪혀 반항하는 존재이다. 위의 예문에서는 인과율의 표상으로 계급적인 대립의 실상을 들었다.

김우진은 인간의 계급적 대립을 문제 삼고 있지만, 계급을 바라보는 관점은 사회주의자들과 다르다. 그는 역사 사회의 발전이 끊임없는 투쟁으로 이루어진다고 보았으며, 사회주의자들이 말하듯이 사회주의 국가가 성립되면 대립과 쟁투가 없을 것이라는 견해에 대해서도 반박한다. 그가 말하는 계급적 대립은 근대 산업 문명이 가져다 준 것 뿐 아니라 인류의 삶이 지속되는 한 사라지지 않을 차별에 따른 갈등이다.[17] 그러므로 계급적 대립은 인과율적인 현상이며 자유의지의 주체인 개인이 끊임없이 반항해야 할 대상이 되는 것이다.

계급적인 대립의 법칙은 사회적인 인과율이라면 전통이나 인습, 과거의 행위 등이 현재를 지배하려 하는 성향은 역사적인 인과율이라고 할 수 있다. 김우진의 작품에서는 주인공의 자유의지와 그를 억압하는 인과율의 싸움이 잘 나타나 있다.

그는 "역사란 인과율의 간단없는 반복"[18]이라고 하였다. 따라서 인간은 끊임없이 인과율과 싸움을 벌여야 한다. 그것은 인간이 지닌 자유의지 곧 생명력이기 때문이다. "암석은 닳아지든 안 닳아지든, 깨어지든 안 깨어지든, 波浪은 자신의 그칠 수 없는 힘으로 밀려" 온다고 한 것처럼, 진정한 자유의지는 극복할 수 없는 인과율에 대한 도전과 반항에 있다고 하였

---

16 김우진, 「我觀 階級文學과 批評家」, 『김우진전집』 II, 184면.

17 위의 글, 위의 책, 183~184면.

18 김우진, 「自由意志의 問題」, 『김우진전집』 II, 206면.

다. 결국 인간의 역사란 투쟁의 역사라는 말이다. 그런데 그 투쟁의 비전
이 없다. 김우진은 쇼가 말하는 낙관적인 미래에 대한 희망을 믿지 않았
고 사회주의자가 말하는 지상낙원도 인정하지 않았기 때문이다. 미래에
대한 전망이 없는 자유의지의 투쟁이 어떻게 전개될 것인가.

그의 인생관이나 세계관 자체에는 자유의지와 인과율의 대립 관계가
어떤 방향으로 수렴되는지 드러나지 않는다. 그러나 그는 근대극의 이론
을 개진하면서 또는 작품 속 주인공의 내면을 통하여 간접적으로 그 방향
성을 제시하였다. 이하의 논의에서 자유의지와 인과율의 대립과 그 방향
성이 시대의식 및 역사의식의 문제와 어떻게 연관되어 나타나는지 분석
하겠다.

3. 시대의식과 역사의식

김우진에 의하면, 근대극의 주체는 작가이다. 작가의 자유의지는 진정
한 창작에 있다. 진정한 창작이란 시대가 요청하는 내용을 담아 인류의
영혼을 구제하는 작품을 만들어 내는 것이다. 김우진은 작가 역시 하나의
인간 개체일 뿐이며 끊임없이 투쟁하는 존재로 파악하였다.

참으로 주린 자가 맛있는 음식의 맛을 모르는 것과 같이 참으로 우월한
思索力이 없는 자는 역시 인생에 대한 감각과 통찰에 대하여 無力遲鈍함을
면치 못합니다. 그러니까 저만큼이나 전쟁, 즉 帝國主義, 자본주의, 살육, 鐵
槌, 饑餓, 개인과 사회, 민중과 압박자의 딜레마, 거기에 因하여 나오는 모든
쓰라림과 아픔을 맛보는 독일인에게 만일 힘이 없었다면, 「생각」이 없었다
면 표현주의 희곡이라는-이것이야말로 미증유한-새 인생의 국면이 출현할 리
는 만무했을 것이외다. 이 점에서 나는 우리 사이에서도 창작 생활이 나오기
를 열망합니다. 창작 생활이란 말을 넘겨 보지 마시오. 소위 「文學靑年」의
생활을 버리고 한마디 길가의 말소리, 한 개의 외로운 풀싹, 다만 한 사람의

괴로운 말기침소리를 들을 때에도 자기의 생명을 다하여 통찰해야 합니다. 感해야 합니다. 그리고 생각해야 합니다. 우리에게는 이 자유밖에 없습니다. 모든 不自由, 壓制, 고민 속에 든 우리는 이 생활밖에 참된 미래를 발견하고 창작할 수가 없습니다.[19]

고통스런 현실은 자유의지와 인과율의 대립에서 생겨난 필연적인 결과이다. 그럼에도 불구하고 개체는 이길 수 없는 싸움을 계속하게 된다. 바로 살려는 힘, 자유의지의 힘 때문이다. 작가는 이러한 고난에 찬 싸움을 통찰하여 창작하는 존재이다. "살려는 힘 있는 이면, 이 지경에서 벗어나려는 自覺과 苦悶이 있을 것이요, 동시에 우리의 창작이 있어야"[20] 한다고 하였으므로 작가의 창작 행위 자체가 또한 살려는 힘의 발현이다.

인간, 사회, 자연의 싸움을 통찰한다는 것은 시대의식을 간파한다는 것이다. 김우진은 근대극이 시대의식을 담아야 한다고 강조하였다.

면치 못할 계급의 대립에서 살아가려는 사람은 얼마나 지긋지긋한 일인가. 모든 시대의 이상주의자들은 이러한 현실에 참다 못해 소리치며 하늘에 호소했다. 신을 만들고 상아탑을 짓고 지혜의 玄宮을 궁리했다. …(중략)… 이런 기만이 이상주의자의 입을 통해서 平和博愛라는 마비제를 발명했다. 그리고 적은 이해로써 달래어 왔다. 이것이 근대 산업문명으로부터 始源된 경제적 계급적 쟁투를 軟和시키기 위하여 貌化된 이상주의자들이다. 그러나 「生」은 힘이다. 이 힘이 極할 때 까맣던 눈이 떠진다. 챠펙의 〈人造人間〉이 눈을 뜬 때이다. 여기서 시대의식이란 것이 나타난다. 톨스토이의 이른바 「종교적 의식」이 이것이고, 우리 비평가의 이른바 「心願의 曲」이란 것이 이것이다. 이 「시대의식」이란 것이 민중 자신 속에서 살아날 때 이에 대항할

---

19 김우진, 「創作을 권합네다」, 『김우진전집』 II, 111면.
20 위의 글, 위의 책, 113면.

아무 것도 천지에 없다[21]

여기서 말하는 민중이란 계급적인 시각에서 파악한 노동자, 농민 등이 아니라 다만 다수의 사람들을 가리킬 뿐이다. 따라서 작가도 민중에 속한다. 다만 그들의 대언자(代言者)의 위치에 있을 뿐이다. 위 인용문에서는 계급적 대립의 필연성을 인식하고 그것에 대하여 투쟁하고자 하는 시대의식이 나타나 있다. 계급 간에 대립이 사라지지 않을 현실은 인과율에 해당한다면, 그것에 대한 인식과 투쟁의 주체는 자유의지를 지닌 개인이다. 결국 시대의식은, 인과율에 대한 자유의지의 투쟁에서 생겨난다.

자유의지와 인과율의 갈등이 심할수록 시대의식은 고양된다. 김우진은 "프로메테우스의 반발력과 생명력과 의욕력이 더 인생과 사회에 가치가 있다"[22]고 하여 자극이 더할수록 더욱 고무되는 민중의 힘을 역설하였다. 이 갈등 관계가 대립적인 통일의 단계에 이르면, 인과율을 통하여 자유의지의 자의식이 확충되고 자기인식이 심화된다고 할 수 있다. 시대의식이 고양되는 것이다. 김우진의 시대의식은 인과율과 자유의지의 대립적 통일 단계를 상정할 때 쉽게 이해할 수 있다. 그는 시대의식을 누구보다도 먼저 간파하여 창작하는 것이 작가의 사명이며, 그 작품이 근대극이라고 하였다. 김우진은 당시 조선은 혁명이 필요한 시점에 와 있다고 여겼으므로, 작가에게 시대의식을 한발 앞서 표출하는 선도자의 역할을 요구했던 것이다.[23]

시대의식은 시대의 모순에 갈등하여 고양된 의식이며 문예를 창출하는 데에 있어 시대적 필연성을 가져다준다. 김우진은 진정한 예술에는 시대

---

21 김우진, 「아관 계급문학과 비평가」, 『김우진전집』 Ⅱ, 185면.

22 위의 글, 위의 책, 188~189면.

23 김우진은 시대정신을 담지 않는 작가에 대해서 신랄하게 비판하였다. 그는 이광수의 문학이 시대를 초월하는 농완적(弄玩的)인 문학이라고 공격하였다; 김우진, 「李光洙流의 文學을 埋葬하라」, 『김우진전집』 Ⅱ, 156~159면.

가 요구하는 필연성이 있어야 한다고 하였다.

　　필연성에 입각한 예술은 오로지 자아의 완전한 의식과 노력을 요구한다.
또 自我와 非我의 관계를 인식하며, 따라서 그 관계 상태의 완전함을 실현코
자 한다. 이곳에서 燃燒로서의 예술품의 가치가 있다. …(중략)…
　　一閃光의 비약으로 곧 神佛의 경지에 들어가려는 이상주의 예술품과 반대
로 영원한 神佛이 아직도 영원한 거리에 앉았다는 것보다도 神佛을 잡는 순
간 벌써 그 神佛은 천만 리의 外域으로 달아나 있다. 내가 내 그림자를 잡지
못하는 것처럼, 즉 우리는 영원히 일정치 못하고 고정치 아니한 실존적 이상
을 버리지 못한다. (이상주의자의 口吻로 말하면 永遠輪廻) 그러나 그 實在
的 理想은 이미 말한 바와 같이 그 자신이 고립해 있는 것인 아니라 반드시
대립의 경지에서만 實在요 理想이다. 이 대립의 他邊이란 물론 시대의식의
그것이다. 이 점에 있어서도 소위 이상이란 것이 獨自한 영원성이 되든지 진
리성이 있는 게 아니고 상대적으로 필연성에 지배되는 것을 안다.[24]

　　시대의식을 담은 예술 작품만이 가치를 지닌다고 하였다. 그러나 그 작
품도 시대를 초월한 영원성을 가질 수는 없다. 시대가 달라지면 그 시대
가 요구하는 필연성이 달라지기 때문이다. 따라서 예술 작품의 가치는 상
대적이며 차별적인 성격을 갖는다고 하였다.
　　김우진은 근대극에 시대의식을 담아내야 한다는 것을 강조하였지만 역
사의식에 대해서는 소홀하였다. 물론 시대의식과 역사의식은 상보적인
관계에 있다고 할 수 있으므로 어느 쪽에 집중하고 어느 쪽에 소홀하다는
판단을 내린다는 것은 매우 조심스러운 일이다. 그러나 김우진의 시대의
식 개념은 역사의식과 변별적으로 인식할 필요가 있다.
　　김우진의 시대의식은 역사 사회적인 인과율과 자유의지의 대립에서만

24　김우진, 「我觀 階級文學과 批評家」, 『김우진전집』 II, 187~188면.

존재한다. 그러나 역사의식은 자유의지와 인과율의 동일성을 인식함으로써 출발한다고 할 수 있다. 과거 역사 속의 사건과 인물이 현재에 미치는 지속적인 영향을 고려한다든지, 역사적으로 작용한 인과율을 찾아내어 현재를 진단하고 미래를 예측한다든지 하는 작업은 역사적인 인과율을 부정하지 않고 긍정하는 일이다. 이러한 동일성을 확보하는 과정을 거쳐 차별성의 문제에 도달하였을 때 역사의식이 도출될 수 있다.

김우진은 사물과 현상이 지니는 조화의 원리[25]에 큰 관심을 두지 않았다고 여겨진다. 그는 개체가 지니는 생명력인 자유의지에 함몰되어 있었으므로 그것을 억압하는 어떤 것도 부정하고자 하였고, 둘 사이의 대립 관계만을 상정하였다. 〈두더기 시인의 환멸〉, 〈난파〉, 〈산돼지〉 등의 작품은, 주인공의 자유의지와 역사 사회적인 인과율의 갈등 관계를 중심으로 다루고 있다.

〈두더기 시인의 환멸〉에서 주인공인 시인은 여성의 자유의지에 대하여 문제를 제기하고 환멸을 느끼는 인물이다.

> 貞 (못들은 체하고 처에게) 아—니 그렇게 자유 없는 게 사실이니? (손을 붙잡으며) 노라 뽄을 왜 본받지 않니? 瓊順이도 세상 다른 여자와 항상 같으라는 법이 어디 있니?
>
> 元 흥 노라만한 자격이나 있으면 벌써부터 자유는 고만 두고라도 타란테라댄스라도 가르쳐 주었겠다.
>
> …(중략)…
>
> 元 가정이란 감옥이란 게 내 주의야. 아무러한 여자일지라도 한번 처가

---

25 사물이나 현상이 서로 갈등할 뿐만 아니라 조화를 이루면서 변화와 발전을 이루어낸다는 논리는 조동일의 '생극론(生克論)'에서 수용하였다; 조동일, 「생극론(生克論)의 역사철학 정립을 위한 기본구상」, 『한국의 문학사와 철학사』, 지식산업사, 1996 참조.
김우진이 과거 역사와 현재의 주인공을 동일시하면서 역사의식을 드러낸 것은 사물과 현상이 지니는 조화의 원리와 관련되어 있다.

되면 사람으로서의 자유는 없어지는 게야. 여성의 영원한 생명은 이
곳에 있단 말야.

…(중략)…

元   그렇지 나는 詩人야. 두더기 詩人이래도 좋아. 여하간 詩人야. 다만 이
런 여자로 해서는. 가정을 만든 게 저게 不幸이라면, 그것이 즉 제 운
명야. 왜 사내라면 사내란 사내만 보면 고인지 잉언지 죽자살자 해!
그것도 제게 마땅한 점을 가진 사내를 골라 내지 않구. 詩 좀 써어 소
위 유명하다니까, 달려들어서 날 홀려 낸 게지. 이것이 그때 情死라도
하자구 했을 것 같으면, 나도 넉넉히 情死를 했을 터이지. 그러나 이
천치는 그것두 싫구, 꼭 가정을 만들어야만 한다지! 해서 소위 스위
트―홈 이란 게 되고 보니까 이 모양이야. 이것도 다 네 운명인 줄로
만 알어라. 한번 발 들여노면 뺄 수 없는 운명의 길로만 알어!26

시인 이원영(李元永)은, 결혼함으로써 자유의지를 상실한 아내를 환멸
한다.27 사실은 "한번 처가 되면 사람으로서의 자유는 없어지는" 사회 인
습을 환멸한 것이다. 아내에 대한 환멸은 〈인형의 집〉에 나오는 노라처럼
인습에 대항하지 못한다는 데 있다.28

〈난파〉에서는 주인공인 시인의 자유의지가 인과율에 대항하는 모습이
잘 나타난다. 시인은 자신을 억압하는 여러 층위의 인과율에 반항하고 있
으며 특히 '부(父)'와 '신주(神主)'로 상징된 유교적 인습과 '모(母)'로 상징
된 당대 사회의 가치관에 대항하고 있다.29 그런데 〈난파〉에서는 인과율

---

26 김우진, 〈두더기 詩人의 幻滅〉, 『김우진전집』I, 99~100면.

27 시인의 환멸은 아내뿐만 아니라 애인인 정자에게까지 미친다. 서연호는 작품에 나타
나는 여성혐오증세(女性嫌惡症勢)가 김우진이 자라난 환경과 심리에서 비롯되었다고 파악
하였다; 서연호, 『한국근대희곡사연구』, 고려대 민족문화연구소, 1984, 126~127면.

28 시인은, 남편인 자신이 아내를 억압하는 인습적 요소가 되는 현실을 개선하려 하지도
않는다. 시인의 모순적인 행위가 드러남으로써 독자나 관객은 오히려 시인에게 환멸을 보
내게 된다.

에 반항하면서도 그것을 떨쳐 버리지 못하는 숙명적인 고민이 나타나기
시작한다.

母 안 된다. 마지막 네 兄이 죽어나온 뒤 여섯 달만에 내가 너를 낳았
    구나. 그때 내 몸이 두 번이나 낙태한 뒤였지만 어떻게 너를 낳고
    싶었겠니? 그러나 나는 악착스러운 너의 현실을 만들어 낼 충동이
    벌써부터 있었구나. 했더니 마침 된 것은 너 아버지가 〈神主〉 즉
    너 할머니 山所 緬禮 때문에 근이년 동안을 당초에 여자와 가깝게
    하지 않았던 것이었다. 그러니 너를 배었을 대 나는 몸이 두 번 낙
    태 뒤에 너 아버지 정기를 받았구나. 幼時로 유명하던 너 아버지
    의 정신력과 시적 통찰력을 받아 놓았으니 고맙지 않니?
詩人 그러기에 말예요. 왜 그러면서도 나를 이렇게 未成業으로 그것도
    흠점만 있게 만들어 냈난 말예요.
母 그것이 世人이 부르는 운명이란다. 나로 해서는 단지 내 책무를
    다 했을 뿐이지. 죽은 네 형들을 찾아 달라는 뜻도 내가 모르는 것
    은 아니지만 내 힘으로 어떻게 左右할 수가 있어야지.
詩人 그러니 말이지요. 왜 구태어 내게 이런 因果律의 줄을 얽어 놓았
    느냐 말예요.[30]

"未成業으로 그것도 흠점만 있게" 태어난 시인은 인과율과 대항하여 싸
우기 이전에 그 인과율의 근원을 알고 싶어 한다. 그 근원이란, 불완전한
상태로 현실과 싸워야 하는 시인의 '현재'를 있게 한 '과거'의 일이다. 모의
이야기에 의하면 어머니의 낙태 및 충동, 할머니의 죽음, 아버지의 정기

29 김성희, 「〈난파〉의 등장인물에 대한 기호학적 분석」, 『한국현대극작가론 1-김우진』,
태학사, 1996, 250면.
30 김우진, 〈難破〉, 『김우진전집』 I , 69면.

(精氣) 등이 모두 현재의 결과를 있게 한 과거의 원인들이다. 시인은 그 것만으로 인과율의 근원을 찾을 길이 없어 죽은 형들을 찾아 달라고 애원한다.

"因果律의 줄"을 운명으로 받아들이는 인식은 과거와 현재의 동일성 또는 지속성을 전제로 한 것이다. 역사 사회적인 모든 인과율에 대립함으로써 생겨나는 시대의식과는 다르다. 과거와 현재를 동일시하는 가운데 자기 자신과 가족의 역사에 눈을 돌리게 된 것이다. 개인적인 차원이지만 역사의식이 드러나기 시작하였다고 할 수 있다.

〈산돼지〉의 주인공 원봉 역시 주체할 수 없는 자유의지로 인과율과 싸우는 인물이다. 그는 아버지의 유업(遺業)으로 표상된 '산돼지탈'을 벗고 싶어 한다. 산돼지탈은 과거의 원인으로부터 빚어진 현재의 결과이다. 원봉은 개체의 생명력인 자유의지와 그것을 억압하는 집단적인 또는 역사적인 인과율 사이에서 방황한다.

> 崔元峯 (방안으로 들어가는 主事宅의 등뒤에다가 내부치는 말로) …(중략)… 나는 어머니만큼이나 아버지도 원망이요, 아버지도! 자기는 동학(東學)인가 무엇에 들어가지고 나라를 위해, 중생을 위해, 백성을 위해, 사회를 위해 죽었다지만 결국은 집안에다가 산돼지 한 마리 가두어 놓고 만 셈이야! 반백이 된 머리털이 핏줄기 선 부릅 뜬 눈 위에 허트러져 가지고 이를 악물고서는 대드는구려. "이놈 네가 내 뜻을 받어 양반놈들 탐관오리들 썩어가는 선비놈들 모도 잡어죽이고 내 평생 소원이든 내 원수를 갚지 않으면……흐흐흐흐, 산돼지 탈을 벗겨주지 않겠다."고……저승에 들어가서라도 그 산돼지 탈이 벗어나지 않게 얼굴에다가 못박아두겠다고 대어들면서 부젓가락만한 왜못에다가 주먹만한 철퇴(鐵槌)를 가지고 뎀벼드는구려. 아버지 뜻을 받어 사회를 위해 민족을 위해 원수 갚고 반역하라고 가리쳐 주면서도 산돼지를 못난이

만 뒤끓는 집안에다가 몰아넣고 잡아매어 두는구려.[31]

원봉은 동학군이었던 아버지 및 동학군의 아내였던 까닭에 유린당한 어머니를 원망한다. 그는 혈통과 양육의 비밀을 알고 괴로워하며, 자신이 반역의 혈통을 가졌다는 점에서 스스로 '산돼지'라고 여긴다. 역사적인 유업을 표상하는 산돼지탈을 벗으려는 원봉과 산돼지탈을 영원히 못박아두겠다는 아버지의 싸움이 벌어진다. 물론 이 싸움은 원봉의 자기 분열적인 싸움이다. 꿈속의 아버지로 표상된 잠재의식은 역사적인 인과율을 따를 것을 요구한다. 그러나 현실 속의 원봉은 역사적인 유업과 상관없이 자유의지를 따라 살고 싶어 한다.

그 갈등의 결과는 화해로 나타난다. 원봉이 산돼지탈을 기꺼이 받아들인다는 결말로 이어지기 때문이다. 그는 "이 현실 속에 떨어지면서부터 이 탈을 쓰고 나왔다. 이것을 벗으려고 하는 것도 헛 애쓰는 것이지만 동시에 그것을 안 보려고 피하는 것도 가짓뿌렁이다." 하고 말하면서, 역사적인 인과율을 숙명으로 받아들이고 있다. 그는, "현실의 가치와 새 의식을 찾으려고 애쓰는 점에서는" 비평가와 같지만 그것이 전부가 아닌 "산돼지에게 제일 능한 일"을 수행하고자 한다.[32] 그것은 반역을 실천하는 일이다.

원봉이 의식(意識)의 전환을 이룰 만한 극적인 사건은 존재하지 않는다. 작가는 원봉의 의식이 변화되는 모습도 보여주지 않는다. 원봉이 원망하고 있었던 아버지나 어머니, 동학 등에 대한 동정과 이해는 독자의 몫으로 주어져 있다. 작가는, 제1막에서 동학군인 아버지의 신념을 확인하고 제2막에서는 어머니의 부당한 시련을 강조함으로써, 동학농민전쟁의 이념에 대한 정당성을 드러내고 있다. 독자는 원봉 가족의 과거와 현

---

31 김우진, 〈산돼지〉, 『김우진전집』 I , 28면.
32 위의 글, 위의 책, 55면.

재의 상황들을 통하여 원봉이 역사적인 인과율을 받아들이는 것이 온당하다는 생각을 갖게 된다. 따라서 제2막에서 제3막으로 이어지면서 나타나는 원봉의 의식 전환이 낯설게 여겨지지 않는 것이다. 받아들이고 싶지 않았던 역사적인 유업과 자신을 동일화함으로써 원봉의 자유의지가 역사의식을 갖게 되었다고 할 수 있다.

그 동일성의 직접적인 표현은 공간 배경의 설정에서 잘 나타난다. 제3막의 공간 배경을 제2막의 몽환(夢幻) 장면과 같은 장소로 설정하면서 계절적인 배경 및 인물들의 분위기를 대조하여, 과거를 딛고 선 현재의 전망을 나타내고 있다. "지상과 언덕 우에는 약간 흰 눈이 덮여 있고 시시로 회오리 바람과 눈싸래기"가 있는 "동한(冬寒) 중의 벌판"33은, 같은 장소이면서도 "초록빛 연한 잔디가 다투어 얼굴을 내밀고" "진달래와 떨기가 여기 저기" 피어 있는 봄의 벌판으로 바뀌게 된다. 임신한 채 끌려가다 겁탈당한 어머니, 쫓겨 가던 아버지, 어머니를 겁탈한 병정, 아버지를 잡아간 捕吏 등이 엮어낸 급박하고 처절한 상황은, 새로운 출발을 다짐하는 남녀 청년들의 포부가 있는 여유 있고 힘있는 분위기로 바뀐다. 동학 때와 1920년대의 동일성과 차별성을 통하여, 작가는 과거 역사의 연장선 위에서 자신이 속한 현재와 미래를 바라보았다고 할 수 있다.

김우진은 제3막에서 조명희의 시 〈봄 잔디밭 위에서〉의 정서를 활용한다. 그는 실제 집필에 앞서 이 시에서 해석해 낸 "그 기분, 그 정열, 그 靈感에 살아나가려는 조선 청년(새個性)"34을 작품화하려 한다는 뜻을 밝혔다. 원봉을 통하여 "조선 현대 청년 중의 어떤 성격과 생명력을 추상"35하고자 한 것이다. 개체의 자유의지는 시대와 민족을 초월한 것이지만 당대 조선 청년의 자유의지는 역사 사회적인 인과율과 관계를 맺지 않을 수 없

---

33 앞의 글, 위의 책, 35면.
34 김우진, 〈서간문〉, 『김우진전집』 Ⅱ, 239면.
35 위의 글, 위의 책, 243~244면.

다. 그 결과 동학이라는 역사적 사건과 그 유업의 계승 문제가 제기된 것이다.

'봄'은 두 대립물의 통일로서 제시된 것이다.[36] 대립 관계는 원봉의 자유의지와 역사적인 인과율 사이에 설정되어 있었다. 원봉의 자유의지는 자신을 억압하는 산돼지탈, 즉 역사적인 인과율과 대립하는 가운데 새로운 실천의 방향을 인식하게 되었던 것이다. 그 전망이 불투명한 것은 사실이지만 원봉은 동학의 반역 정신을 계승한 실천의 포부를 밝히고 있기 때문이다.

최근의 연구에서, 김우진이 아버지를 부정한 것이 아니라 그 뜻을 받들어 '반역'의 행위를 실천하고자 하였다는 견해가 제기되었다. 그 실천은 바로 '반항의 독기'를 가지고 문학을 창작하는 길이라고 하였다.[37] 부친 김성규에 대한 김우진의 태도를 통하여 유추하여[38] 보아도, 원봉이 아버지의 유업을 받아들여 반역 정신을 실천하고자 했다는 결론을 끌어낼 수 있다. 질적인 진전이 있는 화해가 성립된 것이다. 원봉(자유의지)과 아버지(인과율)의 싸움이 '봄 잔디밭 위에서' 대립적인 통일을 이루었다고 할 수 있다.

출가(出家) 이후 창작에 몰두하면서 "포부를 가지고 쓴 최초의 것"인 〈산돼지〉는 시대의식과 역사의식이 맞물려 나타나기 시작하였다는 점에서 이전의 작품들과 차별성을 지닌다. 역사의식은 과거 역사 및 전통에

---

36 선행 연구에서는 주로 '봄'과 '산돼지탈'의 이미지가 대립한다고 파악하였다. 김종철은 작품에 수용된 〈봄 잔디밭 위에서〉가 동학과 대립적 구조를 형성하다가 결말에서 봄(또는 어머니)의 생명력으로 추상화하였다고 보았다. 따라서 동학이 제기한 중요한 과제를 맹목적이고 비역사적인 생명력으로 초월하려고 함으로써 새로운 전망을 획득하는 데 실패하였다는 것이다; 김종철, 「〈산돼지〉 연구」, 『한국현대극작가론 1-김우진』, 1996. 159~164면 참조.

37 양승국, 앞의 논문, 44면.

38 김우진은 이 작품을 통하여 조선 청년의 성격을 추상한다고 하였으나, 서연호의 지적에 의하면 실제로는 명료하게 객관화된 작품이 아니라 여전히 자서전적인 범위에서 크게 벗어나지 못한다고 하였다(서연호, 『한국근대희곡사연구』, 고려대학교 민족문화연구소, 141~142면). 극중인물 원봉과 작가 김우진의 의식을 동일하게 판단할 수 있는 근거가 여기 있다.

대한 동일성을 인식함으로써 촉발된다. 자유의지와 인과율의 문제에 의하면, 과거의 역사나 전통은 인과율적인 현상이므로 언제나 대립적인 투쟁의 대상이다.

이론에 나타나지 않는 자유의지와 인과율의 조화에 대한 입장이 작품에 나타나는 것은, 이론에 비하여 작품이 실제 삶에 밀착하여 있기 때문이다. 자유의지와 인과율의 싸움을 표현해 내는 과정에서, 사물과 현상이 지니는 두 속성, 즉 차별성과 동일성을 자연스럽게 드러내었다고 할 수 있다.

4. 맺음말

버나드 쇼의 영향을 받았으면서도 그의 철학을 비판하고 나선 김우진의 세계관은 자유의지와 인과율의 문제에서 시작된다. 자유의지는 어떤 것도 지배하거나 구속하지 못하는 본능적인 의지이다. 김우진은 생명체의 본질이 '살고자 하는 맹목적인' 자유의지에 있다고 보았다.

김우진은 쇼의 생명력을 비판하여 '세계의지'를 부정하는 대신, 자유의지를 억압하는 '인과율'의 개념을 부각시켰다. 그에 의하면, 자유의지를 지닌 인간에게 있어 인과율은 부정적인 대상일 뿐이다. 그는 '역사란 인과율의 간단없는 반복'이라고 하였다. 따라서 인간은 끊임없이 인과율과 싸움을 벌여야 한다.

그의 인생관이나 세계관 자체에는 자유의지와 인과율의 대립 관계가 어떤 방향으로 수렴되는지 드러나지 않는다. 그러나 그는 근대극의 이론을 개진하면서 또는 작품 속 주인공의 내면을 통하여 간접적으로 그 방향성을 제시하였다.

시대의식은 인과율에 대한 자유의지의 투쟁에서 생겨나며 그 갈등이 심할수록 고양된다. 김우진의 시대의식은 인과율과 자유의지의 대립적 통일 단계를 상정할 때 쉽게 이해할 수 있다. 그는 시대의식을 누구보다도 먼저 간파하여 창작하는 것이 작가의 사명이며, 그러한 작품이 근대극이라고 하였다.

김우진은 근대극에 시대의식을 담아야 한다고 강조하였지만 역사의식에 대해서는 소홀하였다. 김우진의 시대의식은 역사 사회적인 인과율과 자유의지의 대립에서만 존재한다. 그러나 역사의식은 자유의지와 역사적인 인과율의 동일성을 인식함으로써 출발한다고 할 수 있다. 김우진은 사물과 현상이 지니는 조화의 원리에 큰 관심을 두지 않았다고 여겨진다. 그는 개체가 지니는 생명력인 자유의지에 함몰되어 있었으므로 그것을 억압하는 어떤 인과율도 부정하고자 하였고, 둘 사이의 대립 관계만을 상정하였다.

그러나 실제 작품에서는 과거 역사에 대한 동일성 인식이 나타나기 시작한다. 특히 〈산돼지〉는 시대의식과 역사의식이 맞물려 나타나기 시작하였다는 점에서 이전의 작품들과 차별성을 지닌다. 이론에 나타나지 않는 자유의지와 인과율의 조화에 대한 입장이 작품에 나타나는 것은, 이론에 비하여 작품이 실제 삶에 밀착하여 있기 때문이다. 자유의지와 인과율의 싸움을 작품으로 표현해내는 과정에서, 사물과 현상이 지니는 두 속성인 차별성과 동일성을 자연스럽게 드러내었다고 할 수 있다.

제4장 직관과 통찰의 연극사 입문서, 권택무의『조선민간극』[1]

1. 권택무의 저술 활동

권택무의『조선민간극』은 1966년 조선문학예술총동맹출판사에서 출간되었다. 이 책은 1989년 한국민속극연구소가 편집하고 출판사 예니에서 간행하여 남한에 소개되었다. 편집자 측의 해설에 따르면 1989년까지는 권택무의 연구와 저술 활동에 대하여 알려진 내용이 없었다. 그러나 다행스럽게도 1989년 이후 그의 논문과 저서들이 소개되어 추가적인 연구 활동을 확인할 수 있다.

『조선민간극』을 저술한 비슷한 시기에 집필한 논문으로「창작 방향과 고대 사실주의 문제」(『우리나라 문학에서 사실주의의 발생, 발전 논쟁(토론집)』, 북한 사회과학원 문학연구실 편, 김시업 해제(서울: 사계절, 1989)) 이 있다. 이 글은『우리나라 문학에서 사실주의의 발생, 발전 논쟁』에 실렸는데, 해제에 따르면 1963년 2월 27일에서 29일까지 진행된 북한 사회과학원 언어문학연구소의 토론회 결과 나온 토론집이라고 한다. 남한 학계에 잘 알려진『조선구전문학연구』(평양: 과학원출판사, 1962)의 저자 고정옥의 논문인「조선문학에서의 사실주의 발전의 첫 단계는 9세기이다」에 이어 두 번째로 수록되어 있다.

---

1 출처: 건국대 인문학연구원 통일인문학연구단의 '통일인문학 아카이브' 사업의 일곱 번째 권이 권택무의『조선민간극』(민속원, 2010)이다. "직관과 통찰의 연극사 입문서, 권택무의『조선민간극』"은 이 책의 '해제'이다.

이 논문은 엥겔스의 사실주의 창작방법에 대하여 논의하고 그 기준에 부합하는 작품들을 분석하였다. 우리나라는 이미 원시 혼합예술에서 9세기에 이르는 과정에 사실주의 창작방법에 부합하는 작품들이 나타나며 특히 서정시 분야에서 두드러졌다고 하였는데, 〈황조가〉, 〈공후인〉을 비롯하여 최치원의 「향악잡영(鄕樂雜詠)」 가운데 〈금환(金丸)〉 등을 사실주의 서정시로 논의하였다.

권택무는 이 논문을 쓰고 3년 뒤 『조선민간극』을 발표하였는데 이후 20년간은 저술 활동 내역이 알려지지 않고 있다. 1987년 권택무와 림호권이 함께 「황백호전」, 「황월선전」, 「운영전」을 윤색하고 주해한 저서 『황백호전』(권택무·림호권 윤색·주해, 평양: 문예출판사, 1987)을 시작으로 「토끼전」, 「장끼전」, 「금방울전」, 「두껍전」을 윤색 주해한 저서 『토끼전』(권택무·최옥희 윤색·주해, 평양: 문예출판사, 1992) 등 고전소설 선집을 출간하였다.

같은 시기에 일화나 설화 같은 서사문학에도 관심을 가져 일화집 『노력과 열매』(평양: 문예출판사, 1991)를 저술하였고 『백두산의 옛 전설 1』(권택무 외 수집, 박현균 편, 평양: 문화예술종합출판사), 『조선의 이름난 작가와 일화』(권택무·리동성·김창조·리기원·최련실·김원영, 백과사전출판사, 2006) 등의 저술에 참여하였다. 『노력과 열매』는 「고조선의 음악가 려옥」을 필두로 솔거, 이규보, 박연, 허난설헌, 정선, 신위, 김삿갓, 이날치 등 예술가와 문필가 중심의 일화를 모아 윤색 집필하였다.

1980년대 후반 이후 줄곧 서사문학에 집중해 있던 권택무는 2006년 『조선중세민간극문학』(평양: 평양출판사, 2006)을 출간하여 『조선민간극』이 나온 지 40년 만에 다시 민간극에 대한 관심을 보여주었다. 이 책은 이론서가 아닌 작품집으로 사설이 채록된 민간극 작품과 함께 기록문학으로 각색된 극문학작품을 수록하고 풀이하였다. 『조선민간극』의 자료편에 수록한 9개 작품에 〈북청사자탈극〉, 〈양주소놀이굿〉, 〈하회별신굿〉, 〈수영야류〉, 〈통영오광대〉의 5개 작품을 추가하였다. 사진자료로 '현대적 미감에 맞게 새로 개작 복원한' 봉산탈춤의 탈들 22점의 사진을 수록하였고 인형극놀이와 소놀이의 삽화를 각 1점씩 게재하였다.

표지의 서지사항에 따르면 저자는 '박사 권택무'로 표기되어 있고 '원사, 교수, 박사 한중모'와 '부교수, 학사 송영훈, 윤춘련'이 심사에 참여한 것으로 나타난다. 현재까지 소개된 자료에서는 박사학위를 받았다는 사실 외에 그의 소속 기관이나 직위 등에 대한 정보를 확인할 수 없다. 『조선민간극』에서 고정옥의 화극(話劇) 개념을 수용하여 논의를 발전시켰고 1963년 사회과학원 언어문학연구소의 토론회에 함께 참여한 사실로 미루어 친밀한 학맥 관계를 추정할 수 있다.

『조선민간극』이 출간된 지 2년이 못되어 고정옥이 사망하였으므로 학문적 소통과 논쟁이 지속될 수 없었고 권택무 스스로 서사문학에 주목하여 연극사 연구에서 멀어져 있었다. 최근 출간된 저서의 제목 『조선중세민간극문학』에서 보이듯 민간극에 대한 관심 역시 기록문학이나 서사문학의 입장에 기울어 있다.

2. 연극사 입문서의 위상

권택무는 『조선민간극』의 머리말에서 '우리나라 연극 역사를 처음으로 연구하는 동지들과 연극 예술인들이 원시 시기 이후 19세기에 이르는 기간의 우리나라 연극에 대한 개략적인 이해를 가지는 데 이바지할 목적으로' 저술하였다고 밝혔다. 연극사의 교양과 지식을 얻으려는 이들을 위한 입문서로 집필하였다는 말이다.

일반적인 이론서라면 연극사의 전개 양상을 서술하면서 극작품의 실상과 문헌자료의 논증을 함께 다루어야 하지만 이 책은 입문자가 단계적으로 이해의 폭을 넓혀갈 수 있도록 3단계로 나누어 집필하였다. 제1편 '기원전~19세기 연극에 대한 역사적 고찰'에서는 선행연구 성과를 포함하여 연극의 기원과 형성, 발전 과정에 대하여 서술하였다면, 제2편 '기원전~

19세기 우리나라 극문학 작품들'에서는 1편의 역사 서술에서 주요하게 다룬 극문학 작품 자료를 수록하고 있다. 제3편 '기원전~19세기 우리나라 연극에 관한 문헌자료'에서는 1편의 역사 서술에서 주요 논거로 활용된 문헌 기록들을 제시하였으리라 추정한다.

남한에서 출간된 책에는 제3편이 누락되어 있는데, 편집을 맡은 한국민속극연구소의 설명에 따르면 제3편은 '제1편의 〈주〉에서 대충 나와 있는 것'이고 사진자료는 '상태가 좋지 않아' 생략하였다고 한다. 『조선민간극』의 온전한 저술 상태를 확인할 수 있는 원본을 구하려고 통일부 북한자료센터와 국회도서관을 검색했으나 찾지 못하였다.

제3편에서 문헌자료를 모아 다루었던 까닭인지 본문에는 한자를 전혀 노출하지 않았으며 주석 내용도 매우 간략하다. 일반적으로 교양적인 입문서를 집필할 때 한자 노출과 주석을 자제하는 방식을 채택하는 경우가 있는데 그럴 경우 본문의 한자어를 충분히 풀어 쓰고 풀어낼 수 없는 내용은 본문 뒤에 미주를 달게 된다. 이 책 역시 그러한 관습에 따라 제1편의 끝에 미주를 달았는데 주석의 일관성이 없는 한계를 드러내고 있다.

아래 인용문은 혼합예술을 배태한 고대 제사의식의 변천을 설명하면서 신라 남해왕의 누이인 아로가 주제자가 되었던 사실을 밝힌 부분이다.

> 천군은 하늘에 제사지내는 행사를 주관하는 사람이다. 그런데 3국 시기에 오면 조상 숭배의 사상과 관련하여 조상을 위하는 행사가 진행되었으며 거기에도 주제자가 있었다. 신라의 경우를 보면 남해왕 3년에 왕의 누이인 아로가 이러한 <u>의식</u>행사의 주제자로 임명되었었다. [밑줄 필자]
>
> -(『조선민간극』, 12~13면)

독자의 입장에서 정작 궁금한 것은 아로가 진행한 제사의식 관련 원문과 출전인데 밑줄 친 '의식'의 한자 표기인 '의식(儀式)'을 미주로 달았을 뿐이다. '의식(意識)'이나 '의식(衣食)' 등으로 오해하지 않게 배려할 수 있다고 하지만, 같은 면의 앞선 단락에 나타나는 '의식적인 집결'에 대해서는 미주를 달지 않아 주석의 일관성을 의심하게 된다.

『조선민간극』은 연극사 공부를 시작하는 사람들이나 연극 예술가를 대상으로 집필하였으나 연극사의 전개 과정에 대한 의미심장한 학설과 분석 내용을 담고 있다. 남한 학계보다 앞선 시기의 연극사 저술인 만큼 많은 연구자들이 찾게 되는데 입문 교양 이상의 정보를 원할 때 참조할 주석이 없다는 사실은 한계에 속한다. 제3편에 수록하였다고 하는 연극 관련 문헌자료가 이러한 갈증을 해결할 가능성이 있지만, 원본을 검토한 편집자 측에서 언급한 내용은 제1편의 주석과 크게 다르지 않다는 것이었다.

그럼에도 불구하고 이 책은 고대부터 19세기까지 우리나라 연극사의 전개를 통설한 중요한 저술이다. 연극사 저술로는 남북한을 통틀어 김재철의 『조선연극사』(서울: 학예사, 1939), 한효의 『조선연극사개요』(평양: 국립출판사, 1956)에 이어 세 번째로 출간되었다.

김재철의 『조선연극사』는 '제1편 가면극', '제2편 인형극', '제3편 구극과 신극'으로 나누어, 연극 갈래별로 그 안에서 역사적 전개 과정을 다루었다. 가면극의 경우는 '삼국 이전', '신라', '고려 이조'라는 시기의 구분을 두었다. 이 저서는 최초의 한국연극사 저술로서 1930년 당시 전승된 가면극과 인형극의 역사를 추적하여 많은 자료를 발굴하여 분석하는 성과를 내었다.

한효의 『조선연극사개요』는 김재철의 저술 방식을 수용하여 1편에서는 전통극을 다루어 가면극, 인형극, 창극 등 갈래별로 그 형성과 발전 과정을 다루었고, 2편에서는 '현대 연극에의 과도', '현대 연극의 발생', '현대 연극의 장성'으로 구분하여 현대 연극의 전개 양상을 다루었다. 저자는 서문에서 '고대로부터 해방된 시기에까지 이르는 동안의 우리 연극의 발전 과정과 그 전통적인 사상을 개괄할 목적'으로 책을 썼다고 밝혔다. 김재철이 서술한 우리나라 연극의 기원과 형성의 과정을 간략하게 요약하는 대신, 사회주의 사관에 입각하여 각각의 연극 작품이 지닌 사상성에 초점을 맞추었다.

권택무의『조선민간극』에서 민간극의 역사적 고찰을 다룬 제1편은 김재철이나 한효의 저술과 달리 '기원전~9세기 극희예술', '10~14세기 연극', '15~19세기 연극' 등으로 시기를 구분하고 그 안에서 극희예술, 가면극, 인형극, 극 등의 갈래별 변천 양상을 다루었다. 서문에 의하면, '시기구분을 그다지 세분화하지 않고 크게 3개항으로 나누어' 서술한다고 하였는데, 실상은 왕조사의 시기구분과 거의 겹친다. 그러나 연극 갈래를 통틀어 공통적인 발전 단계를 설정하였다는 측면에서 이 책은 시기구분을 바탕으로 쓴 최초의 연극사 저술이다.

『조선민간극』은 김재철과 한효의 연극사는 물론 김일출의『조선민속탈놀이』(평양: 과학원 출판사, 1958), 고정옥의 『조선구전문학연구』(평양: 과학원출판사, 1962) 등에서 제시된 학설을 수용하는 동시에 연극의 기원, 개념, 갈래, 발전 동인 등에 대한 확고한 견해를 바탕으로 독창적인 서술을 시도하였다. 이 책은 비록 입문서의 집필 형식을 취하였지만 끝까지 저자의 존재감을 잃지 않는 통찰과 직관의 연극사를 보여주었다.

3. 혼합예술과 극희예술의 연극 기원

일반적인 연극사 저술과 마찬가지로 이 책에서도 연극의 기원은 고대 제의의 원시종합예술에 두고 있다. 저자는 여러 가지 예술 요소가 섞여 있는 예술을 '혼합 예술'이라고 부른다. 혼합 예술은 소리와 춤과 시의 예술 요소가 태생적으로 엉켜 있는 상태의 예술을 말한다. 저자는 다음과 같이 혼합 예술을 규정하였다.

혼합 예술은 소리와 춤과 시(문학) 등이 혼합되어 있는 예술인바 그것은 본질에 있어서 아직 소리와 춤과 시(문학)를 각각 담당한 예술적 재능의 협동이 아니라 참가한 사람들 모두가 소리하고 춤추고 시(문학)적 정서를 토로하는 것이 특징적이다. 그리고 혼합 예술에서는 소리, 춤, 시(문학)이 혼합되

어 있되 어느 것이 그 예술의 특징을 규정하는 규정적인 역할을 하는 조건에
서의 혼합이 아니라 그것을 가릴 수 없는 혼합 상태에 있는 것이다.

-(『조선민간극』, 11면)

이러한 혼합 예술은 부여의 영고, 고구려의 동맹, 예의 무천, 마한의 국
중대회와 같은 제천의식에서 집대성되었으며 의식을 주관하는 담당자의
역할과 결부되어 예술 요소들이 분화되기 시작하였다고 보았다. 예를 들
어 주제자인 천군이 군중의 통솔 기능을 지닌 까닭에 그 역할을 수행하기
위하여 규정된 말(서사)을 사용하였고 자연스럽게 시(문학)적 요소가 춤
과 소리(음악)에서 분리되기 시작했다는 설명이다. 저자의 관점에서 '서
사'란 연극의 대사를 구성하는 기초가 된다.

제천의식에서 보여준 예술적 성과는 삼국시대로 오면서 혼합예술에서
극희예술의 발전을 가져오게 된다. 극희예술의 주요 갈래로 탈춤놀이와
인형놀이를 고찰하였으며 최치원의 「향악잡영」 중 〈월전〉을 주요하게 다
루었다. 10세기 이후 형성되었다고 본 가면극, 인형극, 극의 연극 갈래를
염두에 두었기 때문이다.

한편 극희예술의 단계에서는 「향악잡영」의 〈대면〉, 〈속독〉, 〈산예〉가
각기 독자적인 탈춤놀이 작품이면서 한판의 상연물로 공연되었다는 사실
에 주목하였다. 독자적인 작품의 특색을 가지면서도 서로 긴밀하게 결합
되는 경험을 후기의 가면극 창조자에게 넘겨줄 수 있었다는 것이다. 현전
탈춤에서 각 과장이 독립되어 있으면서 서로 연관성을 지닌다는 사실을
연속선상에서 파악하였다.

이러한 입장은 고려 말 이색의 시 「동대문으로부터 궁궐 문 앞에 이르
도록 산대 잡극을 노니 종전에 보지 못하던 바이다(自東大門至闕門前山臺
雜劇前所未見也)」와 「귀신 쫓기 놀이의 노래(驅儺行)」를 분석하면서 똑같
이 견지된다. 특히 전자에서는 처용 가무가 다른 잡희들과 결합되어 산대
잡극을 구성하고 있다는 사실에 주목하였고 연극성을 강화하고 있었던

처용 가무가 포함된 사실, 여타의 잡희 가운데서도 강남 장사꾼의 난쟁이 놀이나 바다에서 온 신선이 과일을 바치는 놀이 등 극적인 색채를 띤 작품들이 섞여 있었다는 사실 등에 주목하여 이 시기 산대잡극이 극적인 특색을 더욱 잘 갖출 수 있었다고 하였다.

저자에게 산대극은 현전하는 가면극 자체를 의미한다. 〈산대놀이〉를 산대 나례(山臺儺禮)라는 국가적인 행사에 포함된 공연종목의 하나로 보는 시각과 큰 차이를 드러낸다. 그럴 경우 이색의 시에 나타난 산대잡극이나 조선 성종 때 중국 사신 동월의 「조선부」에 묘사된 산대극이 가면극 이외에 여러 가지 놀이를 포함하고 있는 사실에 대한 해명이 필요하였다. 따라서 그는 극희예술의 단계부터 줄곧 탈춤놀이 또는 가면극이 독자적인 공연물이면서도 여타의 잡희와 한판의 상연물로 존재했다는 사실을 강조하고 있다. 현전하는 가면극 〈산대놀이〉가 고려 이후 산대극의 외연과 내포를 그대로 전승하였다고 보는 것이다.

현재로서는 이러한 시각이 틀렸다고 단언하기는 어렵지만 사료를 분석하는데 오류를 범할 수 있다. 저자는 세종 때 신개의 상소문에 언급된 산대 나례의 구경 인파에 대한 기록을 언급하면서 부녀자들까지 거리에 장막을 치고 가면극인 산대극을 보려고 성황을 이루었다고 분석하였다. 그 결과 봉건 사회에서 활동의 제약을 받았던 부녀자들도 구경할 만큼 산대극의 대중적 인기가 높았다고 해석하였다. 그러나 신개의 상소문에 기록된 상황은 임금의 의전 행사에 포함된 산대 나례와 관련된 것으로 부녀자를 포함한 도시 주민들이 앞다퉈 구경하고자 한 것은 임금의 행차를 포함한 환궁 의식의 행렬이었다.

의전 행사로서 산대 나례는 궁정문화가 주도하였고 나례도감이 실무를 맡아 진행하였다. 서울을 비롯하여 각 지방의 광대들을 동원하여 공연종목을 구성한 만큼 민간 연극의 다채로운 모습을 경험하고 그 세계관을 공유하는 기회가 되었을 것이다. 그러나 산대 나례 관련 기록들을 무조건 민간극인 산대극의 양상으로 파악하여 봉건 왕조에 대한 인민의 투쟁 의식과 연결할 수는 없다고 본다.

4. 갈등과 대사 중심의 연극 개념

권택무는 극희예술에서 연극으로 발전하는 과정에서 갈등 구조와 극문학적 언어[대사]를 중요하게 부각하였다. 갈등 구조와 극문학적 언어를 구현하기 위해서는 현실 생활에서 소재를 취하여 극적 형상으로 구성해낼 수 있는 능력이 필수적이라고 보았다.

신라의 〈황창무〉를 분석하면서 신라 사람들의 삶에 토대를 둔 설화가 탈춤의 극적 구성에 변화를 주었다고 하였다. 다만 저자는 설화가 〈황창무〉의 구성에 직접 작용하고 있다는 자료를 찾아볼 수 없다고 전제하고 그 사실을 들어 〈대면〉에 비할 때 갈등에 기초한 극적 구성이 미흡하다고 하였다.

> 〈대면〉의 춤은 손에 구슬 채찍을 쥐고 귀신을 다루는 일정한 사건성을 형상적으로 표현하고 있다. 그러므로 이 탈춤의 일정한 사건성은 벌써 귀신을 다루는 투쟁-갈등을 내포하고 있다.…… 이 탈춤은 귀신을 다룬다는 내용으로 보아 오랜 〈벽사진경〉의 민속적인 행사, 또는 설화를 바탕으로 하고 있다는 점에서 신라 인민들의 애국주의적 투쟁에 기초한 설화와 연결되어 있는 〈황창무〉보다 훨씬 옛 흔적을 남기고 있다. 그러나 갈등에 기초한 극성을 더욱 두드러지게 체현하고 있다는 점에서는 〈황창무〉보다 일보 진전하고 있다. 그것은 〈황창무〉에서는 극적인 것이 설화에 담겨서 춤의 밑바닥에 연결되고 있는데 비하여 〈대면〉에서는 손에 구슬 채찍을 쥐고 귀신을 내쫓는 일정한 사건성이 탈춤의 구성이 직접 얽혀 있는 까닭이다. 다시 말해서 생활소재에 대한 극적 파악과 탈춤에 극적 요소를 증대하는 기교에서 더욱 발전하고 있다는 것을 알 수 있다.

-(『조선민간극』, 23면)

〈황창무〉에서는 '극적인 것이 설화에 담겨서 춤의 밑바닥에 연결'되었다고 하였으나 극적인 갈등 구조가 작품으로 형상화되었을 가능성도 배제할 수는 없다. 근거 없이 추정하지 않는 태도는 바람직하지만, 자료에 없으니 실상도 없었다는 식의 설명도 적절하지는 않기 때문이다. 신라 사람들이 황창의 죽음을 애도하여 그의 얼굴을 본뜬 탈을 쓰고 칼춤을 추었다고 했을 때 그의 설화에서 핵심이 되는 내용은 백제왕을 찔러 죽인 사건인 만큼 그 장면이 〈황창무〉에 형상화되었을 가능성이 있다. 그렇다면 황창이 백제왕이나 그의 군사들과 싸우는 대립 구조가 드러나니 극적 형상을 충족시킬 수 있다.

처용설화와 처용 가무의 관계를 통해서도 갈등 구조와 대사가 중심이 되는 극적 형상성의 문제를 다루고 있다. 저자는 『고려사악지』와 『동경잡기』에 실린 내용을 근거로 〈처용무〉는 〈처용가〉를 동반함으로써 처용에 대하여 직접 노래한 문학적 언어를 소유했다고 하였다.

권택무는 춤은 대사가 없어도 되지만 극은 대사가 있어야 한다고 천명하였다. 이전의 탈춤은 그 내용에 복무하는 문학적 언어를 가지지 못하였는데 〈처용무〉는 〈처용가〉가 삽입되어 있어 춤과 문학의 형상성이 만나게 된 사실에 주목하였다. 극문학적 언어란 가면극의 경우 나타나는 불림과 대사를 의미하는데 〈처용가〉는 서정 가요인 까닭에 극적인 데는 도달하지 못한 문학적 언어인 것으로 파악하였다. 서정 가요가 극중인물의 심정을 토로한 노래라면 그것 역시 대사의 일부가 될 수 있다는 사실은 간과하였다.

고려 이후 전개된 〈처용무〉의 변천에서는 처용이 역신을 잡아먹겠다고 위협하는 등 더욱 투쟁적인 행동을 보여주는 사실에 주목하였다. 처용설화의 내용이 〈처용무〉의 보충적인 설명을 주는 데 지나지 않았던 상태에서, 극적 구성에 긴밀하게 작용하고 있는 경지에 도달하였다고 보았다. 이러한 현상을 가면극 발생을 위한 문학적 기초를 튼튼히 하는 경향성을 보인다고 하였는데 결국 극중인물이 대사를 가지게 되는 현상으로 파악한 것이다.

저자의 논리에 따르면, 기원전부터 19세기까지 민간극의 역사에서 가면극이야말로 대사의 출현과 과장의 설정, 갈등의 극적 조성 등 연극의 전통을 수립한 작품이며 이후의 연극사에 재담과 극적 행동의 창조 경험을 풍부하게 남겼다고 할 수 있다.

5. 가면극, 인형극, 극의 연극 갈래

『조선민간극』의 성과는 연극 갈래에 대한 이론화 작업에서 가장 돋보인다. 선행연구에서 제시된 연극 갈래의 전통을 공고하게 하면서 새로운 극형식에 대한 담론을 열었다. 이 책에서 다룬 연극 갈래는 가면극, 인형극, 극이다. 저자는 기원전부터 9세기, 10~14세기, 15~19세기의 세 시기마다 각각 가면극, 인형극, 극의 갈래를 구분하여 역사적 변천 양상을 고찰하고 있다.

'극' 갈래는 고정옥이 『조선구전문학연구』에서 '화극'이라고 규정한 것인데 가면이나 인형을 사용하지 않고 배우가 연기하는 연극 갈래를 말한다.

이 연극 형식은 기본적으로 탈이나 인형을 사용하지 않았다. …… 물론 이 연극 형식은 그 형성 발전 과정에 가면극이나 인형극과 밀접한 연관 관계를 유지하였다. 그런 만큼 탈이나 인형이 이용될 수 있었으리라고 추측할 여지가 전혀 없는 것은 아니다. 그러나 이런 경우가 있었다고 하더라도 탈이나 인형의 이용은 이 연극 형식의 특징을 규정하는 기본 요인에 포함될 수 없다. 그것은 극히 부분적인 경우에 지나지 않았을 것이기 때문이며 극히 부차적인 의미 밖에 가지지 못할 것이기 때문이다. 이 점에서 탈 또는 인형이 그 연극 형식의 특징을 규정하는 기본 요소의 하나로 포함되고 있는 가면극 또는 인형극과 극은 서로 구별된다. 그리고 극 형식은 창이 아니라 등장인물의 말 즉 대사를 주되는 형상 수단의 하나로 하고 있다. 이 점에서 소리가 그

예술 형식을 규정하는 기본 요소의 하나로 되고 있는 창극 및 판소리와도 구별된다.

-(『조선민간극』, 45면)

'극'의 형상화 과정에서 가면이나 인형을 사용할 수도 있지만 부분적이거나 부차적이라는 사실을 들어 가면극과 인형극과의 변별성을 강조하였다. 마찬가지로 극 형식이 부분적으로 창법을 사용할 수 있지만 소리가 그 예술 형식을 규정하는 판소리나 창극과 구별된다는 점을 밝히고 있다.

기원전부터 9세기까지의 극희예술에서는 탈춤놀이, 인형놀이와 함께 〈월전〉을 목차로 내세워 극 형식의 모태로 설정하였다. 〈월전〉의 분석을 바탕으로, 탈이나 인형을 사용하지 않고 일정한 내용을 소리와 말과 동작으로 구성하여 희극적으로 표현하는 예술 형식이 신라 때부터 존재하였다는 결론을 내렸다.

본격적인 연극이 형성된 10~14세기 극 형식의 사례로는 1110년 고려 궁정에서 연행된 〈하공진〉, 1165년 역시 궁정에서 내시들이 연행한 〈공물 바치는 모양〉, 14세기 후반 염흥방과 이성림이 거리에서 구경한 시사 풍자의 놀이 등을 예로 들었다. 이 시기 극 형식이 신라 때의 전통을 이었다고 하면서도 〈월전〉에서 인정했던 소리의 형식을 축소하면서 대사 중심의 연극으로 수렴해가는 방향성을 보여주었다.

15~16세기 극 형식의 작품으로는 〈무포〉, 〈정평부사가 말안장을 산다〉, 〈노복의 항거〉, 〈봉물 진상〉 등을 들어 분석하였다. 이들 작품 모두 시사적인 사건을 소재로 웃음과 풍자를 전한 단막극으로 민간의 배우들이 임금 앞에 나아가 공연한 작품들이다. 권택무는 다음과 같이 이들 작품의 성과를 평가하였다.

선진적인 입장과 생활 체험은 다만 작품의 사상성만을 규정해 놓은 것이 아니라 극 예술가들에게 단막적인 용적에 의의 있는 사회적 현상과 문제를 훌륭하게 반영할 줄 아는 기교를 부여하였으며 나아가서는 작품 창조를 위하여 일시적으로 창조 집단을 형성하는 경우에도 단시간에 잘 째인 극작품을 창조할 수 있게 하였고 대담하고 적극적인 상연 태도를 취할 수 있게 하였다.

-(『조선민간극』, 96면)

중종 때 활동한 서울의 배우인 귀석의 예를 볼 때 작가와 연출가의 역할을 겸한 배우의 존재를 충분히 확인할 수 있다. 단막극의 형식에 사회 현상과 시사적인 사건을 담아 극예술의 형식과 기교를 부여했다고 평가한 내용 역시 탁월한 분석이라고 하겠다.

다만 귀석과 같은 배우들이 궁궐의 뜰에 들어가 임금 앞에서 연극을 공연할 수 있었던 문화적 맥락이 고려되지 않았다. 임금이 배우들의 놀이를 통하여 민간의 풍속과 정치의 잘잘못을 살피는 관습은 궁정문화의 오랜 전통으로 이어져왔다. 따라서 이 시기 극 형식에서 인민의 현실 생활에 기초한 사상성만을 부각하는 관점은 편향적이라고 할 수 있다.

17세기의 극 형식 작품으로는 이익의 『성호사설』에 언급된 〈유희〉에 주목하였다. 이 작품에 등장하는 주인공 선비는 15~16세기 극 형식에 등장하는 봉건 지배 계급의 형상이 아니라 초라하고 추잡한 선비의 형상을 지닌다고 전제하고 황해도 가면극에 등장하는 양반이나 장연 인형극에 나오는 감사 아들의 성격과 같은 계열의 인물로 설정하였다.

이러한 분석 방향은 18세기 이후 극 형식의 실체에 대한 문제 제기와 해결 방안의 모색에서 나온 것이다. 저자의 논리대로 투철한 사상성과 예술성을 갖춘 극 형식이 갑자기 문면에서 사라졌기 때문이다. 그는 〈유희〉에 등장하는 선비의 형상성을 매개로 극 형식이 가면극과 연결되었을 가능성을 타진하였다고 할 수 있다.

극 형식의 전승에 대한 또 다른 가능성을 모색하면서 통천 가면극에 주목하기도 하였다. 이 작품에 탈을 사용하지 않는 과장이 존재한다는 사실에 주목하여 극 형식에 가면이 적용되었는지 가면극에서 점차 가면이 제거되는 과정의 산물인지 판단을 유보하고 있는데 전자의 경우라면 극 형식이 가면극으로 변천한 양상을 보여준다. 더불어 통천 가면극이 풍자 희극적 수법을 많이 쓰지 않고 정극적 특성을 지닌다는 사실, 갈등과 투쟁선이 선명하고 대사 표현이 중심이 되며 소리와 춤이 한정적인 기능을 수행한다는 사실 등을 들어 가면극과 극 형식을 연결하는 새로운 지점을 모색하기도 한다.

권택무에게 있어 극 형식은 근대극 또는 기록문학으로서 희곡과 이어지는 중요한 전통이다. 그는 〈유희〉 이후 극 형식의 대중화 경향성을 파악할 수는 없지만 18~19세기 문필가에 의한 극문학 작품이 창작되어 극형식의 전통을 잇는다고 하였다. 예의 작품으로 이덕무의 〈동상기〉와 작자 미상의 〈만강홍〉을 들었는데 이들 작품은 계급적 모순에 기초하지 않았으며 사상적으로도 높은 평가를 받지 못함에도 불구하고 문자로 기록된 극문학 작품으로 의의를 지닌다고 하였다.

서사문학인 이 두 극작품이 출현한 현상을 뚫고 들어가서 극 발전의 일반적 법칙성을 추리할 때 이 시기 극작품은 서사 문학의 영역을 포괄하기 시작하였으며 극의 가일층 발전과 대중화에 대한 이 시기의 시대적 요구가 더욱 높아지고 있었다는 것을 알 수 있다. …… 무대와 결합되지 못하였기 때문에 이 두 작품은 읽는 희곡의 특성을 벗어나지 못하였으며 인민 관중과 극 예술가들의 힘에 의하여 그 제약성을 극복할 기회를 가지지 못하고 말았다.

-(『조선민간극』, 100면)

〈동상기〉와 〈만강홍〉은 무대화되지 못하였으나 삽입가요가 들어가는 등 음악극적 요소를 지닌 사실로 보아 배우와 무대를 염두에 둔 작품이었다고 할 수 있다. 저자는 〈월전〉 이하 우리나라의 극 형식이 대사를 주된 표현수단으로 삼고 있었으나 음악과 긴밀히 관련되어 있었다고 전제하고 극 형식의 전통이 〈동상기〉와 〈만강홍〉 등의 극문학 작품을 거쳐 현대 연극 발생을 위한 유산이 되었다고 보았다.

한편, 권택무는 음악극 형식에 대한 관심을 가져 19세기 윤달선의 〈광한루 악부〉에 주목하였다. 그는 〈광한루 악부〉가 악부의 형식으로 지어진 사실에 주목하여 우리나라 음악극 문학의 첫 작품으로 보고 있다. 또한 이 작품을 통하여 19세기 중엽 다양한 극문학 형태의 작품에 대한 대중의 미학적 요구가 현실적으로 존재했다는 사실을 확인하였고, 20세기 초 창극의 출현을 위한 대중의 미학적 요구가 현실적으로 있었거나 싹트기 시작했다는 사실을 확인하였다.

저자는 또한 창극의 형성과 발전에 기여한 현상으로 판소리의 전통과 신재효의 창작 활동을 들고 있다. 그는 판소리의 완만한 선율과 맑고 깨끗하지 못한 소리가 음악적 제한이 된다고 평가하였으나 판소리가 가지고 있는 극적 요소가 창극으로 가는 길을 열었다고 본다. 특히 신재효의 춘향가에서 남창, 여창, 동창으로 나누어 부르게 한 교육 방법은 성별 연령별 배역을 가능하게 하는 길을 열어 창극의 발생 조건을 성숙시켰다고 하였다.

6. 인민 생활의 현실적인 조건과 연극 발전

북한에서 저술된 다른 연극사와 마찬가지로 『조선민간극』 역시 인민 생활의 현실적인 조건과 투쟁성을 연극 발전의 원동력으로 보았다. 이러한 시각은 연극의 기원부터 적용되는데 연극 발생 이전의 혼합예술이 제천의식에서 구현되었다 할지라도 이것이 예술의 종교기원설을 의미하지는 않는다고 단언하였다.

이 시기 인민들의 예술이 의식 행사와 연결되어 있었다는 것은 예술이 종교에서 발생하였다는 것을 의미하지 않는다. …… 인류의 예술은 노동 생활

의 요구로부터 노동과 결부되어 발생하였다. 영고, 동맹, 무천 등에서 예술이
의식 행사와 결부되어 있는 것은 원시 시기로부터 내려오는 흔적이다. 원시
인들은 미숙한 〈신화적 세계관〉을 소유하고 있었던 만큼 원시적인 의식 행
사를 진행하는 경우에 신을 즐겁게 하기 위하여 자기들이 이미 노동 과정에
만들어 즐기던 예술을 이용하였던 것이다. 원시인들의 의식 행사 자체도 〈신
화적 세계관〉에 제약된 것이기는 하였으나 그들의 노동 생활에서의 자연 극
복의 소박한 염원과 연결되어 있는 것이다. …… 영고, 동맹, 무천과 마한의
국중 대회에서 하늘에 제사지낸 사실은 그 계절이 대체로 봄, 가을인 사실과
함께 당시 인민들이 농업에 종사한 사정과 관련이 있다.

-(『조선민간극』, 13면)

제천의식 자체가 농업이나 사냥 등 인민의 노동 생활을 수월하게 하기
위한 기원에서 비롯되었고 신을 기쁘게 하기 위한 예술 역시 그들이 노동
과정에서 만들어 즐기던 예술 형식을 사용하였다는 내용이다.

저자는 각 시기별로 연극사의 과정을 고찰하면서 연극 발전을 위한 현
실적인 조건과 투쟁 과정을 강조하였다. 현실 생활에서의 투쟁 의지가 극
작품 속의 갈등 구조를 만들어내고 첨예화하는 동인으로 작용한다고 본
것이다.

생활에서의 극적인 투쟁, 이것은 연극이 거기에 뿌리박고 그것을 반영하
는 현실적 기반으로 되며 극예술에 대한 투쟁하는 인민 대중의 요구, 이것은
극예술 형성의 현실적인 추동력으로 된다. …… 13세기 후반기부터 고려 인
민들은 외국 침략 세력을 반대하여 영웅적으로 투쟁하였으며 부화하고 무력
하고 비겁하여 인민 수탈에만 미쳐 날뛰는 봉건 통치 계급을 반대하여 투쟁
하였다. …… 이 투쟁 과정에 민족적 자의식과 계급적 각성이 일층 제고되었
으며 인민들의 투쟁을 동정하고 지지하는 선진적인 지식 분자들이 보다 많
이 배출되었나. …… 고려 시기 인민들은 반동 통치 계급과 외국 침략 세력

을 반대하여 투쟁을 전개하는 한편 빛나는 문화 유산을 창조하였다. 이러한 사회적 환경에서 산대극이 형성 발전되었다.

-(『조선민간극』, 40면)

조선후기의 상황에 이르면 실학자들의 출현과 인민의 계급투쟁이 연결되어 민간극의 발전이 가속화되었다고 보았다. 이덕무가 〈동상기〉를 집필한 사실을 들어 실학자들이 극 형식에 관심을 가지고 그 정형을 만들어 내었다고 주목하였으며 한문 희곡을 창작한 문필가들의 선진성을 역설하였다. 더불어 연극에 대한 농민들의 미학적 요구가 증대되고, 도시의 발전과 자본주의적 요소의 형성에 따라 도시민의 예술적 수요가 증가되었으며 민간극이 도처에서 활발히 공연되었다고 하였다.

『조선민간극』은 저자의 역사철학을 바탕으로 연극사의 발전 과정을 전제하였다는 점에서 의의가 있다. 그러나 연극의 역사를 인민 대중의 투쟁의 역사에 종속된 것으로 파악하는 오류를 범하였다. 저자는 연극이 발달하는 사회적 조건을 (1) 생활에서의 극적인 투쟁, (2) 투쟁의 내용이 극예술에 반영되기를 바라는 대중의 요구 등으로 파악하였다. 연극은 그 생산자와 수용자의 사이에 가장 강력하고 직접적인 의사소통이 이루어지는 예술 양식이다. 따라서 현실의 투쟁을 반영하고 이후의 투쟁을 고무하는 선동적인 역할을 충분히 수행할 수 있다. 그러나 연극은 민중적 투쟁의 산물로서만 존재하는 것이 아니라 상층 관객 집단의 완상물로서도 존재하였고 시민 대중의 오락물로서도 존재하였다는 사실을 외면할 수는 없다. 연극사의 총체적인 전개 과정을 드러내기 위해서는 이러한 다양한 위상 및 그 변화의 면모를 함께 논의해야 할 것이다.

저자가 책의 제목을 『조선민간극』이라 하였으므로, 상층과 하층의 연극문화 가운데서 후자만을 선별적으로 다루었다고 여길 수도 있다. 그러나 이 책의 결론에서 '민간극만이 연극'이라는 새로운 편견을 확인할 수 있다. '반동적인 착취 계급은 항상 우리 연극 발전의 억제자로 행동해 왔다는 것을 알 수 있으며 착취 계급을 전복하고 인민이 나라의 주인이 될 때만이 우리 연극이 참답고 자유로운 발전을 담보하게 된다는 것을 인식하게 된다'고 강조하였던 것이다.

사상적 편향에 따른 한계에도 불구하고 연극사 전체를 바라보는 시각의 균형 감각은 높이 평가되어야 한다. 권택무는 19세기 이전 민간극의 전통이 현대 연극의 기초를 이루었다는 사실을 강조하면서 저술을 마무리하고 있다.

우리 조상들은 이 시기에 가면극이나 인형극만이 아니라 극 형식의 작품들도 많이 창조하였으며 정극도 각양한 것을 창작했고 풍자극도 다양하게 창조하였다. 뿐만 아니라 우리 조상들은 항상 시대의 발전 방향에 수응하면서 생활의 요구에 민감하였다. …… 현대 연극 출현의 역사적 뿌리가 19세기까지의 우리나라 연극 유산에서 이어지고 있다는 진리를 확증하여 준다.

20세기 초에 대두한 창극을 19세기 판소리와 음악극 문학의 성과를 계승 발전시킨 것이라고 보지 않을 수 없으며 20세기 초의 〈현대극〉을 19세기까지의 극 형식과 극 형식의 문학 작품들이 축성한 성과를 비롯한 연극 유산의 계승으로 보지 않을 수 없다.

-(『조선민간극』, 109면)

부록

1. 「왕조열전(王朝列傳)」의 文學的 性格과 史的 位相[1]

1. 서언

한국의 역사문학은 역사와 문학의 두 접점에서 그 역사적 실상과 허구적 내용이 조화롭게 교직(交織)되어 커다란 흐름을 유지하여 왔다.[2] 이러한 역사의 문학적 형상화는 영사시(詠史詩)를 비롯하여 역사수필, 역사소설 등이 그 대표적인 것이라 할 수 있다. 역사적 사실의 허구화 및 그 기술의 사실성 여부와는 별개로 이러한 역사문학은 종교문학과 더불어 한국문학사의 주요한 특성임은 물론이다. 그렇기에 역사문학에 대한 연구는 그 연구사적 의의 및 가치가 적지 않다고 할 수 있다.

이렇게 볼 때, 본고에서 논의 대상으로 삼은 「왕조열전」은 관심과 주목의 대상이 아닐 수 없다. 「왕조열전」은 본고에서 최초로 학계에 보고하는 작품으로, 이 작품은 조선왕조의 거대한 역사를 왕가(王家) 중심으로 서술하고 있는데, 비교적 역사적 사실을 충실히 기술하고 있으면서도 그의 문학적 형상화 또한 일정 정도 실현하고 있는 특징을 아울러 지니고 있다. 또한 이 작품은 한글 전용의 서사물로, 국문수필로서의 기본적 특징을 지니고 있다.

「왕조열전」은 충남대학교 중앙도서관 '경산문고'에 소장된 필사본으로,

---

1 출처: 손찬식 · 사진실, 「「왕조열전(王朝列傳)」의 文學的 性格과 史的 位相」, 『어문연구』 80, 어문연구학회, 2014, 175~197면.

2 차하순, 『역사의 문학성』, 서강대출판부, 1981, 45~49면.

분량면에서 비교적 장편에 속하며 현재까지 학계에 보고되지 않은 희귀본에 속한다. 그동안 역사문학에 대한 연구가 질량면(質量面)에서 꾸준히 진행되어 개별 작품에 대한 연구 및 장르적 측면 등 다양한 분야에서 그 성과가 상당히 축적되어 있지만[3], 아직까지 「왕조열전」에 대한 논의는 찾을 수 없다. 다만 최근에 윤보윤의 「쇼듕화역ᄃᆝ셜에 나타난 역사와 문학의 접점 연구」[4]는 역사와 문학의 접점에 대한 논의, 즉 역사서사의 문예적 형상화라는 측면에서 참고가 된다.

이에 본고에서는 먼저 이 작품의 서지 사항을 살펴보고 그 창작 연대 및 작자, 그리고 창작 배경 등을 고찰하기로 한다. 또한 작품의 구성 및 구조, 문체 및 표현, 내용적 성격과 주제, 장르적 특성 등을 종합적으로 고찰하고 아울러 이 작품의 문학사적 위상에 대해서도 논의하여 그 문학적 성격을 구명(究明)하기로 한다.

2. 서지사항과 창작배경

1) 서지사항

이 작품은 단권 1책의 국문 필사본으로, 조선 역대 군왕의 열전 형식을 지니고 있다. 그런데 초두부(初頭部)가 낙실(落失)되어 현재 온전히 남아 있는 부분은 태종대의 말미(末尾)부터 숙종대의 말미까지 기록되어 있다. 이 작품의 원전(原典)은 가로 21㎝, 세로 26㎝의 크기로, 1면이 13행이고, 1행은 평균적으로 20자 정도이며, 그 잔권(殘卷)의 분량은 95면이다.

이 작품을 입수하여 소장했던 경산 사재동 교수에 의하면, 이 원전(原

---

3 김장동, 『조선조 역사소설 연구』, 반도출판사, 1986; 권혁래, 『조선후기 역사소설의 성격』, 박이정, 2000; 손정인, 『고려시대 역사문학 연구』, 역락, 2009 등 참조.

4 윤보윤, 「쇼듕화역ᄃᆝ셜」에 나타난 역사와 문학의 접점 연구」, 『어문연구』 77, 어문연구학회, 2013, 253∼291면.

典)은 본래 1967년 무렵 충남 부여군 부여읍에 거주하고 당시 대전상업고등학교[5]에 재학중이던 김석교의 가장본(家藏本)을 제공 받아 보관하고 있다가, 2013년 3월에 충남대학교 중앙도서관에 기증하여 지금은 이 도서관의 경산문고에 편입되어 '경산문고 고전소설 필사본 제3048호로 지정되어 있다.[6] 그런데 이러한 전 소장자를 기점으로 추적해 가면, 이 작품이 제작 유통되는 과정에서 또다른 많은 이본이 형성되고 전래되었을 것임을 추정할 수 있다. 따라서 여타의 다른 도서관이나 기타 공사간(公私間)에 소장되어 있는 이본이 출현할 수 있는 개연성은 얼마든지 존재한다.

이 작품의 필사자 및 필사연대는 정확하게 파악할 수 없지만, 전체적으로 보아 그 형태가 상당한 고태(古態)를 보임은 물론, 그 지질(紙質)이 고급 한지(韓紙)인데다 글자의 묵색(墨色)과 조화를 이루어 선명한 모습을 지니고 있다. 또한 그 필체(筆體)는 여필계(女筆系)의 정자(正字)로서 고체(古體)의 형태이며, 어휘 및 어법적(語法的)인 면에서 상당한 고형(固形)을 지니고 있다.

그런데 이 원전(原典)은 필사자와 필사연대 등을 기재(記載)했을 가능성이 있는 초두(初頭)와 말미(末尾) 부분이 낙실되어 그 흔적을 찾을 길이 없다. 따라서 작품의 내용과 필체 등을 통하여 그 필사자의 유형을 유추할 수밖에 없는 실정이다. 우선 이 작품의 필체는 여필(女筆) 정자체(正字體)로, 필사자는 국문 해독과 필기(筆記)에 능한 역사적 소양을 갖춘 부녀(婦女)임을 추정할 수 있다. 또한 이 원전(原典)의 지질을 감안해 보면, 필사자는 고급한지와 문방(文房) 도구를 소유하고 활용할 수 있는 사대부 문한가(文翰家) 계층에 속한 부녀임을 규지(窺知)할 수 있다. 이와 계통을 같이하는 「쇼듕화역(A)셜」의 경우에도 그 필체로 보아 필사자가 남성이었

---

5 대전상업고등학교는 현재 대전시 동구 자양동에 위치해 있는 우송고등학교의 전신이며, 이 당시 사재동 선생은 이 학교 국어교사로 재직 중이었음.

6 『경산 사재동박사 기증도서목록』, 충남대 도서관, 2013, 407면.

을 것으로 속단하기 쉽지만, 실제로는 책 주인은 이 부인이고 필사자 또한 성 부인 혹은 성 소저이었음7을 주목할 필요가 있다. 또한 이러한 필사자의 자질과 계층을 통하여 이런 작품의 향유 및 수용 양상과 유통실태를 폭넓게 파악할 수도 있다.8

이러한 제반 사항을 토대로 이 작품의 원형을 재구해 보기로 한다. 이 작품은 역대 군왕의 행적을 그 순서에 따라 기술한 「조선왕조실록」의 체재를 취하였다면, 그 서두에는 전체적인 서언(緖言)과 함께 태조대부터 서술하였을 것이며, 「선원보략」 계통을 따랐다면 목조(穆祖)대부터 기술했을 것으로 추정된다. 그런데 이 작품의 전체적인 내용을 통관(通觀)해 볼 때, 「선원보략」의 형식보다는 「조선왕조실록」의 형태에 더 가까운 것으로 추단된다. 이렇게 볼 때, 이 작품은 본래 태조대로부터 기술되었을 것으로 추정되며, 따라서 낙실된 부분은 서언을 비롯하여 태조·정종대 그리고 태종대의 거의 전부가 해당된다고 할 수 있다. 또한 이 작품의 종말(終末) 부분은 재구(再構)하기가 더욱 난해하지만, 작품의 문면(文面)의 기록을 통해서 그 실마리를 대략 추정해 볼 수 있다.

함경도 구읍 뎐셰와 우황 표리공을 감ᄒ샤 특별이 감ᄒ시ᄂ 게 만코 텬지 흉년을 샹션을 감ᄒ야 겨시더니 뎡미의 희 죄 복션ᄒ기ᄅ 쳥ᄒᆫ 즉 하교ᄒ야 ᄀ르샤티 믜웁 그근의…9

위의 인용문은 이 작품 88면의 기술이다. 그런데 이 88면은 5행으로 끝나고 나머지 7행 부분이 백면(白面)으로 남아 있다. 인용문에서의 정미(丁未)는 현종 8년(1667년)으로, 그 치적(治積)의 중간에 해당되는데, 무슨 이

7 윤보윤, 앞의 논문, 258면.

8 『생활문화와 옛문서』, 국립민속박물관, 1991, 41면.

9 「왕조열전」, 88면.

유로 이렇게 끝내고 백면으로 남겨 놓았는지 추정하기 어렵다. 즉 이 작품의 원본(原本) 자체가 여기에서 끝났는지 아니면 필사 과정에서 이렇게 끝냈는지 속단할 수 없기 때문이다. 하지만, 여기서는 두 경우 모두를 개연성을 전제로 추정해 보기로 한다.

먼저 이상(以上)의 앞부분에서 숙종을 '금상'이라고 언급한 곳이 3군데나 되니 이를 주목할 필요가 있다.

을히 뉴월의 셰죄 폐ᄒ야 녕월의 내쳐 노산군을 봉ᄒ야 노산듕궁은 녀량 부원군 송현슈 녜시니 <u>금샹</u> 무인의 튜봉 졍슌왕후 ᄒ옵다[10] [밑줄 필자]

녕월 덕소의셔 홍ᄒ시니 쉬 십칠이라 녕월의 장ᄒ얏더니 <u>금샹</u> 무인의 튜복ᄒ오니 능호ᄂ 장능이오[11] [밑줄 필자]

계비 장녈왕후 됴시ᄂ 한원부원군 챵원 녜시니 탄휵지 못ᄒ시고 <u>금샹</u> 무진 팔월의 홍ᄒ시니 양쥐 휘능의 장ᄒᄋ니[12] [밑줄 필자]

위의 인용문은 각각 '문종공슌대왕', '단종돈효대왕', '인조순효대왕'조의 기술이다. 그런데 이 '금상(今上)'은 숙종으로 판단된다. 따라서 이 작품은 숙종대에 창작되었을 것으로 추정된다.[13] 그렇기에 이 작품은 현종에서 완결되거나 혹은 미완결의 상태로 마무리된 것이라 할 수 있다. 그런데 이러한 미완(未完)의 현상은 아무래도 필사자의 필사 작업 미비가 아닌가 한다. 숙종대의 문사(文士)가 그 이전의 군왕인 현종의 행적을 기

10 「왕조열전」, '문종공슌대왕', 17면.
11 「왕조열전」, '단종돈효대왕', 18면.
12 「왕조열전」, '인조순효대왕', 71면.
13 이에 대한 구체적인 논의는 다음 장에서 논의하기로 한다.

술하다가 이처럼 백면(白面)으로 미완의 장을 남기지는 않았을 것이기 때문이다.

한편 이 작품은 지면을 달리하여 숙종의 행적을 기술하고 있는데, 이 숙종의 기사는 그 제목부터 여타 군왕과는 현저하게 다르게 서술되어 있다. 즉 세종부터 현종까지는 그 제목이 '세종장헌딕왕', '현종챵효대왕' 등으로 모두 6자로 표기되어 있는데 비하여 숙종만은 '숙종현의광윤예셩영녈유모영운홍인쥰덕빅텬합도계휴독경졍듕협극신의대훈쟝문헌무경명원효대왕'이라고 「선원보략」에 기재된 그대로 옮겨 놓았다.[14] 이는 곧 숙종조의 기술이 그 이전의 것과는 완전히 구별되는 특징을 일부러 드러내고 있는 것이라 할 수 있다. 그리고 이 기술 내용은 「숙종실록」의 기사에서 발췌한 듯한 특징을 지니고 있으며 그 필사 서체(書體)는 여타 군왕의 기술과 유사한 편이지만, 그 어휘, 어법, 문체 등은 그 이전의 것보다 후대적인 특징을 나타내고 있다. 이러한 후대적 특징은 본문의 주기(註記)에서 '금상'을 '연성군 금상뎐하'[15] 즉 영조임을 밝히고 있어 이에 대한 방증이라 할 수 있다. 따라서 이 숙종의 행적은 필사자가 추가로 기술해 넣은 것임을 규지할 수 있다. 즉 필사자는 영조대에 이 작품의 원전(原典)을 필사하면서 그전에 이미 입전(立傳)된 작품을 참고하여 추가로 숙종의 행적을 기술하여 추가했다고 추정된다.

전술(前述)한 바와 같이, 이 작품이 숙종대에 창작되고 영조대에 추가되고 보완되었다면 그 필사 연대의 상한선은 숙종대까지 소급될 수 있다. 즉 이 작품의 최초의 원본은 현종대까지의 역대 군왕들의 행적을 기술한 필사본으로, 이 작품이 한동안 필사를 통하여 향유되고 유통되다가 영조대에 이르러 필사자가 종전까지 유통되던 원전을 필사하고 덧붙여 숙종의 행적을 추가하였다고 추정된다. 하지만, 이 작품은 영조대 이후까지 상

---

14 『선원보략』(활자본), 1917, 42~43면.
15 「왕조열전」, 95면. "슉빈최시은 연성군 금상뎐하를 탄강ㅎ시고"라 하였다.

당한 시간 동안 지속적으로 필사되고 유통·향유되었을 것임은 물론이다.

요컨대 「왕조열전」은 원전의 원작가가 숙종시대 문사로, 태조대부터 현종대까지 서술한 것인데, 후에 영조시대 문사가 종전의 원전을 필사하고 덧붙여 자신이 숙종의 행적을 추가로 기술한 것이라 할 수 있다.

2) 창작배경

이 작품은 폐주 연산군이나 광해군 등에 대하여 가혹한 평판을 내리면 서[16] 단종과 세조의 행적에 대해서는 그 폐위 및 즉위 등에 따른 사건은 일절 언급하지 않고 있다. 이는 숙종대에 단종과 왕비가 추봉되면서 그 비극적 폐위 사실이 분출되고 따라서 세조의 폭력적 즉위 사실이 평판되는 과정에, 어느 쪽에도 좌단하기 어려운 처지에서 출생·성장·즉위·서거·자녀 등에 관해서만 간략하게 기술한[17] 것이 아닌가 한다. 이러한 현상은 당시 단종과 세조에 대한 왕실(王室)의 여론과 세평(世評)이 정립되는 과도기적 경향일 수도 있지만, 이러한 사실을 감히 논란할 수 없는 종친의 입장이나 심기가 반영된 것일 수도 있다.

그러면 이 작품의 창작 동기는 무엇일까. 일차적으로 이 작품은 조선조 역대 군왕의 행적을 미화하고 기술하여 조야(朝野) 백성들에게 역사적 교화를 강화하기 위하여 창작된 것이라 할 수 있다. 숙종대에 단종을 복위시키는 그러한 조류 속에서 왕통(王統)을 선명하게 강조하고 이를 통하여 백성의 교화와 민심의 고양을 주도하려는 목적 및 의도가 크게 반영된 것이라 할 수 있다. 또 한편으로는 이씨 왕조의 정통성과 그 계보를 강조하여 번성한 종친(宗親)들의 긍지와 단합을 선도하려는 목적도 아울러 추정해 볼 수 있다. 뿐만 아니라, 이러한 왕통가(王統家)의 역사적 사실에 어

---

16 이와 같은 것은 「왕조열전」의 '폐주연산군'조(26~30면), '폐주광해군'조(54~60면) 참조.
17 「왕조열전」 '단종돈효대왕'조가 6행(17~18면), '세조혜장대왕'가 12행(18~19면)이다.

두운 종친들의 부녀자들을 직접 교화하기 위하여 이 작품을 국문으로 제작하여 가정교육에 활용하려는 의도가 반영된 것이 아닌가를 추정해 볼 수 있다.

다음으로는 역사적 전거(典據)의 활용, 역사·문학적 전통 및 국문과 산문문학의 수용 등을 통한 작품의 창작배경을 고찰해 보기로 한다. 이 작품은 조선왕조 역대 군왕의 행적을 그 내용 및 주제로 삼고 있기에 이러한 사항을 기술하는 데는 당대에 참고할 수 있는 역사적 전거를 활용했을 것임을 추정해 볼 수 있다. 이와 유관한 것으로「전주이씨 대동보전」계통과「선원보략」유형의 왕통사(王統史)」의 정립 및 유통을 들 수 있다. 이러한 것들은 그 명칭에서 규지할 수 있는 바와 같이, 역대 군왕의 출생·성장·즉위·서거·비빈(妃嬪)·자손 등에 대한 간략한 기록으로, 이는 왕실과 종친들 간에 유통되고 있었으며 따라서 이 작품의 창작자는 이러한 자료와 함께 이와 유관(有關)한 사서(史書)에 대한 열독(閱讀)이 가능한 위치에 있었을 것으로 추정된다. 그리고 이 작품에는 역사적 사실(史實)의 충실한 기록과 함께 역대 군왕에 대한 왕실·종친과 조야(朝野)의 구비적 세평을 수용한 일면을 발견할 수 있는데, 야승(野乘)을 비롯한 역대 군왕의 행적에 대한 조야의 개인적 저술이나 야사(野史) 등에 근거하여 구전되는 설화적 사실은 역사적 전설의 면모를 띠면서 광범하게 유통되면서 민중들에 이르기까지 전파되었던 것을 감안할 때, 이는 곧 창작자가 이러한 정보에 관심을 갖고 이를 수집하고 활용한 것으로 보인다. 또한「삼국사기」열전, 영사시(詠史詩),「용비어천가」, 역대가류(歷代歌類), 한양가류(漢陽歌類) 등을 비롯한 유구한 역사·문학적 전통 또한 이 작품의 창작에 일정 정도 영향을 끼쳤을 것임은 물론이다. 뿐만 아니라, 국문과 산문문학의 수용과 활용도 이 작품의 창작에 기여했을 것이다. 주지하다시피 국문 운문문학 및 국문 산문문학이 유교와 불교계를 비롯하여 유식한 부녀자들 사이에까지 널리 성행하고 유통되었던 사실을 감안할 때, 이에 관심이 깊었을 작자가 이를 참고하고 활용했을 것임은 당연하다 하겠다.

앞에서 이 작품의 창작 연대를 숙종대로 추정하였다. 이에 대한 논거로 작품의 본문에 나타난 세 차례의 '금상'이 바로 숙종을 지칭하는 것이기 때문이다. '문종공순대왕'조의 '금상 무인'에 단종비를 정순왕후로 추봉했다는 사실은 「선원보략」 단종조에 "妃懿德端良齊敬定順王后宋氏…肅宗戊寅追復位"[18]라 하였고, '단종돈효대왕'조의 '금상 무인'에 왕으로 추복(追復)되었다는 사실은 「선원보략」 단종조에 "肅宗辛酉追封大君戊寅追復位"[19]라 하였으며, '인조순효대왕'조의 '금상 무인'에 계비 장녈왕후가 승하하였다는 사실은 「선원보략」 인조조에 "繼妃慈懿恭愼徽獻康仁淑穆貞肅溫惠莊烈王后…肅宗十四年戊寅八月二十六日昇遐于昌慶宮之內班院"[20]이라 하여 그 모든 사항이 역사적으로 실증된다. 따라서 이 작품 내용에 나타난 '금상'은 곧 숙종임이 확실하므로, 작품의 창작 시기 또한 숙종대임을 규지할 수 있다.

또 전술한 바와 같이, 이 작품의 작가는 단종이 복위되는 숙종대에 단종의 폐위와 세조의 즉위에 대한 일련의 사항을 제외하고 기본적인 사항만을 기술한 것은, 곧 왕가(王家)의 여론과 세평이 정립되는 과정에서의 그 시대상을 반영한 것으로 보인다. 숙종 이전에는 단종이 여전히 노산군으로 강등되어 있었고, 세조의 등극이 합리화의 체면을 유지하면서 조야의 평판은 수면 아래 잠복해 있었다. 그러한 상황이 숙종대에 단종이 복위된 이후로 그 비극적 폐위와 세조의 폭력적 즉위에 따른 여론 및 세평이 점차 분출되고 부연되었다. 따라서 이 작품에서 단종과 세조에 대한 간략한 기술은 숙종대의 과도기적 시대상을 반영한 결과라고 할 수 있다.

한편, 이 작품의 음운·어휘·어법적 측면에서 숙종대 이전의 그것에서

---

18 「선원보략」, 19면.

19 「선원보략」, 18면.

20 「선원보략」, 39면.

벗어나지 않는다는 점도 주목된다. 첫째로 "본딕 고려 녜 짜히라(세종조)", "됴뎡이 들히(인종조)", "왕의 나히 열여서시러시다(선조조)" 등 이 작품의 도처에서 ㅎ 종성이 사용되고 있으며, "텬직 특별이 틱하시니 이 팔월의 셰죵끠 뎐위ㅎ시고(세종조)"에서 볼 수 있듯이, 중국식 한자음이 아직 구개음화되지 않고 있다. 둘째로 이 작품에 사용된 어휘가 숙종대를 전후한 근대 국어적 특성과 상응하고 있다는 점이다. 즉 "됴히 넉이샤(세종조)", "어엿비 넉이샤(세종조)", "모든 ᄋᆞ올 딕졉ᄒᆞ기를(세종조)", "어글우 ᄎᆞ미 업ᄉᆞ샤(중종조)", "안으로 도으시는 공이 하시니(중종조)", "왕이 것 거지며 뮈여지게 셜워ᄒᆞ샤(중종조)", "이긔지 못홀가 저허ᄒᆞ더니(중종조)", "됴히와 붓을(중종조)", "하ᄂᆞᆯ이 밋브지 아니미 이러툿ᄒᆞ뇨(중종조)", "가 정 갑술의 ᄲᆡ이어 셰ᄌᆞ빙이 되샤(중종조)", "듯기를 심이 아쳐ᄒᆞ시거늘(명 종조)", "일노 외오 넉이시믈 바닷더니(명종조)","집을 ᄀᆞᄌᆞ기 ᄒᆞ시며(인조 조)", "모다 잔치ᄒᆞ야 어미를 이밧거늘(인조조)", "위예 오ᄅᆞ신 후 자로 보 샤딕(효종조)" 등이 그 대표적인 예이다.[21] 셋째로 어법상에 숙종조 무렵 의 근대 국어적 특징을 거론할 수 있는데, "다샤ᄒᆞ여라 ᄒᆞ뎌이다(연산조)", "머르ᄃᆞ지 ᄆᆞᆯᄋᆞ쇼셔(중종조)", "귀히 넉이고 일ᄏᆞᆺ잡더라(중종조)", "희능의 쟝ᄒᆞᇦ다(중종조)", "셩쉬 삼십일이러시다(인종조)", "덕긔 다 이러 겨시더 니(인종조)", "님진의 니ᄅᆞᆯ러 업ᄉᆞ시니(명종조)", "샹이 병 됴ᄒᆞ시거늘(명 종조)", "지극히 그ᄅᆞ니이다(명종조)", "감동이 너기시미러라(선조조)", "목 목ᄒᆞ신 군왕이샷다(인조조)" 등 경어법의 활용 어미에서도 그 특징을 규 지할 수 있다.[22]

---

21 남광우, 『보정 고어사전』, 일조각, 1971; 유창돈, 『이조어사전』, 연세대출판부, 1964 등 참조.
22 그런데 이러한 국어학적 특징은 보다 치밀한 논의가 필요한 사항으로, 국어학 전공자 들의 관심이 촉구된다.

3. 구조와 표현의 특성

1) 구조

이 작품은 조선왕조의 왕통(王統)을 빛내고 역대 군왕의 치국(治國) 행적을 평판(評判)하는 데에 주안점을 두고 있다. 조선의 역대 군왕들의 왕가에 관련되는 사항과 정치적 상황들의 핵심적 사안을 통관하고 있어 그와 관련한 작가의 사관(史觀) 및 가치관이 반영되어 있다. 주지하는 바와 같이, 조선조에는 숭유억불(崇儒排佛) 사상이 기본적으로 편만(遍滿)해 있었는데, 이러한 배불(排佛) 사조가 숙종대에 이르러 더욱 공고화되면서 상대적으로 숭유적(崇儒的) 치국 이념이 강화되고 있었다. 그 가운데서도 충효정신과 정절관념이 으뜸가는 윤리적 실천 덕목이었다. 그렇기에 삼강행실에 투철한 충신·효자·열녀 등의 행적이 찬양·고양되고 상하 민중의 실천적 전범(典範)이 되었다. 따라서 군왕과 신민(臣民)들의 언행은 철두철미 삼강행실에 입각하여 전개되고 평가될 수밖에 없었다.[23] 당시에 유통되던 모든 교훈서나 문학작품들이 다 같이 이러한 유교적 덕행을 주제적 배경으로 내세우는 조류에 편승하여 이 작품의 배경사상 또한 숭유적 사상을 그 배경으로 삼고 있다.

다음으로 이 작품에 기술되어 있는 내용적 특징을 고찰해 보기로 한다.

① 군왕의 이름과 그 계통을 밝히고 있다.
② 군왕의 출생과 성장과정을 기술하고 있는데, 특이한 일화가 수반되기도 한다.
③ 군왕의 즉위 과정을 기술하고 있다. 사실(史實)과 마찬가지로 적장자(嫡長子) 승계로 세자가 책봉되고 부왕의 승하에 따라 왕위를 계승하

---

23 현상윤, 『조선유학사』, 민중서관, 1960, 484면.

지만, 특별한 사연·사건에 의하여 등극하는 경우가 특필(特筆)되며, 추봉(追封)된 왕은 그 이전의 행적이 기술되어 있다.

④ 군왕의 치국(治國)의 행적을 기술하고 있다. 성군(聖君)으로서의 치적은 선정(善政)과 관련된 미담(美談)을 예거(例擧)하여 찬탄하고 미화하고 있으며, 치적이 별로 없는 왕의 경우에는 그 행적에 얽힌 일화를 기술하고 있다. 폐주(廢主)의 행적은 냉정하게 평가하여 폐위된 사실을 합리화한다.

⑤ 군왕의 승하(昇遐) 과정을 기술하고 있는데, 비애롭거나 당연하게 표현한다.

⑥ 군왕의 자녀들에 대하여 기술하고 있다.

이와 같이 군왕들의 행적을 포괄적으로 기술하여 그 내용과 편폭(篇幅)이 방대하고 풍성한데, 이러한 기술은 작가의 독창적인 필치(筆致)에 의한 것이라기보다는, 전술한 바와 같이, 「전주이씨대동보」, 「선원보략」 등에 수록되어 있는 사실적(史實的) 내용을 참고하고 각종 야사, 야승 및 전설적 사담(私談)까지 아울러 수용하고 이를 활용하여 재구한 것으로 판단된다.

「왕조열전」은 그 제명(題名)에서 규지할 수 있듯이, 기본적으로는 열전의 형식을 취하고 있다. 하지만 단순하게 열전의 형식에만 머물러 있지 않다. 이 작품의 구조는 복합적인 구조적 특성을 가지고 있다. 역사적인 계통과 배경적 측면에서는 기전체(紀傳體) 서사의 구조를 지니고 있는 반면에, 문학적인 기반과 유형적 측면에서는 장회체(章回體) 소설의 구조와 상통된다. 사서로서의 전형적인 기전체는 사마천의 「사기」에서 그 연원을 찾을 수 있으며, 그 이후로 사서의 전범(典範)이 되었음은 물론이다. 본기(本紀)에서는 군왕의 사적(史蹟)을 기록하고 열전(列傳)에서는 신민 명사의 행적을 기록하는 이 기전체의 구조는 김부식의 「삼국사기」에서 정립되고 「고려사」에서 발전적으로 계승된 이후로 사서의 전형이 되었다.

그런데 「조선왕조실록」에서는 역대 군왕대의 사건과 사실을 연대기적으로 기술하는 편년체(編年體)의 형식을 기본으로 취하면서 동시에 왕비와 왕족(王族)의 서거(逝去)나 신료(臣僚)들의 행적을 입전하여 행장(行狀)으로서의 특성을 아울러 포괄하고 있다. 따라서 이는 본기와 열전의 형식을 종합적으로 수용한 독자적인 체제와 구조를 지녔다고 할 수 있다. 「왕조열전」은 이러한 기전체와 편년체의 특징을 공유하면서 군왕의 개별적 전기(傳記) 형태를 창조적으로 수용하고 있다. 다시 말하면, 각 군왕의 행적은 개별 작품적 자질을 지니고 있으며 동시에 전체적으로는 개별 작품의 연합체로서의 열전 형식의 구조를 유지하고 있다. 역대 군왕의 개별 전기는 보편적인 행장·전기의 구조를 갖추었기에 흔히 이를 '전기적 유형'이라고 한다.[24] 그것은 곧 주인공의 혈통·가계·잉태·출생·성장·출세·행적·종말·자손 등의 완벽한 구조를 지니고 있기 때문에 인물 중심의 서사적 구조의 전형으로 지칭된다. 이때 그 주인공을 제왕이나 장군 등 특출한 인물로 영웅시하면 바로 영웅의 일생 구조와 일치하게 된다.[25] 이렇게 전기적 유형이 서사 문학적 구조로 전환되는 과정을 거치게 된다. 이렇게 볼 때, 「왕조열전」의 전체적인 구조와 각 군왕의 전기적 유형은 곧 서사 문학의 '영웅의 일생' 구조와 상통됨을 알 수 있다.

「왕조열전」은 조선 왕조 역대 군왕의 사실적(史實的) 행적을 서사 문학적으로 변용·표현한 것이라고 할 수 있다. 이 작품의 전체적인 서사 구조를 장편 소설로 치환(置換)하게 되면, 그것은 곧 동방권 서사문학의 전형이라 할 수 있는 장회체 소설의 구조를 갖추었다[26]고 할 수 있다. 즉 각 군왕별 독립적인 작품들은 전기적 유형과 영웅의 일생 구조를 지니면서 동시에 장회소설의 각 단편처럼 독자적 자질과 구조를 갖추고 있다.

---

24 김열규, 『한국민속과 문학연구』, 일조각, 1971, 94~96면.

25 조동일, 「영웅의 일생, 그 문학사적인 전개」, 『동아문화연구』 10, 서울대 동아문화연구소, 1971, 94~96면.

26 陳美林 外, 『章回小說史』, 浙江古籍出版社, 1998, 9~10면.

2) 표현의 특성

「왕조열전」은 왕과 왕비, 궁정(宮廷)의 생활과 정사(政事)를 중심으로 기술하고 있기에 그 활동 무대인 궁궐의 각 전각(殿閣)과 그 시설 등이 화려하고 찬란하며 웅장하게 묘사되어 있다. 등장인물 또한 군왕과 비빈(妃嬪), 왕자, 신료 등이 유형적인 특성을 보여 준다. 군왕들은 성왕(聖王), 성군(賢君), 효군(孝君), 폐주(廢主), 그리고 단명(短命)했거나 추존된 군왕 등으로 분류하여 그 특성을 드러내고 있다. 비빈은 정비(正妃)로는 원경왕후(태종), 소헌왕후(세종), 정희왕후(세조), 소혜왕후(덕종), 정현왕후(성종), 장경왕후(중종), 문정왕후(중종), 인렬왕후(인조), 인선왕후(효종), 인현왕후(숙종) 등은 현비(賢妃)로 묘사되어 있으며, 정순왕후(단종), 왕비 윤씨(성종), 단경왕후(중종), 인목대비(선조), 희빈장씨(숙종) 등은 부덕불의(不德 · 不義)로 폐출된 왕비로, 숙용정씨(성종), 경빈박씨(중종), 희빈홍씨(중종), 희빈김씨(문종), 순빈봉씨(문종), 소현세자비(인조) 등은 실덕(失德)으로 기술하고 있으며 이 밖에도 다수의 후궁이나 세자빈도 유형화하여 개성적이고 생동감 있게 묘사하고 있다. 왕자들의 경우 양녕대군, 월산대군, 부성군, 영창대군, 홍안군, 인성군, 소현세자 등과 같이 불우하고 비극적인 삶을 살았던 왕자들을 부각하여 형상화하고 있다. 또한 신료들은 충신과 역신으로 대별하여 그들의 삶을 형상화하고 있는데, 박원종, 성희안, 이준경, 신성진, 심명세, 구인후, 정충신 등은 충신으로, 심정, 이괄, 서변 등은 역신(逆臣)으로 기술하고 있다.

「왕조열전」의 각 군왕조의 서두는 군왕의 출생으로 시작되는 경우가 대부분인데, 당초부터 元子 곧 세자로 태어나는 것은 왕실과 국가의 영광이며 국왕과 臣民의 경축을 받아 마땅한 것으로 기술하고 있다. 이 밖에도 일반 왕자나 군왕의 근친(近親) 남아로 태어나더라도 비범한 재질을 소유하고 왕실 내외의 비상한 관심과 기대 속에서 왕손(王孫)으로서의 자질을 연마하는 생활을 서술하고 있다. 세자 책봉과 관련해서는 단종, 문종, 인종 등의 경우에는 비운과 난관의 과정이 기술되어 있으며, 여타의 경우에는 세자 책봉을 둘러싸고 벌어지는 음모와 암투 등이 생생하게 묘사되어 있다. 세자가 군왕으로 등극하는 경우에는 보다 더 긴장과 갈등적 상황을 서술하여 실감(實感)을 더하고 있다. 영창대군 같이 원자이면서 비극을 맞은 경우, 양녕대군처럼 폐위된 경우, 도원군이나 소헌세자와 같이 병사(病死)한 경우 등은 그 비극적 사건을 부각하여 고조시키고 있다. 군왕의 즉위식은 찬연(燦然) 무쌍하게 묘사하고 등극 이후에는 애민·선정(善政)의 행적을 찬양한다. 하지만, 비빈(妃嬪)의 실덕(失德)과 비행, 자녀들의 불상사, 신료의 불충(不忠), 내우외환으로 인한 인간적 고뇌를 형상하기도 한다. 군왕의 노쇠(老衰)나 병약(病弱)으로 인한 세자의 대리청정과 신료들의 득세로 인한 왕권의 약화, 왕과 왕비의 서거, 군왕의 비빈의 자손 열거 등이 다양하게 서술되어 있다.

다음으로는 「왕조열전」의 표현적 특성을 구체적으로 예거(例擧)하여 고찰해 보기로 한다.

후원의 곳나모 시므기를 쳥ᄒᆞ온대 명ᄒᆞ샤티 닉 화초를 괴치 아니 ᄒᆞ나니 유시 당당이 실ᄉ로운 거슬 힘쓸디어다 뽕과 닥과 실과 남기 날노 쓰ᄂ티 졀당ᄒᆞ니 너희 등이 벼슬을 삼아ᄒᆞ미 가ᄒᆞ나라 ᄒᆞ시고 병인의 졔도를 친닉ᄒᆞ샤 빅셩을 언문을 ᄀᆞᄅ치셔 뻐곰 음운 변ᄒᆞᄂ거슬 극진이 ᄒᆞ시니 강남이며 우리나라 말이 통티 아닐거시 업서 그 졔되 극진ᄒᆞ니 가히 고금을 쒸여나다 니ᄅ리로다 …… 태종이 처엄의 양녕대뎨를 내티시나 셰종이 불너 보시기를 쌔 업시ᄒᆞ시고 ᄆᆞ참내 셔울 오게 ᄒᆞ샤 친익ᄒᆞ시기를 혐의업시ᄒᆞ시며 군신이 다 가치 아니타 ᄒᆞ시니 듯디 아니시고 두 형님을 셤기시며 모든 아올 딕졉ᄒᆞ기를 우익ᄒᆞ시고 종실 권당을 뫼화 ᄌᆞ루 보시고 술을 주어 뻐곰 즐겨ᄒᆞ시더라[27]

---

27 「왕조열전」 세종조, 8~9면, 띄어쓰기는 필자, 이하 같음.

위에 인용한 내용은 후원(後苑)에 화초(花草) 대신 뽕나무와 닥나무, 그리고 실과(實果) 나무를 심도록 한 일, 백성들에게 언문(한글)을 가르쳐 소통하게 한 일, 군신들의 반대를 물리치고 양녕대군과 효령대군을 섬긴 우애 등에 대한 세종의 행적을 서술하고 있는 대목이다. 작가는 대화체를 삽입하여 사실성을 강조하고 자신의 평을 직서하여 그 덕행을 찬양하고 있다. 일견(一見) 이 작품의 문체는 번역 문체가 아닐 뿐 아니라 또한 대중화된 구어체와도 거리가 있다. 필자의 관견(管見)으로는 이는 궁중이나 사대부가의 규방에서 통용되었던 내간 및 수필, 소설 등에서 산견(散見)되는 문체와 상통한다고 판단된다.

공희대왕이 홍ᄒ시매 밋쳐ᄂ 마리를 프러 흐트시고 발을 버서 짜히 업더여 입의 믈도 다히지 아니 ᄒ시믈 엿새를 ᄒ시니 대신들이 공희대왕 유명을 맛드시믈 쳥ᄒ야 인을 올이오니 왕이 우르시고 밧지 아니신대 군신들이 다시곰 쳥ᄒ여 올니오ᄃ 믄득 우르시믈 날이 뭇드록 ᄒ시니 모든 신하들이 아니 셜워ᄒ리 업더라 므릇 나라일을 젼수 대신긔 맛지시고 샹ᄉ의 관겨ᄒ 일이 아니어든 내게 니르지 말나 ᄒ시다 왕이 처엄브터 졸곡ᄀ지 다만 원미만 마시고 밤의 자시기를 아니시며 우름 소리를 그치지 아니시며 처엄 시병ᄒ시ᄆ로브터 여외시기 극뎌 겨시다가 듸고의 다ᄃ라ᄂ 싁훼 골업ᄒ샤 막대를 집고야 니러시니 대신들이 션왕 유교를 드리와 권도를 조ᄎ샤 육션을 올녀지이다 쳥ᄒ온ᄃ 왕이 것거지며 뮈여지게 셜워ᄒ샤 듸간 시종 빅관이 졍쳥 ᄒ기를 여러날 ᄒ오ᄃ 므춤내 듯디 아니 ᄒ시다[28]

위의 인용문에서 공희대왕은 중종공희휘문소무흠인성효대왕(中宗恭僖徽文昭武欽仁誠孝大王)의 약칭으로, 중종을 지칭한다. 인종은 그의 부왕(父王)인 중종이 승하하자 모든 국정(國政)을 대신들에게 맡긴 채, 머리를

---

28 「왕조열전」 인종조, 41~42면.

산발하고 버선을 벗고 땅에 엎드려 6일 동안이나 입에 물 한 모금도 마시지 않고 통곡하였으며 신하들의 간청에도 불구하고 졸곡(卒哭) 때까지 미음(米飮)만 마시고 밤에 잠도 안 자며 슬퍼했다고 한다. 특히 인종은 중종이 처음 병이 발병했을 때부터 상례(喪禮)를 치를 때까지 상심(傷心)으로 인하여 지팡이에 의지해서 겨우 일어날 수 있을 정도로 몸이 쇠약해져 대신들이 선왕(先王)의 유교(遺敎)에 따라 관도(權道)로 육선(肉饍: 고기반찬)을 권했지만 인종은 이를 끝내 거절했다고 한다. 이처럼 작가는 자신의 건강이나 보위(寶位)도 돌보지 않고 심지어는 목숨까지도 내놓은 채 오직 효행으로 일관하고 있는 인종의 부왕을 향한 슬픔과 효행을, 정작 효행(孝行)이란 용어는 사용하지 않고도 간절하고도 핍진하게 묘사하고 있다. 사실 인종은 이로 인하여 건강을 잃고 8개월 만에 승하하였다. 이러한 인종의 비극적 효행으로 인하여 작가는 이를 특기(特記)하여 부각하고자 하였을 것이다.

위를 니어 열세 히예 빅악이 구비ᄒ야 스스로 텬뉴이 그처져 안호로 더러 온 일을 힝ᄒ야 ᄒ곳 샏ᄅ고 모진 일이 이실 쑨 아니라 늬병부를 안쓸히 잔치를 주어 ᄌ식 잇ᄂ니면 믄득 더러이니 념티 업ᄉ니ᄂ 혹 궁듕의 머므러지라 원ᄒ리잇고 고일ᄌ면 ᄌ루 블너드려 머므러 보내고 인ᄒ야 그 남편을 벼슬 도도니 시졀 사롬이 벼슬 바드믈 긔롱ᄒ야 웃더라 월산대군은 셩묘 형님이시니 그 부인 박시를 셰ᄌ를 보호ᄒ라 쳥탁ᄒ고 블너 안히 드려 구틔여 더러이고 의관을 각별이 ᄒ야 놉히 고은으로 도셔를 사겨 주어 쓰라 ᄒ고 비빙질의 치와 샤은ᄒ라 ᄒ니 박시 참괴ᄒ야 스스로 죽으니라[29]

위의 인용문에서 연산군은 신료의 아내를 궁중에서 범하고 그 남편의 관직을 올려 주어 당시 세인(世人)들에게 기롱(譏弄)을 받는 일이 있었고,

---

29 「왕조열전」 연산조, 26~27면.

심지어는 성종의 형님인 월산대군의 부인 박씨에게 세자를 보호하라는 명목으로 궁중에 불러 들여 더럽히고 그로 하여금 참괴(慙愧)하여 자결하는 데에까지 이르게 했노라고 연산군의 악덕과 패륜을 간결하고도 실감 있게 묘사하고 있다. 즉 관념적인 설명 없이 그 구체적인 사례를 사실적으로 기술하여 그 표현의 효과를 배가시키고 있다. 결국 연산군은 이러한 패륜으로 인하여 폐위되었는바, 작가는 이 작품을 통하여 그 폐위의 당위성과 공감대를 환기(喚起)하고 있다.

대비 교셔를 ᄂᆞ리와 듕외예 노호시고 ᄯᅩ 교셔를 ᄂᆞ리와 ᄀᆞᆯ샤ᄃᆡ 광희 하ᄂᆞᆯ이 업시 힝ᄒᆞ야 내의 부모를 형뉵ᄒᆞ고 내의 형졔를 도살ᄒᆞ며 내의 어린 ᄌᆞ식을 겁탈ᄒᆞ야 ᄎᆞ마 주기니 내 이제 힝ᄒᆞ야 텬일을 보아시니 이 사름을 더져 두어 형벌을 닐위디 아니면 츈츄 복슈지의 어ᄃᆡ 잇ᄂᆞ뇨 왕이 간ᄒᆞ야 ᄀᆞᆯ샤ᄃᆡ졔 비록 되업ᄉᆞ나 곳 십오년 님금 일국ᄒᆞᆫ ᄒᆞᆫ 사름이니 형벌 베프미 가티 아니타 ᄒᆞ이다 대비 오히려 긍허티 아니시거ᄂᆞᆯ 왕이 완슌ᄒᆞᆫ 얼골과 유열ᄒᆞᆫ 비ᄎᆞ로 세 번 간ᄒᆞ시믈 견고코 ᄀᆞᆫ졀이 ᄒᆞ신대 대비 ᄯᅳᆺ이 프러지시다[30]

위의 인용문은 인조가 광해군을 폐위시키고 반정(反正)에 성공한 후에 인목대비와 대화를 나누는 장면으로, 여기서 주목할 점은 대화체의 활용이라 할 수 있다. 그동안 광해군으로부터 핍박을 받던 인목대비가 그 보복으로 춘추대의(春秋大義)를 명분으로 삼아 광해군을 극형에 처하고자 내외로 천명한다. 이에 인조는 광해군이 15년간 군왕이었던 점을 들어 그 처형의 불가함을 주청(奏請)하며 목숨만은 살려 주자고 자비를 호소한다. 그 이상의 상황은 문면(文面)에 구체적으로 서술되지 않았지만, 우리는 한 맺힌 복수의 화신 인목대비가 극형을 재강조하고 이에 인조는 인자(仁慈)의 화신으로 구명(救命)의 진언을 서슴지 않는, 극적인 대화가 계속되

---

30 「왕조열전」 인조조, 61면.

었을 것임을 연상할 수 있다. 이처럼 작가는 대화체의 효과를 십분 이해하고 이를 수용하여 독자들로 하여금 감동을 주고 있다.

4. 문학사적 위상

조선 왕조 역대 군왕들의 치국(治國) 행적의 전통적인 평가는 이미 그 왕조실록을 중심으로 공사(公私)의 사적(史蹟)이나 야승·야사·패림(稗林) 등을 통하여 정립되어 왔다. 그것은 왕실(王室) 내부와 왕족들, 신료나 사대부들, 경향(京鄕)의 지식층에 의하여 문서로 혹은 구비 전승되어 유전(流傳)되고 있었기 때문이다. 「왕조열전」 또한 그러한 전통적 인식 및 평가를 계승하는 한편, 작가의 안목과 문학적 역량을 동원하여 그의 단순한 묵수(墨守)에 머물지 않고 이를 창의적으로 형상화하였다. 역사적 사실(事實)로서 세종과 같은 성군이나 폐주 연산·광해처럼 정형화되거나 정평이 나 있는 군왕의 경우라 할지라도 그러한 사항을 그대로 직서(直敍)하는 것이 아니라, 작가는 이를 더욱 부각하고 강화시켜 독자들로 하여금 관심과 흥미를 유발하고 실감을 더하도록 형상화하였다. 뿐만 아니라, 성종을 비롯하여 중종·인종·선조·인조·효종 등의 행적의 경우에는 사서와 달리 작가가 이를 새롭게 인식하고 평가하여 문학적으로 승화시키고 있다. 이러한 작가의식 및 이를 바탕으로 한 역사적 사실의 문학적 형상화는 잠재적 독서층이었을 왕실이나 왕족·종친들의 역사적 인식을 새롭게 하는 데에 일정 정도 기여했을 것임은 물론, 경향의 식자층들에게도 군왕에 대한 역사적 인식과 평가의 안목을 열어 주는 길잡이로서의 역할과 기능을 했을 것이다.

「왕조열전」은 조선의 역대 군왕의 행적을 단순히 사실만을 전달하기 위하여 기술한 사서가 아님은 물론이다. 비록 사실(史實)의 전달이 그 주요 목적이었다고 할지라도 전술한 바와 같이, 작가는 이를 재구성하고 함축적으로 표현하여 독자들로 하여금 흥미를 유발하고 실감을 더하도록

문학적으로 형상화했기에 그 문학사적 의의가 크다고 할 수 있다. 이 작품은 숙종대를 중심으로 형성·전개된 국한문 역사문학과 함께 당시의 일반적인 국문문학과 교류·유통되었을 것이다. 당시에는 궁중을 비롯하여 경향 각처에서 한글의 원활한 학습과 보급으로 인하여 국문소설을 비롯하여 내간, 수필 등이 활발하게 창작되었음은 물론, 기존의 한문 수필인 교령(敎令)이나 주의(奏議), 전장(傳狀), 애제(哀祭), 서간 등도 비교적 활발하게 번역되거나 재창작되어 유통되었다. 또한 역대 군왕의 교지(敎旨)나 윤음(綸音) 등이 왕비의 언교(諺敎)와 함께 유행하였고, 신민의 상소(上疏)나 등장(等狀) 등이 성행하였다. 이 밖에도 군왕이나 저명한 신료들의 행장과 전기가 국문화되어 유통되면서 장르 상호간에 교섭하는 등 국문문학이 융성하였다. 이러한 문학사의 흐름 속에서 「왕조열전」도 창작되어 그 흐름을 계승하고 발전시키는 역할과 기능을 담당했다고 할 수 있다.

「왕조열전」은 조선 왕조사를 주제와 내용으로 하는, 국문으로 표기된 역사 문학이라고 할 수 있다.[31] 조선조 역대 군왕의 행적과 궁정에서 전개되는 일련의 사건들은 그 자체로 충분히 소설적 긴장과 흥미를 지니고 있다. 특히 단종, 세조, 문종, 예종, 덕종에 관한 내용들은 사실(史實)에 비하여 소설적·극적 구성과 전개를 보여 준다. 그만큼 사실의 전달에만 머물지 않고 문학적으로 형상화되어 있다. 그런데 「왕조열전」이 역사 소설의 원천적 재료는 될 수 있지만 곧 역사 소설이라고 단정할 수는 없다. 곧 내용적 측면에서 흥미로운 소설적 특성을 지니고 있으며 또 역대 군왕의 행적에 대한 기록이 기본적으로 전기적 유형을 갖추고 있다고 할지라도 사실(史實)의 허구적 형상(形象)과 그 구성적인 면에서는 소설과는 일정 정도 구별됨은 물론이다. 그렇다면 이 「왕조열전」을 굳이 기존의 문학 장르에 귀속시키고자 한다면 어느 장르와 상관성이 가장 깊은가. 작품의

---

31 「왕조열전」은 「쇼듕화역딕셜」의 장르적 성격과 크게 다르지 않다는 점에서, 윤보윤의 논의는 이 작품에서도 유효하다고 할 수 있다. 윤보윤, 앞의 논문, 285~287면 참조.

실상에 충실하게 귀속시키면 국문 수필의 하위 장르에 해당하는 전기 · 행장 계통의 전장류(傳狀類)에 해당한다. 역대 군왕의 교서(敎書), 윤음(綸音), 교지(敎旨), 조서(詔書), 어명(御命) 등도 모두 귀중한 독립적인 문학 작품으로 취급되어 온 점[32]을 감안할 때, 이 「왕조열전」은 단순한 사실(史實)의 서사적 기록이 아니라, 기존의 「계축일기」, 「한중록」, 「인현왕후전」 등의 궁정 수필과 동궤의, 문학적 형상화가 탁월한 국문 수필에 범주에 귀속시켜야 할 것이다.

5. 결어

본고에서는 현재까지 학계에 보고되지 않은 새로운 자료인 「왕조열전」에 대해서 자료 소개를 겸하여 대략적인 특징을 고찰하였다. 이상에서 논의한 내용을 요약하여 결론을 삼기로 한다.

「왕조열전」은 조선조 역대 군왕의 행적 · 비사(秘事)를 문학적 필치로 형상화한 국문산문으로, 그 장르적 성격은 수필의 범주에 해당된다. 필사자와 필사연대는 확실하지 않으나 그 자료적 상황을 통하여 고찰해 본 결과, 규방의 부녀들이 역사적 교양을 목적으로 영조대에 필사한 것으로 추정된다. 그리고 이 작품의 작가는 왕실 내부와 이와 유관한 문사로 추정되며 작품의 창작 동기는 역대 군왕에 대한 역사적 인식을 고취하고 왕통(王統)을 선명하게 부각하며 백성의 교화와 민심의 고양 등을 목적으로 창작한 것으로 보이며, 그 창작시기는 숙종대로 판단된다. 즉 「왕조열전」은 원전의 원작가가 숙종시대 문사로, 태조대부터 현종대까지의 역대 군왕의 행적을 서술한 것인데, 후에 영조시대 문사가 종전의 원전을 필사하고 덧붙여 자신이 숙종의 행적을 추가로 기술한 것이라 할 수 있다.

이 작품을 구조적인 측면에서 볼 때, 각 군왕의 행적은 개별 작품으로

---

32 경일남, 『고전소설과 삽입문예양식』, 역락, 2002, 113~115면.

서의 독립적 성격을 지니고 있는 동시에 전체적으로는 개별 작품의 연합체로서의 열전 형식의 구조를 유지하면서 동시에 편년체적 특징을 공유하고 있다. 또 문체 및 표현적 특성으로는 궁중이나 사대부가의 규방에서 통용되었던 내간 및 수필, 소설 등에서 산견되는 문체와 상통하며 대화체를 활용하여 독자들로 하여금 극적 긴장감과 흥미를 유발하고 있다.

이 작품에 형상화된 등장인물은 유형적인 특성을 보여 준다. 군왕들은 성왕(聖王), 현군(賢君), 효군(孝君), 폐주(廢主), 그리고 단명(短命)했거나 추존된 군왕 등으로 분류하여 그 특성을 드러내고 있으며, 비빈(妃嬪)은 정비(正妃)·현비(賢妃)·부덕불의(不德·不義)로 폐출된 왕비·실덕(失德)한 희빈 등으로 기술하고 있다. 이 밖에도 다수의 후궁이나 세자빈도 유형화하여 개성적이고 생동감 있게 묘사하고 있다. 왕자들의 경우 양녕대군, 월산대군, 부성군, 영창대군, 홍안군, 인성군, 소현세자 등과 같이 불우하고 비극적인 삶을 살았던 왕자들을 부각하여 형상화하고 있다. 또한 신료들은 충신과 역신으로 대별하여 그들의 삶을 형상화하고 있는데, 박원종, 성희안, 이준경, 신성진, 심명세, 구인후, 정충신 등은 충신으로, 심정, 이괄, 서변 등은 역신으로 기술하고 있다.

「왕조열전」의 각 군왕조의 서두는 군왕의 출생으로 시작되는 경우가 대부분인데, 세자 책봉을 둘러싸고 벌어지는 음모와 암투 등이 생생하게 묘사되어 있다. 영창대군 같이 원자(元子)이면서 비극을 맞은 경우, 양녕대군처럼 폐위된 경우, 도원군이나 소현세자와 같이 병사(病死)한 경우 등은 그 비극적 사건을 부각하여 고조시키고 있다. 군왕의 즉위식은 찬연(燦然) 무쌍하게 묘사하고 등극 이후에는 애민·선정(善政)의 행적을 찬양한다. 하지만, 비빈의 실덕과 비행, 자녀들의 불상사, 신료의 불충(不忠), 내우외환으로 인한 인간적 고뇌를 형상하기도 한다.

「왕조열전」은 또한 역대 군왕과 왕비, 신료를 중심으로 한 일련의 사실(史實)에 대한 기존의 전통적 인식 및 평가를 계승하는 한편, 작가의 안목과 문학적 역량을 동원하여 단순한 묵수(墨守)에 머물지 않고 이를 창의적으로 형상화하였다. 이러한 작가의식 및 이를 바탕으로 한 역사적 사실의 문학적 형상화는 잠재적 독서층이었을 왕실이나 왕족·종친들의 역사적 인식을 새롭게 하는 데에 일정 정도 기여했을 것임은 물론, 경향의 식자층들에게도 군왕에 대한 역사적 인식과 평가의 안목을 계승하고 발전시키는 역할과 기능을 담당했다고 할 수 있다.

본고는 자료를 소개하는 정도의 범박한 논의에 그친 한계를 지니고 있다. 따라서 앞으로 이 작품과 사실적(史實的) 문헌과의 대비를 통한 정치(精緻)한 내용 분석 및 음운·어휘·어법적 측면에서의 심도 있는 학계의 관심과 논의가 요구된다.

2. 『정수정전』 이본의 계통 및 변모 양상[1]

1. 머리말

『정수정전』은 여성영웅소설에 속하는 작품으로 여성영웅소설 전반을 다루는 논문을 통하여 자주 논의되었다. 여성영웅소설에 대한 선행 연구는 그 개념을 확정하는 한편, 유형 및 계통에 대한 연구에서 큰 성과를 거두어 왔다. 그러나 여성영웅소설 전체의 성격과 흐름을 총괄하는 연구의 과정에서 개별적인 작품의 특성들이 무시되어, 도식적인 틀 속에 갇혀버리는 경우가 없지 않았다고 여겨진다. 개별 작품에 대한 분석적 연구를 통하여 선행 연구를 뒷받침하는 작업이 지속되어야 할 것이다. 개별 작품 연구는 이본에 대한 실증적 연구를 토대로 해야 하며, 이본간의 동질성과 이질성을 밝히는 일이 선행되어야 한다.

이본간의 변모 양상은 각 이본의 발생 연대를 알 수 있는 경우에 가장 정확하게 밝혀낼 수 있다. 그러나 본 논문에서 다루는 『정수정전』의 이본 가운데는 그 발생 연대를 알 수 없는 작품들이 많다. 이본의 선후를 확정할 수는 없지만, 각 이본의 대비를 통하여 변화의 방향을 충분히 감지할 수 있다고 여겨 이본의 변모 양상을 추적하기로 한다.

본 논문에서 다룬 이본은 필사본 6종, 목판본 4종, 구활자본 1종으로 다음과 같다.

---

1 출처: 『韓國古典小說과 敍事文學 上』(양포 이상택 교수 환력기념논총), 집문당, 1998, 549~574면.

[1] 필사본 『뎡수정젼』

정신문화연구원 소장(고소설자료번호 1088), 1책 53장, 연대 미상

[2] 필사본 『정수경전』

정신문화연구원 소장(고소설자료번호 1083), 1책 50장, 壬寅年(1902년?)

[3] 필사본 『정슈경전』

김동욱 소장(고소설자료번호 1081), 1책 34장, 大正 6년(1917년)

[4] 필사본 『정슈경젼』

박순호 소장(한글 필사본자료총서 87), 1책 57장(이하 누락), 연대 미상

[5] 필사본 『정슈경젼』

박순호 소장(한글 필사본자료총서 88), 1책 92장, 己酉年(1909년?)

[6] 필사본 『정슈경젼』

박순호 소장(한글 필사본자료총서 88), 1책 63장, 丙子年(1876년?)

[7] 목판본 『뎡슈졍젼』

김동욱 소장(고소설 방각본전집 3), 1책 16장, 光武 9년 (1905년)

[8] 목판본 『뎡슈졍젼』

오한근 소장(고소설 방각본전집 3), 1책 17장 연대 미상

[9] 목판본 『뎡슈졍젼』

정신문화연구원 소장(고소설자료번호 1091), 1책 17장, 1920년

[10] 목판본 『뎡슈졍젼』

국립도서관 소장, 한남서림, 1책 16장, 대정 10년(1921년)

[11] 구활자본 『녀장군젼』

세창서관 (인천대학 민족문화연구소 편, 구활자본 고소설전집 26), 1책 32장, 1916년

필사본 [2], [3], [4], [5], [6]은 서사적 줄거리가 완전 동일하고 수사적인 면에서조차 거의 일치하고 있어서 선후본의 관계에 있거나 같은 모본으로부터 파생된 것으로 보인다. [3]에는 1917년이라는 필사 연도가 밝혀 있

고 [2], [5], [6]은 干支로 필사 연대가 쓰여 있다. 다섯 이본이 매우 흡사하여 1917년 근처에서 필사 연도를 추정할 수 있으므로 [2]와 [5]는 각각 1902년과 1909년 정도로 파악할 수 있다. 그런데 [6]은 1900년대로 미룰 경우 1936년이 되어 인쇄매체가 널리 보급되는 시대적인 조류와 들어맞지 않는다. 또한 [6]은 다른 이본의 누락된 어휘나 구절 등을 보충해 줄 수 있는 모범적인 이본인 점으로 보아 [2], [3], [4], [5]에 비해 앞선다 하겠으므로 1876년 정도에 필사된 것으로 추정할 수 있다. [1]은 주요한 서사적 줄거리가 다른 필사본과 일치하지만 세부적으로 다른 면모가 나타나며 수사적인 면도 달라 비교의 대상이 될 만하다.

목판본 [7]과 [10]은 모든 면에서 자형과 행수, 자수 등이 같고 아울러 내용도 다를 바가 없으므로 동일한 판본으로 여겨진다. 다만 [7]의 경우 "大韓光武九年中秋蛤洞新刊"이라는 간기가 붙어 있고 [10]의 경우, 출판연도가 大正 10년으로 되어 있어, 1905년에서 1921년까지 16년의 시간차가 있을 뿐이다. 목판본 [8]과 [9] 역시 동일한 판본으로 여겨진다. 한편, [7]·[10]과 [8]·[9]는 14면까지 같은 자수와 행수를 보이다가 15면부터 한 면에 한 행씩 차이가 생겨서 결과적으로 전체 면수에서 한 면이 늘어났다. 내용은 완전 동일하다. [8]·[9]는 [7]이나 [10]을 모본으로 하여 새로 새겨진 이본이라 할 수 있다.

[11]은 제목이 〈녀장군전〉으로 되어 있고 다른 이본들에 비해 많은 차이점이 있다. 그러나 배경과 등장인물 및 서사단락의 대부분이 일치하므로 『정수정전』의 이본으로 다룬다.

결국 본문에서 이본의 변모 양상을 검토하는 데 유효한 이본은 일단 [1], [6], [7], [11]의 네 종류로 압축할 수 있다. 그런데 목판본의 경우 다른 이본에 비해 내용이 상당히 축약되었을 뿐만 아니라 거의 [1]과 유사하여 목판본만이 갖는 내용상 특징이 전혀 없어 논의에서 제외하기로 한다.

논의의 순서는 다음과 같다. 2장에서는 [1], [6], [11] 세 이본의 순차단락을 대비하여 그 선후 관계를 추정하고, 3장에서는 이본의 변모 양상을 살펴보겠다. 4장에서는『정수정전』이본이 보여주는 변화의 추이가 당대 문학사의 흐름에서 어떤 의미를 지니는지 검토하기로 하겠다.

2. 이본의 순차 단락 비교

[1] 정신문화연구원 소장본『뎡슈정전』, [6]박순호 소장본『정슈경전』, [11]세창서관본『녀장군전』[2]의 순차단락을 비교적 세밀하게 나누어 62항의 공통 단락을 얻었다.[3]

〈세 이본의 순차 단락 비교〉

『뎡슈정전』 박순호 소장본	『뎡슈경전』 정신문화연구원 소장본	『녀장군전』 세창서관본
1)대송 태종황제 시절 재상 정흠, 병부상서 겸 표기장군에 이름	1)같음	1)같음
		A)無子하여 탄식하다 남악형산에 기자정성
2)부인 양씨, 선녀가 백년화를 주고 가는 태몽을 꾸고 잉태	2)*백년화를 든 선녀가 품안에 뛰어듦	2)*벽녁화
3)부인 해산 시 선녀 하강하여 돕고 수정의 이름과, 배필이 황성에 있음을 알려줌	3)같음	3)같음
	a)이부상서 장운이 태몽을 꾸고 아들 연을 얻음	
		B)천상과 관련하여 벽녁화의 내력을 알려줌
4)정상서와 장상서가 수정과 연을 정혼하고 백옥홀과 청파를 주고받음	4)같음	4)같음
5)정상서, 소인 진량을 수차례 상소하였다가 그의 미움을 삼	5)같음	5)같음

2 이하에서는 각 이본의 명칭을 '박순호본', '정문연본', '세창서관본'이라 부르기로 한다.
3 이하 본문의 논의에 필요한 경우 단락의 번호만을 제시하고자 한다. 1)에서 62)까지는 세 이본의 공통 단락, 가)에서 사)까지는 박순호본의 이질적인 삽화, a)에서 i)까지는 정문연본의 이질적인 삽화, A)에서 K)까지는 세창서관본의 이질적 삽화를 나타내는 번호이다. *표시는 공통 단락이면서도 세부적인 사실에 차이가 있는 경우에 사용하였다.

6)정상서, 황제 탄일에 불참하였다가 진량의 모함으로 귀양 가게 됨	6)같음	6)같음
7)정상서, 모녀를 남기고 절강으로 향함	7)같음	7)같음
8)수정의 나이 십일세에 정상서는 적소에서 병으로 죽음	8)같음	8)같음
가-1)양부인 꿈에 정상서 나타나 자신의 죽음과 곧 뒤따를 부인의 죽음을 알림 가-2)뒷일을 당부하는 정상서의 편지 도달	가-1)과 같음	
9)황제는 정상서를 초왕에 봉하여 장사지내라고 함	9)*다만 왕후의 예로 장사지내라고 함(초왕 언급하지 않음)	9)*왕후의 예로 장사지내라고 함
나-1)양부인은 정상서의 영구를 기다리다 병을 얻어 죽음	나-1)과 같음	
나-2)수정은 부친의 영구가 도착하자 빈소를 차리고 장사지냄	나-2)와 같음	
		C1)진량이 상소하여 죄인을 왕후의 예로 장사 지냄이 부당하다고 함 C2)황제가 상소를 받아들여 정상서를 절강에 묻히게 함 C3)양부인과 수정이 정상서의 시신을 수습하려 절강으로 향함 C4)도중에 수적을 만나 양부인은 납치되고 정과 유모는 기절함 C5)양부인이 도적의 소굴에 감금됨 C6)정상서의 충복 이춘보가 앞서 도적에 잡혀 있다가 계교로 부인을 구출함 C7)양부인은 정상서의 묘를 지키면서 천자의 하명을 기다림
10)장상서가 병으로 죽음	10)같음	10)같음
	b)장연은 왕인의 명으로 학업에 힘씀	b)와 같음
다)수정은 정혼주선자인 장상서의 죽음을 탄식함	다)와 같음	
		D)수정과 유모는 석가의 현몽으로 만난 여승의 안내로 칠보암으로 감

11)수정은 진량에게 원수 갚을 집념으로 남장을 하고 무예를 익힘	11)같음	11)*도승에게서 무예를 배움
12)장연은 장원급제하여 태학사에 제수됨	12)*한림학사에 제수	12)*한림학사에 제수
		E)왕부인이 상서 모녀의 소식을 듣고 아들의 혼사를 걱정함
13)장연이 황제에게 과거 실시를 상소함	13)같음	13)같음
14)수정이 남장하고 과거에 응시하여 장원함	14)같음	14)같음
15)진량이 수정의 출신을 의심함	15)같음	15)같음
16)수정이 통분하여 진량을 공격하고 죄를 열거함	16)같음	16)같음
17)황제가 진량을 강서로 찬출하고 정상서의 명예를 회복시킴	17)같음	17)같음
18)수정, 태학겸 한림에 제수됨	18)*한림학사겸 간의대부	18)*한림학사겸 간의대부
19)장연이 수정에게 혼사를 논의하자, 수정은 여동생이 죽었다고 함	19)같음	19)같음
20)황제가 수정과 장연에게 시부를 짓게 함	20)같음	20)같음
21)수정은 병부상서겸 표기대장군 병마도총독, 장연은 이부상서겸 대사도가 됨	21)같음	21)같음
22)장연은 원승상의 딸과 혼인함	22)같음	22)*각노 위승상의 딸
23)강서도독 한표가 표를 올려 북방오랑캐의 침입을 고하고 황제가 문무대신과 의논함	23)같음	23)같음
24)수정은 평북대원수겸 제도병마도총대도독에 제수되어 출정함	24)같음	24)같음
25)수정은 장연을 부원수로 추천하고 전열을 정비함	25)같음	25)같음
	c)원수가 전령을 보내어 장연을 부르자 장연은 군령이라 마지못해 종군함	c)와 같음
26)원수, 기주에 득달하여 적진에 격서를 보냄	26)같음	26)같음
27)원수, 선봉 맹돌통을 죽이고 맹활약	27)같음	27)같음

		F1)원수, 경솔하다 위험에 빠진 장연을 구해줌 F2)원수, 장연을 꾸짖어 목을 베려 하나 장수들의 만류로 용서함
28)마안, 소양을 선봉으로 전열을 재정비 29)원수, 장연과 합세하여 적장을 죽임	28)*적장 마웅, 오평 29)*처음에 장연과 마웅이 대적하다 원수가 도와줌	28)*적장 마웅, 오평 29)*원수가 장연을 도와줌
		G1)회군 도중 장연을 먼저 올려보내고 원수는 절강의 부친묘를 찾아 감 G2)원수, 모친과 해후하여 회포를 품 G3) 원수, 부친의 묘를 선산으로 이장
30)황성에 도착하여 원수는 이부상서겸 도총독 청주후, 장연은 태학사겸 기주후가 됨	30)같음	30)같음
31)정후, 청주후에 부임하여 북적에 대비함	31)같음	31)같음
32)황제, 정후와 장후를 부마로 삼고자 함	32)같음	32)같음
33)정후, 상소하여 여자인 사실과 장후와의 정혼내력을 알림	33)같음	33)같음
34)황제, 정후와 장후의 혼인을 주선함	34)*정후의 직위를 환수하고 혼인 주선	34)*직위 환수
35)정휴, 청주로 가서 정후와 혼인함	35)같음	35)같음
36)공주, 맹동헌과 혼인	36)같음	36)*공주와 장후가 혼인
37)정후, 부용각에 갔다가 총희 영춘의 무례한 모습을 보고 결곤을 침	37)같음	37)같음
	d1)태부인, 정후가 거만하다 하여 장후에게 질책 d2)장후, 정후의 시비를 대령하여 정후 대신 결곤을 치자 정후가 불쾌히 여김	d1)과 같음 d2)와 같음
38)정후, 영춘에 대한 분노를 토로함	38)*영춘에 대한 장후의 처사를 불쾌히 여김	38)*술 마시며 담소만 즐김
39)정후, 양능각에 갔다 영춘의 무례함을 보고 목 베어 죽임	39)*양춘각	39)*양춘각
40)태부인이 분노하여 장후에게 책임을 묻고 장후는 정후의 시비를 죽이려 함	40)같음	40)같음

41)정후, 청주로 가서 무예 연마하며 북적에 대비	41)같음	41)같음
42)철통골, 패전하여 돌아가자 호왕이 대책 논의	42)같음	42)같음
43) 마안의 동생 마웅이 자원하여 원수로 출정하고 하북지방에서 승승장구	43)*동생 마원	43)*동생 마원
44)양성태수 범수홍이 상소하자 황제가 문무와 의논	44)같음	44)같음
45)정후, 평북대원수가 되어 출정하며 전열 정비	45)같음	45)같음
46)원수, 하북에 도착하여 적진에 격서를 보내는 등 위용을 떨침	46)같음	46)같음
	e)원수, 전령을 보내어 장후를 출정하게 함	e)와 같음
47)마원이 계교로서 자객 엄백수를 보내 원수를 죽이려 함	47)같음	47)같음
	f)원수, 이상한 조짐에 괘를 짚어보고 적에 대비케 함	f)와 같음
48)원수, 자객 엄극이 침입하여 자신의 위풍을 보고 사죄하자 돌려보냄	48)*자객 엄백수	48)*자객 엄백수
49장후, 전령에 통분해 하나 군령을 따라 종군하며 강하로 군량을 운송하도록 지시	49)*군량 언급하지 않음	49)같음
50)엄백수, 호진에 실패를 전하고 마원이 재청하자 거짓 응낙	50)같음	50)같음
51)엄백수, 심야에 마원의 머리를 베어 원수에게 바침	51)같음	51)같음
52)장후가 도착함(군량문제 언급 안함)	52)*장후는 왔으나 군량이 도착하지 않음	52)*장후는 왔으나 군량이 도착하지 않음
53)원수, 마원의 머리를 순시하여 적의 기세를 죽임	53)같음	53)같음
54)철통골, 진세를 수습하여 본국에 구원 요청	54)같음	54)같음
라)원수, 철통골을 생포하여 항복 받고 돌려보냄	라)와 같음	
		H)호왕이 남만 가달왕에게 구원 요청
55)승전 축하도중 원수, 장후를 불러 목 베려 함	55)*군량 문제에 대한 죄 값을 따짐	55)*군량 문제 언급
	g)장후가 부부의 도리를 들어 질책하자 원수는 나라의 중	g)와 같음

	함을 들어 반박하고 참수를 재촉함	
56)원수, 제장의 만류로 장후는 결곤 12대의 가벼운 벌을 줌	56)같음	56)*냉수 들이키기 벌칙
마)원수, 회군 중 진량을 문초 하고 목을 벰	마)와 같음	
바)원수, 황제에게 첩서를 보 내고 장후를 기주로 보냄	바)와 같음	
		I1)가달왕이 남관을 침공 I2)황제, 맹동헌 양성초와 함 께 출정 I3)양성초는 생포되고 황제는 항복의 위기에 몰려 금산산 성으로 들어감 I4)진량, 가달편에 들어가 원 수를 치고자 함 I5)원수, 호왕의 항복을 받고 관대히 대우함 I6)황제의 사신이 와서 남경의 위기를 알림 I7)원수, 남경에 득달해 황제 를 위기에서 건짐 I8)가달왕이 진량과 계교를 꾸 며 원수의 모친을 사로잡아 옴
		I9)가달왕, 원수에게 거짓 편 지를 보냄 I10)원수, 계교에 빠지지 않고 적진을 공격 I11)왕골대는 죽고 가달왕과 진량이 잡힘 I12)원수, 모친을 구출 I13)황제, 가달왕을 훈계하고 용서하여 보냄 I14)황제 일행 및 장후의 군대 가 환궁함 I15)원수, 진량을 논죄하고 죽 여 부친 전에 제사
57)원수, 좌각노 평북후에 봉 해짐	57)같음	57)같음
		J1)정후, 모친에게 장후 골린 일을 말하자 모친이 타이름
58)장후, 모친에게 정후에게 당 한 일을 말하자 태부인이 분 노함	58)같음	58)같음
59)태부인, 정후에게 서신을 보냄	59)같음	59)같음

60)원수, 서신 받고 기뻐하며 기주로 돌아옴	60)같음	60)같음
사)정후, 팔촌 한정에게 조선 향화를 받들게 하고 청주후를 전수케 함		
		K1)장후가 정후를 멀리하나, 정후는 태부인에 효도하고 두 부인과 화락함 K2)장후, 정후에게 비단을 갖다 주고 하룻밤 내에 조복을 지으라고 함 K3)정후, 하룻밤 내에 조복을 지어 바침 K4)서번의 반역 기미가 보이자 황제가 장후더러 정후에게 방략을 물어보게 함 K5)장후, 정후의 처소에 가서 방략을 구함
61)장후와 정후가 화해하여 화락함	61)같음	61)같음
	h)황제, 장상서와 정상서 및 그 부인들에게 작위를 내림	h)와 같음
62)부귀영화를 누리고 자손이 번창함	62)같음	62)같음
	i-1)태부인, 양부인, 황제 등이 만수를 누리고 죽음 i-2)장후와 정후는 삼월 망간에 백일 승천함	i-1)과 같음 i-2)와 같음

공통적인 순차단락의 사이에 각 이본만이 지니는 이질적인 삽화[4]를 추출할 수 있었는데, 때로는 세 이본 가운데 어느 두 가지가 공통된 경우도 있었다. 다른 이본과 차별되는 삽화는, 정문연본이 1개, 박순호본이 1개, 세창서관본이 11개였다. 박순호본과 정문연본만이 일치하는 삽화는 6개, 정문연본과 세창서관본만이 일치하는 삽화는 8개, 박순호본과 세창서관본만이 일치하는 삽화는 하나도 없었다.

매우 단순한 논리에 의하여, 박순호본과 세창서관본의 사이에 정문연

---

4 단락이 다르더라도 서사적 진행에 있어서 하나로 응축되는 일군의 단락들을 삽화라고 할 수 있다.

본이 위치한다는 사실을 파악할 수 있다. 따라서 세 이본의 선후 관계는 '병자(丙子)'년에 필사된 박순호본, 연대 미상의 정문연본, 1916년에 출간된 세창서관본의 순서로 이루어진다고 하겠다. 인쇄 출판 매체의 발달 순으로 따져보아도 활자본인 세창서관본이 가장 나중에 이루어졌다고 볼 수 있다. 그렇다면, 앞서도 언급하였듯이, 박순호본은 1936년까지 내려올 수는 없고 1836년 또는 그 이전에 필사되었다고 할 수 있다.

3. 이본의 계통 관계

세 이본은 그 선후 관계가 비교적 명확하게 드러나지만 그 순서에 맞추어 모본(母本)의 관계에 있다고 할 수는 없다. 모본 관계는 단선적인 이본 계열을 통하여 이루어질 수 있기 때문이다. 예를 들어, 머리말에서 제시한 자료 가운데 [2], [3], [4], [5], [6]은 하나의 이본 계열을 이루며 서로 모본의 관계를 이루고 있다고 할 수 있다. 그 가운데 [6]박순호본[병자년(丙子年)에 필사된 박순호 소장본]이 현재로서는 가장 모범적인 판본으로 그 이본 계열을 대표한다고 본 것이다.

정문연본은 박순호본과 다른 이본 계열을 이룬다고 할 수 있다. 두 이본에 나타나는 몇 가지 특성이 서로 일치하지 않기 때문이다. 두 이본에는 몇 가지 논리적인 비합리성이 드러난다. 단락 55)를 보면 박순호본에서는, 정수정이 남편 장연을 군법으로 다스리는 장면에서 장연이 범한 과오가 무엇인지 나타나 있지 않다. 장연의 실수가 무엇인지 모르는 상태에서 장연의 처벌이 이야기되는 대목에 이르게 되므로 의아해질 수 밖에 없다. 정문연본에서는, 장연의 군량을 제때에 가져오지 못했다는 죄목이 나타난다. 그러나 단락 49)의 전령 보내는 장면에서, 군량을 가져오라고 명령하는 부분이 빠져 있다. 그리하여 받지도 않은 명령을 수행하지 않았다 하여 처벌 당하는, 논리적 당착을 일으키는 것이다. 이는 목판본에도 나타나는 실상이다.

한편, 인물을 등장시키면서 제대로 이름을 밝혀 신원을 소개하는 정식 절차를 밟고 있지 않는 실수가 곳곳에 나타난다. 정흠, 장연, 진량 등의 인물이 처음 등장할 때에는 정국공, 한 아들, 진공 등으로 쓰이다가 뒷부분에서 느닷없이 본명이 나와 버리거나 끝내 본명이 나오지 않기도 한다. 이러한 현상은 의도적인 배려에 의한 것이라 할 수는 없고, 모본을 베끼는 가운데 실수로 빠뜨린 것이라 하겠다.

그런데 박순호본과 정문연본의 논리적 비합리성이 서로 다른 부분에서 나타나고 있어 두 이본이 같은 계열이 아니라는 사실을 알 수 있다. 같은 계열에 속한 이본이라고 할 수 있는 [2], [3], [4], [5]는 [6]박순호본의 실수 부분마저도 그대로 전수하고 있었던 것이다.

세창서관본에는, 두 이본의 논리적 비합리성이 합리적으로 해결되어 있다. 49), 52), 55)에서 수정이 전령을 보내며 장연에게 군량을 실어오라는 명령 부분이 명시되어 있고 장연의 과오가 무엇인지 지적하는 부분이 있기 때문이다. 세창서관본은 가장 후대의 이본이면서도 다른 것들에 비하여 모범적인 이본이라 할 수 있는 것이다.

이러한 현상이 빚어진 이유로 대략 두가지의 추정이 가능하다. 첫째, 세창서관본이 모본으로 삼았을 이본 계열을 따로 설정할 수 있다. 박순호본 및 정문연본의 계열에 비하여 논리적 인과성이 뛰어난 이본 계열이 존재하였을 가능성이 있다는 것이다. 둘째, 활자본 『녀장군전』을 출간하면서 이전의 이본이 지니는 실수 등을 수정하여 논리적인 비합리성을 제거했을 가능성이 있다. 대량 유통에 따른 상업적인 목적을 지니고 활자본을 출간하면서 이전 이본의 오류를 바로잡는 일은 필수적인 배려라고 할 수 있다.

첫째의 경우는, 박순호본이나 정문연본에 비하여 세창서관본과 더욱 가까운 관계에 있는 이본이 발견되지 않은 현재로서는 추정에 지나지 않는다. 둘째의 경우는, 박순호본이나 정문연본 등 현재 전하는 이본을 모본으로 하였다는 전제가 필요하다. 순차 단락 비교를 통하여 박순호본과 세창서관본이 상대적으로 관계가 멀다는 사실은 이미 드러났다. 그렇다면 정문연본과 세창서관본의 관계를 주목할 필요가 있다.

세창서관본은 이전의 이본들에 비하여 A)에서 K)까지 11개의 새로운 삽화가 추가되어 있다.5 특히 C), D), F), G), H), I), K)의 삽화는 서사 구조를 변개시키는 정도까지 이르고 있다. 이러한 현상은 이본간의 변화라고 보기보다는 개작이라고 할 수 있다. 상업적인 활자본으로 출판되면서 흥미본위의 개작이 이루어진 것이라 하겠다. 개작의 차원에서 추가된 삽화를 제외하면 정문연본과 세창서관본이 매우 유사하다. 세 이본에 공통으로 해당하는 62항의 단락 가운데서도 세부적인 사실이나 인명, 관직명 등에서 차이가 나타나는 2), 9), 12), 18), 28), 29), 34), 36), 38), 39), 43), 48), 52), 55), 56)의 15개의 *표시 항목 가운데 2), 36), 38), 56)을 제외한 11개의 항목에서 세창서관본이 정문연본의 내용을 따르고 있다. 아울러 박순호본과 정문연본만이 일치하는 삽화가 6개, 정문연본과 세창서관본만이 일치하는 삽화는 8개, 박순호본과 세창서관본만이 일치하는 삽화는 하나도 없었다는 사실을 상기할 필요가 있다. 결국『정수정전』이 구활자본『녀장군전』으로 개작될 때 정문연본 계열을 모본으로 하였다고 할 수 있다.

한편,『홍계월전』은 등장인물의 성명이나 삽화가 동일한 점 등으로 미루어『정수정전』과 밀접한 관계에 있는 것으로 알려져 왔다. 그렇다면『정수정전』과『홍계월전』의 선후문제가 뒤따른다.6 민찬은 남녀이합의

---

5 이창헌, 「경판방각소설의 상업적 성격과 이본출현에 대한 연구」,『관악어문연구』 12집, 서울대학교 국어국문학과, 206～207면. 방각소설들이 서구 인쇄술의 보급으로 인해 딱지본 곧 구활자본으로 출판되는 현상을 보면 면수를 줄이려는 지속적인 노력이 나타난다고 하였다. 그렇게 본다면『정수정전』이 삽화를 추가하여『녀장군전』으로 개작되었다는 추정은 설득력을 잃을 수도 있다. 그러나 면수를 줄여 출판비를 낮추는 일 못지않게, 면수가 늘어나더라도 내용을 흥미롭게 추가 개작하는 일은 상업적인 성공을 위하여 중요한 요건이 된다고 하겠다.

양상을 〈비자발적 헤어짐-자발적 다시만남〉과 〈자발적 헤어짐-비자발적 다시만남〉으로 나누고 여성영웅소설의 유형을 나누는 근거로 삼아 전자가 후자보다 시대적으로 앞선다고 하였다. 또한,『홍계월전』과 『정수정전』은 후자에 속한다고 하였고,『하진양문록』이 두 가지 양상이 모두 나타나므로 발생에 있어서 두 유형의 중도적 위치에 있다고 하였다.7

그런데『정수정전』의 남녀이합 역시 두 가지 유형을 다 포함한다고 할 수 있다. 〈비자발적 헤어짐-자발적 다시 만남〉은 이른바 일반적인 혼사장애를 가리키는 것으로서, 수정과 장연 사이에도 혼사장애가 나타난다. 우선 정상서와 장상서의 죽음으로 인해 주혼자가 없어진 사실이 혼사장애 유발의 비자발적 요인이 된다. 정상서가 죽음을 앞두고 모녀에게 보낸 편지와 장상서의 부음을 들은 수정의 한탄 등에는 주혼자가 사라짐으로써 혼사가 어렵게 되었음이 누차 나타난다. 또한 수정이 남복(男服)을 하고 남자 행세를 하는 것도 혼사장애 유발의 요인이 된다. 이는 부친의 원수를 갚아야 하는 피치 못할 상황에서 행해진 것으로 결코 자발적인 남자 행세라고 할 수 없다. 박순호본의 경우 친척 중의 한 사람이 수정에게 남자 행세를 하여 원수를 갚으라고 충고하며, 정문연본의 경우에는 수정이 자발적으로 남장을 하고, 세창서관본의 경우는 모친이 간곡하게 부친의 원수를 갚을 것을 당부하는 것으로 나타나기 때문이다.

혼사장애를 극복하는 부분에는 수정의 자발적인 노력이 뚜렷하게 나타나 있지는 않다. 굳이 혼사를 목표로 한 것이 아니지만 자발적인 입공으로 인해 결과적으로 혼사가 이루어졌다는 것은 '자발적 만남'의 일면을 보여 준다. 그러므로 민찬의 논리를 받아들일 때『정수정전』은 두 유형의

6『홍계월전』은 구활자본으로만 전하기 때문에 단순하게 보면,『정수정전』보다 후대에 이루어진 작품일 수 있다. 그러나 그 이전에『홍계월전』의 다른 이본들이 실재했을 가능성을 부인할 수는 없으므로, 출간 매체와 상관없이『정수정전』과의 선후관계가 문제될 수 있다.

7 민찬,「여성영웅소설의 출현과 후대적 변모」, 서울대 석사학위논문, 1986, 19~20면, 109~111면.

중간에 위치하며 자연히 『홍계월전』에 선행한다고 볼 수 있다.

그런데 『홍계월전』은 『정수정전』 전체 이본과의 공통점 외에 세창서관 본과 더욱 구체적인 공통점을 드러내고 있어 주목된다.

첫째, 수정과 계월의 전 가족이 이산하는 것으로 나타나며 그들이 겪는 수난도 비슷하다. 다만 계월의 부친은 귀양 가서도 죽지 않고 있는 점이 다르다. 둘째, 춘보와 춘랑이라는 인물이 등장하여 동일한 기능을 한다. 춘보는 수적(水賊)에게 먼저 잡혀 있다가 뒤늦게 끌려온 수정의 모친을 구해주며, 춘랑 역시 먼저 잡혀 있다가 나중에 잡혀온 계월의 모친을 구해준다. 또한 두 사람이 모두 도적의 무리에게 신임을 받는 위치에 있었다. 셋째, 장연과 평국이 싸움터에서 경솔한 행동을 하여 수정과 평국(계월)에게 문책 당하는 삽화가 있다. 이는 군량문제로 결장하는 삽화와는 다른 것으로, 여주인공의 계교가 아닌 남주인공의 실수를 보여준다. 넷째, 오랑캐의 협공 장면이 나타난다. 수정과 평국이 변경에서 싸울 때 오랑캐가 뒤로 황성을 쳐서 황제가 위기에 처하는 삽화인데, 『정수정전』의 경우 남만 가달왕과 제휴하여 협공하는 것으로 되어 있는 점이 다를 뿐이다.

위에서 열거한 항목들은 모두 세창서관본이 정문연본 계통을 개작할 때 추가된 삽화인 C), F), H), I)에 해당한다는 것이다. 그렇다면 『정수정전』에 『홍계월전』의 삽화를 추가하여 구활자본 『녀장군전』을 만들었다는 추정이 가능하다.

지금까지 『정수정전』 이본의 선후 및 계통 관계에 대하여 논의하였다. 그 결과를 간략한 도표로 제시하면 다음과 같다.

『정수정전』 원본 → 이본계열① ┌→ 박순호본 ─────────────→
                              └→ 이본계열② → 정문연본 ──→ 세창서관본
                                                         ↑
                                                      『홍계월전』

위의 표는 순차 단락을 대비한 박순호본(자료[6]), 정문연본(자료[1]), 세창서관본(자료[11])의 선후 및 계통 관계를 표시한 것이다. 현전하는『정수정전』이본은 두 계열로 나뉘어 있는 것을 확인할 수 있다. 이본계열①에는 필사본인 박순호본 [6]을 선본으로 하여 [2], [3], [5]가 속한다. 이본계열②에는 필사본인 정문연본 [1]을 선본으로 하여 목판본 및 세창서관본이 속한다.

다음 장에서는 박순호본, 정문연본, 세창서관본으로 이어지는 이본의 변모 양상을 살펴보고 그 의미를 밝혀내고자 한다.

4. 이본의 변모 양상과 그 의미

1) 영웅소설의 원형성 강화

『정수정전』은 본래 영웅소설로서 영웅의 일대기 구조를 갖추고 있으나 세 이본에 따라 영웅소설의 원형성이 약화되거나 강화되는 차이가 나타난다. 영웅소설이 지니는 원형성과 초월적 세계관의 형상화 측면에서 이본의 변모 양상을 구체적으로 살펴보기로 하겠다. 가계, 탄생, 기아, 양육보호, 입공, 부귀영화, 승천으로 이어지는 영웅소설의 원형 구조에 이본의 순차단락을 대응시키면 다음과 같다.

첫째, 가계의 측면에서 세 이본 모두 남녀주인공의 가계가 최상류층이며 부친과 모친의 인품 또한 고결한 것으로 나타난다.

둘째, 주인공의 초현실적인 탄생과 관련해서 공통적으로는 2)와 3)단락이 나타난다. 선녀가 나타나 벽녁화 혹은 백년화를 바쳐 잉태하게 하고 또한 해산을 도와주고 있다. 주인공의 탄생이 비범하고 기이하게 이루어지고 있음을 보여주는 부분이다. 세창서관본에는 또한 A), B)에서 초월계의 개입이 강조되어 나타난다. A)와 B)는 수정의 탄생과 연관된 것으로서 남악형산에 기자정성을 드리니 옥황상제가 그에 응답하여 벽녁화를 주었다는 단락이다. 특히 B)는 천상의 일과 관련하여 벽녁화의 내력을 말해주는 부분으로서 수정이 벽녁화의 환생으로 되어 있다.[8] 박순호본과 정문연본에는 이러한 내용이 전혀 나타나지 않는다.

셋째, 외부적 고난에 의하여 가족이 이산되고 주인공이 기아가 되는 내용은, 박순호본, 정문연본의 경우 6)과 나-1)의 단락이 해당된다. 처음에는 부친이 죽어 가족과 떨어지는 것으로 되어 있고, 다음에는 부친의 죽음에 따른 병으로 모친이 죽게 되어 수정이 고아가 되기 때문이다.

원컨디 부인은 니 쥬금물 흔치 말고 몸을 안보ᄒ야 슈경을 길녀니여 나의 정흔 원을 이류게 ᄒ쇼셔 ᄎ회라 하ᄂᆞᆯ이 날을 미워너긔ᄉ 쳘리 밧긔 죽게 ᄒ니 니의 원흔를 뉘 능히 갑프리요 또 슈경의게 붓쳐 왈 …… ᄌ라나거든 니의 원을 일워여 죽은 아비을 위로ᄒ라[9]

유배지에서 죽음을 당하게 된 정상서가 부인에게 보낸 편지 내용이다. 정상서의 부인은 남편의 시신을 기다리다 병이 들어 죽게 된다. 수정은 부모를 잃고 고아가 되었기 때문에 기아(棄兒)의 상태에 이르렀다고 할 수 있으나, 일반적인 영웅소설의 기아 모티프에 비하여 그 강도가 약하다고 볼 수 있다. 수정은 자신이 속한 집단에서 분리, 축출되는 것이 아니라 본가에서의 삶을 유지하며 복수를 준비하기 때문이다.

세창서관본에서는 수정의 모친이 살아 있는 것으로 설정하여 가족 이산의 고난을 강화하였다. C1)에서 C6)단락까지의 삽화는 간신 진량의 농간에 의해 가족 전체가 흩어져 고난을 겪는 것으로 되어 있다. 정상서의 부음을 들은 황제가 그를 왕후의 예로 장사지내라고 하자 진량이 다시 상소하여 죄인을 후하게 장사지내게 해서는 안 된다고 하였고 이로 말미암아 수정 모녀의 고난이 시작된다. 모녀는 절강에 묻혀 있는 정상서의 시신

---

8 구활자본 『녀장군전』(구활자본 고소설전집 26), 470면.
9 필사본 『정슈경전』, 한글필사본고소설자료총서 88, 629~630면.

을 거두기 위해 절강으로 향하게 되고 그 도정에서 이별하게 되는 것이다.

넷째, 헌신한 선녀나 도사 기타 인물들에게 양육되는 단락은 세창서관본에만 나타난다. D)에서는 석가모니의 현몽에 의하여 벽녁화를 구하라는 계시를 받은 여승이 진퇴양난의 위기에 빠진 수정과 유모를 구해준다.[10] 수정이 벽녁화의 환생이었음을 알려주었던 B)단락과 이어져, 천상에서 주인공의 시련과 극복에 개입하고 있음을 보여준다. 11)은 수정이 남장을 하고 무예를 수련하는 장면이다. 세창서관본에서는 여승에 의하여 칠보암으로 안내된 수정이 그 절의 도승으로부터 무예와 병법을 전수받는다. 박순호본과 정문연본에서는 기아에 따른 시련이 뚜렷하지 않으므로 초월적인 구출자가 등장하지 않고 도승 등의 도움 없이 스스로 무예를 닦는다고 되어 있다.

다섯째, 국가의 변란에서 전공을 세우는 것은 세 이본에 공통으로 나타난다. 박순호본의 특징은 전공(戰功)을 세우는 데 초월적 존재의 도움이 나타나지 않고 수정이 신이적 능력을 발휘하지도 않는다는 사실이다. 정문연본에 이르면 단락 f)에서 수정이 자신을 암살하려는 자객의 출현을 미리 감지하는 능력을 드러내며 이 부분은 세창서관본으로 이어진다. 한편, 세창서관본은 2차 전란에서 싸움이 복합적인 양상을 띠게 된다. H), I) 단락에서 북방 오랑캐와 남방 오랑캐가 황제가 있는 남경을 협공하는 장면이 추가되고, 호왕과 난신 진량이 수정의 모친을 납치하여 거짓 편지로 수정을 곤경에 빠뜨리게 된다.

여섯째, 세 이본에 공통으로 명예로운 귀환과 지상적인 부귀영화가 나타난다.

일곱째, 주인공의 천상계로의 회귀는, 박순호본에서는 보이지 않는다. 정문연본에 이르면, i-2)에서 수정과 장연이 백일 승천하는 것으로 나타난다. 세창서관본은 정문연본을 따르고 있다.

---

10 세창서관본 『녀장군전』, 480면.

다른 여성영웅과 마찬가지로 정수정의 행동은 전장과 가정이라는 두 이질적인 공간에서 이루어진다. 가정에서의 정수정 역시 완벽하고 이상적인 여성으로서 부각되어 있다. 혼인을 위하여 남복을 벗고 여복으로 갈아입는 장면과 2차 출정 후 기주로 복귀할 때 같은 장면에서 정수정은 우선 빼어난 화용월태를 자랑하며 또한 아내로 돌아왔을 때의 남편에 대한 행동거지는 매우 순종적이다.

　댱휘 드러오미 뎡휘 이러나 맛ᄂ디라 댱휘 츄파를 드러본즉 화려ᄒ 복식과 옥빈운환이 모모절승ᄒ 가온ᄃ 참쉭을 찌여 모란이 됴로를 먹음고 부용이 셰우의 져즌듯 하니 ᄒ번보미 젼일 분심이 츈셜 스ᄃ하고 도로혀 그 의기와 모략을 탄복ᄒ나 ᄉ쉭ᄒ지 아니ᄒ고 닝소 왈 …… 뎡휘 피셕 쳥죄ᄒ거늘 공쥬와 부인이 위로 왈 …….

또한 단락 K1)에서 정수정은 시어머니에게 극진히 효도하고 두 부인과 화락하는 등 모범적인 시집생활을 하고 있다. 세창서관본은 이전의 이본에 비하여, 밖에서나 안에서나 완벽한 팔방미인형의 여성영웅을 창출하였다고 할 수 있다.

지금까지 살펴본 바에 의하면 박순호본에서 정문연본, 세창서관본으로 오면서 영웅소설의 구조적 원형성이 강화되고 있다는 사실을 알 수 있다. 특히 세창서관본에 이르면서 급격히 그 강도가 높아지고 있다. 더불어 초월적 존재의 개입하는 빈도가 많아진 것도 사실이지만, 초월계를 다루는 방식에 주목할 필요가 있다.

세창서관본에서는 초월적인 존재의 도움이 나타나기는 하지만 직접 모습을 드러내는 현신(現身)의 방법이 아니라 현몽(現夢)의 방법을 택하고 있다. 초월계는 현실계의 이면에서 작용할 뿐 현실계와 혼재하지 않는다. 또한 수정의 무예를 길러주는 도승의 경우, 그의 출현은 일회적이며 그가 속한 세계에 대한 일체의 언급도 나타나 있지 않으므로, 그를 통한 현실계와 초월계의 만남이 이루어질 수 없다. 일반 영웅소설에서 초월적 존재에 의해 주인공이 초월계를 여행하는 등의 삽화가 확장되어 나타나는 것과 차이가 난다.

영웅 이야기의 원형성은 시대가 흐를수록 점점 느슨해지는 것이 순리적인 것으로 보인다. 그러나『정수정전』의 이본을 살펴본 결과 오히려 그 반대의 현상이 일어나고 있음을 알았다. 문학의 내적 구조를 변화시키는 요소는 매우 복합적이라 할 수 있다. 여러 가지의 변동 요인이 서로 맞물리는 정도의 수위에 맞게 작품의 내적 변화가 일어난다고 하겠다.

『정수정전』에서 나타나는 영웅소설의 원형성 강화는 소설이 대중의 오락으로 확대되어 나가는 시점에서 생겨난 특성이라고 할 수 있다. 특히 인쇄술의 발달로 소설이 상품으로 대량 유통되면서 특정한 유형의 소설에 대한 독자층의 인기를 불러일으켰다고 하겠다.

영웅소설의 경우, 영웅의 일대기 구조를 강화하는 방식으로 유형성을 굳히게 되었다고 할 수 있다.『정수정전』의 영웅소설적 유형화는 필사본에서 방각본으로 이어지면서 가속화되었다고 하겠으며 세창서관본에 이르러 절정을 이루었다고 할 수 있다.『홍계월전』의 삽화를 모방하는 짜깁기의 방식으로 작품의 영웅소설적 특성을 강화하였기 때문이다.

2) 대결 양상의 변화

여기서는 주인공 정수정을 중심으로 이루어지는 대립 관계의 변모 양상을 살피고자 한다. 먼저 박순호본을 통하여 몇가지 대결 양상을 추출할 수 있다.

첫째, 정수정과 진량의 대결 양상이다. 원래는 정수정의 아버지 정상서와 진량이 대립 관계에 있었는데 부모의 죽음으로 그 대립 관계가 수정과 진량으로 넘어가게 된다. 간신 진량은 평소 갈등 관계에 있던 정상서를 모함하여 귀양 보내게 하였으며, 정상서의 유해를 유배지에 묻히게 한 장본인이다. 가문의 명예를 손상시키고 수정을 고아로 만들어 버렸으므로 수정에게 복수의 대상이 되었다.

둘째, 정수정과 장연의 대결 양상이다. 선행 연구에서는 이 대결 양상에 주목하여, "현실에 있어서의 남자의 여자에 대한 인격적 천시·무시의 태도와 그에 대한 여자의 심리적 반응"[11]으로서 대결 양상이 나타난다고 하였다. 원래 정수정과 장연은 정혼자였으나 혼인을 주선할 양측의 부친이 세상을 떠남으로써 혼사 장애의 시련을 겪게 된다. 혼사장애 주지가 나타나는 소설에서는 일반적인 경우, 남녀 주인공의 투쟁으로 혼사를 성취하는 것으로 나타난다. 그러나 이 작품에서는 혼사장애를 극복하기 위한 고행이 부각되는 대신 남녀 주인공의 대결 양상이 나타나고 있다. 단락 19)에서 남장을 하고 장원급제를 한 수정에게 장연이 자신의 정혼자인 수정의 안부를 묻자 수정은 사실을 숨기고 여동생이 죽었다고 말한다. 정수정 자신의 선택에 의하여 혼사장애 상태가 연장된다. 이 시점부터 정수정과 장연의 대결 양상이 내비치기 시작한다. 이 작품은 혼사장애 주지를 담고 있으면서도 그 시련 극복의 문제를 핵심으로 다루지 않는 대신 또 다른 대결 양상을 이끌어내었던 것이다.

단락 20), 21)에서 정수정과 장연이 시부(詩賦)를 짓는 대결을 벌이고 더 높은 실력을 인정받은 수정이 장연보다 높은 지위에 오르게 된다. 단락 49)에서는 장연이 자신의 상급자이면서 아내인 정수정의 명령을 받고 갈등하는 장면이 나타나고, 55)에서는 정수정이 부원수인 장연을 군법에 따라 다스리려 하는 대결 양상이 나타난다.

셋째, 정수정과 영춘의 대결 양상이다. 단락 37), 38), 39), 40)에서 정수정은 영춘의 무례한 행동에 분개하여 곤장을 치거나, 주변의 인물들에게 불만을 토로하다가 결국 그녀를 죽인다. 이 경우는 이전의 소설에서 나타

---

11 김일렬, 「고전소설에 나타난 가족의식」, 『동양문화연구』 1집, 경북대학교 동양문화연구소, 1974, 89면.

난 처첩 갈등의 잔영을 보여준다 할 수 있다. 남편을 사이에 두고 애정을 탐내는 등 갈등 장면이 전혀 나타나지 않을 뿐 아니라 처와 첩의 대립은 대등한 관계에서 이루어지지 않기 때문이다. 처첩 갈등을 본격적으로 다룬 소설에 비하여 그 갈등 관계가 상당히 약화되었다고 할 수 있다.

넷째, 정수정과 오랑캐의 대결 양상이다. 철통골, 마웅, 마원 등 오랑캐의 적장이 등장하여 무력 대결을 벌이게 된다. 그러나 이 관계는 일방적으로 정수정이 우세에 있다. 수정은 한 번도 곤경에 빠진 적이 없으며 싸움에서 승승장구하게 된다. 심지어는 자객이 와서 수정의 위세에 압도당하여 오히려 오랑캐 적장의 머리를 베어 바치는 설정이 이루어진다. 따라서 이 대결 양상은 매우 미약하게 나타난다고 할 수 있다. 오랑캐와의 싸움은 정수정의 능력을 확인시키기 위한 부차적인 설정에 지나지 않는다.

정문연본에 이르면, 위의 대결 양상에 변화가 생긴다. 가장 큰 변화는 정수정과 장연의 대결 양상이 심화되는 것이다. c)에서 정수정이 전령을 보내어 장연을 출정하게 하자 장연이 불만을 터뜨리는 장면을 추가하였다. 29)를 보면, 박순호본에서는 정수정과 장연이 합세하여 적장을 물리친다고 했던 반면, 정문연본에서는 장연이 적장과 먼저 싸우다가 전세가 불리하자 정수정이 도와 승리한다고 하였다. 두 단락 모두 장연과 정수정을 차별화하여 대결 양상을 심화시키려 한 의도라고 할 수 있다.

g)에서는 원수 대 부원수의 관계에서 장연을 벌주려 하는 정수정과, 부부의 관계에서 아내의 도리를 다하라고 항변하는 장연의 대결 양상을 추가하였다.

주인공 남녀가 벌이는 대결의 정체성을 명확히 드러냈다고 할 수 있다. 장연에 대한 정수정의 행위는, 남편에 대한 아내의 행위로만 보아서는 안 되며 부원수에 대한 대원수의 행위로도 보아야 한다. 다시 말하면 전자의 경우로 보려는 장연과 후자의 경우로 보려는 정수정의 입장이 서로 부딪히고 있다고 하겠다. 결국 장연에게 결곤 12대의 벌을 주는 데 그쳤지만 아내 대 남편의 관계에 앞서 원수 대 부원수의 관계를 인정하는 셈이 되었다.

한편, a)와 b)에서 장연의 탄생과 학업에 관한 삽화를 추가함으로써 장연의 비중을 높이게 된다. 독자가 장연의 비범성을 인식하도록 하여 대결 양상을 고조시키는 결과를 초래하였다고 할 수 있다.

박순호본에서 미약하나마 남아 있던 처첩의 대결 양상은 정문연본에 오면 거의 사라지게 된다. 영춘의 존재는 정수정의 직접 대결자가 아닌, 부부 갈등을 심화시키는 동기 유발자로서 머무르게 된다. d1), d2)에서 영춘을 벌준 정수정의 행동에 대하여 시어머니 태부인과 장연이 분노하고 다시 수정이 반발하는 내용이 추가된다. 38)을 보면, 박순호본에서는 부인들의 모임에서 수정이 영춘에 대한 분노를 토로하지만 정문연본에서는 영춘 사건에 관련된 장연의 처사에 대하여 불만을 토로한다.

정문연본에서 세창서관본으로 이어지면서는 변화의 폭이 매우 크다. 앞서 언급하였던 것처럼 세창서관본은 이전의 『정수정전』에 『홍계월전』을 수용하여 출간되었기 때문이다. 갑자기 늘어난 삽화의 대부분이 영웅소설의 원형성을 강화하는 방향으로 이루어진 것이었다. 구체적으로 주인공의 대결 양상에서는 어떤 변화가 있었는지 살펴볼 필요가 있다.

세창서관본에 삽입된 삽화는 대부분 간신 진량과 관련된 것이다. C)의 삽화는, 정상서를 왕후의 예로 장사지내라는 황제의 하명에 진량이 반대하는 것에서 발단한다. 그의 반대에 의하여 정상서는 적소인 절강에 묻히게 되고 시신을 찾아 선산에 옮기고자 수정 모녀가 길을 떠나면서 고난이 생겨난다. 부친의 죽음이 진량의 모함에서 비롯된 것이며 거기에 모친의 고난까지 겹치게 되자 수정의 복수심은 더욱 강렬해진다.

부모생각으로 쥬야 애절하며 엇지하면 부모의 원슈를 갑허볼가 부친의 만리적소에셔 세상을 버리심도 진량에 죄요 모친게셔 부친적소에 가시다가 도적에게 잡혀 가셔 필경은 사시든 못하셧을 거시니 그것도 다 진량에 탓시라 …… 슬푸다 우리부모 원슈난 뉘라셔 갑허주며 션형향화난 속절업시 절칠

거시니 그 아니 원통한가 이런생각 저런생각에난 곳 칼이라도 물고 엎더지고 십건만 그도 시연치 못한 거시 쌀일망정 나까지 마저 죽고 보면 …… 옛적 목란가튼 이는 녀자로 낫건만 부모를 위하야 전장에 올라갓스니 글노 보면 자식이 되여 부모 위하기난 남녀가 업난 일이(라?) 생각하고 시로 유모를 불너 심중 소회를 의론한 후 그날부텀 남복을 지여 입고 불철쥬야 공부을 하며 간혹 병서도 열람하더라[12]

수정이 남장을 하는 것은 단지 부친의 원수를 갚기 위해서라는 사실이 강조되었다.[13] 진량의 악행과 그에 대한 분노를 부각시켜 가문회복의 의식을 강화하고 영웅의 덕행으로서 효(孝)를 강조하고 있다. 이전의 이본에는 진량의 거듭되는 해악을 직접 드러내지 않는 대신, 부친의 유언 및 주변사람들의 진술을 통하여 간접적으로 드러내었다.

단락 N1)에서 N15)는 2차 변란에서 오랑캐가 협공하여 황제를 위기에 빠뜨리고 수정이 극적으로 나라를 구하는 삽화이다. 오랑캐의 계략이 더욱 치명적으로 드러나 있다. 더구나 강서에 찬출 당했던 진량이 도망쳐서 오랑캐와 합세하게 한 설정은, 나라와 황제를 위험에 빠뜨리는 적의 힘을 더욱 강화시킨 것이다. 정수정 대 진량의 대결 양상이 심화된 것은 물론이고, 배경적 설정에 불과했던 오랑캐의 존재가 적극적인 대결자로서 등장하게 되었다. 진량과 호왕은 수정을 꾀어내기 위해서 계교를 내어 모친을 납치하고, 황제는 항복의 위기에 처하여 자결하려는 순간까지 도달하게 된다. 적의 힘이 강하게 나타날수록 그를 물리치는 정수정의 영웅성은 두드러지며 이는 황제에 대한 충(忠)을 강조하는 것이다.

이전의 이본에서는 1차 변란과 2차 변란은 똑같은 양상으로 되풀이되

---

12 세창서관본, 482면.

13 정문연본에서는 복수를 위하여 남장(男裝)한다기보다 가문을 세우거나 혼사장애를 극복하기 위해서라는 상황이 더욱 부각되었다. 박순호본 『뎡슈정전』, 634면; 정문연본 『뎡슈정전』, 14~15면 참조.

며 사실상 수정의 군대에 별 위협이 되지 못하였다. 진량의 악행 역시 황제를 위협하는 데까지 악화되지 않고, 강서 지방에 찬출된 것으로 문면에서 떠나 있다. 황제는 다만 황성에 머무르면서 승전보를 기다리기만 하면 되었다.

진량의 계속적인 해악을 보여주는 삽화가 추가되면서 수정의 복수가 드러나는 부분도 크게 확장되었다. 수정과 진량은 두 측면의 대결양상을 보이고 있다. 첫째, 가문의 수호자와 파괴자의 대립, 둘째, 충신과 간신의 대립이 그것이다. 전자의 경우 효의 의식이, 후자의 경우 충(忠)의 의식이 두드러져 있다. 세창서관본에 오면서 그러한 효와 충의 덕행이 훨씬 강조되었다고 할 수 있다.

정수정과 장연의 대결 양상에서도 변화가 보인다. 이전의 이본에서는 원수로서 정수정이 장연을 벌주는 장면이 2차 변란 때일 뿐인데, 세창서관본에서는 삽화 H)를 통하여 두 사람이 부부가 되기 전인 1차 전란 때도 그와 유사한 삽화를 추가하였다. 정수정이, 경솔하다 위험에 빠진 장연을 구해주고는 그 경솔함을 문책하여 벌주는 내용이다. 둘의 대결 양상이 강화되는 측면을 보인다고 할 수 있다.

한편, 56)에서는 박순호본과 정문연본의 경우 장연에게 결곤 12대의 벌을 주는 것으로 되어 있는데 세창서관본의 경우 '냉수 들이키기'를 벌칙으로 주었다. 원수인 정수정이 부원수인 남편을 벌주려 했던 행위가 장난이었음을 시인하는 셈이 되었다. J)에서는 정수정이 모친에게 남편을 골린 일을 재미 삼아 이야기하는 삽화가 추가되어 대결의 심각성이 떨어졌다. 정수정의 행위는 '남편 골탕 먹이기'라는 희극적인 음모가 되고 만 것이다. K)삽화는 이에 대한 장연의 반격에 해당한다. 전장이 아닌 가정에서 아내의 위치로 돌아온 수정에게 하룻밤 사이에 비단 조복을 지으라는 무리한 요구를 하고 있는 것이다. '아내 골탕 먹이기'를 시도한 것이되 결과는 역시 수정의 승리로 끝난다. 결국 두 사람의 대립적 관계는 제3자가 개입하여 해소된다. K4), K5)에서 황제는 장연으로 하여금 정수정에게 찾아가 군사적인 방략을 묻게 한다. 황제의 명 때문에 정수정의 처소를 찾게 됨으로써 두 사람이 다시 화합한다는 설정이 이루어진다.

세창서관본에 나타난 정수정과 장연의 대결 양상은 강화되거나 약화되는 측면이 공존하여 답보 상태에 머물렀다고 하겠다. 세창서관본은 아내와 남편의 대결 양상을 희극적으로 탈바꿈하여 오락성을 가미하였다고 할 수 있다.

5. 맺음말

대표적인 세 이본을 비교 검토하여 계통을 추정하고 그 변모 양상을 파악하였다. 『정수정전』은 적어도 둘 이상의 이본 계열이 존재하였다고 할 수 있다. 세 이본의 변모 양상을 살펴본 결과, 영웅소설이 지니는 원형성이 점차 강화되었고 주인공의 대결 양상이 변하였다.

영웅소설의 원형성 강화는 소설이 대중의 오락으로 확대되어 나가는 시점에서 생겨난 특성이라고 할 수 있다. 특히 인쇄술의 발달로 소설이 상품으로 대량 유통되면서 독자층의 인기를 얻는 특정한 유형의 소설이 거듭 출판되었다고 하겠다.

영웅소설의 경우, 영웅의 일대기 구조를 강화하는 방식으로 유형성을 굳히게 되었다고 할 수 있다. 『정수정전』의 영웅소설적 유형화는 필사본에서 방각본으로 이어지면서 가속화되었다고 하겠으며 세창서관본에 이르러 절정을 이루었다고 할 수 있다.

대결 양상의 변화는 세 이본의 단계에서 각각 다른 양상을 보였다. 이본계열1은 이전의 여타의 영웅소설이 지니는 대결 양상, 즉 주인공과 적대자의 대결, 처첩간의 갈등 등을 고루 갖추고 있으면서 '아내와 남편의 대결'을 드러내고 있었다. 여타의 대결 양상은 비교적 약화된 상태이며 특히 혼사장애 주지는 그 본질에서 벗어나게 되었다고 할 수 있다.

이본계열2로 이어지면서는 대결 양상의 집중 현상이 나타난다. 아내와 남편의 대결 양상이 강화되었던 것이다. 대결 양상이 두드러짐에 따라 주제가 명확해지므로 매우 긍정적인 변모라고 할 수 있다. 그러나 활자로 인쇄된 세창서관본에 이르면 대결 양상의 집중성이 떨어지게 된다. 정수정 일가의 고난 및 적대자 진량의 해악성이 부각됨에 따라 정수정과 진량의 대결 양상이 강화되어 나타난다. 전장에서의 무용담이 늘어나면서 정수정과 오랑캐 적장의 대결도 강조되고 있다. 작품의 중심 갈등이 무엇인지 가려내기 어려운 정도가 되어 주제의 응집력이 떨어지는 결과를 낳았다.

소설의 상품화와 인쇄술의 발달이 맞물려 독자층이 확산된 것은 획기적인 일이다. 그러나 새로운 창작이 뒷받침되지 못하고 매너리즘에 빠져 모방이나 짜깁기의 방식으로 유사 작품을 대량 산출하게 되었다. 적어도 세창서관본 『녀장군전』은 그 부정적인 산물이라 할 수 있다.

이본의 변모는 주제의 응집력 정도를 변화시킬 뿐 아니라 주제 의식 자체를 변화시키기도 한다. 선행 연구자들에 의하여, 여성영웅소설의 여성 주인공은 남녀평등의 문제 및 그에 대한 보상의 의지를 표상하고 있는 것으로 알려져 왔다. 이는, 여성영웅소설의 출현동인문제를 사회사적으로 다루어 도출된 결과라고 하겠다.

특히, 남성보다 우월한 사회적 위치에서 남성을 부리는 활동을 보이는 『정수정전』 이하 많은 소설들에서 여주인공이 남성에 대하여 우위적인 대립관계에 있다거나 적대감 내지 대타의식을 갖고 있다는 견해를 보이고 있다. 따라서 여성영웅의 모습은 대단히 획기적인 것으로 인식되기도 한다.

그러나 세창서관본에 이르면 이러한 여성영웅의 모습이 지나치게 완벽한 팔방미인형으로 포장되고 있다. 무예와 병법을 익혀서 나라를 구하고 가문을 회복하는 위업을 달성하면서도 미모 및 가정에서의 부덕까지 겸비해야 하는 여성영웅은 여성 해방의식의 표상이라고 하기 어렵다.

후대의 작품으로 가면서 수렴되는 이러한 특성은, 애초부터 『정수정전』류의 사건과 인물이 여성해방의식과 상관없이 나타난 것이 아닌가 하는 의심을 품게 한다. 실제로는 불가능한 상황에 대한 흥미로운 '뒤집어 보기'를 통하여 탄생하였을 가능성이 있다. 그러므로 여성이 여성임을 은폐하고 남자로서 나설 때야만 영웅으로서의 면모를 발휘할 수 있었던 것이다. 사회의 의식이 여성자체의 영웅적 면모를 인정한 것이 아니며 오히려 영웅적 면모라는 것은 남자의 전유물이라는 통념을 보여준 것이다.

3. 구비문학 연구동향[1]

1. 머리말

이번 발표의 과제는 1996년도 각 분야별 연구사를 점검하는 일이다. 작년 국문학연구회에서는 〈고전문학 연구의 최근 동향〉에 대한 발표와 토론이 있었고 구비문학 분야에서는 "구비문학 연구의 현황과 과제"를 발표하였다.[2]

고전문학 안에서도 전공별로 세분화된 학회가 운영되고 있어, 전공자 간의 교류는 어느 때보다 활발하다. 반면, 다른 분야의 연구 현황에 대하여 자칫 소홀해지기 쉬우므로, 분야 간의 교류 및 통합적인 연구가 매우 절실하다고 하겠다.

이러한 상황에서, 매년 각 분야의 연구 성과를 검토하고 앞으로의 과제를 점검하는 작업은 매우 의의 있는 일이라 생각한다. 다만 이 작업이 고전문학 분과별로 연구사를 소개하는 데서 그치지 않고 각 분야의 개별 논의를 토대로 수행할 수 있는 통합적인 연구 과제에 대한 전망이 드러나야 할 것이다.

구비문학 분야에 있어서는, 판소리, 탈춤 등 연구 대상별로 연구사 검토가 충분히 이루어져왔다. 대상에 따라서는 연구사가 워낙 방대하기 때문에 그것을 검토하는 일조차 커다란 과업이 되기도 한다. 몇 십년간 누

---

1 출처: 사진실, 「구비문학 연구동향」, 『국문학연구』 제1호, 국문학회, 1997, 279~297면.
2 신동흔, 「구비문학 연구의 현황과 과제」, 서울대 국문학연구회 연구발표, 1996.1.29.

적된 연구사를 검토하는 일은 매우 힘이 들지만, 통시적인 흐름을 짚어내기가 용이하다는 장점이 있다. 그러나 한 해 동안 구비문학 분야에서 내놓은 각종의 논저를 검토하는 일은 작업의 양이 많지는 않지만, 연구의 흐름을 짚어내는 데 불리하다. 연구자들의 관심 방향에 따라 연구 대상이나 연구 방법이 다른 다양한 논저가 나오기 때문이다. 그 다양성을 포괄하여 연구의 맥락을 추출하기 위해서는 시간의 두께가 필요하다.

연구사를 검토하는 일이 연구 목록을 나열하고 간단히 소개하는 정도의 작업이 아니라 비판적 안목을 실어 새로운 연구의 전망까지 제시해야 하는 작업임을 잘 알고 있다. 그러나 앞서 말한 작업의 한계 및 필자 자신의 안목이 부족한 탓으로 말미암아, 구비문학의 각 영역에 걸쳐 의미 있는 연구사 검토를 전개하지 못하였다는 사실을 미리 밝히고자 한다.

연구 목록은 『구비문학연구』(한국구비문학회), 『판소리研究』(판소리학회), 『한국민속학』(한국민속학회), 『비교민속학』(비교민속학회) 등 구비문학 관련 학회지를 중심으로 파악하였다. 검토 시기는 1996년에서 1997년 2월까지로 한정하되, 1995년 12월에 발행되어 지난해 연구사 검토에서 빠진 몇몇 학회지를 포함시켰다. 석사학위논문은 제외하되, 연구자의 작업 경과를 보여주는 논문은 포함하여 다루었다. 판소리 관계 연구는 전적으로 소설로서 접근한 연구는 제외하였다.

2. 분야별 연구성과 개관

1) 설화

설화 연구에 있어서는 텍스트의 구조나 화소를 분석하여 그 의미를 드러내는 작업이 많이 이루어졌다. 강진옥은 설화의 사건 구조가 문제 상황과 그 해결이라는 요소로 이루어져 있다고 밝히고 설화에 나타난 문제해결방식들에 나타나는 인식의 양상과 의미 기능을 탐구하였다.[3] 정재민의 논의 역시 설화에 나타난 운명 극복 방식을 고찰하여 전승 집단의 습속과 인식을 파악하였다는 점에서 유사한 측면이 있다.4 다만 강진옥의 논의는 설화에 나타난 보편적인 의식 세계를 현대를 사는 새로운 가치로 연결하여 부각시켰다는 특징이 있고, 정재민의 논의는 설화의 유형을 설정하여 서사무가 및 여타 운명담과의 비교 분석을 염두에 두었다는 특징이 있다. 김대숙도 설화의 유형 분류와 관련한 연구를 진행하였는데, 기존의 설화 연구가 미시적이었다는 점을 지적하면서 구비 효행설화라는 상위유형을 설정하여 공통적으로 드러나는 인물의 구도, 세계관 등을 파악하였다.5

전통적인 설화의 분석 방법과 다른 시도로서, 분석심리학적 방법을 이용한 신해진의 논의가 있는데,6 「구렁덩덩 신선비」를 분석하여 설화에 투영되어 있는 인간 특히 여성의 의식 세계를 파악하고자 하였다. 구렁이는 여성이 지닌 성적 무의식이 상징적 남성상으로 전이한 형태라고 하고, 여성들은 미성숙 상태에 있는 동물적 남성상인 구렁이를 성숙의 상태라 할 수 있는 정신적 남성상인 미남 선비로 변신시키고 있다고 하였다.

비교문학적 입장에서 선 논의로서 손지봉, 이종주, 나경수의 논의가 있다. 손지봉은 역사상의 실존인물이 한국과 중국의 설화에 구현되는 양상을 추적하여 비교하였다.7 이종주는 동북아시아에 널리 퍼져 있는 와설화(蛙說話)를 대상으로 그 전승과 의미 체계를 탐구하였는데, 만족과 우리의 설화에서 와(蛙)는 성의 생명원리에서 생육실현의 원리로, 구원과 공동체의 원리로 그 의미가 확대 전이되었다고 하였다.8 나경수의 논의는 신화

---

3 강진옥, 「설화의 문제해결방식을 통해 본 '인식'과 그 의미」, 『구비문학연구』 제3집, 1996.

4 정재민, 「延命說話의 변이양상과 운명인식」, 『구비문학연구』 제3집, 1996.

5 김대숙, 「구비 효행설화의 거시적 조망」, 『구비문학연구』 제3집, 1996.

6 신해진, 「「구렁덩덩 신선비」의 象徵性」, 『한국민속학』 제27집, 1995.

7 손지봉, 「韓・中 說話에 나타난 '石崇'」, 『구비문학연구』 제3집, 1996.

8 이종주, 「東北아시아 蛙說話의 전승과 의미 체계」, 『구비문학연구』 제3집, 1996.

전파론적 입장에서 신화 및 전승 집단의 계통을 밝히고자 하였다. 탈해신화와 중국의 서언왕신화를 비교하였는데, 탈해신화의 한반도 전파가 淮夷族의 이동과 관련이 있다고 하였다.[9] 조선족이 전승해온 설화를 연구의 영역으로 끌어들이는 작업도 이루어졌는데, 신현규는 발해(渤海)가 배경이 된 홍라녀전설(紅羅女傳說)을 연구 대상으로 삼았다.[10]

이러한 연구와는 방향을 달리 해서 현장론적 입장에서 화자(話者) 연구가 이루어졌다. 이수자는 탁월한 남성 화자를 발굴하여 소개하면서 이야기를 구성하는 방식 및 연행하는 방식을 밀도 있게 고찰하였다. 또한 남성 화자의 설화 세계에 나타나는 특징을 파악하여 구비문학 일반론에 접근하는 논의를 보여 주었다.[11]

현장론적 연구라고 할 수는 없으나 전설이나 설화의 현장을 되짚어 찾아가 그 지역의 민속 및 역사·지리적인 여건과 작품의 관계를 따진 논의가 있었다. 이영수는 전설이 전승되는 현지 조사를 토대로 그 지방의 실화(實話) 및 민속, 제의 등과 관련하여 손돌목 전설의 성립 배경과 의미를 고찰하였다.[12] 이준곤 역시 현지답사를 통한 입체적인 연구를 시도하여 용신창사설화(龍神創寺說話)를 중심으로 불교와 용신신앙의 습합양상을 살피고 용신신앙의 신앙적인 의미를 추출하고자 하였다.[13] 용신창사설화를 용신호법형 창사설화, 용신현현형 창사설화, 용신구축형 창사설화 등의 유형을 분류하여 전승집단의 의식 차이를 구명하였고 한국의 민간신앙과 불교의 상관 관계 및 변천 과정을 밝히고자 하였다.

그밖에 서사문학의 테두리 안에서 소설과의 관련성을 다룬 논의가 있었는데, 임철호는 아기장수설화와 홍길동전의 관련성을 탐색하면서, 홍길

---

9 나경수, 「解脫神話와 徐偃王神話의 比較研究」, 『한국민속학』 제27집, 1995.
10 신현규, 「渤海의 鏡泊湖 紅羅女傳說 研究」, 『한국민속학』 제27집, 1995.
11 이수자, 「이야기꾼 이성근 할아버지 연구」, 『구비문학연구』 제3집, 1996.
12 이영수, 「손돌목[孫乭項] 傳說의 分析과 現場」, 『비교민속학』 제13집, 1996.
13 이준곤, 「龍神創寺說話의 형성과 그 의미」, 『구비문학연구』 제3집, 1996.

동전이 형성된 배경의 요인을 아기장수설화의 전승에서 찾고자 하였다.[14] 설화의 기본형을 설정하고 무명형 아기장수설화와 유명형 아기장수설화의 전승과 변이 양상에 대하여 다루었다.

한편, 신동흔은 현대의 이야기 문화를 연구 대상으로 삼았다.[15] 일련의 논문을 통하여 구비문학의 연구 대상을 현대의 전파 문학까지 확장할 것을 주장해 왔는데, TV 토크쇼를 대상으로 그 연구의 실제를 보였다고 할수 있다. 현대의 구비문학을 분석하는 학문적 연구 모형을 거듭 제시할 필요가 있으며 그것은 전통적인 구비문학 연구 방법의 연장선 위에서 모색해야 할 것이다.

2) 무가

연구 논문의 수로 볼 때 무가의 연구는 그리 활발하지 않았던 것 같다. 그러나 〈무가 연구의 새로운 방향과 과제〉가 국제학술심포지엄의 주제로 채택되는 등 그 관심은 어느 때보다 높았다고 할 수 있다.[16] 서대석은 "동북아시아 무가의 비교 연구"에서 지리적 역사적 연관 관계를 지닌 것으로 알려진 한국, 만족, 아이누족의 무가를 고찰하였고, 이러한 연구를 통하여 제의 및 주민들의 삶과 문화가 무가에 대응하는 양상에 대한 보편적인 결론을 도출할 수 있음을 보여주었다. 박경신은 "동해안 별신굿 축원 무가의 작시 원리"를 발표하였는데, 무가의 텍스트에 매몰되지 않고 무가의

---

14 임철호, 「아기장수 설화의 전승과 변이」, 『구비문학연구』 제3집, 1996.

15 신동흔, 「현대 구비문학과 전파매체」, 『구비문학연구』 제3집, 1996.

16 제3회 동아시아 국제학술심포지엄, 『무가 연구의 새로운 방향과 과제』, 경기대학교, 1996.
　서대석, 「동북아시아 무가의 비교 연구」
　박경신, 「동해안 별신굿 축원 무가의 작시 원리」
　김헌선, 「동아시아 무속서사시 비교 연구」
　황루시, 「서울 지역 무가의 연구」

연행 조건과 결부하여 고찰한 현장론적 연구에 해당한다. 김헌선은 "동아시아 무속서사시 비교 연구"에서 제주도 당신본풀이, 아이누유카르, 미야고신가, 만주신가를 고찰하였다. 한국 구전서사시의 세계문학사적 위치를 구명하는 데 연구의 의의를 두고 있다. 황루시는 "서울 지역 무가의 연구"를 발표하였다. 앉은 부정, 청배, 만수받이, 공수 등 재수굿 무가의 구성 단위를 설정하여 거리별 무가 내용을 분석하였다. 서울 지역의 무가는 상당히 형식화되어 있고 양이 풍부하지 않다고 하였는데 이는 무당의 분화에 따른 기능 저하 때문이라고 하였다.

연구 논문으로는 박경신의 "一般巫歌의 作詩 방법"이 있다.[17] 그동안 무가 연구의 대다수를 차지해온 서사무가의 연구 성과를 보완하면서 일반무가로 연구의 영역을 넓힌다고 전제하고, 연구자가 해온 일련의 작업과 같이, 무속제의 전체의 논리 속에서 신격(神格)에 대한 인식의 층위를 고찰하고 이것을 구체적인 무가의 작시 원리와 연결 지었다. 이경엽 역시 굿 전체와의 관련 속에서 무가의 문학성과 의미를 파악하는 논의를 내놓았다.[18]

무가 연구에서는 텍스트에만 몰두하지 않고 연행의 현장과 무가의 상호 관련 속에서 텍스트를 바라보려는 연구의 흐름을 파악할 수 있다. 무가의 연행 현장인 무속(巫俗)이 현재에도 살아 있기 때문에 그러한 현장론적 연구가 특히 의미가 있다고 할 수 있다. 동아시아 무가의 비교 연구 역시 살아있는 무속과 결부시켜 논의할 수 있다는 점에서 큰 성과를 기대할 수 있다.

3) 민요

민요 관계 전문 학술지를 참고하지 못한 관계로 다양한 논의들을 모두

---

17 박경신, 「一般巫歌의 作詩 방법」, 『구비문학연구』 제3집, 1996.
18 이경엽, 「전남지역 '망자굿' 무가의 전개 유형과 의미」, 『구비문학연구』 제3집, 1996.

다룰 수는 없다. 그러나 몇 가지 연구 업적을 통해서 보면, 민요 연구는 현장론적 연구와 시학적(詩學的) 연구의 두 방향에서 이루어지고 있음을 알 수 있다. 김헌선은 경상북도 지역의 민요를 대상으로 논농사의 작업 과정과 민요의 연관 관계를 추적하였다.[19] 논농사의 터전인 논, 대상인 곡식, 작업 과정을 이해함으로써 인간의 삶 또는 생태계와 문학을 연결 지으려 했다고 할 수 있다. 민요에 국한된 연구는 아니지만, 임재해 역시 이러한 입장에서 우리 민속과 전통 문화를 생태계 이론 및 공생적 세계관에 입각하여 해석하고자 하였다.[20] 농작물이라는 생명체에 대한 진지한 관심 없이 농업과 관련된 문화를 이해하려는 것은 잘못이라고 지적하면서 민속학과 생태학이 함께 어우러질 것을 주장하였다.

민요의 시학적 특성에 관한 연구에 있어서는, 좌혜경이 『民謠詩學 硏究』라는 저서를 내고[21] 의미구성론, 유형구조론, 서술구조론, 전승변이론으로 나누어 논의를 전개하였다. 의미구성론에서는 민요의 의미화 방식에 대한 논의와 함께 각편의 생성 과정과 의미 단위의 생성 규칙을 분석하였다. 유형구조론에서는 의미단락으로 구조화된 여러 주제 차원의 유형을 추출하고 전개되는 모습을 고찰하였다. 전승변이론에서는 노래의 전승 변이 구조가 공간, 시간 등 외부 조건의 변이에 따라서 어떻게 달라지는가를 고찰하였다. 최원오는 서정 민요인 〈모심는소리〉를 대상으로 시학적인 분석을 시도하여 민요의 노랫말이 생성되는 규칙을 설명하고자 하였다. 민요의 창자들은 체험적 근거 위에 많은 은유적 개념을 만들어내게 되고 이것들을 기억했다가 적절하게 병치하고 치환하여 새로운 노랫말을 만들어낸다고 하면서 '열림의 시적 구조'라는 표현을 사용하였다.[22]

---

19 김헌선, 「경상북도 지역의 논농사와 민요」, 『구비문학연구』 제3집, 1996.
20 임재해, 「민속놀이의 주술적 의도와 생산적 구실」, 『비교민속학』 제13집, 1996.
21 좌혜경, 『民謠詩學 硏究』, 국학자료원, 1996.
22 최원오, 「민요의 시학적 연구」, 『구비문학연구』 제3집, 1996.

4) 전통극

전통극 연구는 다른 영역과 달리 쟁점 중심의 논의가 이루어졌다. 탈춤의 경우 기원과 형성에 관한 논의는 연구의 초기부터 논란이 있었는데 최근에 와서 다시 흥미를 끌고 있다. 침강문화적 관점에서 나온 나례 산대희설에 대하여 상승문화적 관점에서 나온 도시탈춤설이 유력한 입장으로 받아들여지던 상황에서, 침강문화적 형성론이 다시 제기되면서 논쟁이 시작되었는데, 〈남성관희자(南城觀戱子)〉의 발굴이 그 계기가 되었다고 할 수 있다.

윤광봉은 〈남성관희자〉를 분석하여 서울의 상업 지역을 중심으로 탈춤이 성행하였고 서울의 탈춤이 각 지방 탈춤의 시원(始源)이 되므로 침강문화설을 부정할 수 없다고 하였다. 전경욱은 탈춤의 나례 산대희 기원설을 지지하는 입장에서, 나례의 어떤 요소가 어떻게 탈춤에 영향을 주었는가 증명하고자 하여23 중국의 나례 및 우리나라의 궁정, 관아, 민간에서 거행된 나례에 대하여 고찰하면서 현전 탈놀이의 등장인물이나 극적 형식과 유사한 측면들을 찾아내고자 하였다.

사진실은 탈춤의 침강문화설을 부정하는 입장에서 논의를 내놓았다. "조선전기 儺禮의 변별 양상과 공연의 특성"에서 나례의 차별성에 주목하였는데, 궁중의 행사로서 일컫는 나례(儺禮)는 그 행사의 목적에 따라 '관나(觀儺)'와 '설나(設儺)', '구나(驅儺)'로 철저하게 구분되어 있으며 각각의 나례가 지니는 공연 미학과 무대 공간의 특성, 공연 종목의 성격이 달라지는 상황을 밝혔다.24 나례의 실상을 밝히는 데 일차적인 목적이 있었고, 더 나아가 나례와 전통극의 관계 여부를 증명할 토대를 마련하고자 한 것

---

23 전경욱, 「탈놀이의 形成에 끼친 儺禮의 影響」, 『민족문화연구』 28, 고려대 민족문화연구소, 1995.

24 사진실, 「조선전기 儺禮의 변별 양상과 공연의 특성」, 『구비문학연구』 제3집, 1996.

이었다. 이 논의를 이어 "조선시대 서울지역 연극의 공연상황 연구"에서
는 전통극의 역사적 전개 과정을 밝히고자 하였다.[25] 조선시대의 서울지
역에서 궁정을 중심으로 하는 공식문화와, 시정을 중심으로 하는 비공식
문화의 층위가 공존하며 교섭한 양상에 주목하여 연극의 공연상황을 비
교 고찰하였다. 전기에 국가 주도로 이루어지던 연극이 후기에 오면 민간
에서 주도하는 시정의 흥행물로 바뀌게 되는데 그 과정에서 본산대 탈춤
이 등장하였다고 하였다. (16)의 연구는 조선시대 배우의 존재 양상과 공
연 관리 기구에 관하여 새로운 사실을 고증하여 예능인에 대한 고정적인
편견을 불식시킬 근거를 마련하였다고 할 수 있다.

조동일은 탈춤의 연극미학적 원리인 '신명풀이'에 대한 이론을 정립하
고자 하였는데,[26] 김욱동이 『탈춤의 미학』에서 논쟁적인 문제 제기를 한
것에 대한 응답의 의미를 지니는 것이다. '신명풀이', '카타르시스', '라사'
는 모두 연극을 보는 관객의 반응을 중시하는 용어로서 같고도 다른 차이
가 있어 비교론의 대상이 된다고 하고, 각 용어의 원리에 충실한 작품의
특성 및 세계관을 비교하였다. 탈춤의 연극미학을 한국사상사의 흐름과
연결시키고, 구비문학의 연구 성과를 세계연극사 내지 세계문학사의 이
론을 창출하는 데까지 연결시킨 선구적인 사례라고 할 수 있다.

임재해는 북한에서 이루어진 연구 성과를 섭렵하여 논쟁의 대상으로
삼았는데 특히 꼭두각시놀음 연구의 쟁점들을 제시하고 비판하였다.[27] 18
가지의 항목에 걸쳐 문제를 제기하고 남북한의 견해차와 그 원인을 분석
하였다. 특히 서울의 꼭두각시놀음과 장연 지방의 꼭두각시놀음이 극적
진행 방식에서 차이를 보이며 장연의 연극이 서울의 것에 비하여 우월하

25 사진실, 「조선시대 서울지역 연극의 공연상황 연구」, 서울대학교 박사학위논문, 1997.

26 조동일, 「연극미학의 세 가지 기본원리, '카타르시스' · '라사' · '신명풀이' 비교연구」, 『구
비문학연구』 제3집, 1996.

27 임재해, 「남북한 꼭두각시놀음의 전승양상과 해석의 비교연구」, 『구비문학연구』 제3
집, 1996.

다는 입장을 밝힌 북한 쪽 연구 결과에 대하여 반론을 제기하였다. 서울, 장연, 서산의 꼭두각시놀음을 연행한 전승집단의 성격을 구명하여 연극의 전승 집단과 연극 내용의 관계 양상을 밝힌 것이 큰 성과라고 여겨진다.

탈춤의 제의성을 고찰하는 논의가 꾸준히 이어졌다. 박진태와 유달선은 영남지방의 탈놀이가 제의상관성 또는 신앙성을 강하게 지닌다는 특성에 주목하여 영남지방의 동제와 탈놀이를 고찰하였고, 하회별신굿놀이와 동해안 별신굿놀이를 농촌형 별신제와 어촌형으로 별신제로 나누어 대비하였다.[28]

전경욱은 최근의 전통극 연구에서 가장 활발한 논의를 펼치고 있는데, 논쟁을 불러일으키는 역사적 연구뿐만 아니라 텍스트 분석, 자료 정리[29]에 이르기까지 많은 성과를 내었다. "탈놀이 대사의 형성원리"에서는, 탈춤 대사의 묘미가 율동감에 있다고 하면서 율동감을 주는 요소로서 여러 가지 대사 형성의 원리들을 탐구하였다.[30] 북청사자놀이의 전수자이기도 한 연구자가 남다른 애착을 가지고 간행한 『북청사자놀이 연구』는 문헌 자료, 제보자의 구전 자료, 현장에서의 경험을 토대로 북청사자놀이를 입체적으로 재구하였다고 할 수 있다.[31]

이균옥은 동해안 지역의 무당굿놀이를 연극적 관점에서 고찰하여 공연 방식의 원리 및 희곡적 짜임새를 세밀하게 분석하는 성과를 내었다.[32] 김익두 역시 연극의 범주를 확장하여 풍물굿의 공연 원리와 연행적 성격을 밝히는 성과를 내었다. 풍물굿은 무당굿이나 판소리와 달리 참가자 누구에게나 열려 있는 '개방성의 극대화'를 이루고 있으며, 공연자와 청관중의 경계가 무너지고 더 나아가 청관중이 주공연자화되고 원래의 공연자가

---

28 박진태·유달선, 『영남지방의 洞祭와 탈놀이』, 태학사, 1996.
29 전경욱, 「駕山五廣大 演戱本」, 『한국민속학』 제27집, 1995.
30 전경욱, 「탈놀이 대사의 형성원리」, 『구비문학연구』 제3집, 1996.
31 전경욱, 『북청사자놀이』, 태학사, 1997.
32 이균옥, 「동해안 지역 巫劇의 연구」, 경북대 박사학위논문, 1996.

보조자화되는 과정적 발전과 전개를 보인다고 하였다.[33]

그밖에 중마당의 주제에 대하여 논의한 정형호의 연구가 있다. 가면극에 등장하는 중을 생산신형, 벽사주재자형, 방위신형, 유랑예인형, 파계승형으로 나누고, 중마당의 주제로서 풍요 기원, 민중의 생활상의 어려움, 민중의 놀이 정신 등이 부각되어야 한다고 하였다.[34]

5) 판소리

판소리연구는 구비문학 연구에 속해 있다기보다는 공연예술사라는 커다란 연구 영역에 속해 있다고 할 수 있다. 김종철의 두 저서인 『판소리사 연구』[35]와 『판소리의 정서와 미학』[36]은 예술사의 흐름 속에서 판소리의 역사적 전개 양상과 미학적 특질의 관계를 밝힌 성과물이라고 할 수 있다. 19세기 판소리사는 그 향유 중심층의 고착이나 이동의 관점에서 보기보다는 판소리의 민중성이 그 흥행과 예술성에서 어떻게 근대성을 획득해 나가며 그 한계는 무엇이었는가의 관점에서 조명되어야 한다고 전제하고, 평민층의 기반 위에서 성장해온 판소리가 18세기 이래 중서층, 양반층에 이르기까지 그 향유층을 확대했으며 20세기 초에는 대중예술로서 자기 위상을 정립해 나갔다고 밝혔다. 『판소리의 정서와 미학』에 실린 "19세기 판소리사와 「변강쇠가」", "「장끼전」과 뒤틀림의 미학", "창이 전승되지 않는 판소리의 종합적 연구" 등 일련의 논문들에서는 창을 잃은 판소리 7마당의 정서와 미학적 특징에 주목하여 판소리 전승과 탈락의 분기점은 어디에 있었는지 밝히고자 하였다. 그에 의하면, 19세기는 상하층의 대립이 격화되는 시기였으며 중세적 질서가 총체적으로 문제되던 시

---

33 김익두, 「풍물굿의 공연원리와 연행적 성격」, 『한국민속학』 제27집, 1995.12.
34 정형호, 「假面劇에 나타난 '중'의 성격 고찰」, 『한국민속학』 제27집, 1995.
35 김종철, 『판소리사 연구』, 역사와비평사, 1996.
36 김종철, 『판소리의 정서와 미학』, 역사와비평사, 1996.

기였고, 이런 상황에서 주인공의 성격이나 작품의 미학적 특징 등에서 시대 정합적인 작품이 살아남은 것이라고 하였다. 적벽가의 미적 특질을 밝힌 연구도 판소리의 정서와 시대의 흐름을 연관 지어 해명한 것인데, 적벽가의 기괴미(奇怪美)는 중세 해체 이후 근대사의 파행이 개인의 심리와 정서에 끼친 상흔을 보여준다고 하였다.[37]

"판소리「숙영낭자전」연구"에서는 소설본과 창본을 비교하여 소설이 판소리화하는 방식을 고찰하였다. 성현경도 소설본 〈숙영낭자전〉과 창본 〈숙영낭자가〉를 비교하여 소설의 판소리화 과정을 고찰하였는데, 이 과정에서 어떠한 구조, 의미, 문체, 미(美), 세계관의 변화가 생겼는지 논의하였다.[38]

박일용은 판소리의 형성 과정에서 식자층의 가사체 〈심청전〉류가 개입하였을 가능성을 주장하여, 특별한 매개 과정 없이 광대의 구비적인 적층 과정만을 통하여 형성된 것이라고 믿어온 종래의 통설에 심각한 반성을 촉구한다고 하였다. 그는 박순호 19장본 〈심청전〉이 오늘날 연행되는 〈심청가〉의 모태적 성격을 강하게 지닌다는 사실을 증명하여 가사체 심청전 이본으로부터 더늠을 확대하여 창으로 향유할 수 있는 판소리 창본으로 이행해가는 과정을 검증하고자 하였다.[39]

직접적인 논쟁이 이루어지지는 않았지만 판소리 형성에 관한 쟁점적인 논의로서 손태도의 연구가 있다. 그는 구비문학 분야의 작가 연구라 할 수 있는 광대 연구에 관심을 기울여「판소리 단가를 통한 광대의 가창 문화 연구」,[40]「과거 제도를 통한 광대의 가창 문화 연구」[41] 등의 논문을 내

---

37 김종철,「「적벽가」의 민중정서와 미적 성격」,『판소리硏究』제6집, 1995.

38 성현경,「〈숙영낭자전〉과 〈숙영낭자가〉의 비교」,『판소리硏究』제6집, 1995.

39 박일용,「가사체 〈심청전〉 이본과 초기 판소리 창본계 〈심청전〉의 관련 양상」,『판소리硏究』제7집, 1996.

40 손태도,「판소리 단가를 통한 광대의 가창 문화 연구」, 서울대학교 석사학위논문, 1996.

놓았다. 그가 말하는 '가창'이란 판소리를 말하는 것으로, 궁극적으로는 광대들의 가창 문화를 검토하여 판소리 형성 문제를 해명하려는 노력을 보이고 있다. 아직 결정적인 견해를 내놓지는 않은 상태에서 서사무가 발생설, 광대 소리 발생설, 소학지희 발생설 등을 모두 포괄한 판소리 형성론을 언급하고 있다. 그러나 기존의 학설을 모두 감싸 안으려는 자세는 소극적이라 할 수 있다. 판소리 등 공연예술의 생성과 발전을 가능하게 한 문화적 기반을 재구한다는 취지에 맞게 선행 연구에 대한 전면적인 재검토를 시도할 필요가 있다.

판소리나 소학지희 등을 담당한 예능인은 실제로 같은 부류이거나 적어도 문헌 자료상 '우인(優人)' 또는 '배우(俳優)'라는 명칭을 공유하고 있는 실정이다. 따라서 판소리 창자의 연구에서 소학지희, 탈춤 등 연극의 연행자 연구를 필수적으로 검토할 필요가 있고 전통 공연예술의 측면에서 통합적인 연구가 있어야 할 것이다.

신재효의 판소리 개작의식을 다룬 논의가 여러 편 있었다. 정양은 〈십장가〉를 분석하여 봉건질서와 판소리 예술의 공존을 도모하던 신재효의 문화적 굴절 양상이 나타난다고 하였다.[42] 김현양은 신재효의 개작 사설이 개혁적 지향을 드러낸다고 하여 반대되는 의견을 제시하였다. 즉 봉건 권력과 민중을 매개하는 매개적 인물의 부각시키는 등 진보적인 계기가 내재되어 있다는 사실을 밝히고, 신재효가 19세기에 드러난 현실 문제를 해결하기 위한 지식인으로서 자기 실천의 모습을 보였다고 하였다.[43] 조성원도 신재효의 개작의식에 대하여 접근한 논의를 내었고,[44] 이강엽은 신재효 문체의 기록문학적 특성에 대하여 고찰하였다.[45]

41 손태도, 「과거 제도를 통한 광대의 가창 문화 연구」, 『판소리硏究』 제7집, 1996.

42 정양, 「신재효의 십장가」, 『판소리硏究』 제6집, 1995.

43 김현양, 「신재효 판소리 사설의 변주적 특성과 그 성격」, 『민족문학사연구』 제9호, 민족문학사학회, 1996.

44 조성원, 「〈남창 춘향가〉의 개작의식」, 『판소리硏究』 제6집, 1995.

판소리의 주제 및 그 형상화 방식을 탐구한 논문들도 제출되었다. 정출헌은 "「심청전」의 민중정서와 그 형상화 방식"에서 현실성과 낭만성이 구현되는 양상을 밝히고 환상성 속에 감추어진 현실적 토대를 발견할 수 있다고 하였다.[46] 신동흔은 "평민 독자의 입장에서 본 춘향전의 주제"에서 주요인물의 작품내적 관계로부터 작품의 의미를 도출해내는 것이 아니라 수용자인 독자와 텍스트의 역학 관계를 통하여 의미를 파악하는 방법론적 개진을 시도하였다.[47] 심상교와 이성권은 〈적벽가〉의 주제론에 관련된 연구사를 검토하였다.[48][49] 판소리 연구는 쟁점별로 따로 정리할 만큼 매우 방대한 양의 연구사가 축적되었다는 사실을 알 수 있다.

선행 연구 성과물 자체나 연구자를 대상으로 논의한 연구가 있었다. 정하영은 선행 연구 성과인 『판소리 發生攷』의 의의(意義)와 한계를 검토하여 판소리 연구의 새로운 방향을 모색하고자 하였다.[50] 신동흔 역시 구비문학 연구에 기여한 고정옥의 삶과 학문세계를 조명하는 논문을 내었다.[51]

새로운 창자와 이본을 소개하는 논의가 있어, 김기형은 판소리사에서 제외된 동편제 명창인 김정문에 대하여 그의 계보, 사승 관계를 밝혔고[52] 김종철은 〈별춘향전〉을 소개하였다.[53] 그밖에 판소리의 발상지를 찾아 실

45 이강엽, 「신재효 문체의 기록문학적 특성」, 『판소리硏究』 제6집, 1995.

46 정출헌, 「「심청전」의 민중정서와 그 형상화 방식」, 『민족문학사연구』 제9호, 민족문학사학회, 1996.

47 신동흔, 「평민 독자의 입장에서 본 춘향전의 주제」, 『판소리硏究』 제6집, 1995.

48 심상교, 「판소리의 비극성에 관한 연구사적 검토」, 『판소리硏究』 제7집, 1996.

49 이성권, 「〈적벽가〉의 주제론적 검토와 문제점」, 『판소리硏究』 제7집, 1996.

50 정하영, 「「판소리 發生攷」의 意義와 課題」, 『판소리硏究』 제7집, 1996.

51 신동흔, 「고정옥의 삶과 학문세계」, 『민족문학사연구』 제7호·제8호, 민족문학사학회, 1995.

52 김기형, 「판소리 명창 김정문의 생애와 소리의 특징」, 『구비문학연구』 제3집, 1996.

53 김종철, 「완서신간본(完西新刊本) 〈별춘향전〉에 대하여」, 『판소리硏究』 제7집, 1996.

화(實話)와 민속(民俗), 제의(祭儀) 등을 통하여 발생의 현실적인 배경을 되짚어본 논의가 있었고,[54] 국악 발성법의 차원에서 판소리의 '득음'이 지니는 의미를 살펴본 논의가 있었다.[55]

3. 맺음말

모든 문학은 텍스트 및 그것을 둘러싼 세계를 갖고 있으므로 텍스트와 세계의 관계 속에서 또는 텍스트 자체의 완결된 구조 속에서 그 의미와 가치를 드러내는 작업이 이루어진다. 구비문학 역시 텍스트 자체를 연구 대상으로 삼은 논의와, 세계와의 연관 관계를 연구 대상으로 삼은 논의가 따로 분류된다.

한편, 구비문학은 과거의 어느 시점에 멈추지 않고 현재까지 지속적으로 전승되고 있다는 특성을 지니므로, 구비문학의 텍스트를 둘러싼 세계는 '그때'와 '지금'으로 나눌 수 있다. 과거의 한 시점인 '그때'를 배경으로 텍스트의 의미와 가치를 따지는 연구가 있을 수 있고 '지금'을 배경으로 텍스트가 구현되는 상황을 따지는 연구가 있을 수 있다. 후자가 현장론적 연구에 해당한다면, 전자는 구비문학 텍스트의 역사적, 현실적 성격을 드러내는 연구에 해당한다. 또한 '그때'에서 '지금'까지 텍스트와 세계의 변모 양상을 다루었다면 그것은 구비문학의 역사적 연구라고 할 수 있다.

지난 한 해 동안의 구비문학 연구사를 살펴 본 결과, 분야에 따라 특정한 연구 방향에 치우쳐 있다는 사실을 알 수 있었다. 물론 구비문학의 각 장르가 처한 상황에 따라 가장 효과적으로 수행할 수 있는 연구의 방향으

---

54 김창진, 「興夫 發福마을의 現場的 考察」, 『판소리硏究』 제6집, 1995.
55 문승재, 「국악 발성법의 음향학적 특질: 판소리의 "득음"의 의미」, 『판소리硏究』 제7집, 1996.

로 논의가 집중되기 마련이다. 그러나 구비문학의 의의와 가치를 드러내기 위해서는 텍스트 내적인 연구, 텍스트 외적인 연구, 역사적인 연구가 균형 있게 이루어져야 한다.

구비문학은 말로 전달되는 문학으로 일회적인 속성을 가지고 있어 구체적인 역사적 시점과 텍스트를 직결시키기 어려운 면이 있으므로 특히 역사적 성격 분석이나 역사적 전개 과정의 연구에 어려움이 많았다. 탈춤이나 판소리의 경우 전문 예능 집단의 예능이기 때문에 그나마 문헌에 기록될 기회를 얻었지만, 민요, 설화, 무가 등 민속으로 전해진 일반 민중의 구비문학은 기록 자료의 힘을 빌기가 어렵다. 대신 전해지는 작품량이 방대하고 현재에도 전승력을 지니고 있기 때문에 작품 분석이나 현장론적 연구가 집중되었다.

마침, 구비문학 연구의 취약 부분이라고 여겨졌던 역사적 연구에 대하여, 1997년 2월 한국구비문학회의 전국학술대회에서 〈한국구비문학사의 재조명〉이라는 주제로 구비문학 각 장르의 역사적 전개 양상에 대한 발표가 있었다. 역사적 연구가 제법 주목을 받았던 탈춤, 판소리를 비롯하여, 무가, 수수께끼 등 역사적 연구에 어려움이 있어 보이는 장르에 이르기까지 새롭고 흥미로운 문제를 제기하여 연구 의욕을 불러일으키는 좋은 기회가 되었다.[56]

구비문학 연구의 균형 있는 발전을 위해서는 각 영역에 대한 전문적인 논의를 고집할 것이 아니라 구비문학의 양식들을 넘나드는 교차적인 연구를 더욱 활성화하는 것이 바람직하다고 여겨진다. 또한 방법론적 논쟁

---

56 이 글을 발표한 국문학연구회가 있은 이후에 한국구비문학회의 전국학술대회가 개최되었기 때문에 본문에서는 다루지 않았다. 구비문학의 역사적 연구에 대한 발표는 1996년 연구사의 결산이라기보다는 1997년 이후 연구사의 새 출발이라는 점에 의의가 있었다고 보기 때문이기도 하다. 학술발표와 토론의 내용을 곧 출간한다고 하므로 1997년의 연구사 검토에서 그 성과를 다루게 되리라 기대한다. 지난해에 나온 좋은 연구 성과물 가운데 빠진 것이 분명 있을 줄 안다. 그것은 전적으로 필자의 과문한 탓이므로 널리 양해를 구하고 싶다.

을 불러일으킬 수 있는 공동의 연구 주제를 선정하여 각 분야의 연구자들
이 함께 발표하고 토론하는 것도 좋은 방안이라고 생각한다.

4. 時調에 있어서 '人生'의 표출양상[1]

1. 머리말

문학연구에서 시간의 문제를 구명하는 것은 작품을 더욱 총체적으로 이해하는 데 보탬이 된다 하겠다. 이러한 시간의 문제는 주로 시간의식 또는 시간인식의 측면에서 다루어졌다. 고전시가, 특히 시조의 분야에서도 시간의 문제를 탐구한 기존의 연구가 있는데 역시 의식의 측면을 고찰한 것이었다. 그러나 본고에서는, 시조작품의 제재로 다루어진 '시간'에 주목하고자 한다. '시간'의 개념은 매우 추상적이고 범박하며 철학적인 것이어서 시간자체를 제재로 삼아 노래하기란 쉽지 않은 일인 듯하다. 실제로 시조에서 이러한 개념의 시간자체를 노래한 예는 찾기 어렵다고 하겠다. 다만 '인생'이라는 용어를 사용할 때 시간을 제재로 한 시조작품을 파악할 수 있는 길이 열린다. '인생'은 '시간'의 개념이 인간의 의식을 통하여 구체화되고 변형된 개념이기 때문이다. 다시 말하면 문학에서 다루어진 시간은 다름 아닌 인간의 시간, 즉 '인생'이다. 기존의 연구에서 논의된 '시간의식'이라는 것도 결국은 시인이 '짧은 인생'을 어떻게 살아가려고 하는가하는 문제로 귀결되었음을 볼 수 있다.

서대석은 시조에 나타난 시간의식을 네 가지로 나누고 있는데, 1)인간의 한계를 인식하고 인간이 무상한 존재임을 깨닫는 자세, 2)주어진 시간

---

1 출처: 미발표 원고. 권두환 교수의 '고려가요연구'라는 대학원수업에서 1992년 6월 25일에 발표한 것이다.

을 보다 즐겁게 활용하자는 의식, 3)한정된 삶을 한탄하거나 기원하는 자세, 4)시간의 제약을 극복하겠다는 적극적 자세 등이다.[2] 이것은 시간인식이나 시간관이라기보다는, 시간성에 직면한 인생의 자세라고 할 것이다. 김일렬은 황진이·이황·이현보의 시조를 중심으로 시간의식을 고찰하였는데, 자연[道]을 신(神)으로 섬기는 사대부의 경우 도덕적 성실성을 통해 시간의 흐름을 극복하려 했고, 신(神)을 갖지 못한 기녀의 경우 애정적 교섭을 갈구하며 시간의 파괴로부터 구원받으려 했다고 하였다.[3] 역시 시간의식을 다루었다기보다는 시간의 흐름에 대한 인생의 자세를 다루었다고 하겠다. 정혜원은 고시조에 나타난 내면의식으로서 시간의식과 공간의식을 고찰하였다.[4] 시간인식에 있어서는, 주관적 시간인식의 방법으로서 시간의 공간화, 수유성의 자각, 도와 가역성(可逆性)의 추구 등을 들었고 죽음과 시간의 문제, 자연의 순환성과 인간의 일회성의 갈등을 살피는 한편 그 극복방법을 파악하여 현세 중심적 시간의식이 주류를 이루고 있다고 하였다. 결론적으로 시간의식의 문제를 도출해 내었지만 그것은 사실 인생관의 문제와 직결된다. 김신중은 사시가(四時歌)의 성립과 유형전개 양상을 다루어 사대부들의 사시인식(四時認識)이 시간의 운행을 주기적, 반복적인 원(圓)으로 파악한 세계관에 근거하고 있다고 하였다.[5] 송팔성은 사시가(四時歌)에 나타난 자연관과 시간인식을 검토하였는데 사시가의 종류를 전원·강호·선간(仙間)이라는 개념을 통해 구분하고 각각 선형적·원형적·점형적 시간인식을 견지하는 것으로 결론지었다.[6] 김신중과 송팔성의 연구는 본격적인 시간인식 내지 시간관을 다루었다고 할 수 있다.

서대석, 김일렬, 정혜원의 연구는 비록 '시간인식'이라는 논제를 달고

---

2 서대석, 「시조에 나타난 시간의식」, 『한국시가문학연구』, 신구문화사, 1983, 207면.
3 김일렬, 「시조에 나타난 시간의식」, 『한국시가문학연구』, 신구문화사, 1983, 226면.
4 정혜원, 「고시조에 나타난 내면의식 연구」, 서울대 박사학위논문, 1986.
5 김신중, 「四時歌의 성립과 유형전개 양상」, 국어국문학 연구발표대회, 1990.
6 송팔성, 「사시가의 자연관과 시간인식」, 서울대 석사학위논문, 1992.

있지만 본 고찰에 많은 참고가 될 수 있다. 다만 시조의 제재에 대한 연구라는 측면을 분명하게 하고 그에 관한 더욱 정치한 연구를 가능하게 하기 위하여, 시간의식 내지 시간관의 연구와 혼동하지 않으려 한다. '인생'이라는 용어를 사용하여 연구대상을 명확하게 설정하려는 것도 그러한 이유에서이다.

따라서 본고에서는 '인생'을 제재로 다룬 시조작품을 찾아 그 표출양상을 고찰하고자 한다. 먼저 자연과 인생의 비유와 대비 양상과, 늙음과 죽음을 표현하는 방식을 살피고 이어서 화자의 삶의 태도와 이에 따르는 진술방식상의 특징을 파악하고자 한다.

자료는 『시조문학사전(時調文學事典)』(정병욱 편)에 수록된 작품으로 한정하여 늙음·죽음 등을 포함하여 인생을 노래한 시조를 대상으로 한다.

2. 자연의 비유와 대비

앞의 전제에서 '인생'은 '시간'의 개념이 인간의 의식을 통하여 구체화되고 변형된 개념이라고 하였다. 인간의 의식 내에서 구체화되는 방법으로서 대표적인 것은 자연과의 비유를 통해서이다. 인간은 자신과 자연의 제 현상을 통해 시간 인생의 흐름을 감지하며 특히 시조에서는 이러한 표현방식이 일반화되어 있다.

추상적이고 포괄적인 개념으로서의 시간 역시 자연과의 비유를 통하여 인식된다. 이때 시간은 흘러가는 일회적인 것이기도 하며 또한 영원히 순환하기도 하는 실체로서 나타난다. 그러나 시간의 하위 개념이라고도 할 수 있는 인생을 제재로 한 경우, 인생자체가 순환하며 영원하다고 표현한 시조작품은 찾기 어렵다. 인생은 언제나 짧으며 되돌아오지 못하는 것으로 나타나 있다. 이러한 인생의 속성이 자연과의 비유를 통하여 드러나는 방식은 다시 세부적으로 나누어질 수 있다. 이는 작가가 자연의 모습을 어떠한 눈으로 바라보고 있느냐의 문제와 직결된다. 자연이란, 일관적 법칙을 지닌 객관적인 실체이다. 그런데 이러한 자연이, 인간의 주관으로는 매우 다양한 모습으로 인식되는 것이다. 시조에서 인생을 표현하는 데 비유된 자연의 모습은 세 가지로 분류할 수 있다. '가변(可變)의 자연', '불변(不變)의 자연', '회복(回復)의 자연'이 그것이다.

1) 가변(可變)의 자연

자연의 온갖 물상 중에서 쉽게 변하는 속성으로 가장 널리 비유되는 것은 꽃이다. 특히 떨어지거나 시들어버리는 꽃은 시간의 횡포에 굴복당하는 힘없는 존재로 인식된다. 인생을 노래한 시조에서는 그러한 가변성에 빗대어 인생의 무상함이 표출되고 있다.

閣氏네 곳을 보소 픠는듯 이우는이
얼굴이 玉ㄱ튼들 靑春을 미얏실까
늙은 후 門前이 冷落ㅎ연 뉘웃츨까 ㅎ노라   (38)

여기서 꽃은 짧은 순간 피었다가 곧바로 시들어 버리는 존재이다. 구체적으로 꽃의 이러한 속성에 비유된 것은 각시의 옥 같은 얼굴이다. 옥 같은 얼굴이 늙어버리는 인간의 시간을 바로 인생이라 한다면, 꽃은 인생 그 자체에 비유되고 있다고 할 것이다. 시들어버린 꽃이 다시 피어날 수 없는 것처럼 인생의 영화도 늙으면서 사라져 다시 회복되지 못하는 것으로 표현되었다.

흐르는 물 역시 가변의 자연으로서 인생에 비유되고 있다.

너부나 널은 들희 흐르니 믈이로다
인생이 져러토다 어드러로 가는게오
아마도 도라올 길히 업스니 그를 슬허 ㅎ노라   (460 / 1182)

산은 녜산이로되 물른 녯물 안이로다

晝夜에 흘은이 녯물이 이실쏜야

人傑도 물과 ㄱ도다 가고 안이 오노민라 　　　　　(1050)

물의 흐름이 끊임없다는 사실을 물의 불변성으로 파악하여 노래한 작
품도 있다. 그러나 위의 두 작품은 물이 흘러가 버린다는 사실에 역점을
두고 있다. 그러므로 방금 전에 지나간 물은 당장 눈앞을 지나는 물과 다
르며 다시 돌아올 수 없다는 것이다. 특히 뒤의 작품은 산과 물을 대비하
여 물의 변하는 속성을 부각시키고 있다. 이러한 착안은 정(靜)과 동(動)
의 대비를 통하여 고요한 가운데 불변하는 속성이 있고 움직이는 가운데
변하는 속성이 있음을 추출해 낸 것이라고 하겠다.

　일반적으로는 불변하거나 회복되는 속성으로 알려져 있는 해와 달
에 있어서도 그것을 가변의 자연으로 인식하여 인생에 비유하기도 하
였다.

히도 나지 계면 山河로 도라지고

둘도 보롬 後ㅣ면 흔ㄱ부터 이저 온다

새상에 부귀공명이 다 이런가 ㅎ노라 　　　　　(2296)

해가 졌다가 다시 뜨고 달이 이지러졌다가 다시 차는 불변의 진리를 화
자 역시 모르는 바는 아니었을 것이다. 그러나 화자는 그 순환성에는 눈
돌리지 않은 채 일회적인 변화의 측면에 착안하고 있다. 따라서 변화무쌍
하며 일회적인 부귀공명과 동일한 속성을 갖는 것으로 비유되어 있는 것
이다.

2) 불변(不變)의 자연

불변의 자연으로서 가장 일반적으로 비유되는 것은 '강산 / 산천' 등으로 불리는 거대한 자연 그 자체이다. 이 경우는 그 표현이 거의 관용적이라 할 만한데 이미 잘 알려진 작품 '오백년 도읍지를' 등이 대표적이다. 다음의 작품은 관용적인 표현에서 탈피하여 새로운 심상을 끌어내고 있다.

묻노라 뎌 江山아 너 나건지 몃천년고
英雄豪傑이 몃치나 보얏ᄂᆞᆫ다
이후의 뭇ᄂᆞ니 잇거든 날도 보롸 ᄒᆞ여라   (802)

화자가 인식하는 강산은 몇 천 년 이상 그 있던 자리에 버티고 있는 불변하는 고정적 실체이다. 반면 인생은 일회적인 것으로서, 〈영웅호걸 - 나 - 이후의 뭇ᄂᆞ니〉로 이어지며 끊임없이 변하는 모습으로 나타난다. 화자는, 과거로부터 현재에 이르기까지 얼마나 많은 인간의 흥망성쇠를 지켜보았는지 묻고 있다. 이 상태에서 이미 강산의 불변성과 인생의 가변성이 대립되어 나타난다. 그러나 화자는 미래에 올 사람의 존재를 부각시켜 자신이 하는 질문을 되풀이하게 함으로써 불변성과 가변성의 간격을 더욱 넓히고 있는 것이다.

불변하는 자연으로서 역시 많이 비유되고 있는 것은 산(山)이다. 주변에서 접할 수 있는 자연물 내지 자연경관 중에서 산은 가장 거대하며 정적(靜的)이다. 이러한 느낌으로 인해 산은 불변하는 영원한 실체로서 손쉽게 인식되었다고 하겠다.

묻노라 太華山아 너는 어이 黙重ᄒᆞ니
世上 人事는 朝夕變 ᄒᆞ거니와
암아도 容顔不改는 너ᄲᅮᆫ인가 ᄒᆞ노라   (808)

화자는, 산의 속성을 고요하고 육중한 것으로 파악하고 있다. 그러한 '黙重'은 '不改'라는 직접적인 표현으로 이어져 '朝夕變'하는 인생의 속성과 대비되고 있다.

青山은 엇데호야 萬古애 프르르며
流水는 엇데호야 晝夜에 긋디 아니는고
우리도 그치디 마라 萬古常青 호리라   (2065)

여기서는 산의 속성 언제나 푸르다는 것으로 나타난다. 이때의 산은 실제의 산이라기보다는 관념 속의 산이라 할 수 있다. 한편, 산과 함께 물이 불변의 자연으로 인식되어 인생의 속성에 대비되고 있다. 앞의 논의에서는 물이 가변의 자연으로서 비유되고 있음을 말한 바 있다. 그 경우 물이 흘러가 버려 다시 오지 않는다는 사실에 역점을 두고 있는 것이라면, 지근의 경우는 물의 흐름이 끊임없다는 사실에 주목한 것이다. 따라서 끊임없는 연속성은 불변성으로 파악되어 산과 동일한 속성을 갖는 것으로 나타난 것이다.

앞의 논의에서는 해와 달도 가변의 자연으로 인식되고 있음을 말하였다. 그러나 해와 달은 불변의 자연으로 인식되기도 한다.

天地도 唐虞ㅅ적 天地 日月도 唐虞ㅅ 적
天地日月이 古今에 唐虞ㅣ로되
엇더타 世上人事는 나날 달라 가는고.   (2015)

화자는 지금 자신이 보는 해·달이 당요(唐堯)와 우순(虞舜)의 시절, 즉 아주 오랜 옛날의 해·달과 같다고 말한다. 따라서 여기서는 해와 달의 영원불변성이 부각되면서 나날이 변해가는 세상인사(世上人事)와 대립되고 있는 것이다.

3) 회복(回復)7의 자연

회복의 실체로 인식된 자연은 불변의 자연과 그 궁극적 속성은 유사하다. 그러나 화자가 실제로 주목하고 있는 구체적인 현상을 볼 때 분명히 변별적이다. 자연의 여러 현상 가운데에서 회복의 속성을 가장 명확하게 드러내는 것은 계절이다. 그 중에서도 봄은 만물을 소생시키는 원천이 되는 까닭에 자주 언급되고 있다.

오거다 도라간 봄 다시 보니 반갑도다
無情한 歲月은 白髮만 보닉는고나
엇디틋 나의 少年은 가고 아니 오닉니   (1483)

靑山에 눈이 오니 峰마다 玉이로다
뎌山 푸르기는 봄비에 잇거니와
엇디틋 우리의 白髮은 검겨 볼쥴 이시랴   (2061)

첫째 작품에서는 돌아온 봄 자체를 회복의 자연으로 보고 있다. 이는 화자의 젊은 날과 대비되어 인생의 불귀성(不歸性)을 강조하는 효과를 준다. 둘째 작품에서는 봄 자체가 회복의 자연으로 나타나 있지 않지만 봄비를 통해 다른 자연물을 회복시키는 원동력으로 작용하고 있다. 다음의 작품에서도 봄은 자연물에 회복의 속성을 부여하는 동인으로 작용하고 있다.

東君이 도라오니 萬物이 皆自樂을

---

7 실제로는 '반복'의 현상이다. 그러나 작품에서 문제삼은 것은 일회적인 반복, 즉 회복이라 하겠다.

草木昆蟲들은 히히마다 回生커늘

스름은 어인 緣故로 歸不歸를 ᄒ는고   (661)

화자는, 봄이 회생시킨 자연물로서 초목과 곤충을 바라보고 있다. 객관
적으로 보자면 풀과 곤충들은 다시 되돌아 온 것이 아니다. 모든 생물들
의 성쇠는 인간의 성쇠와 마찬가지로 일회적이어서 되풀이되는 것이 아
니다. 그러나 화자는 인간을 제외한 만물이 순환하며 영원하다고 보는 것
이며, 그의 태도는 인간중심의 사고에서 나온 것이다. 곤충과 풀 등의 개
체성을 인정하지 않았기 때문이다.

한편, 다음의 작품에서는 해가 회복의 자연으로 나타나고 있다.

落日은 서산에 져서 東海로 다시 나고

ᄀᆞ을에 이운 풀은 봄이면 풀으건을

엇덧타 最貴ᄒ 人生은 歸不歸를 ᄒ는이   (362)

해가 떠서 지고 다시 지는 것은 언제나 변함없는 현상이지만 그 현상의
어느 측면을 부각시키느냐에 따라 심상이 달라진다. 인생을 해와 동일한
속성을 가진 것으로 비유하고 또는 반대의 속성을 가진 것으로 대비하여
노래할 수 있는 것은 바로 이러한 이유에서이다. 이 작품에서는 해가 가
진 '귀(歸)'의 속성과 인생이 지닌 '불귀(不歸)'의 속성이 대비되고 있다.

3. 늙음과 죽음의 표현

인생을 노래하는데 자주 사용되는 방식의 하나는 늙음과 죽음을 표현
하는 것이다. 인생의 일회성 내지 불귀성을 자각했을 때 사람은 자신의
삶에 대해 생각하게 되며 이러한 일회성의 자각은 늙고 죽는 문제와 직결
되어 있기 때문이다.

이러한 표현을 하는데 있어, 고사(故事)에 전해지는 유명한 인물들의 늙음과 죽음을 노래하거나 평범한 인간들의 노쇠한 외모를 묘사한 작품이 많다.

1) 고사(故事)의 활용

인생을 노래한 시조에서는 옛 영웅호걸이나 미인들의 고사를 활용함으로써 인생의 무상함을 부각시키는 경우가 많다. 일세를 풍미한 영웅과 미인 역시 늙고 죽는다는 사실을 인식하는 것은, 시간의 횡포가 누구에게나 공평하다는 판단에 이르게 한다. 이는 결국 누구도 늙음과 죽음을 피할 수 없다는 자각에까지 이르게 하는 것이다.

일반적인 지칭인 '영웅호걸'이나 '만고영웅'을 언급하면서 인생무상을 노래하는 것은 매우 관용적인 표현이 되어 있다. 이와 못지않게 자주 쓰이는 표현은 영웅의 무덤을 끌어들이는 방법이다.

  술먹고 노는 일을 나도 왼줄 알건마는
  信陵君 무덤우희 밧 가는줄 못보신가
  백년이 亦草草하니 아니 놀고 엇지 하리   (1241)

화자는 중장을 통해 인생이 덧없음을 강조하고 종장에서 자신이 견지하는 삶의 태도를 보여주고 있다. 살아서 영화를 누린 유명한 인물도 죽으니 소용없다고만 해도 인생의 덧없음이 전달될 수 있다. 그런데 화자는 그의 무덤조차 밭으로 변해버린 상황을 노래하여 무상감을 배가시키고 있다.

늙거나 죽는 문제를 거론할 때 자주 떠올려지는 인물은 바로 진시황(秦始皇)이다. 그 역시 생전에 세상의 온갖 부귀영화를 누린 사람이며, 죽음과 함께 모든 것을 잃어버린 사람이다.

北邙山川이 긔 엇더ᄒ여 古今사룸 다 가ᄂ고
秦始皇 漢武帝도 茱藥求仙ᄒ야 부듸 아니 가랴 ᄒ엿더니
엇더타 驪山風雨와 茂陵松栢을 못내 슬허 ᄒ노라   (961)

위에서 진시황과 한무제의 고사가 등장한 것은, 그들이 장생불사(長生
不死)하려는 강한 욕구를 가지고 있었기 때문이다. 진시황의 경우 동남동
녀(童男童女)들을 보내어 전설속의 삼신산(三神山)을 찾아 불사약(不死藥)
을 구하게 하였고, 한 무제의 경우 신선이 되어 영원히 살고자 신선의 방
술(方術)을 구하려 하였다. 그런 인물들도 죽어가서 결국은 한 무더기의
무덤으로 남았으므로 화자는 그 덧없음을 한탄하고 있는 것이다.

 살아서 향락적인 생활과 풍류를 즐긴 사람들의 고사도 좋은 소재가 되
고 있다.

石崇이 죽어간제 무어슬 가져가며
劉伶의 墳土上에 어닉 술이 오르더니
아희야 盞 가득 부어라 사라신제 먹으리   (1128)

석숭은 진(晉)나라의 부호(富豪)로서 금곡(金谷)에 별장을 두고 호사스
런 생활을 다한 것으로 알려져 있다. 석숭에게는 늘 재물이 곁에 있었을
것이나 죽을 때에는 하나도 가져갈 수 없는 일이다. 유영은 술을 몹시 즐
겨한 사람으로 알려져 있다. 또한 그에게도 술은 언제나 가까이 있었을
것이지만 죽어서는 한 잔의 술도 먹을 수 없는 것이다. 화자는 초장에서
석숭과 재물을 소재로 삼고 중장에서 유영과 술을 소재로 삼아, 죽음은
인간에게서 모든 영화를 빼앗아가고 있음을 표현하고 있다.[8] 그러한 인식

---

8 유영을 노래한 중장은 李賀의 將進酒詩의 한 구절 '酒不倒劉伶墳土上'에서 그대로 차용
한 것이다. 그러나 이러한 적절한 선택과 인용도 작가의 표현력이라 할 수 있다.

의 결과로서 종장에서는 생전의 행락을 추구하는 화자의 인생관을 나타
내고 있다.

영웅호걸과 더불어 절세미인들의 고사도 자주 활용되고 있다.

玉것튼 漢宮女도 胡地에 塵土ㅣ 되고
解語花 楊貴妃도 驛路에 못첫ᄂ니
閼氏닌 一時花容을 앗겨 무슴 ᄒ리오   (1512)

한나라의 궁녀는 왕소군(王昭君)을 가리키는데 매우 아름다운 여인으
로 알려져 있다. 그녀는 한나라 황제의 칙명으로 흉노에게 시집을 가서
그곳에서 생을 마쳤다. 절세미인 양귀비는 안록산의 난으로 피난하던 중
마외역(馬嵬驛)에서 자결한 것으로 알려져 있다. 화자는 미인들의 아름다
운 얼굴도 죽은 후면 소용이 없다는 전제를 위하여 왕소군과 양귀비의 초
라한 죽음을 언급하고 있다. 종장에서는 아름다운 얼굴을 가진 각시에게
충고하는 형식을 취하여 함께 즐기며 어울릴 것을 종용하고 있다.

이외에도 장사 항우(項羽), 안연(顏淵), 맹상군(孟嘗君) 등의 죽음에 관
련된 고사를 활용하여 인생무상을 표현하고 있다.

2) 외모(外貌)의 묘사

늙고 있다는 것을 느낄 수 있는 가장 선명한 변화는 외모에서 일어난
다. 따라서 노쇠한 외모를 묘사함으로써 인생의 수유성(須臾性) 내지 불
귀성(不歸性)을 탄식한 노래가 많다. 노쇠한 외모에서 가장 주목을 받은
것은 머리카락이다. 노쇠한 인간의 대표적인 상징물은 바로 백발이기 때
문이다.

흔손에 가싀를 쥐고 쏘 흔손에 매를 들고

늙는 길은 가싀로 막고 온은 白髮은 매로 칠엿튼이

白髮이 눈츼 몬져 알고 줄엄길로 오건야   (2270)

여기서 화자는 백발을 의인화하고 있다. 단순한 노쇠현상으로서가 아
니라 '눈츼'를 아는 실체로 파악함으로써 그것이 만만치 않은 상대임을 암
시하는 효과를 주고 있다. 또한 화자는, 청사(靑絲)와 같던 머리카락이 백
발이 되어가는 것을 막기 위하여 무력을 동원하고자 한다. 그러나 백발은
'줄엄길'로 왔으므로 다른 길을 지키고 있던 화자는 헛수고만 한 것이 된
다. '줄엄길'의 의미는 인위적인 무력의 힘이 미칠 수 없는, 다른 차원의
길이라 할 수 있다. 화자가 백발을 막으려고 지켜 섰던 길과 달리 백발이
오는 지름길이 있음을 설정하여, 노쇠의 현상이 불가항력적인 것임을 자
연스럽게 드러내고 있다. 그렇다면 이 상황은 매우 비극적이며 허탈한 것
이다. 그럼에도 불구하고 이 작품은 해학적인 느낌을 주고 있다. 이는 오
히려 화자가 늙음의 현상을 초연하게 받아들이고 있음을 암시한다고 하
겠다.

다음의 작품에서는 백발에 대한 새로운 견해를 피력하고 있다.

백발이 공명이런들 사름마다 두톨지니

날깃튼 愚拙은 늘거도 못볼란다

세상에 지극한 公道ᄂᆞᆫ 백발인가 ᄒᆞ노라   (883)

공명(功名)이 불공평한데 비해 백발은 지극히 공평한 도리를 갖고 있다
고 한다. 그리하여 자신과 같은 어리석은 인간에게까지 순서가 왔다는 것
이다. 이는 매우 역설적인 표현이다. 실제로 화자는 공명을 얻고자 하는
사람으로서, 그러지 못한 채 이미 늙어버린 자신을 한탄하는 것이다.

백발 외에 다른 외모의 변화를 통해 늙음을 자각하기도 한다.

늙기 서른거시 白髮만 너겨써니
귀먹고 니 쎗지니 白髮은 여사ㅣ로다
그밧긔 半夜佳人도 쓴외 본듯 ᄒ여라   (539)

져멋고쟈 져멋고쟈 열다섯만 져멋고쟈
에엿분 얼골이 냇ᄀ에 셧는 수양버드나모 광대둥걸이 되연제고
우리도 少年行樂이 어제론듯 ᄒ여라   (1859)

첫째 작품에서 화자는 백발보다 서럽고 심각한 현상을 발견한다. 늙으
니 귀가 먹고 이가 빠져버리는 것이다. 이에 스스로 위축된 화자는 밤중
의 아름다운 여인을 보고서도 반기지 못하고, 맛이 쓴 오이를 보듯 피하
게 되는 것이다. 둘째 작품에서는, 늙어 얼굴모습이 변하는 것을 한탄하
고 있다. 얼굴이 늙은 모습을, '냇ᄀ에 셧는 수양버드나모 광대둥걸'이라
고 하여 비교적 묘사적인 기술을 시도하고 있다.
　한편, 늙어서 기력이 쇠하고 행동거지가 볼품이 없어지는 현상을 노래
하기도 한다.

늙어 됴흔 일이 百에서 한 일도 업ᄂᆡ
쏘던 활 못쏘고 먹던 술 못먹괘라
閣氏네 有味흔 것도 쓰외 보듯 ᄒ괘라   (543)

아흔아홉곱 머근 老丈 濁酒 걸러 醉케 먹고
납죡 됴라흔 길로 이리로 빗독 져리로 빗척 뷔독뷔척 뷔거를 적
의 웃지마라 져 청춘소년 아히놈들아
우리도 소년적 ᄆᆞ음이 어제론듯 ᄒ여라   (1336)

첫째 작품에 나타난 화자는 젊어서 풍류를 즐긴 사람이다. 그러나 늙어

서 기력이 쇠하여 활쏘기나 술 먹기를 못한다고 탄식하는 것이다. 둘째 작품에서는 노인이 술을 먹고 비틀비틀 걷는 모습을 묘사적으로 표현하고 있다.

죽음을 표현한 것은 상여나 무덤의 모습을 주로 묘사하고 있다.

人生 시른 수레 가거늘 보고 온다
칠십 고개너머 팔십 드르흐로 진동한동 건너가거늘 보고왔노라다
가기는 ᄀᄃ라마는 少年行樂을 못내 닐러 ᄒ더라   (1713)

'人生을 시른 수레'는 바로 상여를 가리킨다. 실제로 한 인간의 시신을 실은 것이라고 할 수 있고 인생의 무게를 실은 것이라고도 할 수 있다. 마지막으로 떠나는 고인(故人)은 소년행락에 대한 미련을 떨치지 못하고 가는 것으로 되어 있다. 이는 상여를 보는 입장에 선 화자의 인식이다. 그는 죽음의 의식을 지켜보면서 인생의 모든 영화가 죽음 앞에서는 소용이 되지 못함을 깨닫고 있다.

4. 삶의 태도와 진술방식

진술방식은 화자의 목소리가 어느 쪽을 향하고 있는가에 따라 크게 두 가지로 나눌 수 있다. 자기 자신의 내면을 향하고 있는 경우와 자신이 아닌 외부를 향하고 있는 경우가 그것이다. 인생(人生)을 다룬 시조에는 두 가지의 진술방식이 모두 나타나는데 이는 다시 네 가지의 방식으로 구분할 수 있다. 내면을 향한 진술방식으로서 자위(自慰)와 탄식(歎息)으로 나타나고 외부를 향한 진술방식으로서 원망(怨望)과 경계(警戒)의 모습으로 나타난다.

이러한 진술방식은 사실상, 인생의 여러 속성에 접한 화자가 그 반응으로서 나타낸 태도와 연관되어 나타난다. 그러므로 화자가 견지하는 삶의

태도를 분석하면서 그 진술방식상의 특징을 살펴보기로 하겠다.

1) 자위(自慰)

인생은 일반적으로 수유성(須臾性), 불귀성(不歸性) 등을 속성으로 한다. 자신을 향한 위안의 진술방식에서는 이에 대처하는 삶의 태도가 나타난다. 한편, 이 방식에는 공통적으로 초장과 중장을 통하여 비극적인 상황이 전제된다. 그 비극적 상황을 스스로 위안하는 진술방식으로서 진술상의 특징은, 주로 종장의 종결형식이 어떠한 특성을 지니는가와 밀접한 관계가 있다. 시조의 종장에서는 시상이 집약되면서 그에 대한 화자의 태도가 드러나기 때문이다. 종장에서는 몇 가지 상투적인 어구가 동반되어 나타난다.

자위의 방법으로서 가장 보편적인 삶의 태도는 체념과 수용의 태도이다.

乾坤이 有意ㅎ야 男兒를 닉엿던이
歲月이 無情ㅎ야 이 몸이 늙엇셰라
功名이 在天ㅎ니 슬허 므슴ㅎ이오　　　　　　　　(118)

화자는 어느덧 자신이 늙어버렸다는 비극적인 상황에 접한다. 그는 탄식에 머무르지 않고 스스로 자신을 위로하는 마음상태를 보여주고 있는데 '슬허 하노라'가 아닌 '슬허 므슴ㅎ리오'라는 어투를 선택함으로써 이를 전달한다. 그러나 이 경우 비극적 상황을 극복하기 위한 어떤 대책도 마련되지 않고 있으므로 가장 소극적인 자위의 방식으로서 체념의 상태에 있다고 하겠다. 이와 유사한 상투어로서 '어이ㅎ리오'가 나타나는데 이 역시 체념적인 어투로서 초·중장에서 진술된 비극적인 상황에 대하여 어떤 대응조치도 마련하지 않은 채 그것을 그대로 받아들일 때 쓰인다.

인생의 속성을 수용하려는 경우, '-늙자(으려) 하노라' 내지 '늙으리라'의 어투가 상용구처럼 쓰이고 있다. '-하리라' 내지 '-하고자 하다'는 식의 종결어미는 원래 단순미래 또는 의지미래를 나타낸다. 그러나 여기서는 의지미래로서 주체의 의지를 표명하는 것으로 볼 수 있다.

功名도 富貴도 말고 이몸이 閑暇ᄒ여
萬水千山에 슬커시 노니다가
말업슨 物外乾坤과 함께 늙즈 ᄒ노라   (176)

늙음이라는 현상은 인간의 의지에 관한 문제가 아니므로 '늙고자 한다'거나 '늙지 않고자 한다'는 식의 진술은 어색하다. 그럼에도 불구하고 이러한 의지적 표현을 드러낸 것은 이 작품의 의미를 심화시키는 효과를 가져 온다. 늙는다는 것은 인간이면 누구나 원치 않는 동시에 의지대로 이루어지지 않는 현상이므로, 그것을 자신의 의지로 행하겠다는 표현은 오히려 늙음을 극복한 경지를 보여준다.

다음으로 향락을 추구하는 삶의 태도가 나타난다.

天地間 無情키는 歲月 박게 쏘 있는가
紅顔이 꿈일넌지 白髮은 어인일고
두어라 공화世界니 아니 놀고 어이리   (2005)

여기서 화자는 '아니 -하고 어이리'식의 어투로 끝을 맺고 있다. '-하고'는 보통 '놀다'나 '먹다'의 행위로 나타나는데, '아니 놀고 어이리'의 형태가 압도적으로 많다. 이 경우는 대책이 부가되어 있다는 점에서 앞서 언급한 체념과 수용의 방식보다는 더욱 적극적인 자기위안이라고 하겠다.

'아니 놀고 어이리'라고 하는 것은, 다른 도리가 없는 체념의 상태에서 그저 놀기나 해보겠다는 진술이다. 정혜원은 인생의 한계에 대한 극복방법을 검토하면서, 이러한 작품에 나타난 극복의 방법을 '소극적인 수용의 방법이며 동시에 허무주의적 절망의 방식'9이라고 하였다. 그러나 여기서 화자의 체념적 태도는 일종의 엄살로서, 유흥적 생활에 대한 자기합리화를 표현한 것이라고 하겠다. 결국 이 작품에서는, 인생을 즐기고자 하는 능동적인 삶의 태도가 드러난다고 할 수 있다.

한편, '놀려 하노라'로 끝맺은 경우는 그 의미가 다르게 파악된다.

술먹고 빗둑뷔척 뷔거러 가며 먹지 마자 크게 맹세 ᄒ엿더니……
인생이 一場春夢인니 먹고 놀여 ᄒ노라   (1243)

'놀다'라는 것은 쾌감을 수반하는 행위로서 누구나 바라는 일이다. 다만 지나치게 탐닉하는 경우 지탄을 받을 수 있다. 따라서 '아니 놀고 어이리' 식의 자기합리화 내지 변명의 어투가 사용되었던 것이다. '놀다'의 행위는, 현재성을 띠고 있을 때 그 의미가 더욱 강화될 수 있다. '놀려 하노라'라고 하여 미래의 의지로 표현한 것은 노는 행위를 일단 보류한 것으로 파악된다. 그러므로 소극적인 태도를 보여준다고 하겠다. 반면 '노노라'식으로 현재적 표현을 사용한 작품이 있다. 다음의 경우는 행위가 진행 중임을 나타내는데 가장 적극적인 위안의 방식을 보여준다고 하겠다.

사람이 ᄒ번 늘근 後에 다시 져머 보ᄂ것가
更少年 ᄒ닷 말이 千萬古에 업슨 말이
우리ᄂ 그런줄 알므로 ᄆ양 醉코 노노라   (1012)

---

9 정혜원, 앞의 논문, 35면.

2) 탄식(歎息)

탄식은 외부를 향한 것이 아니라 화자 자신의 내부를 향한 외침이라 하겠다. 탄식의 경우에는 구체적인 삶의 태도는 드러나지 않는다. 이는 화자가 비극적인 인생관을 갖고 있기 때문이다. 체념과 탄식은 분명히 다르다. 체념은 수동적이나마 수용의 의미를 지닌 것이라면, 탄식은 부정과 반발의 의미를 내포하고 있기 때문이다.

탄식의 방식에서도 공통적으로 초장과 중장을 통하여 비극적인 상황이 전제된다. 그 비극적 상황에 대한 탄식 역시 종장에서 몇 가지 상투 어구를 동반한다.

먼저 '-슬허 하노라'의 어투가 두드러진다. 이는 화자의 내면상태를 직설적으로 나타내는 표현이다.

北扉下 져믄 날에 에엿블슨 文天祥이여
八年燕霜에 검든 머리 다 희거다
至今히 從容就死를 못내 슬허 ᄒ노라   (963)

화자는 백발을 보고서 점점 죽음이 다가오고 있음을 슬퍼하고 있다. 그는 슬픔을 감추지도 않으며 다른 심상에 빗대지도 않은 채 다만 노골적으로 드러내고 있다. 탄식의 감정을 다른 심상에 빗대어 표현하는 경우, '-듯 하여라'의 어투가 자주 쓰인다.

私업슨 백발이요 信있는 四時로다
節節 도라오니 흐르난니 年光이라
어즈버 少年行樂이 어제론 듯 ᄒ여라   (1031)

화자는 인생의 시간이 순식간에 흘러가버리는 것을 탄식하되, 그 안타

까운 마음을 직접 드러내지 않고 '젊었을 적 놀던 것이 엊그제 같다'는 표현을 사용하여 간접적으로 표현하고 있다. 인용된 예 말고도 '쓴외 본듯 ㅎ여라'(543 544)나 '꿈이런가 ㅎ노라'(1709) 등도 이와 같은 경우에 해당한다. 이들 표현들은 관용구로서 확립되어 있다는 것이 특징이다.

이밖에 감탄사나 의문사를 동반하여 영탄적·설의적인 표현들이 자주 쓰인다. 이러한 방식들이, 다른 진술방식에 배타적인 것은 아니지만 탄식을 나타내기 위해서 가장 익숙한 표현이라 하겠다.

> 靑山에 눈이 오니 峰마다 玉이로다
> 뎌山 푸르기는 봄비에 잇거니와
> 엇디툿 우리의 白髮은 검겨 볼쥴 이시랴   (2061)

감탄사 '엇디툿'와 종결어미 '-랴'의 사이에는 수많은 구절들이 들어가 각기 다른 시상을 나타낼 수 있다. 앞의 관용적 표현에 비하여 자유로운 심상을 활용할 수 있다는 것이 장점이라 하겠다.

3) 원망(怨望)

여기서 원망이라 하는 것은 자신이 아닌 외부를 향한 진술방식을 말한다. 자신을 원망하는 경우는 일종의 탄식이라고 보아 여기서 제외한다. 원망의 방식에서도 구체적인 삶의 태도는 드러나지 않는다. 탄식의 경우와 마찬가지로 화자는 비극적이고 부정적인 인생관을 갖고 있다고 하겠다.

다른 진술방식과 달리 원망을 나타내는 데는 별다른 상투어구가 쓰이지 않고 있다. 다만 대상을 두고 직접적인 원망의 말을 건네는 경우와 간접적인 비난을 드러내는 경우로 나눌 수 있겠다.

> 백발이 섭흘지고 怨ㅎㄴ니 수인씨를

불 업슨적도 萬八千歲 사랏거든

엇더라 始鑽수ᄒ여 사람 困케 ᄒᄂ니 　　　　　　　(884)

화자는 사람이 늙는 이유를 화식(火食)에 있다고 본다. 그래서 부싯돌
로 불을 일으켜 사람들에게 화식을 하도록 해준 수인씨를 원망하고 있는
것이다. 이때 '怨ᄒᄂ니'라는 표현을 사용하여 자신의 심경을 직접 나타내
고 있다.

뭇노라 목동들아 數聲초적 슬이 불어

西陵에 지는 해를 어이 밧비 지촉ᄒ여

갓득에 쇠ᄒ고 남은 빈髮 다시 희겨 　　　　　　　(804)

목동의 풀피리 소리가 세월이 가는 것을 재촉한다 하여 목동을 원망하
고 있다. '뭇노라'라고 서두가 시작된 것은 '질문을 한다'는 의미보다는 '책
임을 묻는다'는 의미로 쓰였다고 할 수 있다. '원망한다', '탓한다'는 식의
직접적 언술을 사용하지 않고 원망의 마음을 간접적으로 전달하는 방식
을 보여준다고 하겠다.

백발아 너는 어이 無端이 절노 오니

뉘라셔 보내던냐 언제 부르든냐

아마도 너 오ᄂ 時節은 다 늙근가 ᄒ노라 　　　　　　　(878)

여기서 원망의 대상은 백발이다. 중장에서 화자의 심경이 두드러져 있
다. 이 작품 역시, 직접적 언술이 아닌 간접적인 물음의 형식을 통해 원망
의 마음을 전달하고 있다. 전자보다는 후자의 경우가 더욱 세련된 문학적
형상화라고 하겠다. 원망의 진술방식에 있어서는, 직접적인 표현보다는
우회적이고 간접적인 표현이 주를 이루고 있다.

4) 경계(警戒)

경계(警戒)의 방식은 자신이 아닌 외부를 향한 목소리를 갖고 있다. 앞서 논의했던 자위의 방식과 마찬가지로 여기서는 삶을 바라보는 화자의 태도가 분명하게 나타난다. 이는 화자가 외부의 사람들에게 무엇을 주의시키고 있느냐와 관련되어 있다.

작품에 나타난 화자는 대체로 두 가지의 태도로 타인을 경계한다. 먼저, 향락추구의 삶을 종용하는 경우이다. 이때 화자는 인생의 수유성, 불귀성 등을 강조하여 인생의 시간이 참으로 아깝다고 강조하는 것을 잊지 않는다. 진술상의 특징에 있어서, 보통 종장의 종결어구는 주로 청유형의 어미로 끝을 맺는다.

> 인간이 꿈인줄을 나는 발셔 아랏노라
> 一樽酒 잇고 업고 每樣 모다 노스이다
> 塵世에 難逢開口笑라 긋지 말고 노옵시   (1710)

화자는 인생의 참모습을 이미 알고 있는 선배로서 타인의 삶을 유도하고 있다. 인생이란 꿈일 뿐이니 계속해서 놀자는 것이다.

또한, 타인을 경계하는 경우, 화자의 진술 객체가 나타나 있는 작품이 많다.

> 玉것튼 漢宮女도 胡地에 塵土ㅣ 되고
> 解語花 楊貴妃도 驛路에 못첫누니
> 閼氏늬 一時花容을 앗겨 무슴 호리오   (1512)

여기서 화자는 '閼氏늬'라고 지칭함으로써 자신의 목소리가 여성을 향하고 있음을 밝히고 있다. 초장과 중장에서 '한궁녀'와 '양귀비'의 고사를 활용한 것은 인생무상의 의미를 전달하기 위한 것이다. 그런데 이로부터 얻는 부차적인 효과에 주목할 필요가 있다. 옛미인과 각시의 경우를 동일하게 취급함으로써 각시의 꽃다운 얼굴을 추켜세우고 있는 것이다. 이로써 각시에게 자신의 의도를 전달할 분위기를 마련하고 있다. 여기서 화자는 남성의 목소리를 갖고 있으므로, '앗겨 무슴ㅎ리오'라는 경계는 결국 자신과 어울려 놀아보자는 진술로 볼 수 있다.

이러한 직접적인 종용의 태도와 달리 간접적으로 화자의 생각을 전달하는 경우가 있다.

壽夭長短 뉘 아던가 죽은 후면 거즛써시
천황씨 일만팔천세도 죽은 후면 거즛써시
ᄉ라셔 먹고 노는거시 긔 조흔가 ᄒ노라   (1234)

직접적인 청유형의 형태를 사용하지 않고 '긔 조흔가 ᄒ노라'라고 한 것은 청자에게 선택의 여지를 남겨둔 표현이라 할 수 있다. 그러나 '-이 좋다'라는 가치평가를 내려주고 있으므로 결과적으로는 짧은 인생을 마음껏 즐기자는 경계의 의미를 지니게 되는 것이다.

한편, 향락을 종용하는 것과 반대로 지나친 향락을 삼가하며 도덕적 가치를 추구하자는 태도가 나타난다.

술도 머그려니와 德 업스면 亂ᄒᄂ니
춤도 추려니와 禮 업스면 雜되ᄂ니
아마도 德禮를 딕희면 萬壽無疆 ᄒ리라   (1239)

功名에 눈쓰지 말며 富貴에 心動말아
人生窮達이 하늘에 ᄆᆡᅡᆺ는이
평생에 德을 닥그면 享福無疆 ᄒ는이   (180)

두 작품이 강조하는 것은 덕(德) 있는 삶이다. 화자는, 덕을 추구하면 저절로 향복무강, 만수무강하게 된다고 하며 윗사람의 입장에서 아랫사람을 훈계하고 있다. 이러한 의미를 담고 있는 작품의 경우, 대부분 '만수무강하리라' 내지 '향복무강하리라'는 식의 상투적인 어구가 쓰이고 있다. 이러한 어투는 기원의 진술방식에서도 나타나는데, 사실상 그 쓰임에는 큰 차이를 보인다.

5) 기원(祈願)

인생의 유한성에 대한 기원의 방식이므로, 모든 화자는 수명을 연장하고자 하는 의도를 전달하고 있다. 이 경우 화자의 진술이 화자 자신을 향하는 작품과 타인을 향하는 작품으로 나뉜다.

기원의 진술이 타인을 향하는 경우는 매우 관습적이고 공식적인 형식을 갖추는 것이 보통이다.

> 불노초로 비즌 술을 萬年盃에 가득 부어
> 줍부신 盞마다 비나니 南山壽를
> 이盞곳 줍부시면 萬壽無疆 ᄒ오리라   (971)

> 瑤池에 봄이 드니 가지마다 ᄭ지로다
> 삼천년 밋친 열매 옥함에 다마시니
> 진실노 이것곳 바드시면 萬壽無疆 ᄒ오리라   (1559)

두 작품의 경우 '萬壽無疆 하오리라'는 관용구를 사용하고 있다. 이는 앞서 언급한 경계의 진술방식에서 '萬壽無疆하리라'는 어구와 아주 유사하다. 외견상 다른 점이 있다면 기원의 경우 겸양의 표현을 사용하고 있다는 것이다. 그러나 초장과 중장의 진술내용을 살펴보면 두 방식을 변별해

주는 특징이 나타난다. 경계의 경우, 실현가능한 내용을 설정하고 있으므로 타인에게 행동의 실천을 요구할 수 있지만, 기원의 경우는 매우 비현실적인 내용을 담고 있으므로 행동의 실천을 기대할 수 없다. 첫째 시조에 등장하는 불로초나 둘째 시조에 등장하는 삼천년 맺은 열매는 전설적인 풀과 열매로서 그것을 구해다 먹는다는 것은 현실적으로 불가능하다. 만수무강이라는 소망 자체가 비현실적인 것이므로 역시 비현실적인 가정을 전제하여 이와 대응시킨 게 아닌가 한다. 즉, 전제한 비현실적 가정이 가능해진다면 어떤 일이라도 이루어질 수 있으리라는 믿음의 표현으로 볼 수 있다.

다음은 기원이 화자 자신에게 향하고 있는 경우이다.

천지로 장막 삼고 일월로 燈燭 삼아
北海를 휘여다가 酒樽에 다혀 두고
南極에 老人星 대흐여 늙을 뉘를 모롤이라   (2017)

池塘에 月白ㅎ고 荷香이 襲衣홀 제
金樽에 술 잇고 絶對佳人 弄琴커늘……
이중에 悅親戚 樂朋友로 以終千年 ㅎ리라   (1922)

두 작품 모두 풍류적인 생활을 즐기는 가운데 인생의 수유성을 극복하고자 하는 태도를 견지한다. 이 경우 단순한 자위의 진술이 아닌 기원의 의미를 갖는 것은, 초장과 중장에 표현된 내용이 비현실적이기 때문이다. 이러한 비현실적인 내용이 담겨진 것은, 앞서 추측하였듯이, 이러한 비현실적 가정이 가능해진다면 어떤 일이라도 이루어질 수 있으리라는 믿음의 표현으로 볼 수 있다.

5. 마무리

지금까지의 논의에서는, '인생'을 제재로 다룬 시조작품을 찾아 그 표출 양상을 고찰하였다. 먼저 자연과 인생의 비유와 대비 양상과, 늙음과 죽음을 표현하는 방식을 살펴보았고, 다음으로 화자의 삶의 태도와 이에 따르는 진술방식상의 특징을 파악하였다.

제2장 '자연의 비유와 대비'에서는 작중화자가 인식한 자연을, '가변의 자연', '불변의 자연', '회복의 자연'으로 나누어 각각의 속성들이 인생에 비유되거나 혹은 대비되는 양상을 살펴보았다. 가변의 자연으로서는 꽃이, 불변의 자연으로는 산이 가장 많이 표현되고 있었다. 물이나 해와 달 등은 화자의 관점에 따라 여러 양상으로 복합되어 나타나기도 하였다. 예를 들면 물의 경우, 물의 흐름에 주목하여 가변의 자연으로 인식되기도 하고, 끊임없다는 속성에 주목하여 불변의 자연으로 인식되기도 하였다.

제3장 '늙음과 죽음의 표현'에서는 옛 고사를 활용하여 표현하거나 평범한 인간의 노쇠해가는 모습을 묘사하는 경우를 찾아 살펴보았다. 영웅호걸이나 미인의 죽음과 관련된 고사를 통해서, 화자는 시간의 횡포가 누구에게나 공평하며 결국 아무도 피할 수 없다는 불가항력성을 느끼게 된다. 노쇠한 외모의 묘사로서 가장 보편적인 것은 백발에 대한 것이었다. 이외에도 귀나 이, 얼굴모습, 행동거지 등 구체적인 현상을 드러냄으로써 늙음과 죽음을 표현하고 있었다.

제4장 '삶의 태도와 진술방식'에서는, 인생의 속성에 대처하여 노래하려는 진술방식으로서 '자위(自慰), 탄식(歎息), 원망(怨望), 경계(警戒), 기원(祈願)'의 다섯 가지 방식을 설정하고 각각의 방식에서 나타나는 삶의 태도 및 진술상의 특징을 살폈다. 진술상의 특징은 주로 종장의 표현과 관련이 있었다. 종장에서는 초장과 중장의 시상이 집약되면서 그에 대한 화자의 태도가 나타나기 때문이다. 다섯 가지 진술방식은 각기 특징적인 종결형식을 지니고 있었는데 관용적인 어구가 사용된 예가 가장 많았다. 한

편 삶의 태도에 있어서, 탄식과 원망의 경우 구체적인 대안으로서 삶의 방식이 나타나지 않는데, 이는 화자가 비극적인 인생관을 갖고 있기 때문이다. 자위와 경계의 진술방식에서는, 인생의 유한성에 대한 구체적인 대안으로서 삶의 방식이 나타난다. 자위의 방식에서는 체념과 수용의 삶을 추구하는 경우와, 보다 적극적으로 향락을 추구하는 경우가 있었다. 경계의 방식에서는 인생을 아끼지 말고 즐기자는 향락적인 종용의 태도가 나타나는 한편, 그와 반대로 지나친 향락을 삼가하며 도덕적으로 살 것을 권고하는 태도가 나타났다.

참고문헌

1. 문헌자료

『高麗史』
『高宗壬寅進宴儀軌』
『甘露幀』,
『김우진전집』
『儺禮廳謄錄』
『東國輿地勝覽』
『대한매일신보』
『뎨국신문』
『대한민보』
『만세보』
『牧民心書』
『文宗實錄』
『奉使圖』
『西北學會月報』
『樂學軌範』
『慵齋叢話』

『肅宗實錄』
『선원보략』
『宣祖實錄』
『成宗實錄』
『星湖僿說』
『世祖實錄』
『世宗實錄』
『於于野談』
『英祖賢錄』
『燕山君日記』
『中宗實錄』
『芝陽漫錄』
『춘추』
『稗官雜記』
『虛白堂集』
『皇城新聞』

2. 참고 논문

강희경, 「Bernard Shaw의 Creative Evolution 사상: Man and Superman에 나타난 그 성격과 기능」, 고려대 영문과 석사학위논문, 1981.
김동욱, 「판소리 발생고」, 『한국가요의 연구』, 을유문화사, 1961.
김성희, 「〈난파〉의 등장인물에 대한 기호학적 분석」, 『한국현대극작가론 1-김우진』, 태학사, 1996.
김화숙, 「George Bernard Shaw의 Life Force 이론: Man and Superman을 중심으로」, 연세대 영어교육과 석사학위논문, 1982.
김종수, 「조선 전·후기 여악의 비교 연구」, 서울대 박사학위논문, 1999.

김종철, 「〈은세계〉의 성립과정 연구」, 『한국학보』 51집, 일지사, 1988.

김종철, 「게우사(자료소개)」, 『한국학보』 65집, 일지사, 1991.

김종철, 「19~20세기 초 판소리 변모양상 연구」, 서울대 박사학위논문, 1993.

김종철, 「판소리의 근대 문학 지향과 〈은세계〉」, 『민족문학과 근대성』, 문학과지성사, 1995.

김종철, 「〈산돼지〉 연구」, 『한국현대극작가론 1-김우진』, 태학사, 1996. 15

김종철, 「〈무숙이타령〉과 19세기 서울 시정」, 『판소리의 정서와 미학』, 역사비평사, 1996.

김학주, 「儺禮와 雜戱」, 『亞細亞研究』 6권 2호, 고려대 아세아문제연구소, 1963.

민찬, 「여성영웅소설의 출현과 후대적 변모」, 서울대 석사학위논문, 1986.

박진태, 「탈춤과 TV 마당놀이의 관련 양상」, 『우리말글』 23집, 우리말글학회, 2001.

박진태, 「이철괴를 통해 본 산대놀이의 역사」, 『우리말글』 29, 우리말글학회, 2003.

백현미, 「한국근현대연극사의 전통 담론 연구를 위한 도론」, 『한국극예술연구』 11집, 한국극예술학회, 2000.

백현미, 「1970년대 한국연극사의 전통담론 연구」, 『한국극예술연구』 13집, 한국극예술학회, 2001.

사진실, 「소학지희의 공연방식과 희곡의 특성」, 서울대 석사학위논문, 1990.

사진실, 「韓國演劇의 話劇的 傳統 考察」, 『한국극예술연구』 1, 한국극예술학회, 1991.3.

사진실, 「나례청등록」, 『문헌과해석』 1~4호, 태학사, 1997~1998.

사진실, 「서울지역 연극의 공연상황 연구」, 서울대 박사학위논문, 1997.

사진실, 「山臺의 무대양식적 특성과 공연방식」, 『구비문학연구』 7집, 한국구비문학회, 1998.

사진실, 「고려시대 정재의 공연방식과 연출원리」, 『정신문화연구』 73호, 한국정신문화연구원, 1998.

사진실, 「船遊樂의 공연 양상과 형성 과정」, 『국문학연구 1999』, 서울대 국문학연구회, 1999.

사진실, 「한국연극사 시대구분을 위한 이론적 모색」, 『한국음악사학보』 24집, 한국음악사학회, 2000.

사진실, 「조선시대 궁정 공연공간의 양상과 극장사적 의의」, 『서울학연구』 15집, 서울학연구소, 2000.

서대석·최정여, 「거리굿의 연극적 고찰」, 『동해안 무가』, 형설출판사, 1974.

서연호, 「한국무극의 원리와 유형」, 『한국무속의 종합적 고찰』, 고려대 민족문화연구소, 1982.

손태도, 「민속 연희 연구의 현황과 과제」, 『구비문학연구』 제16집, 한국구비문학회, 2003.

송석하, 「東萊野遊臺詞-말둑이 才談의 場」, 『朝鮮民俗』 2호, 朝鮮民俗學會, 1934.

宋錫夏, 「處容舞·儺禮·山臺劇의 關係를 論함」, 『韓國民俗考』, 日新社, 1960.

신동흔, 「고정옥의 삶과 문학세계-하」, 『민족문학사연구』 8, 민족문학사연구소, 1995.

安 廓, 「山臺戲と處容舞と儺」, 『朝鮮』, 昭和 7년 2월.

이상경, 「〈은세계〉 재론」, 『민족문학사연구』 5, 민족문학사연구소, 1994.

이상경, 「이인직 소설의 근대성 연구」, 『민족문학과 근대성』, 문학과지성사, 1995.

이창헌, 「경판방각소설의 상업적 성격과 이본출현에 대한 연구」, 『관악어문연구』 12집, 서울대학교 국어국문학과, 1987.

임진택, 「새로운 연극을 위하여」, 『민중연희의 창조』, 창작과비평사, 1990.

임진택, 「1980년대 연희예술운동의 전개」, 『민중연희의 창조』, 창작과비평사, 1990.

임재해, 「구비문학의 연구동향과 세기적 전환의 기대」, 『한국민속학』 32, 한국민속학회, 2000.

윤광봉, 「18세기 한양을 중심으로 한 산대놀이 양상」, 『문학 작품에 나타난 서울의 형상』, 한국고전문학연구회 편, 한샘출판사, 1994.

윤보윤, 「쇼듕화역딕셜」에 나타난 역사와 문학의 접점 연구」, 『어문연구』 77, 어문연구학회, 2013.

윤주필, 「경복궁 중건 때의 전통놀이 가사집 『奇玩別錄』」, 『문헌과해석』 9호, 문헌과해석사, 1999.

양승국, 「1930년대 대중극의 구조와 특성」, 『울산어문논집』 12집, 울산대학교 국어국문학과, 1997.

양승국, 「극작가 김우진 재론」, 『한국극예술연구』 7집, 한국극예술학회, 1997.

양승국, 「'신연극'과 〈은세계〉 공연의 의미」, 『한국현대문학연구』 6집, 한국현대문학회, 1998.

양승국, 「1910년대 한국 신파극의 레퍼터리 연구」, 『한국극예술연구』 8집, 한국극예술학회, 1998.

梁在淵, 「山臺戲에 就하여」, 『國文學研究散稿』, 日新社, 1976.

조동일, 「18·19세기 국문학의 장르체계」, 『고전문학연구』 1, 한국고전문학연구회, 1971.

조동일, 「영웅의 일생, 그 문학사적인 전개」, 『동아문화연구』 10, 서울대 동아문화연구소, 1971.

조동일, 「자아와 세계의 소설적 대결에 관한 시론」, 『한국소설의 이론』, 지식산업사, 1981.

조동일, 「生克論의 역사철학 정립을 위한 기본구상」, 『한국의 문학사와 철학사』, 지식산업사, 1997.

趙元庚, 「儺禮와 假面舞劇」, 『學林』 4, 1955.

조종순 구술, 『산대도감극각본』, 경성제국대학 조선문학연구실, 1930.

田耕旭, 「탈놀이의 形成에 끼친 儺禮의 影響」, 『民族文化硏究』 제28호, 高麗大民族文化硏究所, 1995.12.

전경욱, 「본산대놀이 계통 가면극의 지역적 소통」, 『한국민속학』 37, 한국민속학회, 2003.

전경욱, 「양주별산대의 지속과 변화」, 『양주의 구비문학』 1(연구편), 박이정, 2007.

홍창수, 「김우진 연구: 수상을 포함한 문학평론과 희곡의 관련성을 중심으로」, 고려대 석사학위논문, 1992.

황루시, 「무당굿놀이 연구」, 이화여대 박사학위논문, 1987.

다카하시 도루[高橋亨], 서연호 역, 「山臺雜劇에 대하여」, 『山臺탈놀이』, 열화당, 1987.

3. 참고 저서

고정옥, 『조선구전문학연구』, 평양: 과학원출판사, 1962.

김상선, 『한국근대희곡론』, 집문당, 1985.

김익두, 『판소리, 그 지고의 신체 전략』, 평민사, 2003.

김원중, 『한국근대희곡문학연구』, 정음사, 1986.

김재숙 외, 『궁중의례와 음악』, 서울대출판부, 1998.

김재철, 『조선연극사』, 학예사, 1939.

권순종, 『한국희곡의 지속과 변화』, 중문출판사, 1993.

권택무, 『조선민간극』, 예니, 1989.

단국대 공연예술연구소 편, 『근대한국공연예술사 자료집』 1, 단국대출판부, 1984.

김일출, 『조선민속탈놀이연구』, 평양: 과학원출판사, 1958.

김열규, 『한국민속과 문학연구』, 일조각, 1971.

김종철, 『판소리사 연구』, 역사비평사, 1996.

김장동, 『조선조 역사소설 연구』, 반도출판사, 1986.

김지하, 『똥딱기 똥딱』, 동광출판사, 1991.

김학주, 「儺禮와 雜戲」, 『亞細亞研究』 6권 2호, 고려대 아세아문제연구소, 1963.

김학주, 『한·중 두 나라의 가무와 잡희』, 서울대 출판부, 1994.

경일남, 『고전소설과 삽입문예양식』, 역락, 2002.

권혁래, 『조선후기 역사소설의 성격』, 박이정, 2000.

남광우, 『보정 고어사전』, 일조각, 1971.

박황, 『창극사연구』, 백록출판사, 1976.

백성현·이한우, 『푸른 눈에 비친 하얀 조선』, 새날, 1999.

백현미, 『한국창극사연구』, 태학사, 1997.

사진실, 『한국연극사 연구』, 태학사, 1997.

사진실, 『공연문화의 전통 樂 戲 劇』, 태학사, 2002.

서연호, 『한국근대희곡사연구』, 고려대 민족문화연구소, 1982.

서연호, 『한국근대희곡사』, 고려대출판부, 1994.

서연호·이상우, 『우리연극 100년』, 현암사, 2000.

손정인, 『고려시대 역사문학 연구』, 역락, 2009.

송방송, 『한국음악통사』, 일조각, 1984.

심우성, 『한국의 민속극』, 창작과비평사, 1975.

이상일, 『한국인의 굿과 놀이』, 문음사, 1981.

이두현, 『한국신극사연구』, 서울대출판부, 1966.

이두현, 『한국 가면극』, 문화재관리국, 1969.

이두현, 『한국연극사』, 민중서관, 1973.

이두현, 『한국의 가면극』, 일지사, 1979.

이두현, 『한국연극사』, 학연사, 1985.

이두현, 『한국연극사』(신수판), 일신사, 1999.

이영미, 『마당극양식의 원리와 특성』, 시공사, 2001.

이영미, 『마당극·리얼리즘·민족극』, 현대미학사, 1997.

이진경, 『근대적인 시·공간의 탄생』, 푸른숲, 2002.

유민영, 『한국극장사』, 한길사, 1982.

유민영, 『한국현대희곡사』, 홍성사, 1982.

유민영, 『한국 근대극장 변천사』, 태학사, 1998.

유민영, 『개화기연극사회사』, 새문사, 1987.

유민영, 『한국근대연극사』, 단국대출판부, 1996.

유창돈, 『이조어사전』, 연세대출판부, 1964.

현상윤, 『조선유학사』, 민중서관, 1960.

조동일, 『구비문학의 세계』, 새문사, 1980.

조동일, 『탈춤의 역사와 원리』, 홍성사, 1983.

조동일, 『소설의 사회사 비교론』, 지식산업사, 2001.

조동일, 『카타르시스·라사·신명풀이』, 지식산업사, 1997.

조종순 구술, 『산대도감극각본』, 경성제국대학 조선문학연구실, 1930.

전경욱, 『한국의 탈』, 태학사, 1996.

전경욱, 『한국의 가면극』, 열화당, 2007.

차하순, 『역사의 문학성』, 서강대출판부, 1981.

최남선, 『조선상식문답 속편』, 동명사, 1947.

최상수, 『韓國 假面의 硏究』, 성문각, 1984.

한효, 『조선연극사개요』, 평양: 국립출판사, 1956.

陳美林 外, 『章回小說史』, 浙江古籍出版社, 1998.

리차드 셰크너, 김익두 옮김, 『민족연극학』, 한국문화사, 2004.

Henri Bergson, 김진성 역, 『웃음』, 종로서적, 1989.

W. E. 그리피스, 신복룡 역, 『은자의 나라 한국』, 집문당, 1999.

Carlson, Marvin, *Places of Performance: The semiotics of Theatre Architecture*, Cornell University Press, 1992.

Thom, Paul, *For an Audience: A Philosophy of the Performing Arts*, Philadelphia: Temple University Press, 1993.

찾아보기

◢ 자

◢ 차